日清・日露戦争における政策と戦略

「海洋限定戦争」と陸海軍の協同

平野龍二
HIRANO Ryuji

千倉書房

表紙写真：日露講和会議（ポーツマス）の
席上で用いられたインク壺
（渡邉昭夫氏所蔵）

日清・日露戦争における政策と戦略——「海洋限定戦争」と陸海軍の協同❖目次

序章　近代日本にとって日清・日露戦争とは　001

第1章　「海洋限定戦争」という方法論　015

第2章　日清戦争までの政策と戦略　049

第8章 日露講和に向けた政戦略 227

第9章 日本海海戦後の軍事戦略 261

凡例

● 一次史料の旧漢字（旧字体）・異字体は、当用漢字（新字体）に改め、適宜句読点を付した。
● 引用史料中、史料執筆者の注記は〔　〕内に、筆者による注記は（　）内に記した。
● 当時混在して使用された「朝鮮」・「韓国」の表記については、朝鮮国が一八九七年十月十二日に国号を大韓と改める以前は朝鮮、それ以降は韓国と表記した。
● 朝鮮国・大韓帝国の首都ソウルは、当時の正式名称では漢城であるが、日本では一般的に「京城」と表記されることが多く、一次史料との整合を図るため、本文でも京城と表記した。

序章

近代日本にとって日清・日露戦争とは

1　日清・日露戦争と近代日本の形成

十九世紀における欧米列強の東アジア進出は、日本の朝野に大きな衝撃を与え、開国と明治維新をもたらすことになった。維新後、植民地化の危機を体感していた明治新政府は、近代国家としての道を歩むべく、政治機構と軍事機構の再構築を行う。一八八五（明治十八）年に内閣制度が創設され、一八八九年には大日本帝国憲法が発布された。さらに翌九〇年には帝国議会が開かれ、日本は近代国家としての政治機構を整えていく。また軍事機構においても、西南戦争の危機を乗り越えて、鎮台制から師団制への改編など近代的軍隊制度を整えていった。

一方で周辺地域に目を向ければ、朝鮮半島は既に一八六〇年代から欧米列強と清国の勢力角逐の場であったが、地政学上、その安定と中立化が日本の安全保障にとっては必須であった。ところが、壬午・甲申事変以来、朝鮮半島情勢は混迷を深め、清国の勢力拡大を許す。これに対し、日本も朝鮮半島に関与し続け、明治維新以来四半世紀にして、ついに本格的な対外戦争である日清戦争を戦った。この戦争の勝利によって、朝鮮半島から清国の影響力を排除することに成功する。ところが、三国干渉により今度はロシアの勢力浸透を許すことになり、日本はその戦争目的を達成することができなかった。

日清戦争のはるか以前より、北方にはロシアの脅威があった。一八六〇年、アロー戦争における英仏連合軍と清国との講話斡旋によってロシアは沿海州を獲得し、朝鮮と国境を接することとになった。そして、「東方を支配する」と名付けたウラジオストクを拠点として極東進出を開始する。さらに、一八七三年にはこのウラジオストクに海軍根拠地を設置し、朝鮮半島東岸の永興湾を窺った。

日本においてロシアの南下策は、一八六一年のロシア軍艦対馬占拠事件(ポサドニック号事件)により認識された。以後幕末から明治にかけて、ロシアに対する警戒論が政軍指導者によって常に唱えられ、これが日本政府の政策決定に反映した事実は否定できない。例えば、外務卿副島種臣は、ロシアの南進警戒のためにこそ朝鮮を日本の保護下におくべきであると主張した。また、フランス人顧問ボアソナード(Gustave E. Boissonade)は、日本の最も恐れねばならないのは清国ではなくロシアであり、日本・清国・朝鮮の三国間に同盟が成立すればロシア恐れるに足らずと東洋諸国の協調を説いた。さらに、民間でも壬午事変前後から各新聞が盛んに朝鮮半島へのロシア侵入の脅威を論じていた[1]。朝鮮半島は対露関係からも戦略的に重要であり、日清戦争以前から一貫してロシアの脅威は認識されていたのである。そして日清戦争の勝利と、続く三国干渉により、その脅威が顕在化する。

その後約十年間にわたり、日本とロシアは朝鮮半島をめぐり勢力圏を争う。北清事変の勃発によりロシアが満洲を占領し、さらに朝鮮半島を窺うに至って、日本はついにロシアと干戈を交えた。この戦争に勝つことにより、日本は維新以来懸念していた自らの植民地化という不安を一掃し、近代国家として列強の仲間入りを果たしたのである。このような経緯を概観すると、日清戦争は日露戦争の前哨戦と捉えることも可能であり、揺るぎのない確固とした独立国家形成への過程という観点から、この二つの戦争は一体のものとして把握できる。

しかしながら、これらの見方は日清・日露戦争を対象とする研究に共有されるものではない。近年まで多くの研究者が基本的に日本は大陸への市場を求めて侵略的志向をもって膨張し、「帝国主義戦争」を戦ったという見解を採っている[2]。一方で、日本が大陸からの脅威に対して独立を確保していったとするこの見方は、角田順以来受け継がれている[3]。本書は、基本的にこの独立確保のために日本がどのような政策と戦略をとったのかという立場から論を進めていくが、この両者の見解の相違について議論するものではない[4]。ただし、この両者の議論にも一致点はある。それは、壬午・甲申事変以来の朝鮮半島問題は、日露戦争によって最終的に解決され、概ねこの期間を一つの重要な時代区分として観ることができるということである。この他にも日清・日露戦争を含むこの時期を近代国家建設過程の一時代区分とした研究は多く、この点ではそれぞれの見解の違いを越えて各研究者は一致している[5]。本書においても、この時代区分を踏襲して、戦争期間に重点を置きつつ、日清戦争前史としての壬午・甲申事変から日露戦争終結までの期間を考察していくことにする。

2　問題の所在と研究の視角

明治における近代国家形成は、日清・日露戦争に勝利して、独立を完全に確保したことによりその完成を見た。この二つの戦争の勝利が近代国家形成に果たした役割が大きいことは論を待たない。ところが、その勝利は決して必然のものではなかった。日清・日露戦争において、国力、陸海軍戦力共に日本は劣勢であった。日清戦争開戦前の陸軍兵力において清国は日本の四倍であり、火砲は六倍であった。また、海軍戦力の対比においても清国海軍は隻数、トン数、艦種において圧倒的に優勢な上、「定遠」「鎮遠」の二戦艦に対抗できる軍艦は日本海軍になかった。国際社会の見方も清国の勝利を当然視するものが多数であった。例えば、女子教育の先駆者であった下田歌子は、視察のため滞在していた英国から伊藤博文首相へ、日清戦争最中の一八九四(明治二十七)年十二月十九日付の書簡で、次のように記している。「彼欧米人が日本何する物ぞ彼れ東洋の一小国、よしたとへ支那衰へたりと雖とも三歳の小児豈能く大人の髯をひねるを得んやと冷笑致し囂々の声は、平壌、旅順陸海の大勝利後頓に一変して、日本侮るへからす日本の将来恐るべしてふ驚嘆の賛辞と変り候事実に痛快欣喜に堪不申候」。欧米列強にとって、日清戦争前の日本は「東洋の一小国」であり、また「三歳の小児」であった[6]。

また、日本にとっても決して勝算のある戦争ではなかった。当時の外務次官林董は、次のように回顧している。「日清戦争前には、日本人は口先にこそ清人の固陋を笑い侮り居れど、実は之を恐れたること甚しかりし。之れ李鴻章の虚名高きと、北洋艦隊の熾なりしと明治十五年(壬午事変)、十七年(甲申事変)に朝鮮にて再度まで我国人が清人の為に不覚を取りしと、仏人が清と戦て其志を得ること能わざりしより、西洋人が支那を認めて強国となしたる等の原因によるなり」。また、一八九三(明治二十六)年の防穀令事件において対応を協議している際、李鴻章から「伊藤氏もし朝鮮に出兵せらるる事あらば、鴻章も朝鮮を保護する為に出兵せざることを得ず」との伝言が入電し、朝八時から夕方六時迄の閣議において、清国への恐怖のあまり何も決められなかったことを回顧している[7]。このように軍事的には、日清戦争はきわめて冒険的な戦争であった[8]。

日清戦争後、日本は軍事力、そして国力の増強に努めるが、それでもなお、近代戦遂行能力の指標としてよく使用される鉄の生産能力を例にしても、日露開戦前年における銑鉄生産量を見ると、ロシアは日本の約七十倍であり、鋼材生産量は実に約五百倍であった[9]。元老伊藤博文が、開戦にあたり金子堅太郎を米国に派遣する際、陸海軍が敗北した時は自らも銃を執って国土を守る決意を示したことはよく知られる[10]。日本とロシアの間には隔絶した国力と軍事力の差があった。しかしながら、政府と大本営は軍事作戦と外交政策を巧みに織り交ぜながら戦局を有利に進め、講和条約締結へと戦争を勝利の内に完結させることができたのである。

日本は、なぜこの両戦役に勝利して戦争目的を達成することができたのであろうか。この二つの戦争を政策と戦略、すなわち政戦略の観点から解明し、勝利への一因を提示すると共に、どの程度まで戦争目的を達成したかを解明することが本書の課題である。

ここで政戦略、特に政略について一言しておこう。政略という語は近年では耳慣れない言葉である。一九八〇年前後には「日清戦争における外交政略と戦争指導」「伊藤内閣の朝鮮出兵に対する政略論的検討」と「政略」という語を使用した研究もあったが、角田順は、既に一九七二(昭和四十七)年の軍事史学会創立十周年記念講演で、『政戦両略』という言葉は、今日ではあまり行われないものになった」と述べている[11]。しかしながら、政略もしくは政戦略という語は、日清・日露戦争当時は政軍指導者が盛んに使用しており、既に日清戦争前の一八八九(明治二十二)年に「外交政策(條約改正)に関する閣議決定書」の中で「将来外交ノ政略」という語が記されている。翌九〇年には、山縣有朋首相が「外交政略論」を閣僚へ示し、この言葉を使用している。日清戦争後にも「対韓政略に関する閣議決定」などで政略という語が使用された。また、陸奥宗光の『蹇蹇録』にも「日清講和の件に付き我が政府の執るべき政略の大要」などの一文がある。日露戦争当時においては、奉天会戦後に山縣有朋参謀総長が桂太郎首相・小村寿太郎外相・曾禰荒助蔵相に示した「政戦両略概論」がよく知られる[12]。このように、日清・日露戦争当時は、一般に政略という語は使用されていたのである。

近代日本の政軍関係を研究した雨宮昭一は『近代日本の戦争指導』において、この山縣の「政戦両略概論」や大山巌満洲軍総司令官の意見書などを吟味して、当時使用されていた政略と戦略の意味を次のように定義している。政略とは「作戦に目的を与え、その範囲と限度等を指示し、作戦の成果を活用する『国家の政策』であり、その内外政の諸作用(たとえば外交)」である。他方、戦略とは「『国家の政策』によって目的・範囲・限度等を与えられた作戦計画であり、その実行」であるとしている。そして、基本的に「国家の政策」と「政略」を同義としているが、「政略」は、特にその作用、運用の意味が強いとしている[13]。本書においてもこの定義を踏襲し、特に国家政策を作用させる意味に使用する場合は、その微妙な語感を活かし、これを「政略」と表現して論を進めていくことにする。

本書では、この政戦略について次の二つの視角から分析を進めていく。第一に、限定戦争の視角である。軍事作戦やその上位に位置する軍事戦略は、独立して存在するものではない。クラゼヴィッツ(Carl von Clausewitz)が指摘するように、「戦争は、政治的行為であるばかりでなく、本来政策のための手段であり、政治的交渉の継続であり、他の手段をもってする政治的交渉の遂行」である[14]。両戦役で、政策がいかに軍事戦略を規定し、軍事作戦を制御して戦争を成功に導いていったのかを、限定戦争論を分析枠組みとして解明していく。日露戦争については、従来から限定戦争であると評価されてきたが、それは地域的・時間的に限定されているという意味においてであった[15]。本書では、限定戦争を地域的・時間的な限定という面だけではなく、政治目的の限定からも捉え直して分析する。

第二は、制海の視角である[16]。日清・日露戦争共に戦争目的である韓国(朝鮮)保全を達成するためには敵の陸軍を撃退し、朝鮮半島およびその周辺地域を軍事占領する必要があった。この大陸での戦争を継続するために、島国である日本は陸軍の大部隊を本土から渡海させ、その補給線を維持しなければならなかった。それには海上輸送路の制海が重要である。当時の海軍は、日本海海戦に代表されるような華々しい艦隊決戦の陰で、制海が充分に把握できない状況下でも、苦心して海上交通路の確保に意を用いていた。これは第一の視点とも大きく関連してくる。英国の海洋戦略家であり海軍史家でもあるコルベット(Julian S. Corbett)は、海洋に隔てられた島や半島でのみ、真の限定戦争は可能であると指摘している。当時の日本がどのようにして海洋を隔てた朝鮮半島や大陸沿岸部で戦い、政治目的を達成していったのであろうか。本書では、限定戦争と制海双方の理論を包含するものとして、コルベットの海洋戦略理論を分析枠組みとして論を進めていく。

コルベットは、日露戦争を島国の陸軍が渡海して限定目標を確保するという典型的な「海洋限定戦争」であったと位置付け、その政戦略を分析して、日本の勝因を考察している[17]。この後、本書で考察していくように、日清・日露戦争は、現実においても「海洋限定戦争」として戦われ、制海の状況が戦局に大きな影響を与えた。そこで、本書はコルベットの「海洋限定戦争」理論と、それに伴う制海理論を分析枠組として日清・日露戦争における日本の政戦略を分析し、その勝利に寄与した一因を明らかにしたい。コルベットの理論を分析枠組みとすることにより、政戦両略の観点から新たな日清・日露戦争像を提示していくことができるであろう。

またコルベットには、日露戦争についての著作もある[18]。この『日露戦争における海洋作戦』は、日本でも近年まではあまり参照されなかった海軍軍令部編「極秘明治三十七八年海戦史」の他、ロシアの陸海軍史料、英国の駐在武官情報等が参照されている大著であるが、日本の陸軍史料を参照していないほか、国内状況も十分に把握されていないなどの問題点も含む。本書では、その根本概念を参照しつつ個々の部分については批判的に取り入れていく。また、理論的枠組については、コルベットの主著である『海洋戦略の諸原則』を参考とした[19]。なお、本書はコルベット理論自体の正当性立証を試みるものではない。また、当時の政軍指導者がコルベットの理論を知っていたわけでもなく、それを意図的に目指していたわけでもない。あくまでも日清・日露戦争を解釈する上での分析枠組として、コルベットの理論を参照するものである。

3 先行研究の検討と本書の構成

従来の日清・日露戦争研究は、二つの方向からなされてきた。一つは、戦争以前の内政や開戦外交等を扱った政治・外交史からの研究である。これらの研究では、両戦役を「帝国主義戦争」と見る立場の研究も、「祖国防衛戦争」と見る立場の研究も、緻密に開戦期の国内政治・外交政策を分析し、戦争原因の究明に焦点をあてている。この時期の政治・外交史の代表的研究である伊藤之雄『立憲国家の確立と伊藤博文』『立憲国家と日露戦争』では、日清戦争前の初期議会期から日露戦争までの内政と外交を藩閥政治家と政党の関係から詳細に分析し、立憲国家の形成・定着と日露戦争の開戦過程を明らかにしている。しかしながら、日清戦争開戦前と戦後から日露戦争にかけての時期は詳細に分析されているが、戦争期間における戦争そのものの展開については、あまり関心が払われていない。

この時代の日本外交を緻密に分析した千葉功『旧外交の形成』も、日露開戦原因を詳細に論じているが、戦争期間の外交については、戦後「多角的同盟・協商網」の構築の前段階として位置づけており、戦争終結への軍事作戦とは、あまり関連づけられていない。また、角田順『満州問題と国防方針』、小林道彦『日本の大陸政策』も桂園時代の大陸政策を扱っており、開戦原因についても詳細に論じているが、戦争期間中の分析はやや不十分である。高橋秀直『日清戦争への道』に代表されるような日清戦争を主な対象とする研究においても、その多くは開戦原因の究明が主題であり、戦争そのものの分析は等閑視されてきた[20]。

このように政治・外交史研究において戦争期間の分析が不十分なのは、次の二つの原因があると考えられる。第一の原因は、戦争が始まれば政治は舞台から退場して軍部の独壇場となり、講和会議において政治は再登場するというモルトケ流の「絶対戦争」観を無自覚の内に前提としているためだと考えられる[21]。第二の原因は、昭和初期、特に満洲事変以降の軍部の強力な発言力のイメージが強く、日清・日露戦争期にまで遡って、そのイメージに引きずられてしまったためであると考えられる[22]。しかしながら本書で後に示すように、明治期の政治の中心をなす元老、藩閥政治家の権力は強力であり、昭和初期の政軍関係をそのまま適用することはできない。

さらに、政治・外交史研究のもう一つ問題は、軍事に対してあまり関心が払われてこなかったため、その事実認識がやや不正確な場合があることである。例えば、日英同盟によって英国から最新鋭の戦艦、装甲巡洋艦を購入したとする研究も見られる。しかしながら、これらの戦艦、装甲巡洋艦は日英同盟締結以前に購入されており、事実関係を誤認している。古くは、日清戦争以前に英国から購入した巡洋艦「吉野」も、当時の最新鋭巡洋艦であった。英国は、自国の主力艦の数を揃えるため、一艦あたりのコストを下げる必要があり、仮想敵国でない国に積極的に新鋭艦を建造し売却していたのである。これらの例のように、政治・外交史の先行研究では政治・外交面の詳細な分析と比較して、軍事面については分析が不十分であり、かつ誤認識されている場合がある。

一方、もう一つの研究の潮流は、戦前の公式戦史を端緒とする戦争史研究である。この日清・日露戦争を対象とする戦争史研究は、桑田悦編『日清・日露戦争』や外山三郎の一連の研究が代表的であるが、それらの研究は各戦闘の経過を明らかにして、その教訓の抽出や人物評価に多くを費やしており、政治や外交を含めた政戦略両面にまで十分に踏み込んではいない[23]。これでは、限定戦争であった日清・日露戦争が最終的になぜ成功することができたかの答えを見出すことはできない。

ここまで概観してきたように、従来の日清・日露戦争研究は、外交や国内政治の視点から戦争原因を問うものか、あるいは戦闘場面を分析し、そこから軍事的教訓を抽出するものに二極分化しており、東アジアの地政学を踏まえた上での日本の政戦略には、十分な関心が払われてこなかった。

このことは欧米の研究についてもあてはまる。日清戦争については、当時の東アジア史の重要な出来事であったにもかかわらず等閑視されてきた。わずかにある研究も、正面から日清戦争を扱ったものではなく、その周辺の研究がほとんどである。数少ない欧米における日清戦争研究の中で、ペイン(S. C.M. Paine)の研究は注目に値する。ペインの『一八九四年から一八九五年にかけての日清戦争――認識とパワー、そして優越』は、日清戦争前の日本・清国・朝鮮・ロシアの状況から、戦争中の軍事作戦、講和交渉や三国干渉、その後の影響までバランスよく描いている。ただし同書は、日本の著名な先行研究や中国側の資料なども若干使用されているが、主な資料としては、当時の各国の英字新聞が使用されており、その資料源に問題がある。また、日清戦争によって日清間の勢力が逆転したという見方は首肯できるものの、日本が欧米列強の一国となったという認識は、日清戦争を過大視しているだろう[24]。不平等条約の改正や欧米列強との公使交換が大使交換へ格上げになった時期を見ても、日本が列強と認識されるようになったのは、日露戦争勝利によるものと見るのが妥当である。

一方で日露戦争の方は、二十世紀最初の画期的戦争と見られており、欧米からも注目を浴び続けている[25]。日露戦争の起源論については、ニッシュ(Ian Nish)の『日露戦争の起源』が欧米の代表的研究であり、日露の文献を利用して日清戦争から日露開戦までの両国の外交政策を分析し、日露戦争の起源に迫っている[26]。欧米におけるその他の日露開戦までの研究では、ロマーノフ(B. A. Romanov)の『満洲に於ける露国の利権外交史』やマロゼモフ(Andrew Malozemoff)の『ロシアの極東政策、一八八一〜一九〇四──日露戦争の起源を重点にして』を嚆矢として、ロシアの政策を取り扱った研究が充実している[27]。近年では、マクドナルド(David M. McDonald)の『ロシアにおける統一政府と外交政策、一九〇〇〜一九一四』やシンメルペニンク(David Schimmelpenninck van der Oye)の『昇る太陽に向かって──ロシアの帝国イデオロギーと日露戦争への道』などソ連邦崩壊後に利用可能となった新たな資料を使った研究が行われている[28]。ところが、欧米における日本側の政策を扱った研究は、ニッシュの研究以来、管見の限り見当たらない。

また、欧米における軍事史研究もロシア側の研究が中心である。メニング(Bruce Menning)の『銃弾の前の銃剣──一八六一年から一九四一年までの帝国ロシア陸軍』やスティンバーグ(John W. Steinberg)の『ツァーリに仕える男達──ロシア参謀本部と帝国の運命、一八九八〜一九一四』はロシア側の事情を知ることができる貴重な研究であるが、軍事面、特にロシア陸軍の研究に特化している[29]。このように、欧米の研究においても、日清・日露戦争研究は、開戦前の外交政策の研究と軍事面における研究に二極分化している。

武力行使を主体とする戦争を研究する以上、それを外交や国内政治の問題としてのみ捉えることはできない。戦争という現象の核心は軍事、すなわち作戦・戦闘にあるからである。また一方で、個々の戦闘場面や戦術レベルの研究では、全体としての戦争の本質は見えてこない。本書では、政軍関係や政戦略を究明することによって日清・日露戦争の本質を理解し、その勝因や戦争目的達成に対する新たな見方を提示していく。

本書は、まず第一章で分析枠組としてのコルベットの理論について述べた後、第二章以降は、日清戦争前史から時系列に日露戦争終結までを辿り、全九章の構成となっている。第一章は、日清・日露戦争の分析枠組として使用するコルベットの理論の検討である。日本ではあまり著名でないコルベットの思想変遷を生涯と共に辿り、その理論の真意を掘り下げていく。また、日清・日露戦争への適用について述べていく。

第二章から第四章は、日清戦争の検討である。第二章では、壬午・甲申事変から日清戦争へ至る経過を辿っていく。続く第三章では、日清戦争が当初は「絶対戦争」として計画されたものの、その後実際には「海洋限定戦争」として遂行され、そのことが勝利に結びついたことをコルベットの理論を適用して論証する。第四章では山縣有朋第一軍司令官を戦場から召還した事情を検討した後、日清戦争終結に向けて、いかに軍事的圧力を使って外交交渉を有利に進めていったかを論証する。

第五章は、日清戦争と日露戦争の戦間期を対象とする。日清戦争の勝利によって、清国の勢力を朝鮮半島から排除し、日本はそれを自らの勢力範囲としたかに見えたが、三国干渉によってもろくも崩れ去った。この章では、その後の極東情勢や日英同盟の締結経緯を踏まえた上で、日露戦争までの日露双方の海軍戦略と海軍力の拡張を概観すると共に、日露開戦の原因について軍事要素を加味して再検討する。近年、日露開戦は避けることができた戦争であるという説が有力となってきているが、本書ではコルベットの指摘を手掛かりとして、日露開戦が不可避であったことを示す。

第六章から第九章までは、日露戦争の検討である。第六章では、コルベットの戦略理論の視点から緒戦における日本の政戦略を再検討することにより、新たな評価を提示する。続いて第七章では、これまであまり検討されることのなかった陸海軍協同の観点から日露戦争初期の作戦に検討を加えていく。第八章は、戦争の重要な転換点であった旅順の攻防を検討すると共に、満洲における作戦が戦争終結を見据えた政戦略によって抑制され、「海洋限定戦争」の枠組みが堅持されたことを提示する。第九章は、日本海海戦後の時期を対象とする。従来は等閑視されてきた北韓作戦を取り上げることにより、「海洋限定戦争」と陸海軍の協同の関係を明らかにすると共に、その諸問題を提示したい。

第1章

「海洋限定戦争」という方法論

日本でコルベット(Julian S. Corbett)の名がよく知られているとは言い難い。海洋戦略、海軍戦略における代表的な戦略家が、マハン(Alfred T. Mahan)であることに異論はないだろう。周知のように、マハンはシーパワーという概念を創出し、その所論はシーパワーが国家の興隆に決定的な影響を与えたとするものである。海軍戦略においては、艦隊決戦で敵艦隊を撃滅して制海を獲得することを重視した。同時代に英国の海軍大学校(Royal Naval College)で、このマハンの海洋(海軍)戦略とは異なる戦略論を構築したのが、コルベットである[1]。

マハンの戦略については、日本海軍においても早くから注目され、その翻訳が出版された[2]。一方で明治以来、日本海軍は英国海軍から軍艦や組織・制度等、ハード・ソフト両面にわたって多くのものを導入し、また日英間は同盟関係の時期があったにもかかわらず、コルベットについては海軍大学校学生が若干の抄訳を試みた他、あまり注目されることはなかったと言われる[3]。各国海軍においても、マハン主流の時代が長く続いた。海軍を決定力とするマハンの戦略論が注目され、陸軍を決定的存在とし、海軍を戦争全体の戦略の一部にすぎないと位置付けたコルベットの戦略論が各国海軍で省みられなかったことは、心情的に当然とも言える。

しかしながら、第二次世界大戦後、強大な対抗相手を失った米国海軍は、徐々にコルベットの海洋戦略を受容していく。そして、冷戦終焉とソ連邦の崩壊により強大なソ連海軍が消滅し、再び海軍力の米国一極集中が現出した結果、艦隊決戦が生起する可能性はさらに遠ざかった。このような状況がコルベットの現代的意義を高め、今日の米国海軍で注目されている原因と考えられる。コルベットの海洋戦略は、第二次大戦後の米国海軍の海洋戦略に大きな影響を与え続けていると言えるだろう[4]。また、コルベットの母国である英国でも、一九九〇年代から海洋ドクトリンにコルベットの戦略が採り入れられている[5]。

主要海軍国である米国と英国における海洋戦略の流れが、マハンからコルベットへ推移していることを見れば、コルベットの戦略論は百年の年月をかけ、古典戦略理論として認知されたと言って差し支えないだろう。このような状況の中で近年、コルベットの戦略論は、学術研究としても注目されている。この第一章では、コルベットの生涯とその思想の変遷を概観した後、マハンの戦略との対比を含めて、その戦略理論について考察する。その上で、なぜ本書で分析枠組として用いるのかを述べ、日清・日露戦争への適用について、コルベットが日露戦争について書いた著作を含めて検討していきたい。

1　ジュリアン・コルベットの生涯とその思想

❖海軍史家コルベットの誕生

一八五四年、コルベットはロンドンで生まれた。建築家でもある父が不動産の仕事で成功したため裕福な家庭に育ち、ケンブリッジ大学のトリニティ・カレッジで法律を学び首席で卒業する。その後、一八七七年に弁護士となったものの、仕事は断続的にしか行わず、インドや北米を旅行した。この半年間のインド旅行で、コルベットは英国の植民地支配を目の当たりにする。その翌年の北米旅行では三ヶ月余りで米国とカナダの主要都市を巡り、それらの地域の現実を見た。また、ノルウェーとイタリアはほぼ毎年旅行し、イプセン(Henrik J. Ibsen)やトウェイン(Mark Twain)のような著名作家とも交遊を結ぶ。一八九〇年にはアルジェリアを訪れ、アラブの文化やフランス植民地統治の実態に接した[6]。このような若い時代における海外旅行での広い見聞が、後の思想や著作に大きな影響を与えたであろうことは想像に難くない。

これより先の一八八二年には弁護士も辞め、八六年以降は海洋歴史小説を書き、文筆家としての活動を始めた[7]。十六歳でアナポリスに入学して海軍に身を投じたマハンが、シーパワーを前面に押し出したのに比べ、コルベットが幅広い視野をもってシーパワーの限界を指摘し、戦争を陸軍戦略、政治・外交も含めた全体として捉えようとしたのは、このような異色の経歴と無縁ではないだろう。

コルベットの海洋小説は歴史記述にのめりこんだため、小説としては評価を得られなかったと言われる[8]。しかしながら、一八九〇年にドレーク(Francis Drake)の伝記を書くことによりチューダー朝時代の海軍史に関心を持ち、その知識を蓄積していった。一方で一八九六年にはガゼット紙(*Pall Mall Gazette*)の特派員として、スーダン遠征軍に参加して戦争を体験したことが、戦争研究へのコルベットの転機となる[9]。一八九八年に本格的な歴史研究書である『ドレークとチューダー朝の海軍』を著し、海軍史の分野から海洋戦略の考察を始めた[10]。

この著作でコルベットは、ドレークを使ってエリザベス女王時代の海軍史を描いた。問題は当時のドレークの英雄的評判であった。コルベットはドレークの歴史上の英雄的な地位を否定しなかったが、この時代の英国が達成したことの本質は、完全に理解されていないと感じていた。そこで、人間の個性と時代の特徴を結びつけ、ドレークと英国の発展していくシーパワーは、合理的で理解可能な現象の統合体から出現したと考えた。そして、このアプローチを通して、有能な海軍戦略家としてのドレークを描いただけでなく、この時代の英国が非常に洗練された海軍戦略を形成することにより、発展していったことを示した[11]。

ところが、この頃のコルベットは軍事的分野の戦略と政治的分野の政策を分離して評価する傾向があった。エリザベス女王が攻撃的政策を和らげた時、コルベットはそれを「平和への狂信」と記述している。外交的要因や財政的要因によって、女王がドレークの攻撃行動を抑制したことにコルベットは気が付いていた。しかし、このような抑制を容認できず、「政治的理由はどうであれ、軍事的観点からは女王の決定は重大な間違いである」と記述したのである。この両義的な態度は政治と戦略の間に壁を入れ、政治問題から軍事問題を区別したことを基礎としている。このため、海軍戦略家としてのドレークを賞賛し、エリザベス女王の国家戦略をそれよりも劣るものとしたのである。その結果、戦争は政治家よりも軍人によって、より深く理解されるという不注意で不当な結論を導くに至り、政府の対応を批判した。このような欠点もあったが、この著作の優れた点は、海軍は国家目的のために存在するというマハンの命題を理解しただけでなく、一次史料を参照することにより、その関係性をも明らかにするように努めたことであった[12]。

続いて一九〇〇年に、『ドレークとチューダー朝の海軍』の続編である『ドレークの後継者達』を刊行する。この著作で、コルベットは国家防衛には陸海軍の双方が同じように必要であることを説いて「ブルーウォーター学派」の極端な海軍主義を批判し、シーパワーの限界を示した。その目的は、アルマダ海戦後の時期が実は「大失敗」であったという判断の検証であった。そのため、前作では海軍史のみを扱ったが、この著作では陸軍の問題も検討している。「海洋力の実際の重要性は、その陸軍作戦への影響力であった」ためである。陸軍の活動を理解せずに、海軍作戦を十分に遂行することは不可能であった。すなわち、陸軍力と海軍力は、国家が軍事的に成功するために相互依存の関係にあった。したがって、英国の海軍史と陸軍史を別々に学ぶことは間違いであるとコルベットは述べている。また、「この時代の教訓は、海洋力の限界である」と指摘した上で、ドレークの後継者達から学ぶことは、十分な陸軍力なしには戦争で成功することはできないことであると結論づけた[13]。

また前作と異なり、政治家は無能で海軍軍人は戦略の天才であるという解釈はとらなかった。コルベットはエリザベス女王時代の戦争における政治志向は戦争指導を誤るという考えを完全に捨てたわけではなかったが、軍人への賞賛は限定的になったのである。それはドレークに匹敵するほどの軍人がこの時代に輩出されなかったからでもあった。このため、この著作は一人の人生によって時代の経過を描く手法はとっていない。この『ドレークの後継者達』は、コルベットの歴史家としての思想の発展を明らかにした。すなわち、コルベットが戦争における適切な政軍関係の必要性を理解するようになったことを示すものであった。また、この著作を執筆した時代に海軍に与えられた過度の賞賛を慎重に攻撃し、エリザベス女王時代の全般的な歴史考察に基づいて、その賞賛を矯正することを試みたことは大きな成果であった[14]。

❖英国海軍大学校における講義とクラウゼヴィッツからの影響

この『ドレークとチューダー朝の海軍』と『ドレークの後継者達』が海軍首脳の目に留まり、コルベットは一九〇二年から英国海軍大学校の講師として招かれ、戦争課程（War Course）で戦争術（Art of War）、特に海軍史の講義を始めた。コルベットが海軍大学校に招かれたのは、その高い学術性だけでなく、海軍士官以外の人物を講師に登用し、部外からの視点を教育に反映させるためでもあった。この講義で、コルベットは戦争課程部長のメイ（Henry J. May）大佐から、現在の問題にも適応できる教訓について取り扱い、戦略にも適当な注意を払うように希望された[15]。

海軍大学校で講義を行う一方で、翌一九〇三年には、オックスフォード大学で英国史の講義も行っている[16]。また同年、当時第二海軍卿であったフィッシャー（John A. Fisher）提督と出会った。その後、フィッシャーは第一海軍卿となり、コルベットは非公式の助言者となる。この関係は一九二〇年にフィッシャーが死去するまで続き、彼から多くの海軍関係資料を得て、コルベットはこれを著作や論文に利用することができた。しかしながら、強烈な性格であるフィッシャーと交際することにより、多くの敵も作ることになった[17]。

一九〇四年、コルベットは『地中海における英国』を刊行する[18]。この著作では、十七世紀における英国海軍の発展を取り扱った。これは海軍大学校の戦争課程とオックスフォード大学の英国史の講義を発展させたものである[19]。その主題は、本国水域における英蘭戦争とは別に、英国が地中海を戦略的に利用したことであった。十七世紀における政治と海軍の発展の一側面を精査することにより、陸上に影響を及ぼすシーパワーの本質を明らかにしたことは大きな成果であった。海軍史にとって、大きな海戦における大艦隊の勝敗よりも重要なことがあることを明らかにしたのである。そのため、一部の例外を除き、大きな海戦が行われなかった時期と地域を描いた[20]。

まず最初に、コルベットは英国が地中海に進出させた艦隊、すなわち地中海における英国のシーパワーが、地中海沿岸の国家間における権力政治の構造を変化させ、また、フランスに対する陸上戦闘に影響を及ぼしたことを示した。英国が地中海に艦隊を進出させたことの重要性を明確に描いたのである[21]。また、もう一つの重要性は、フランスの二つの海洋力の間に英国艦隊を差し挟むことにあった。その結果、一七一三年のユトレヒト条約で英国がジブラルタルを獲得できたことは、初代マールバラ公（John Churchill, 1st Duke of Marlborough）の戦略が「今日（コルベットの時代）まで続く欧洲における英国の地位を決定づけるかけがえのない宝物」を獲得したことを意味したと指摘している[22]。コルベットは、マールバラ公によるこの政策の戦略的重要性とその背景を初めて明らかにしたのである[23]。

この『地中海における英国』以来、コルベットの論述は、特定の歴史人物を媒介とした伝記的記述から、海洋戦略と賢明な艦隊の配置により、その影響力を行使する英国海軍力を中心に描くものに変容した[24]。このことは、海軍史に対するアプローチとして新しい手法であった。従来、この分野では個々の海軍の活動や戦闘経過を記述したものか、伝記的記述に偏重したものがほとんどであった。コルベットはそのような手法を排し、より広範な地政学的文脈の中に海軍史を位置づけたのである。そうすることにより、コルベットの歴史研究は彼の生きる時代にも適用可能となり、将来への道標となった。また、コルベットは愛国心に訴えることを避け、偏見のない客観的記述を重視した[25]。ただし、一九〇四年にこの著作が書かれた時点で、コルベットの戦略知識の多くは、彼の海軍史もしくは英国史研究の成果であり、後に多大な影響を受けたクラウゼヴィッツ(Carl von Clausewitz)の思想を取り入れた形跡を未だ見ることはできない[26]。

一九〇五年、戦争課程の部長がメイ大佐からスレイド(Edmond Slade)大佐に代わる。スレイドは上陸作戦や陸海軍の協同作戦に力を入れており、戦争課程を活性化させるため課程の改定を行った。コルベットもこれまでは海軍史を中心に講義していたが、今まで以上に戦略に重点を置くことが求められ、戦略の講義も始める[27]。その中に、「クラウゼヴィッツの体系(The System of Clausewitz)」、「限定戦争と絶対戦争(Limited and Unlimited War)」など、クラウゼヴィッツに関することを標題としたものがあった[28]。この時点から、コルベットがクラウゼヴィッツの思想を取り入れた形跡を見ることができる。

この海軍大学校において新たに始めた戦略の講義に使用するテキストとして纏められたものが、「グリーンパンフレット」である。後に、この「グリーンパンフレット」はコルベット理論の主著『海洋戦略の諸原則』へと繋がっていく。一九〇六年に作成された初版の「グリーンパンフレット」は、「海軍史の講座で使用される戦略用語とその定義」と題され、コルベットの戦略理論における重要な概念が示されている。最も重要な見解は、海軍戦略は戦争全体の戦略の一部で切り離すことはできないということと、戦争は政治的交渉の一形態であるというクラウゼヴィッツの思想の受容であった。この後、戦争の本質についての議論を展開させ、攻勢・守勢やクラウゼヴィッツの概念である「限定戦争論」について論じている。また、制海、艦隊決戦の価値、制海の獲得・争奪・実施などについてのコルベットの考えも示されていた[29]。

この「グリーンパンフレット」は一九〇九年に改訂され、標題も「戦略に関する覚書」と変更された。改訂後も重要な概念について初版とほとんど違いはないが、従来の海軍戦略への批判はやや抑制されている。これは、戦争課程におけるスレイド部長の後任者たちの影響であった[30]。多くの海軍士官や海軍思想家にとって、「グリーンパンフレット」のメッセージは論争的であり、コルベットは海軍思想の異端者と捉えられていたのである。しかしながら、それは主張の相違というよりも、戦略のどの部分に重点を置くかの問題であった。コルベットも艦隊決戦の重要性は認識していたが、艦隊決戦は常に所望の目的を達成できるわけではないと主張したのである。この改訂時の抑制的な記述は、内容の本質には影響がないと評価されている[31]。

一九〇七年、コルベットは海軍省における英国海軍戦争計画の立案に参画し、フィッシャー提督監修の下、その理論的序文を起草する。この「戦争計画」と呼称される秘密海軍戦争計画の一部分は、外交政策に影響を及ぼす海軍の使用などが特に記述されているが、「グリーンパンフレット」の内容よりも範囲が狭い。この「戦争計画」は、コルベット研究で見過ごされがちであるが、コルベットの戦略理論発展の上で、「グリーンパンフレット」から『海洋戦略の諸原則』までの途上に位置づけられ、重要な論考である[32]。

❖『七年戦争における英国』と『トラファルガー海戦』の刊行

一九〇七年、コルベットは四番目の歴史研究書として『七年戦争における英国』を刊行した。この著作は、理論的要素をも含んだ最初の歴史研究書であり、「陸海軍協同戦略の研究」という副題が付けられている。海軍史家として蓄積された歴史に関する知識に、クラウゼヴィッツの思想研究から得た戦略論を融合させた大作であった[33]。七年戦争は、大西洋の両岸で陸海の戦闘が行われた世界規模の戦争であり、英国、フランス、スペイン、プロシアなどが参加している。したがって、コルベットが直面した課題は、軍事問題を取り扱いつつ、この世界規模の戦争における同盟の問題をも説明しなければならないことであった。外交政策に目配りをしつつ、クラウゼヴィッツの手法を使用することにより、英国のシーパワーがこの大戦争を遂行する上で大きな役割を果たしたことを解明した。

初期の著作である『ドレークの後継者達』で、コルベットは英国の海洋政策にとって陸海軍の協同が必要であることを説いたが、この『七年戦争における英国』では、このような政策を形成するために必要な要因を示している。七年戦争の海洋的な本質を指摘したのである。また前作である『地中海における英国』では、艦隊決戦への固定観念に異論を唱えたが、この『七年戦争における英国』では、その戦略的危険性をも指摘し、海軍士官や海軍史家の先入観とも戦わなければならなかった。例外はあるものの、陸海の複合的な戦争では制海獲得のための敵艦隊撃滅を追求するようなことは危険であり、海軍戦略は外交や軍事戦略全体に従属することをコルベットは主張した。敵艦隊の撃滅への固執を基礎にした海軍戦略は、その機会がほとんどないために実現が困難であるだけでなく、陸海軍協同の戦略や全体としての戦争努力に反するのであった。艦隊決戦は目的ではなく、むしろ戦争に勝つというより大きな目的のための手段であると捉えていたのである[34]。

このようなアプローチは、七年戦争当時の英首相ピット(William Pitt the Elder, 1st Earl of Chatham)が天才的な戦略家であることを証明する。「ピットにとって、陸軍と海軍は、一つの武器の刀身と柄であった」とコルベットは指摘した。そして、ピットはその武器により、「敵の海軍兵力を破壊することなく、海洋を越えて最も重要な目標を攻撃できただけでなく、本国において彼は、フランスの伝統的戦略を粉砕し、フランスを絶望的な侵攻に駆り立てることにより、フランスの主力艦隊を自らの手中に送らせたのであった」と説明している[35]。コルベットは、ピットの戦略が陸海軍の協同、そして外交力までも組み合わせた結果であることを明確に示したのである。また、新たな史料を使用すると共に、クラウゼヴィッツの理論枠組みを解釈に適用した[36]。

『七年戦争における英国』は、政策と軍事戦略の関係が複雑に変化することを示した。大戦略の規模において、戦争の理論と詳細な海軍史を相互に考察し、確固とした歴史事実の上に率直な戦略的結論を出す能力がコルベットにはあった。また、マハンほど明確な結論は出さなかったが、彼よりも広範囲な史料を使用して、戦略を創出するための歴史を描くことにおいては優っていた。この著作は、コルベットが軍事理論と歴史の融合を試みた唯一の著作であり、双方に同じ比重を置いたのである[37]。

ここまで述べてきたように、この頃のコルベットは英国海軍大学校における講義を続けながら理論研究を発展させ、また海軍省で助言者としての役割も果たし、さらに新たな歴史研究書も執筆していたのである。この間、一九〇五年と〇八年に過去の戦術に関する教範を纏めた『戦闘教範　一五三〇〜一八一六』と『信号と教範　一七七六〜一七九四』も編纂した。コルベットはこの両書の出版元である「海軍記録協会(Navy Record Society)」の会員であり、他にも『一五八五年から一五八七年までのスペイン戦争間の海軍に関係する文書』をはじめとして、数冊の本を編纂している[38]。

一九一〇年、新たな歴史研究書として『トラファルガー海戦』を刊行する。時代と地域の範囲が今までの著作より絞られているが、トラファルガー海戦を導いた外交・軍事の事象を丁寧に説明し、広範な文脈の中で、この有名な海戦を描いた[39]。しかしながら、海戦自体は議論の中心ではなく、政策と戦略の決定者について議論している。小ピット(William Pitt the younger)は、ナポレオン(Napoleon Bonaparte)を打倒するための堅固な欧洲同盟を立ち上げようとして、地中海においてロシアと提携した。また、英国は対ナポレオン戦略でロシアと合意しただけでなく、オーストリアとの提携をも意図していたのであった。この著作でコルベットは事象を歴史的に例証する手法に戻ったが、戦略目的を中心課題としたのである[40]。

このトラファルガー海戦自体については、同年に行われたアウステルリッツの会戦ほどの戦略的重要性はないとコルベットは主張している。トラファルガー海戦には勝利したものの、アウステルリッツの会戦におけるナポレオンの勝利によって、小ピットの大きな構想は破綻した。結局、ナポレオンを打倒するための対仏大同盟形成という英国の目的は失敗したのである[41]。したがって、政治目的の規準で判断すれば、トラファルガー海戦は失敗であった。この著作でコルベットは、シーパワーそれ自体は偉大なナポレオンを打倒する手段としては不十分であることを示し、シーパワーの限界を指摘した[42]。陸軍との協同なしに、海軍は戦争における決定的な効果をもつ攻撃武器と成り得ないという『ドレークの後継者達』のメッセージは、再びこの著作でも繰り返されたのである[43]。そして、コルベットは、英国の戦略について、「海洋は、海洋が為し得るすべてのことをしたが、欧洲大陸において、結末は失敗であった」と最終的に結論づけたのであった[44]。

コルベットはこの著作で、英国のみならずフランスやスペインの一次資料や研究書まで使用し、歴史研究書としての高い水準を維持すると共に、政治的、戦略的、戦術的な視点からこの戦争を研究することに努めた[45]。このことは、多様な読者を惹きつけることになるが、英国の英雄であるネルソン（Horatio Nelson）の戦術運動に対する批判を記述したため、一般読者の間でコルベット非難の騒動が起きる。この騒動について海軍省の委員会で調査まで行われた。委員会はコルベットの主張を支持するものの、騒動は三年後まで続く。この著作は、コルベットにとって最後の、また最も論争を巻き起こした歴史研究書でもあった[46]。

マハンがその著作において二次資料しか使用しなかったのに比べ、コルベットは主に一次資料から歴史的著述を行っており、歴史家としては正統的であった。そのためであろうか、マハンが理論的主著である『海上権力史論』を最初に著した後に、数多くの著作を発表したのに対し、コルベットは数多くの歴史研究書を積み重ねた後に、その蓄積された歴史考察にクラウゼヴィッツの思想を加味して、理論的主著『海洋戦略の諸原則』を著している[47]。

❖『海洋戦略の諸原則』の刊行と第一次世界大戦

一九一一年、コルベットの戦略論の集大成であり、唯一の理論研究書である『海洋戦略の諸原則』が刊行された。この著作は「グリーンパンフレット」の延長線上にあるが、ただ単に内容を詳述して紙数を増しただけでなく、重要な理論的発展も含んでいる。それはまず、より広範な理論枠組を提示すると共に、軍事思想の発展への広範な評価を行い、「英国流の戦争（The British Way in Warfare）」という思想を確立したことである。また、海洋戦略と海軍戦略を明確に区別し、陸上の戦争と海洋の戦争との間の異なる状態を示した。「現存艦隊（Fleet in Being）」の概念を提示したのもこの著作である。さらに、「グリーンパンフレット」が直接的、攻撃的であり、特に「敵艦隊を求めて撃滅する（seek out and destroy）」という当時の英国海軍のドクトリンを強く批判していたのに比べ、この著作は、より注意深いアプローチとして、多くの歴史事例と共に自らの主張を強調する手法をとっている[48]。海軍大学校の講義における強い論調を、改訂版「グリーンパンフレット」に引き続き、抑制させたのである。また、多くの歴史事例を採り上げることができたのは、これまでの歴史研究の成果であった。

この著作が公刊されるとさまざまな評価が寄せられた。肯定的評価はコルベットを「スーパーマハン」と評し、海戦の真の原則を沈着で学術的に示したものであると絶賛した。当時も多くの読者がコルベットをマハンと比較していたが、コルベットのアプローチは、「合理的な方法により論理的に所説が展開されている」、あるいは「歴史と理論の融合という長所がある」と評価された。一方でコルベットの艦隊決戦至上主義を否定する考え方や防御優位の思想へは、多くの批判が集まった。この批判は、内容のためだけでなく、コルベットが文官であったことや英雄ネルソンへの批判に対する感情的反発、フィッシャーとの長年の交際により、多くの敵を作ったためでもあった[49]。

今日、この『海洋戦略の諸原則』は、シーパワーに関する著作の古典として、また軍事思想と海軍思想へのコルベットの最も独創的な貢献として広く認識されている。特に、この著作で、三つの要素が独創的であると評価されている。第一に、英国海洋史の深い知識から帰納的に戦略理論を導いているという点である。ここまで概観してきたように、十六世紀後半のドレークの時代から十九世紀初頭のネルソンの時代まで、時系列的に著してきた五つの歴史研究書による英国海軍史の知識の蓄積が十分に活かされているのである。第二の点は、クラウゼヴィッツの理論を独創的に扱っているということである。すなわち、クラウゼヴィッツの限定戦争理論を海洋に適応させたのである。最後に、コルベットの文体は優雅で分かりやすく、難解な理論を容易に受容できると欧米では評価されている[50]。

『海洋戦略の諸原則』刊行後、コルベットの執筆活動は、英国海軍省のための公式戦史が中心となる。まず、日露戦争の公式海戦史を執筆し、これは『日露戦争における海洋作戦』として完成するが、日本から譲渡された秘密文書を含んでいたために秘密版とされ、一九九〇年代に復刻されるまで、ほとんど世に知られることはなかった[51]。

この『日露戦争における海洋作戦』を執筆して間もなく、第一世界大戦が勃発する。大戦中は海軍嘱託として戦争の記録を行うと共に、政府や海軍の首脳にさまざまな助言を行った。その影響は、海軍大臣のチャーチル(Winston Churchill)や首相のアスキス(Herbert H. Asquith)、ロイド・ジョージ(David Lloyd George)にまで及ぶ。また、英国艦隊総司令官ジェリコー(John R. Jellicoe)提督に発せられた一般訓令まで起案する。その内容は、既に英国海軍は海上交通路の管制を十分に確保しているので、大海戦を行う危険を冒す必要はないというものであり、これはジェットランド沖海戦の帰趨に大きな影響を与えたと言われている。コルベットは、艦隊決戦を行うよりも陸海軍の協同作戦を推進する方が効率的であるという強い見解をもち、そのことはフィッシャーやチャーチルの見解とも一致したのである。このような功績により、大戦中の一九一七年にはナイトの称号を授与された[52]。一方でこのコルベットの思想は、ジェットランド沖海戦で英国艦隊が決定的勝利を収められなかったために、伝統主義者たちから批判を浴びることになった[53]。

政府や海軍の首脳へ多くの助言を行う一方で、第一次世界大戦の公式海戦史の執筆も始める。その中で、コルベットは政府などの判断を歴史として取り扱おうとしたが、それに対し内閣や海軍省からは強い抵抗を受けた。抵抗を受けながらも、一九二〇年には『海軍作戦』第一巻が刊行される。続いて第二巻も刊行されるが、第三巻におけるジェットランド沖海戦の草稿で、さらに大きな批判を受けた。それは、艦隊決戦を追求することの重要性が過小評価されているというものであった。一九二二年、この第三巻を脱稿するものの、健康を害していたコルベットは、その後間もなくして六十七年の生涯を閉じるのであった[54]。

公式戦史執筆等の一九一一年以降の仕事は、コルベットにとって必ずしも本意なものではなく、『海軍作戦』の執筆が終わったら、トラファルガー海戦以降の歴史研究に復帰する予定であった。一九二一年に、「トラファルガー後のナポレオンと英国海軍」と題する準備的研究を行っていたが、その翌年の死により、コルベットの歴史研究復帰への願いは永遠の夢となってしまったのである[55]。

2 コルベットの海洋戦略理論

❖コルベットの二つの主要理論

ここまでコルベットの生涯と思想について概観してきたが、一連の著作を通じて、コルベットは大きく二つの理論を展開している。その一つは、英国のシーパワーは伝統的に陸軍と接合されており、それは不可分であるということである。この英国的視点から陸海軍の協同作戦の重要性を強調した。英国が大帝国を築き、維持できたのは、同盟(外交)、経済力、陸海軍の協力のためであるとコルベットは主張している。また、これら一つ一つの要素はすべて海洋に依存しているものの、総体の一部分として位置付けている。海軍は必ずしも海洋を支配する必要はなく、したがって海軍政策は必ずしも敵の撃滅を追求する必要はないのである。したがって、戦争全体の勝利は単にシーパワーの存在によってのみもたらされるわけではないという立場にコルベットは立つのである[56]。これはシーパワーが歴史に決定的な影響を及ぼしたというマハンの海軍戦略とは大きく異なるところである。この一つ目の理論である戦争全体における陸海軍の協同自体も、本書において日清・日露戦争を纏める上で主要な論点となる。

次に二つ目の理論は、限定戦争は海によって離隔された国家間によってのみ可能であり、それを望む国が遠隔の目標を孤立させるだけではなく、自己の本土侵攻を不可能とする程度に制海ができる時のみ可能であるというものである。これは「海洋限定戦争」の概念とも呼ぶべきもので、クラウゼヴィッツの限定戦争論から大きな影響を受けているが、その理論を全面的に是認しているわけではない。クラウゼヴィッツの限定戦争理論の大陸的な部分を批判し、英国軍事思想の中で発展させたのである[57]。この「海洋限定戦争」の概念については後述するが、クラウゼヴィッツの理論と共に、一つ目の理論である戦争全体における陸海軍の協同から導かれることは、先に述べたコルベットの思想の変遷を見れば明らかである。海洋によって孤立した目標を奪取・確保するという「海洋限定戦争」にとって、陸海軍の協同作戦が重要なことは論を待たない。

❖コルベットの主要概念——マハンとの比較において

ここでコルベット理論の要素となる概念の内、本書とも関係する重要なものを取り上げて考察してみたい。その際、概念を明確化するために、その要素をマハンがどのように捉えていたかとの比較において述べていきたい。コルベットの理論は、マハンの理論の大きな影響を受けていると共に、そのアンチテーゼとして提議されているからである。

(一) 制海

海軍戦略において、最も重要な概念は「制海」であろう。マハンはモムゼン(Theodor Mommsen)の『ローマ史』を読み、第二次ポエニ戦争でカルタゴが敗北したのは、地中海西部の制海を把握できなかったためであると気づき、制海の概念を発想した[58]。しかしながら、マハンは 制海について明確に定義していない。ただし、敵艦隊撃破の後も通商破壊を完全に阻止できないことを繰り返し述べていることからも、制海を絶対的なものではなく程度の問題と捉えていたようである[59]。そして、海軍は通商保護のために存在するというマハンの指摘を考慮すれば、コルベットの定義と大差のない海上交通の管制と捉えていたと推察できる。

しかしながら、その位置付けは大きく異なる。マハンは、敵の輸送船団を阻止することを、敵の戦闘艦艇部隊を撃破することに次ぐ第二義的な作戦にしか位置付けなかった。通商破壊の魔力は敵を苦しめることはできるが決定打にはならず、通商の戦略的中枢を長期にわたって支配して軍事的に海洋を管制することによってのみ、敵に致命傷を与えられることができると指摘した。そして、このような制海能力は強力な海軍と戦い、それに打ち勝つことによってのみ、その海軍から奪い取ることができると主張したのである[60]。

一方でコルベットは海軍の目的を制海の確保とした上で、制海とは交通手段の確保・拒否、すなわち海上交通の管制であると明確に定義している。そして、マハンの艦隊決戦主義とは大きく異なり、敵艦隊の撃滅は、制海のための単なる手段として位置付けている。コルベットも恒久的な制海獲得の唯一の方法は敵艦隊の撃滅であり、早期に艦隊決戦を行って勝利することが望ましいことには同意しているものの、同時に敵艦隊が常に決戦を望んでくるとは限らないことを指摘している[61]。考えてみれば、自らが優勢である場合、敵は防御された港に引き籠もる可能性が高い。この場合、封鎖等の他の手段で交通管制を確保するべきである。本書で後に詳述する旅順口閉塞作戦がそうであった。一方で自らが劣勢である場合、当然ながら積極的に艦隊決戦に臨むのは得策ではない。この後に考察する現存艦隊主義によって情勢が有利になることを待ち、反撃の機会を窺うべきである。いずれにしても、コルベットは交通線を危険にさらしてまで敵艦隊を追い求めるべきではないと結論づけたのである[62]。

(二)海軍の役割、位置づけ

コルベット、マハン共に歴史研究の対象とした時期は、主に十七世紀から十八世紀の帆船時代の海戦史であったことは類似している。しかしながら、両者は海軍の役割と位置づけについて、異なる結論を出している。マハンのシーパワー論が艦隊決戦思想に基づく海軍重視論であったのに対し、コルベットの海洋戦略は陸海軍協同論であって、上陸作戦、海上交通路の管制、現存艦隊を重視していた。

マハンの『海上権力史論』をはじめとする初期の著作における所論の中心は、シーパワーは歴史に決定的な影響を与えてきたということである。すなわち、海洋への発展が国家の発展をもたらし、その中で海軍は重要な役割を果たしてきたことを指摘した。一方でコルベットは、海軍戦略はそれ自体で完結するものではなく、陸軍との協同を考慮しつつ、戦争全体の中で位置付けられるとした。すなわち、海軍力を戦争における決定的要素とは見ていなかったのである。その理由として人類は海上ではなく陸上に住んでいるため、国家間の大問題は極めて希な場合を除き、陸軍が敵の領土および国民生活に対し実行できること、または陸軍が実行することを艦隊が可能にする恐怖によって、常に決定されてきたとコルベットは述べている[63]。

その後マハンも、『海軍戦略』最終章において、海に隔てられた二国が交戦した場合、海軍なくして侵攻は成功しないが、海軍が侵攻そのものを行うわけではないとも述べている。さらに、海軍のみで敵の侵攻から広大な国土を守りきることは不可能であると指摘して、海軍万能主義を否定している[64]。マハンが『海軍戦略』の中で、いくつかコルベットから引用していることを考慮すると、マハンもその所論を発展させる上で、コルベットの影響を受けたことは間違いないだろう。

さらに、海軍も含めた政軍関係について、コルベットはクラウゼヴィッツの限定戦争理論を踏襲して、軍事力は政治目的を達成するための手段であると位置付けている。その上で、限定戦争理論を海洋戦争に応用した。そして、マハンもこのコルベットの所論を引用して政軍関係について述べている。すなわち、七年戦争において、ピット首相が陸海軍と外交を支配していたので英国は強力な行動力を示せたというコルベットの主張から、政治家と軍人の共同作業の重要性を指摘した。また、軍事計画に政治的(国際的)状況を考慮する必要性をオーストリアによるボスニア＝ヘルツェゴヴィナ併合の事例を挙げて説明している。その上で、「問題が軍事力に関するだけならば簡単であるが、政治的関係があるので、優位にある艦隊が勝つというように一筋縄ではいかない。海軍将校は国内外を問わず現状に目を向けるべきである」と結論づけている[65]。コルベットの所論はマハンに対するアンチテーゼとして展開されているが、一八九〇年に刊行された『海上権力史論』から一九一一年に刊行された『海軍戦略』までの間に、マハンもまたコルベットから大きな影響を受けて、その所説を変容させていったのである。

(三) 現存艦隊主義

現存艦隊主義(Fleet in being)は艦隊保全主義とも訳され、長年にわたって海軍戦略上多くの議論がなされてきたテーマであるが、コルベットとマハンの捉え方も異なっている。マハンは、艦隊の守勢的用法について「要塞艦隊」と「現存艦隊」に対比して説明している。要塞を絶対視し、要塞援護を唯一の任務とする従属物として艦隊を使用する用法を要塞艦隊と定義した。一方で要塞は給炭や改修を行ったり、休養するための艦隊の待避所と位置づけ、艦隊を攻勢的に使用する用法を現存艦隊と定義している[66]。

マハンは日露戦争において、要塞艦隊はロシア陸海軍の主要概念であり、このため旅順とウラジオストクに艦隊を分割配置し、これがジョミニ(Antoine H. Jomini)の集中の原則に反したために失敗したと指摘している。さらに、陸の戦場に近い旅順に太平洋艦隊主力を置いたことを、敵艦隊の攻撃ではなく要塞援護に艦隊を使用したためであると述べている。そして、このことをロシアが要塞艦隊主義に固執していたというマハンの持論を補強する根拠とした。その上で、ロシアが艦隊を攻撃的に使おうとしたならば、日本艦隊を圧倒する艦隊を集結できたことを指摘しているのである。結局のところ、ロシアは要塞艦隊主義のような謬見に固執したため、強力な旅順艦隊を使いこなせなかったとマハンは結論づけている[67]。

このように、マハンは要塞艦隊主義を厳しく批判しているが、現存艦隊主義についても必ずしも肯定的ではない。劣勢な現存艦隊では日本陸軍の輸送は阻止できないし、そうなれば結局は撃滅される運命にあると指摘した。劣勢側が現存艦隊に依拠して優勢側の作戦を阻止することはできないのである。確かに、劣勢な敵の現存艦隊を撃滅するまで輸送をすべて中止することなどはあり得ない。もし現存艦隊が優勢であれば敵の交通を阻止できるが、劣勢であるから敵との決戦を避ける現存艦隊作戦をとるわけで、優勢であれば艦隊決戦を求めればよいのである。ただし、平時ならば安全確保のレベルが違うため、マハンも劣勢側の現存艦隊理論は受け入れ可能であるとしている。また、実際に出撃すれば、輸送を遅らせることができることを指摘しているが、単に可能性があるだけでは効果がないとも批判した[68]。

一方で防御優位の思想をもつコルベットは、その防御艦隊作戦の中で、現存艦隊思想に反撃のための準備という意味を含めている。そのため、現存艦隊とはただ存在することではなく、活動的に存在することと定義している[69]。マハンも認めているように、実際に活動をすれば現存艦隊に一定の効果は生じるだろう。前述したように、コルベットは劣勢側が現存艦隊によって敵の輸送を遅らせ、あるいは撹乱させて情勢の変化を待ち、自らが有利になった時点で反撃に移ることを主張した。

この点がマハンとコルベットの現存艦隊主義の捉え方の相違である。コルベットはこの実際の行動に焦点をあてて現存艦隊主義を肯定したのである。艦隊決戦至上主義を批判したコルベットは、戦争状態のほとんどは制海争奪の状況であり、その中で現存艦隊主義を最善のものとした。コルベットとマハンの相違は、それぞれがその多くを引用したクラウゼヴィッツとジョミニの相違にも一因がある。マハンは議論を進めていく上で、その多くをジョミニから引用した。『海上権力史論』『海軍戦略』両書共にジョミニからの引用が散見されるが、これはウエストポイントの陸軍士官学校教授であった父デニス(Dennis H. Mahan)の影響を受けたものと考えられる[70]。一方でコルベットは、論を進めるにあたって主にクラウゼヴィッツを引用し、その理論を海洋戦略に応用している。『海洋戦略の諸原則』の第一部第三章においてクラウゼヴィッツの限定戦争理論を解説し、第四章以降の第一部後半でそれを海洋戦略に応用した。コルベットはジョミニも若干引用しているが、クラウゼヴィッツと主張が同じ箇所のみである。このように、このクラウゼヴィッツとジョミニの相違が、そのままコルベットとマハンの相違に継承されている部分もあると言えよう。

❖分析枠組としての「海洋限定戦争」

コルベットの主要概念である「海洋限定戦争」の概念は、クラウゼヴィッツから大きな影響を受けている。しかしながら、その理論を全面的に是認しているわけではない。クラウゼヴィッツの限定戦争理論の大陸的な部分を批判し、海洋思想の中で発展させた[71]。クラウゼヴィッツは『戦争論』第八編「戦争計画」で、理念の戦争としての「絶対戦争」への対比として、現実の戦争としての「限定戦争」の概念を提議して、その戦略理論を展開している。コルベットはこれを批判的に継承した。クラウゼヴィッツと同様にコルベットも、「絶対戦争」は政治目的が中核的に重要なため、相手を打倒するまで戦う戦争であり、「限定戦争」は政治目的が限定されているため、その政治目的を達成した時点で終わらせることができる戦争であると捉えている[72]。

クラウゼヴィッツの限定戦争理論は隣接する大陸国家間の戦争を想定しており、限定された目標は敵の国境付近にある領土の征服であった。これに対しコルベットは「そのような目標は真に限定された目標ではない」と反論する。その理由として、①そのような領土は、たいてい敵が国土を保持するために「絶対戦争」を決意するほど重要な地域である、②その目標に対して、敵は全軍を使用することに何の戦略的障害もない、と主張する。そこで限定目標の概念を満足させるためには、①それは単に限定されたエリアではなく、政治的重要性をも限定されている、②戦略的に孤立している、ことが必要であると考えた。この状態が存在しなければ、戦争は「絶対戦争」になるであろうとコルベットは述べる。したがって、隣接する大陸国家間の戦争では、「限定戦争」と「絶対戦争」に真の違いはなく、程度の違いであると考えたのである[73]。

一方で海洋によって国境が隔てられると、「限定戦争」と「絶対戦争」の区別は直ちに本質的なものとなるとコルベットは指摘する。海洋により、領土は真の「限定戦争」の状態を設定するのに十分なほど孤立化される。したがって、「限定戦争」は島国あるいは海洋によって離隔された国家間によってのみ可能であり、「限定戦争」を望む国が遠隔の目標を孤立させるだけではなく、自己の本土侵攻を不可能とする程度に制海ができる時のみ可能であるというコルベットの主要命題、すなわち「海洋限定戦争」の概念が導かれる[74]。

コルベットは、より強い列強を相手に英国が成功した秘訣をこの「海洋限定戦争」に求める。「限定戦争」の勝敗は交戦国の軍事的強さではなく、決勝点において発揮する意志と能力の強さの総量によって決定される[75]。コルベットは、これを海洋戦略に応用し、戦争は、目標の政治的重要度が限定されているため全力を投入しないからだけでなく、海洋という物理的障害によって目標が戦略的に孤立化されることにより限定されることを一連の著作で示した。また、コルベットはクリミヤ半島や朝鮮半島のように陸上交通が長く困難である場合は、半島も島と同様に孤立化されるとも述べている[76]。まさに日清・日露戦争当時の朝鮮半島や遼東半島はこの例に適合する。特に日本は陸上交通の困難なこれらの半島において、兵力の集中・増援・補給に海上交通を主用して戦争を有利に進めることができた。

この「海洋限定戦争」の中で、コルベットは制海の理論を位置付けた。「海洋限定戦争」において、海軍は必ずしも海洋を支配する必要はなく、したがって海軍作戦は必ずしも敵の撃滅を追求する必要はない。コルベットは米西戦争と日露戦争の例から海上交通線を危険に曝してまで敵艦隊を追い求めるべきでないことを示している。もちろん、海軍の最終目的は制海であることに違いなく、それを掌握できるに越したことはないと考えていたが、現実の戦争では制海は争われていることが常態であったと看破している。コルベットは、この双方とも制海を握っていない状況を「制海争奪（Disputing Command）」の状態と表現し、米西戦争や日露戦争を例示して、「制海争奪」状況下において敵艦隊撃滅まで大軍の渡海作戦を実施しないというドクトリンでは、戦争は失敗すると述べている。したがって、輸送船団護衛やその延長線上にある陸軍の上陸支援等の作戦である「制海行使（Exercising Command）のための作戦」の重要性を指摘した[77]。

そして、コルベットは制海を獲得していない状態における陸海軍の協同作戦を重要な作戦として位置づけた。ここに「海洋限定戦争」は、一つ目の主要理論である戦争全体における陸海軍の協同という概念に還元され、それをも包含するコルベットの最も重要な概念となるのである。したがって、海軍戦略論においてマハンと対比されるコルベットの中心思想を一言で言い表せば、「海洋限定戦争」という言葉に要約できると言えよう。本書は、この「海洋限定戦争」の概念を分析枠組として、第二章以降の日清・日露戦争を考察していく。

3　日清・日露戦争とコルベット

❖コルベットの日清・日露戦争観とその適用

コルベットは、日露戦争の性格について、その著作の中で次のように観ている。第一に、戦争目的の性質と戦域の地理的状況から日露戦争を海洋的な戦争と捉えている。第二に、日露戦争が海洋戦争であるが故に、陸軍と海軍の作戦は密接に関連し分離できないと考え、この戦争の陸海軍作戦を個別のものとしてではなく、戦争全体の有機的な一部分として観た[78]。したがって、コルベットは海軍の視点から日露戦争を分析しているが、陸軍作戦の進展を視野に入れ、その相互作用を十分に考慮している。これにより、コルベットは陸海軍の協同作戦の実相を解明しようと試みた。第三に、コルベットは日露戦争を限定戦争の好例として捉えている。一般的に見れば、当時の日本の国力で列強の一国であったロシアと戦争することは狂気の沙汰であった。確かに、日本にとってロシアの完全な打倒は当初から不可能なことである。しかしながら、満洲から朝鮮半島に対するロシアの脅威に対し、海洋によって孤立化されるという地理的条件が備わった韓国の保全という適切な政治目的を設定し、日本は限定戦争に成功することができた[79]。

日清戦争については、他の欧米の研究者同様にコルベットはあまり注目していない。ただし、日露戦争の著作で日清戦争と日露戦争が類似していることは指摘している。日清戦争で日本は北洋艦隊となかなか決戦できず、制海を握ることはできなかった。対馬海峡と黄海の必要海域のみを確保し、陸軍の海上輸送路を防護したのである。日清戦争におけるこのような行動が、日露戦争の教訓になったとコルベットは指摘した[80]。日清戦争も日露戦争同様に、陸海軍協同作戦によって成功した「海洋限定戦争」であったとコルベットが捉えていたのは明らかである。

このようなコルベットの日清・日露戦争観に対し、実際の戦争はどのように戦われたのであろうか。日清戦争および日露戦争を全体として概観してみると、その戦いの中心が陸戦にあったことは否めない。しかしながら、その大陸遠征軍を支えたのは海軍力と海上輸送力であった。日清戦争開戦の是非を検討する閣議において、川上操六参謀次長の大陸積極策に対して山本権兵衛海軍省主事が「工兵隊を用いて我が九州呼子港より対州へ架橋し対州より朝鮮釜山へ架橋し則ち日本より朝鮮に行く道を作らば我陸軍を大陸に送るに何等の苦労なからん」と反問したことは、よく知られることである[81]。この戦争における彼我の海軍戦略や制海の推移は、戦争全体に大きな影響を与えた。

ここでマハンの理論は、この日清戦争には適用できないし、戦局の推移も説明し得ない。なぜならば、日本は確かに制海獲得を目指したが、なかなかそれを獲得することはできなかったからである。戦争初期の天王山であった平壌の戦闘は、制海争奪下の戦いであった。その後の遼東半島作戦においても、日本が完全に制海を把握していたとは見なせないが、戦局は順調に推移した。日清戦争において、マハンの理論は明らかに矛盾する。従来の説では黄海海戦で制海を獲得したとされるが、後に本書で検討するように、実際には最終段階まで完全な制海は確保できなかった。威海衛で北洋艦隊が降伏して完全な制海を入手したが、それは戦局の帰趨が定まった後である。また、それは艦隊決戦によるものでもなく、威海衛攻略という陸海軍の協同作戦によるものであった。海洋を軸とした陸海軍の戦闘により、清国という大国を完全に打倒することはできなかったものの、朝鮮半島を勢力圏下に置き、韓国保全という戦争の政治目的を達成したのであった。

日露戦争においても、戦いの中心は満洲における陸戦であり、日本は陸軍の大部隊を大陸に送らなければならなかった。ところが、緒戦において旅順艦隊撃滅に失敗し、制海を把握することはできない。その後、度重なる海軍による旅順攻撃や閉塞作戦も功を奏さなかった。一方で、太平洋側にまでウラジオストク艦隊の跳梁を許してしまう。日本は極東海域の制海を把握することができず、制海争奪下の戦いを強いられたのであった。そういった中でも、対馬海峡と朝鮮半島西岸の部分的制海のみで、大陸遠征軍を送りこみ、その補給を行っていったのである。陸軍は速やかに朝鮮半島を占領し、その後は鴨緑江の戦闘の圧勝を皮切りに、満洲において連戦連勝を続け、開戦半年後には戦略的要衝である遼陽を占領した。コルベットの言う制海争奪下の戦いによって、確実に戦略目標を奪取したのである。

また、戦争前半期における戦局の焦点であった旅順の攻防においても陸海軍の協同作戦は力を発揮する。旅順艦隊は海軍の直接的な攻撃ではなく、海軍の支援によって上陸し、その後も海軍によって守られた海上輸送路から増援と補給を受けた陸軍の力によって撃滅することができた。旅順艦隊は海軍のみの力ではなく、陸海軍の協同作戦で撃滅することができたと言えよう。シーパワーに限界があったことは明らかであり、マハンが主張するように絶大なものではなかった。その後の日本海海戦も、コルベットが鋭く指摘するように、大陸へ陸軍を増援・補給する海上交通路を確保するための戦いであった[82]。この日本海海戦に勝利するまで、日本は極東海域で完全な制海を把握することはできなかった。しかしながら、日本の陸軍は大陸において連勝を重ね、日清戦争同様に朝鮮半島を勢力下に置いて、韓国を保全するという戦争の政治目的を達成したのである。本書では、こういった視点から日清・日露戦争の細部にわたって検討を加えていく。

❖『日露戦争における海洋作戦』の特徴と現代的意義

ここまで述べてきたようにコルベットは、日露戦争の海戦史について『日露戦争における海洋作戦』という大著に纏めているが、一九九四年に復刻出版されるまで公刊されることはなく、ほとんどその存在を知られることはなかった。したがって、この著作は日露戦争直後に書かれたにもかかわらず、日露戦争研究で注目され始めたのはここ十年余りのことである。この『日露戦争における海洋作戦』は日本の一次史料も使用しており、近年の欧米の研究では、日本側の作戦計画や行動を把握するための貴重な英語文献としても利用されている[83]。一方で、この著作は英国の海軍史家・海洋戦略家によって著された古典であり、戦略的観点からも現代の日露戦争研究に多くの示唆を与えてくれる。ここでは、まず最初にコルベットがこの著作を執筆するに至った経緯を述べた後、その特徴と現代的意義について考察する。

日露戦争終結後、英国海軍はこの戦争へ強い関心を示していた。それは日本海海戦をはじめとする海軍の圧倒的勝利と島嶼国の陸軍が渡海作戦を成功させたという戦争の特質によるためであった。そこで帝国防衛委員会(C.I.D.: Committee of Imperial Defence)において、日露戦争公式戦史刊行のプロジェクトグループが編成され、当初は軍人の手で執筆が開始された。しかしながら、一九〇八年、オットレイ(Charles Ottley)帝国防衛委員会委員長やスレイド海軍情報局長は、その草稿に満足せず、当時海軍大学校で常勤講師を勤めていたコルベットに草稿の改良を依頼した。依頼を受けたコルベットは、一九一〇年から執筆を開始し、一九一四年七月、海軍省情報部から第一巻六部が海軍部内で刊行された。続いて一九一五年十月、第二巻四百部が刊行されたのである。しかしながら、一九九四年、米国で復刻出版されるまで公刊されることはなかった。当時の日英同盟に基づいて日本から供与された秘密情報が含まれており、「秘」指定であったためである。

この『日露戦争における海洋作戦』は、日本、ロシア、英国の資料を分析して書かれている[84]。日本側資料は、海軍軍令部編の「極秘明治三十七八年海戦史」および『明治三十七八年海戦史』(公刊版)ならびに指揮官個人の報告書から成っている。この内特筆すべきは、日本から寄贈を受けて英国海軍省情報部が英訳した「極秘明治三十七八年海戦史」である。この資料は極秘指定であったため、日本では海軍省文庫のものをはじめその多くが、一九四五年の終戦時に焼却されてしまった。したがって、明治天皇へ献上された後に宮中で保管され、終戦後三十年を過ぎて宮内庁から防衛研究所に移管された一部しか現在のところ存在が確認されていない[85]。日本においても、一九八〇年代以降、外山三郎や野村實の研究で明らかにされるまで、その存在はほとんど知られていなかった。この「極秘明治三十七八年海戦史」を使用しているところに、この著作の大きな特徴と価値が見いだされる。ただし、日本の陸戦史に関する資料は参照されておらず、そこが最大の弱点である。また、「極秘明治三十七八年海戦史」は貴重な資料ではあるものの、後に本書でしばしば指摘するように、海軍側に都合の悪い事実は記述されていないことが多い。陸海軍の協同作戦における交渉において、海軍側に都合が悪い内容は多くあったが、その部分を分析しなければ陸海軍協同作戦の実相を明らかにすることはできない。

次にロシア側の資料であるが、海軍の公式戦史ではなくフランス参謀本部訳のロシア陸軍参謀本部編「ロシア陸軍戦史」を参照している。その他、準公式の論文や陸海軍の参戦将校の個人的な記録が使用されている。さらに、英国の資料として、駐在武官からの報告等が豊富に利用されており、第三者の視点が確保されている。

この『日露戦争における海洋作戦』の記述編集方針について、コルベットはその序文で次のように述べている。第一に、時系列的に事象を取り扱ったということである。すなわち、全戦域における事象を包括し、陸海軍作戦を進展する一体のものとして把握している。これこそが戦争のさまざまな部分の内的関係に明確な印象を与え、それを残す唯一の方法であり、歪みなく指揮官や参謀を評価できる唯一の方法であるとコルベットは述べている[86]。これはまた、時系列ではなく事象ごとに纏められている「極秘明治三十七八年海戦史」をはじめとする日本の日露戦争史に対する痛烈な批判でもある[87]。この時系列に纏める編集方針により、コルベットは新たな視点を提示し、そこにこの著作の大きな意義が見いだされる。本書においても、従来のように事象ごとに纏めることを避け、できる限り時系列に沿って記述すると共に、日本側の一次資料を豊富に使用してコルベットの弱点を克服することにした。これにより、政治・外交と軍事作戦、あるいは同時に遂行されている軍事作戦相互の関連について、より明確にできると共に、さらに新たな解釈を提示することができるであろう。

コルベットの第二の方針は、経過の終わりではなく、経過の中に批評を織り込む方法を採用したことである。その方が直接的・具体的で、理解しやすいとコルベットは指摘している。その理由として、戦争の進展におけるそれぞれの段階の重要性は、可能な限りその場で理解されることを挙げた。それぞれの作戦計画の策定やその実行は、その時の状況に責任をもつ将校によって判断される。経過後の批評は、安易な一般化や後知恵によって歪められる傾向にあるとコルベットは批判している[88]。本書でもこのことを心がけているが、経過の終わりにも批評を残している。コルベットも序文の記述にもかかわらず、経過の中の批評と共に、結論として経過の終わりに批評を残した。コルベットのこの指摘は、経過の中にも批評を織り込むことの重要性を指摘したものと理解するべきであろう。

次にこの『日露戦争における海洋作戦』の現代的意義であるが、復刻版の編者によって三点が指摘されている[89]。第一に、コルベットという重要な海軍史家による大作であるという点である。日露戦争の十年後に書かれたコルベットの研究は、現在でも有用な資料を含んでいる。第二に、公式海軍史に重要な論議を追加した点である。その中の一つは、技術発展の戦争への影響である。日露戦争では、魚雷攻撃、戦術運動、戦艦の速力と射程、装甲、通信といった分野に顕著な技術革新があったが、コルベットはこれらの物質的発展を帆船時代の研究を通して得た洞察に結びつけて、戦争への影響を論じた。また、この著作で描かれた戦術と戦略のバランスは、現代の戦争の基礎となるものである。第三に、「限定海軍戦争」に伴う統合戦略問題の重要な研究であるという点である[90]。コルベットは、日露戦争を巨大な陸軍と十分な海洋力を持った国家(ロシア)が、不十分ではあるが地域的に優れている軍(日本)によって渡海攻撃を受けた戦争と捉えた。日本の最大の強みは、戦域がロシアの中心部から離れているという距離の問題である。コルベットは、これらの点を踏まえて「海洋限定戦争」の長所と短所を指摘した。また、陸海軍の協同作戦については、そのレベルの問題や多様性について論じている。そしてコルベットは、日露戦争において日本はロシアに比べて、陸海軍、資源、財政等すべてにおいて劣っていたが、陸海軍の協同においてのみ優れていたために完勝できたと指摘した[91]。

このように、コルベット自身も日露戦争について重要な研究を行っている。そこで本書がコルベットの研究と異なる点を提示したい。第一に、コルベットの研究は他の欧米の研究に比べれば日本側の資料を豊富に使用しているが、それでもなお、先ほど指摘したように陸軍の資料や外交資料あるいは書簡などの個人的な資料など、十分な日本側の一次資料を使用しているとは言い難い。本書はコルベットの戦略理論を分析枠組として用いつつも、コルベットの研究以降、長年にわたり積み重ねられてきた先行研究の成果を踏まえた上で、十分な日本側の一次資料を用いて、日清・日露戦争を考察するものである。

第二に、本書はコルベットの日露戦争研究では把握できなかった日本側の国内状況、あるいは政軍関係や陸海軍の関係などの公式資料には表出されない事情にまで踏み込んで研究している点である。世界各地を旅行したコルベットであるが、インド以東に足を踏み入れた形跡はなく、日露戦争研究を執筆するまでは、特に日本や極東情勢に関心を示したこともなかった。それまでのコルベットは、大西洋や地中海における英国を中心とした海軍史を専門としていたのである。このような英国海軍史を中心として構築されたコルベットの戦略理論を、極東の戦争の内在的事情にまで踏み込んで適用することに、本書の意義が見いだされるのでである。

第三に、日露戦争のみならず日清戦争をも視野に入れたことである。序章で指摘したとおり日露戦争は、その前哨戦であり同じ戦争目的で戦った日清戦争も合わせて考察することにより、その本質に迫ることができる。コルベットも『日露戦争における海洋作戦』で、日清戦争についても若干の記述を残しているが、使用可能な資料などの関係から本格的な考察はできなかったものと思われる。これらの点により、本書はコルベットの優れた戦略理論を利用しつつも、コルベットの日露戦争研究より前進した研究成果を提示することができよう。それでは、第二章以降は日清戦争前史から具体的問題の検討に移ることにする。

第2章

日清戦争までの政策と戦略

【第2章 関連地図】

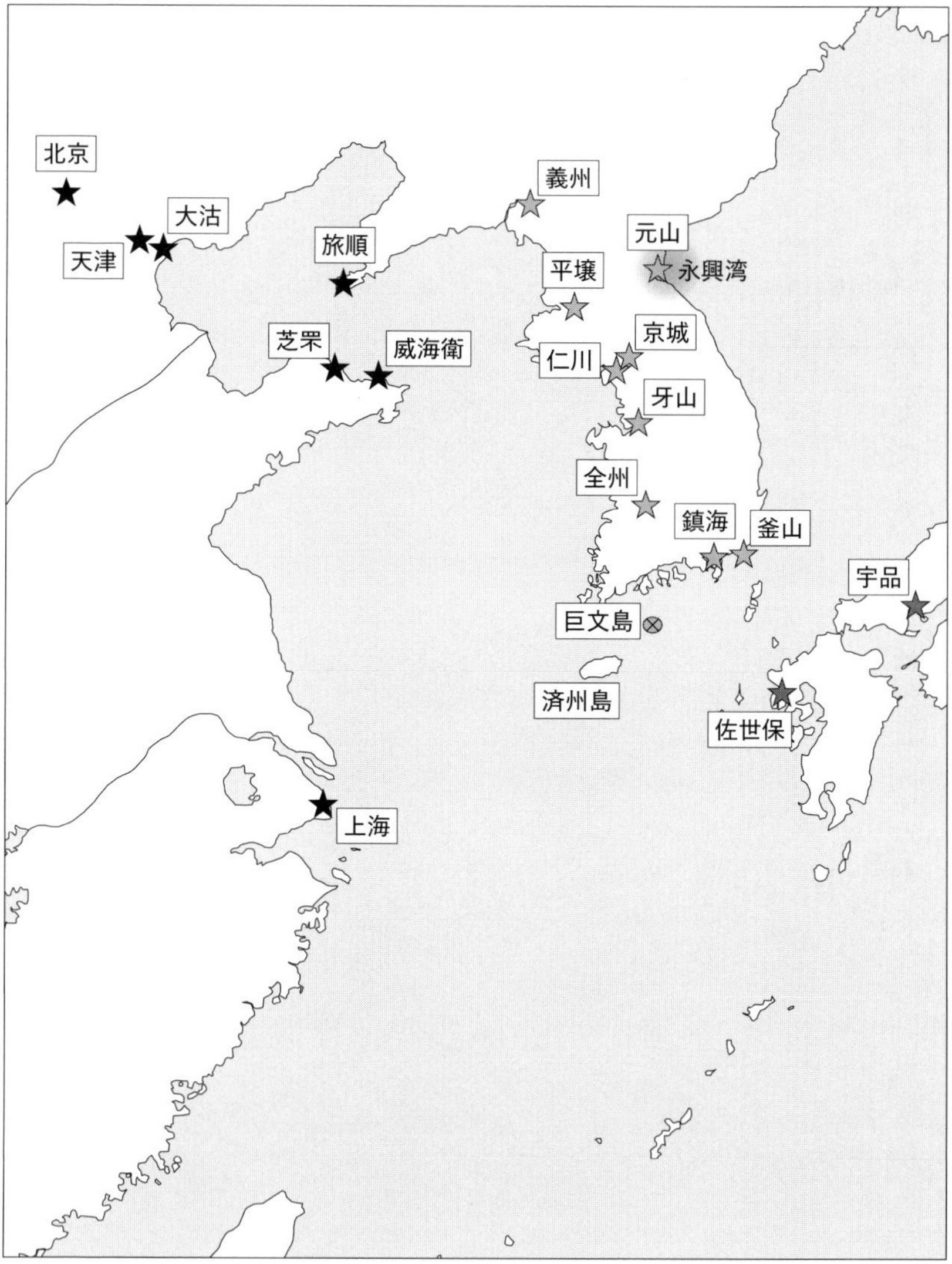

主に参謀本部編『明治二十七八年日清戦史』などを参照して、筆者が作成。

【関連年表】

年	月・日	出来事
1882（明治15）	7・23〜	壬午事変（8・30 済物浦条約調印）。
1884（明治17）	8・23	清仏戦争（〜85・6・9）。
	12・4〜	甲申事変（85・1・9 漢城条約調印）。
1885（明治18）	4・15	巨文島事件（英国軍艦による占拠：〜87・2・27）。
	18	天津条約調印。
1886（明治19）	8・13	長崎清国水兵事件（〜15）。
1888（明治21）	5・12	鎮台を廃し、師団へ改組。
1894（明治27）	4月下旬	朝鮮で東学党の乱が再発。
	5・11	朝鮮政府軍が反乱軍に敗北し、清国への出兵要請を検討。
	31	全羅道の首府全州が反乱軍に陥落。
	6・2	日本政府が混成旅団の朝鮮派兵を閣議決定。
	3	朝鮮政府が正式に清国へ出兵を要請。
	5	大本営の設置。
	7	天津条約第三款の規定に基づき、日清両国が相互に出兵を通知。

年	月・日	出来事
1894（明治27）	6・10	朝鮮政府軍と反乱軍が「全州和約」を締結（反乱の沈静化）。
		休暇中であった大鳥圭介駐朝鮮国公使が海軍陸戦隊及び巡査隊を伴って京城に帰任。
	12	清国の第一次朝鮮派遣部隊が牙山に布陣完了。日本の第二次輸送部隊の出発見合わせ。
	13	日本の先発一個大隊が京城に進出。
	16	日本の第一次輸送部隊（混成旅団の半数）が仁川に上陸完了。
		日本政府が朝鮮共同内政改革案を清国に提案。
	21	日本の第二次輸送再開。
	22	御前会議で、清国へ「第一次絶交書」の交付を決定。
	25	清国の増援部隊が牙山に、日本の第一次輸送部隊が京城郊外の龍山に進出。
	28	日本の第二次輸送部隊が仁川に上陸完了（29 龍山に進出）。
	30	ロシアによる干渉（日本へ即時撤兵を要求）。
	7・2	日本政府がロシアの即時撤兵要求を拒絶（13 ロシア政府了承）。
	3	大鳥公使が内政改革要求案を朝鮮政府に提示。
	8	朝鮮国王が内政改革の実施を謳った詔を発布。
	9	オーコナー駐清英国公使による調停（12 失敗）。
	12	閣議で「第二次絶交書」の通知と、さらなる強硬姿勢を決定。
	16	朝鮮政府が日本の撤兵と改革案の撤回を要求。
	17	再度オーコナー公使から調停の申し入れ。
	19	オーコナー公使が朝鮮共同内政改革の清国提案を取り次ぐ。日本は修正案を提示。
		日本政府が清国の増援阻止を決定。混成旅団が牙山進軍を決定。聯合艦隊の編制。
	21	英国が日本の修正案を非難（22 日本政府の反論）。

1894（明治27）
7・23
混成旅団の一部が京城に入り、王宮を制圧。朝鮮新政府の樹立。聯合艦隊が佐世保を出撃。

一八七六(明治九)年、いわゆる江華島条約が結ばれて日本と朝鮮の正式な国交が開かれた。その後、日本公使館も設置され、近代的な日朝関係が順調に進展していく。ところが、壬午・甲申事変の勃発により朝鮮問題とその背後に控える清国に対する政策は、日本の対外政策の大きな課題となった。この第二章では、日清戦争前史として、壬午・甲申事変以降の日清関係と両国の軍備増強を概観した後、日清戦争勃発までの経過を概観したい。

序章でも若干述べたが、日清戦争に関する従来の研究は開戦原因の探求を中心としたものが多く、その焦点は外交政策にあった。既に日清戦争後間もない一九〇二(明治三十五)年に巽来治郎の『日清戦役外交史』が刊行され、日清戦争の原因を明治初年の日清・日朝関係から説き起こした。続いて一九三四(昭和九)年に信夫清三郎は『日清戦争』を刊行し、開戦に消極的な政府と積極的な軍の二重外交説を指摘した。また、第二次世界大戦中に成稿され、一九五一年に刊行された田保橋潔『日清戦役外交史の研究』は、当時の可能な限りの史料を駆使して書かれた実証的な研究である[1]。

大戦後、多くの史料が公開されたことに伴い、日清戦争研究は活発となった[2]。中塚明の『日清戦争の研究』は、日清戦争の性格規定論を中心的論点としつつも、二重外交説を否定した上で、陸奥外交も開戦外交であったと指摘している。これに対し、藤村道生は『日清戦争』で、朝鮮への派兵という既成事実の前に外交当局が軍部に追随したと信夫と同様の議論を展開している。また、朴宗根は『日清戦争と朝鮮』で、開戦前後の朝鮮半島情勢に焦点をあてて二重外交説を否定した[3]。このように一九八〇年代前半までは、二重外交説を支持するにしても否定するにしても、日清開戦は不可避なものとして捉えられ、政府や軍の政策や開戦準備が描かれてきた。ところが、その後、檜山幸夫は、そもそもこの戦争は非計画的、偶然的な出来事であり予期しない戦争であったと一連の研究で論じ[4]、高橋秀直は『日清戦争への道』で、壬午・甲申事変以来の日本の政策を詳細に検討し、開戦方針の決定について選択の余地を指摘した[5]。

これら従来の研究を概観すると、日清戦争の開戦原因には諸説がある。しかしながら、日清戦争が、計画的なものであったとしても、偶発的なものであったとしても、東学党の乱をきっかけにして日清両国が朝鮮へ出兵して起きた戦争であることは疑う余地がない。本書の主題である「海洋限定戦争」を考える上では、戦争原因よりも、戦争目的が何であるかが重要な問題である。そこでこの第二章では、この開戦過程の中で日本は何を目的に戦争に踏み切ったのかを、外交政策のみならず日清両国の軍事動向と関連づけて観ていこう。

1 壬午・甲申事変の衝撃とその後の日清関係

一八八二(明治十五)年七月、京城で日本人教官の指導を受けていた新編制の別枝軍に反発した旧軍の兵士達が、給米の遅配や役人の不正に怒って反乱を起こし、壬午事変が勃発した。大院君(朝鮮国王の実父)がこれを利用し、彼らに閔氏政府の要人を襲わせると同時に、別枝軍の日本人教官堀本禮造中尉を殺害させる。さらに日本公使館も襲わせた。この反乱に対し、宗主国であった清国が出兵して事態の収拾を図る。清国軍は大院君を天津に拉致すると共に反乱を鎮圧した。翌八月に日本と朝鮮の間に済物浦条約が調印され、これにより朝鮮が日本の守備兵駐留の権利を認めた。後にこの権利が日清戦争直前における日本の朝鮮出兵の根拠となる。この壬午事変により朝鮮問題は日本外交の最重要課題となった。さらに清国が直接介入したことにより、日清両国の対立も顕在化する。この事変以降も両国の軍隊が京城に留まり、にらみ合いを続けたのである。このため日本政府は、大軍拡・大増税の方針を決定した[6]。

一八八四(明治十七)年十二月、金玉均ら朝鮮の独立党(急進開化派)が竹添進一郎駐朝鮮公使の援助を得てクーデターを起こし、一時的に政権を掌握するが、直ちに出動した清国軍に再び鎮圧された。この甲申事変で朝鮮政界の急進開化派(親日派)は壊滅し、また日本軍が武力により清国軍に敗れたことにより、日本の朝鮮における勢力は大幅に減退する。しかしながら、日本は清国とは平和解決を望んだが、朝鮮に対しては強気の態度で事後処理の交渉に臨む。幸いにして、清国も日本と平和的に解決する方針を採り、朝鮮に対しても対日譲歩を勧告した[7]。

翌年一月、この事変の最終解決のため、朝鮮との間に漢城条約が結ばれて朝鮮は日本に謝罪し、賠償金の支払いを約束した。さらにこの年の四月には清国との間に天津条約が結ばれ、①日清両軍の撤兵、②軍事顧問の不派遣、③今後出兵する際の相互通知が取り決められた。この天津条約の締結により、朝鮮からの清国軍撤兵を実現することができ、外交面における日本の大きな成果となった。しかしながら、朝鮮における急進開化派の壊滅や清国優位という現実の力関係が、この条約によって変化したわけではない。朝鮮問題は清国が絡み複雑化し、日本政府は清国との交渉がなくては真の解決を得られないとの認識に至った[8]。

一方でこの時期、欧米列強、特に英仏のアジア侵略が急速に進む。フランスは、一八五〇年代後半から本格的なヴェトナム侵略を開始して、六〇年代には南部コーチシナを直轄植民地とした。その後、一八八〇年代前半(明治十年代後半)には中部の安南、北部のトンキンに触手を伸ばし、清仏戦争へと進展する。甲申事変は、この清仏戦争最中の出来事であった。清国敗北後の一八八七年、仏領インドシナ連邦が成立した。この当時、世論に大きな影響を及ぼしていた代表的文化人である福澤諭吉は、その主宰する『時事新報』等で継続的にフランスによるヴェトナム侵略を論じている[9]。また、英国は、一八五八年にムガール帝国を滅ぼして直接統治を始めたが、一八七七(明治十)年、ヴィクトリア女王を元首として英領インド帝国を成立させた。さらに、三次にわたる英緬戦争の結果、一八八六年にはビルマ王朝も滅ぼされ、ビルマは英領インドに併合されるに至った。

東アジアにおける英国とロシアの対立も激化していく。天津条約締結直後の一八八五年四月から八七年二月まで英国は済州海峡の東側に位置する巨文島を占拠する。巨文島は、東に対馬海峡を、南西に済州島を、北に朝鮮本土の麗水を臨む戦略的要衝であった。この英国の行動はロシアの永興湾進出への牽制行動と目されていたが、ロシアから朝鮮領土へは進出しないとの約束を得て撤退した[10]。この巨文島事件は日本政府へ大きな衝撃を与え、欧米列強の東アジア侵略への危機感を募らせることになる。この事件自体は英国によって引き起こされたものであるが、日本が危機感を抱いたのはロシアの南下であった。ここに、日本の朝鮮政策は、清国の影響力を排除することから、清国と提携して朝鮮を共同保護する政策へと大転換したのである[11]。

このような東アジア情勢の中で、天津条約締結以降の日清関係は比較的安定する方向へ向かう。日清戦争前の小康状態とも言えるこの時期の対清観を、約八年にわたり外務卿(内閣制度創設後は外務大臣)を務めた井上馨と陸軍の第一人者であった山縣有朋の東アジア構想を中心として簡略に述べたい。

井上馨は、朝鮮半島をめぐる安定的な東アジア国際秩序形成が日本の独立と安定に不可欠であるとの認識に立っていた。したがって、甲申事変を契機に清国および朝鮮と平和的善後策をとり纏めると同時に、朝鮮の永世中立化を念頭に置きつつ、英国および清国との協調を基調とする外交路線の明確化を意図する。そして、天津条約をロシアの朝鮮侵略に対する日清共同防衛の基礎とし、ロシアに対抗する日英清協調体制形成の出発点と位置づけた。これは親英路線を採用しつつ日清協調関係の強化を図ったものである。英国の役割については、英国東洋艦隊の力と欧洲における対ロシア牽制を期待するものであった。さらに軍事面では、ロシアが南下した時に清国および英国と共同して朝鮮中立を保障する大陸派遣陸軍と本土防御海軍を整備することを重視した[12]。

一方、山縣有朋はロシアに対する堤防として、清国が強国であることを望んでいた。一八八〇(明治十三)年に山縣の指示で編纂され、八九年までの間に三次にわたって刊行された『隣邦兵備略』で要塞防御を論じているように、この時期は未だ防御志向が濃厚であったのである[13]。さらに、一八八九年末に首相となった山縣の「外交政略論」は、間もなく起工されるシベリア鉄道の脅威に対して朝鮮の中立を保持するため、清国および英国・ドイツとの協調を主張した[14]。その骨格は井上の親英清路線に基づく東アジア秩序構想と近似していたのである。その後山縣首相は、一八九〇年十二月の第一回帝国議会施政方針演説において、日本と清国が連合すれば軍備拡張を急がずともすみ、国内を充実できると説いた。第一次山縣内閣の基本政策は、日英清の連合によりロシアに対抗するという国際協調・守勢路線であったのである。このように、甲申事変以降の日本の軍備政策は基本的に防御戦略に則っていた[15]。その上で、日清間の提携と協調が模索されたのである。実際のところ、甲申事変から日清戦争までの約九年間、朝鮮をめぐる日清関係は比較的安定していたのであった。

しかしながら、一八九四(明治二十七)年に入ると日本の反清感情は急速に高揚していく。さらに各新聞記事や社説は、それを煽った。三月二十七日、朝鮮急進開化派の金玉均が亡命先の日本から清国に誘き出されて謀殺され、日本国内で朴泳孝の暗殺未遂事件まで生起するに至って、日本の反清感情は頂点に達する。当時外務次官であった林董は「金玉均の暗殺は大に我国人を刺激して、清国を悪視せしめたり。(中略)金玉均の死骸を清国軍艦に積で朝鮮に送り帰し、其刺客洪鐘宇を歓待せし事も、最も我感情を傷い人心を憤らしめたり」と回顧している[16]。

また、この時第六回帝国議会が開会中であり、守屋此助議員は「ソコデ支那政府ガ(中略)日本ノ国ニ向ツテ彼ガ侮辱ヲ加ヘテ居ラヌカ、無礼ノ所為ヲシテ居ラヌカ、是ガ無礼デナイカ、侮辱デナイカ、無礼ト云フ事柄ト侮辱ト云フコトハ、斯ノ如キ事実ヲ名ケテ、侮辱ト云ヒ無礼ト云フノデアラウト私ハ確信シテ居ルノデアル」と激烈な調子で演説している[17]。この質問書には、犬養毅他三十名の衆議院議員が賛同した。これは文字通り当時の国民を代表した声であり、この事件によって甲申事変以来約十年間に渡って抑圧されていた反清感情が爆発したのであった[18]。この強烈な清国への敵愾心と邦人保護の現実問題は、東アジアにおける清国との覇権争いに対する強い意志へと繋がっていったのである。そして、朝鮮における日清間の均衡状態は後述の東学党の乱によって崩壊することになった。

壬午・甲申事変以降の日本の大陸政策について概観してきたが、ここで軍事面にも目を向けていきたい。天津条約締結以降の日清関係は比較的安定していたものの、それ以前から日清両国は熾烈な海軍拡張競争を行っていた。一八七四(明治七)年の台湾出兵時に海軍力が不足であった教訓から、鋼鉄艦「扶桑」などの新鋭艦を英国から購入して就役させた日本は、当初、清国よりも海軍力では優位に立った。しかしながら、これに対抗して清国海軍も拡張に努める。この日本の海軍力優位が清国海軍の増強により急速に崩れつつあった時に、壬午事変が起きたのである[19]。

この年、アジアで初めて三十センチ主砲を搭載した鋼鉄戦艦「定遠」「鎮遠」がドイツで竣工する。清仏戦争のため、しばらくドイツに留め置かれていたが、一八八五(明治十八)年に清国へ回航された。これにより清国海軍の優位は圧倒的となった[20]。

早速、この「定遠」「鎮遠」は他の二隻の軍艦と共に、翌八六年に日本へ来航して「長崎清国水兵暴行事件」を引き起こす。この事件は、未だ海軍軍備が整わない日本政府に対して大きな脅威を与えた。また、その傍若無人な行動は、清国に対する敵愾心を日本国民に引き起こさせる端緒となった。さらに一八八八年、この「定遠」「鎮遠」を中心として北洋艦隊が編制される。九一年には、戦艦二隻、巡洋艦七隻、水雷艇六隻よりなる大艦隊が整備され、その兵力は日本海軍を遥かに凌駕するに至った[21]。同年、この北洋艦隊が日本に来航し、その絶大な勢力を示す[22]。当時、外務次官に就任したばかりの林董は、この北洋艦隊来航について「丁汝昌が之を率いて横浜港に来りしを見たるより、我国人は其隆盛なる外観の為に恐怖すること極めて甚しかりし」と回顧している[23]。

それに対し日本側も海軍力の拡張に鋭意専心する。当時の第一次山縣内閣は、民党による民力休養等の海軍予算削減要求に苦心しながらも建艦寄付運動を盛り上げる等、海軍力整備に努力した。日清戦争前年の一八九三年に軍艦建造費をめぐり政府と議会が対立していたが、これは明治天皇の宮廷費下賜という英断によって救われ、建艦費も認められて予算案は議会を通過する。この年の五月十九日、海軍軍令部が独立して制度上の改革も図られた。陸軍においても、壬午事変の発生により大幅な増強を始める。一八八二(明治十五)年末には、近衛兵と各鎮台兵で歩兵十六個連隊、騎兵・砲兵・工兵・輜重兵なども合わせて約四万人であったが、八八年の鎮台から師団への改編を経て、九三年末には、歩兵二十八個連隊など計約六万三千人となった。八二年と比べると二万人以上の増員であるばかりでなく、騎兵・砲兵・工兵・輜重兵なども充実され、総合戦力は飛躍的に増大したのである[24]。

一八九四年に入ると、日本国内のインフラ整備も急速に進展する。四月に山陽線が広島まで開通し、これにより山陽線、東海道線、東北線によって、広島から青森までが鉄道で結ばれた。このことは、北海道の屯田兵団、仙台の第二師団から東京の近衛師団、第一師団、名古屋の第三師団、大阪の第四師団までを迅速に広島宇品港に輸送することが可能になったことを意味し、陸軍の国内移動の基盤整備が完了する。広島は青森からの本州縦貫鉄道の終結点であり、一八八九年に竣工していた宇品港の大船繋船能力からも、日清戦争開戦後に明治天皇以下の大本営が進出し、戦争全般の策源地となった[25]。また、この年の五月、東京湾口、紀淡、下関の各砲台がほぼ完成し、不完全ながらも本土防衛体制も整備されるに至った。

一方で清国では、伝統的な軍隊である勇軍・練軍の兵力が約三十五万人、新たに徴募した新募兵が約六十三万人であり、総兵力は約九十八万人であった。しかしながら、これらの兵力は広大な領土の各省に散在し、運輸交通が不便なため至急には間に合わず、また大半はその地方の警備にあたらなければならなかったので、実際の戦争に使用できる数はかなり限定せざるを得なかった[26]。一八九四年七月の開戦時に出征準備が完了していたのは、李鴻章直属の北洋陸軍三万人および東三省練軍五千人の計三万五千人であった。しかしながら、李鴻章は北洋艦隊さえ健在であれば日本軍の攻撃を防御し、これを撃退するのに十分であると考えていた[27]。この李鴻章の防御戦略を見れば、来る日清戦争は制海が鍵を握ることが予見できる。

一九九四年五月、清国で北洋大臣李鴻章統監の下、盛京、直隷、山東の兵営・砲台の査閲と海軍の大演習が行われる。この演習は、朝鮮半島情勢を睨んで日本に対する示威活動と目され、フリーマントル（Edmund Fremantle）英国東洋艦隊司令長官をはじめ、日本、ロシア、ドイツの四ヶ国の軍艦がこれを参観した[28]。この時期、清国側の軍備も着々と整えられていったのである。

2 清国および日本の朝鮮出兵

一八九四年四月下旬、前年来頻発していた東学党の乱が再発する。五月十一日、朝鮮政府軍は反乱軍に敗北し、政府軍指揮官は清国への援軍要請を政府に提案した[29]。二十三日には、援軍要請について朝鮮政府内での検討も開始された。続いて二十日、二十七日、三十一日と朝鮮政府軍は反乱軍に連戦連敗する。三十一日、ついに東学党反乱軍は全羅道の首府である全州を陥れた[30]。

この時点で、日本政府は朝鮮半島が内乱状態になったと認識したものの、陸軍の本格的出兵まで必要であるとは判断していなかった。陸奥宗光外相も「この乱民は現在の政府を顚覆するほどの勢力を有するものと認むる能わず」と情勢を判断し、「その乱民の進行する方向に因り、あるいは我が公使館、領事館および居留民を保護するため、我が国より多少の軍隊を派遣すべき必要を生じ来ることあるべきやも測りがたけれども、目下の処にては京城は勿論、釜山、仁川といえどもそれほどの懸念なしといえるが故に、我が政府はこの時において出兵の問題を議するはやや太早たるを免れずとなせり」と回顧している[31]。ただし陸奥は「朝鮮東学党又々猖獗官軍敗北の報有之、今後の模様により或は軍艦派出の必要可有之と存候間、内閣及ひ海軍大臣へ報告致し置候」と伊藤博文首相へ書き送っており、海軍艦艇の派遣は考慮していた[32]。この頃、朝鮮半島で東学党の乱が燃え盛っていたが、この方面ではわずかに小型砲艦である「大和」「筑紫」の二隻が仁川港で警戒中であるに過ぎなかったのである[33]。

一方で清国は、五月初旬から既に東学党の乱を鎮定するために陸海軍の派遣準備を開始していたが、六月三日、ついに朝鮮政府は清国に出兵を請願する。これにより清国政府は、同夜中に直隷総督所管の陸軍と北洋艦隊の一部に朝鮮出動を下令した[34]。朝鮮政府の清国出兵依頼の陰には、日本国内の政府と民党の厳しい対立により、日本は朝鮮半島問題に介入できないと見て取った駐剳朝鮮総理交渉通商事宜の袁世凱による活動があった[35]。続いて六日、清国政府は沿海諸省に警戒を促し、北洋艦隊の丁汝昌提督にも戦闘準備を命じる。また、直隷総督である葉志超率いる兵約二千五百名および砲八門を輸送船三隻に分乗させ、海路で京城南方の牙山に向かわせた。これが清国の第一次朝鮮派遣部隊となった[36]。さらに、清国海軍は五月に東学党の乱の鎮定に向かう朝鮮政府軍の輸送支援に「平遠」を既に派遣していたが、この時「済遠」「揚威」も仁川港へ派遣し、この方面の清国海軍勢力は三隻となった[37]。

このような朝鮮半島情勢を考慮して、日本側も陸軍が派兵準備を開始した。六月一日、寺内正毅陸軍省第一局長は、日本郵船に船舶一覧表提出を命じる。これが派兵準備の最初の動きであった[38]。翌二日、前々日に議会が可決した内閣弾劾上奏案への対応のため閣議が開かれるが、その冒頭で陸奥外相が清国の出兵準備を知らせる電報を披露する[39]。直ちに、有栖川宮熾仁参謀総長と川上操六参謀次長が閣議に招かれ、混成一個旅団の朝鮮派遣が閣議決定された。また、休暇帰国中であった大鳥圭介公使を即時帰任させることも決まった。続いて四日には、陸軍が日本郵船に十二隻、大阪商船に二隻の船舶を借り上げることを申し渡した[40]。

六月五日、大鳥公使が海軍特別陸戦隊七十名と巡査二十一名を伴い、通報艦「八重山」に乗艦して京城へ向かった。同時に、海軍艦艇による仁川方面の警戒強化が図られる[41]。日本政府が朝鮮派兵を決定したこの時、日本海軍は臨戦体制からほど遠い状態であった。伊東祐亨常備艦隊司令長官は、旗艦「松島」および「千代田」「高雄」を率いて清国南岸の福州を巡航中であり、清国海軍の大演習を参観していた「赤城」は、山東半島の芝罘《しふう》港にあった。また、当時のハワイ情勢緊迫化により「高千穂」「金剛」は当地に派遣中であり、「橋立」「厳島」「扶桑」「海門」は修理中であった。とりあえず海軍軍令部は常備艦隊を仁川と釜山に集めるように指示した[42]。

五日、まず「赤城」が仁川に入港する。「松島」「千代田」は、いったん釜山に入港するが、帰任する大鳥公使が乗艦している「八重山」を護衛するため釜山を出港し、九日、「八重山」に少し遅れて仁川へ入港した。以降、伊東長官は「松島」「千代田」「赤城」「大和」「筑紫」「八重山」をその指揮下に掌握し、これらの諸艦を交互に出動させて豊島近海、牙山湾、群山浦などを偵察した[43]。

当時、仁川と清国の策源地である大沽とは海路一日半の行程であったのに対し、仁川と日本の策源地である宇品とは海路三日以上の行程であった。したがって、日本は清国の動向を見ながら慎重に対応したが、派兵にあたっては今後の情勢に対する深い洞察と共に慎重な船舶のやり繰りが必要であった[44]。また、清国が陸続きであったにもかかわらず、朝鮮半島への兵力投入に海上輸送を主用したことは注目する必要がある。当時の朝鮮半島は未だ鉄道が敷設されておらず、道路も劣悪な状況で、大部隊の行軍は困難な状況であった。コルベットが指摘したように、島嶼と同様に孤立した存在であり、海洋の利用が戦局を有利に進めるための鍵であった。

大鳥公使が京城に向かった同じ五日、大本営が設置された。当初は「総督府」を設置することが提議されたが、海軍が参謀総長指揮下の「総督府」に入ることに抵抗し、この時点では小部隊の派出にもかかわらず、戦時に設置されるべき大本営が設置されたのである[45]。これにより日本は、実質的な戦時体制に移行したが、これは決して軍が政府を無視したということではなく、陸海軍の協同作戦や後方体制に万全を期するための措置であった[46]。直ちに大本営から派遣混成旅団指揮官である大島義昌第九旅団長への命令が下る。その任務は邦人ならびに公使館の保護であり、保護方法と外交事項は大鳥公使と協議することが示された[47]。表面上の派兵目的は邦人ならびに公使館の保護に限定されていたが、前述の陸奥の言葉にあるように、全州陥落時には未だ日本政府は出兵する気がなかったわけであるから、この出兵は明らかに清国の出兵に対応したものであった[48]。

日本が大本営を立ち上げ出兵準備を始めている間も、清国の出兵が着々と進行している事実を示す情報が連日来着する[49]。六月六日、清国の素早い行動に対応するため、混成旅団の動員完了を待たずして一個大隊を緊急派遣することが決定された。一方で海軍においては、臨戦準備が完了するのは七月下旬と見積もられ、それまでの間、日本は艦隊決戦に向けた行動は起こせない状態であった。朝鮮情勢が風雲急を告げる中、海軍軍令部は開戦への準備を急いだ[50]。

日清両国が共に朝鮮への出兵を決定したことにより、この問題の外交交渉も始まる。六月七日、李鴻章の指示により汪鳳藻駐日公使は陸奥外相と会談して清国の朝鮮出兵を通知した。これは天津条約第三款の規定に基づくものである。この清国からの通知に対し、陸奥は通知文中の「朝鮮が属邦である」という文言は認めないことを汪公使に即日返答した。また日本側も、同じ七日に小村寿太郎駐清臨時代理公使を通して清国へ出兵を通知する。これに対して清国も反発するが、日本は済物浦条約および天津条約に基づく出兵であり、他国の指示は受けない旨を反論した[51]。

九日、清国第一次朝鮮派遣部隊の先発隊が牙山に到着し、十二日には本隊も牙山に布陣を完了した[52]。しかしながら、清国および日本の出兵情報を得た反乱軍は、既に十日に朝鮮政府側と「全州和約」を結んで全州から撤退していたのである。そのため、牙山布陣を完了した翌十三日、李鴻章は早くも葉総督に帰国準備を行うことを命じた[53]。この頃、清国海軍も林泰曽「鎮遠」艦長の指揮の下、「鎮遠」「超勇」「広丙」を仁川港に派遣する。林は、既に仁川港に在泊していた諸艦も指揮下に入れ、これらの諸艦を仁川・牙山間に往来させて、日本の陸海軍の動静を監視させた[54]。

一方で日本側の派兵であるが、六月九日午前、先発隊として第五師団の一個大隊約一千名が輸送船「和歌浦丸」で宇品港から出港した[55]。続いて十日夜から翌十一日にかけて、混成旅団司令部と歩兵一個連隊主力の約三千名が輸送船九隻に分乗し、第一次輸送隊として順次仁川に向かう。門司からは新鋭巡洋艦「吉野」が、仁川沖の豊島付近からは巡洋艦「千代田」の護衛が付いた[56]。

大鳥公使も、海軍特別陸戦隊と巡査隊を伴って十日に京城へ帰任する。当時、仁川港に在泊していた常備艦隊旗艦「松島」以下六隻の乗組員で連合陸戦隊四三二名が編成され、京城まで大鳥公使を護衛した。なお、京城到着以降は、十三日に到着する混成旅団の先発一個大隊と交代するまで、特別陸戦隊・巡査隊と共に京城市内の警戒にあたった。したがって、十日の大鳥公使京城帰任の時点で、在京城の日本の兵力は五百名余りであった[57]。ところが、京城の平穏な様子を見た大鳥は、直ちに派兵中止を陸奥外相に進言した[58]。これを受けて日本政府は、清国政府と交渉継続中の間は第一次輸送隊を仁川に駐屯させ、第二次輸送隊の出発はしばらく見合わせることにする。十二日、大本営から大島混成旅団長へ「仁川に上陸したならば、その場に留まれ」と訓令された[59]。既に先発していた「和歌浦丸」乗船の一個大隊は、門司より砲艦「大島」の護衛を受けて十二日に仁川へ到着し、翌十三日には京城へ進出する。十五、十六日両日には混成旅団主力も仁川に揚陸され、第一次輸送は無事に完了した[60]。それは清国の朝鮮派遣部隊の牙山布陣に遅れること、わずか四日のことであった。

一方で第二次輸送は十七日から開始される予定であり、その第一陣は海軍徴用船から融通された「高砂丸」と「相模丸」であった。十四日、海軍と軍艦の護衛に関し調整が行われ、第二次輸送の護衛は巡洋艦

「浪速」に決定された[61]。十五日払暁、第二次輸送第一陣の「高砂丸」が宇品に入港する。一個大隊が直ちに搭乗し、その日のうちに仁川へ向けて出港した[62]。翌十六日午後、同じく第二次輸送第一陣の「相模丸」が宇品に入港し、直ちに出港準備に移る。ここで有栖川宮参謀総長から野津道貫第五師団長へ「混成旅団残部ノ輸送ハ暫ク見合ス可シ」と訓令され、「相模丸」の出港は延期となった[63]。一方で「高砂丸」の方は十八日に仁川へ入港する。しかし上陸は許可されず、陸兵は船内に留め置かれた[64]。

事態の進展に伴い、六月十四日、伊藤首相は臨時閣議を召集し、朝鮮問題を解決するため、日清両国による朝鮮の内政改革について討議した。翌十五日の閣議では、陸奥外相の意見により、清国との交渉妥結前は撤兵しないことおよび清国が共同改革を拒否するならば日本は独力で朝鮮に改革を迫ることが条件として追加され、日清共同改革案が決定された[65]。ここに当初の派兵目的は、邦人保護から対清交渉の手段へと完全に変更されたのである[66]。この決定は外交の重点を朝鮮から清国に移すものであり、日本政府の一大決心を示すものであった[67]。翌十六日、閣議決定に基づき陸奥外相は汪公使に、朝鮮の内政改革日清共同委員会設立を提案する。これは日清両国共に兵を留めたまま、朝鮮共同改革を行うことを提案するものであった[68]。

ところが、この日清間の外交交渉は難航する。清国側は日清両国の同時撤兵が先であると主張した。これに対して日本側は、朝鮮国内において反乱が続発するのは同国政府の内政に問題があるのは明白で、これを根本的に改革しなければ、近隣国としての日本は安全を確保することができず、したがってそれまでは撤兵できないと主張した[69]。このような交渉状況の中で日本は開戦への決意を固めつつあり、二十日の定例閣議では陸海協同作戦案の調整が必要であることが認識される。二十一日、神尾光臣清国公使館付武官から、清国兵五千名が出港準備中であり、別に陸路千五百名が平壌に進軍中であるという情報が入った[70]。参謀本部は緊急会議を開き、陸海共同作戦案を協議した[71]。この会議で当面の戦略、すなわち後述の「作戦ノ大方針」に近いものが決定される。同日午後の臨時閣議において、統帥部からこの陸海共同作戦案が説明され、ここに開戦を辞さぬことが決定された[72]。

この日、清国から朝鮮改革案への全面拒否回答も届いた。ここに朝鮮内政改革と撤兵問題に関する日清交渉は完全に行き詰まる。二十二日午前に開かれた御前会議において、清国への「第一次絶交書」の手交、朝鮮単独改革の方針ならびに第二次輸送の再開が決定された。陸奥外相から汪駐日公使に手交されたこの「第一次絶交書」は、朝鮮国内に度々騒乱が起こることは、隣国の友誼上のみならず、日本の自衛上も看過できず、「帝国政府は断じて現在の朝鮮国に駐在する軍隊の撤去を命令すること能わず」という日本の決意を通告している。陸奥は、これを「日清両国相互に提携することは最早我より望むことをなさざるべしとの決意を示したる宣言」と表現した[73]。ここで日本は、清国との開戦を決意したと言って差し支えないだろう。この日、陸奥は汪駐日公使に長文の手紙を送るが、汪公使は翌日それを本国に打電した。これを傍受した日本の外務省は、昨日の手紙を打電したに違いないと考えて分析した結果、暗号キーを発見する。以降、日本は清国公使と本国の電信を解読できるようになった[74]。

3 朝鮮出兵後の外交交渉と陸海軍の動向

六月二十一日の閣議後、混成旅団の第二次輸送再開が命ぜられ、その準備が開始された。ところが翌二十二日、仁川沖の「八重山」から清国海軍の「鎮遠」「超勇」「広丙」の仁川入港が伝えられる。このため、危険の恐れのあるときは臨機の処置で釜山に回航することが護衛の東郷平八郎「浪速」艦長に命令された[75]。二十四日正午、一個連隊を基幹とする混成旅団残部約三千七百名が輸送船八隻に分乗し、第二次輸送隊として宇品を出港する[76]。手筈通りに巡洋艦「浪速」が下関から護衛した[77]。

日本政府が清国との開戦の決意を固め、混成旅団の第二次輸送隊が続々と朝鮮へ向かっていたこの頃、清国の朝鮮派遣部隊も動く。帰国準備を命ぜられていた派遣部隊であったが、六月十八日に偵察隊から反乱軍再起の報告を受けた葉総督は、李鴻章に再度出動することを求め、二十二日に許可された。また二十五日、清国の増援部隊四百名が牙山に着く[78]。この情勢に基づき、葉は、二十七日、聶士成に兵約一千名、砲三門を率いさせて全州一帯に派遣した[79]。

一方で日本の第二次輸送船団は、この二十七日に仁川へ到着する。翌二十八日夕には上陸が終わり、第二次輸送が完了した[80]。この部隊は、翌二十九日には京城郊外の龍山に到着する。仁川に留め置かれていた混成旅団第一次輸送隊も二十四日に仁川を発ち、既に二十五日に龍山に着いていた。ここに混成旅団は先発隊一個大隊の約千名が京城市街地に、郊外にはその他の約七千の兵が布陣することになった[81]。以降、日清両国の軍隊は龍山(日本軍)と牙山(清国軍)で対峙したまま、外交交渉が継続される。

このように情勢が切迫してきたため、仁川で警戒にあたっていた日本艦艇は、若干の艦艇を残して佐世保に集合することが命ぜられ、六月二十四日、同地に帰着した。既にこの時、御前会議で開戦の方針が決定されていたが、この時点で西郷従道海相は伊東長官へ「艦隊ヲ佐世保軍港ニ集合シタルハ軍略ニ出ツ。故ニ何分ノ命令アルマテハ艦隊ヲ離散セシム可カラス」と命令した上で、日々切迫しつつある朝鮮に関するに情報と作戦方針を示している。この作戦方針では「佐世保ヲ策源地トナシ、対州、五島、釜山、巨文島、済州島ノ近海ヲ扼シ、以テ本国ト釜山ノ航路ヲ守護シ、敵ノ艦隊ヲ此地ニ導キ、水雷艇隊ト相待テ敵ヲ邀撃」することを目指していた。この時点で海軍の作戦方針は、臨戦準備が整っていなかったこともあり、対馬海峡の海上交通路保護に重点を置いたものであった。その上で「七月下旬、橋立、厳島、高千穂、扶桑等ノ準備スルヲ待テ、大作戦ノ定ムル所ニ従ヒ敵ノ根拠地ヲ衝キ以テ敵ノ海軍ヲ破壊スルノ策ヲ執ル」と積極的作戦に移ることを計画していたのである[82]。実際には北洋艦隊が積極的に南下しなかったため、対馬海峡で両国海軍の接触は起こらず、その後、聯合艦隊の方が積極的に仁川方面に進出することになる。また、「大作戦ノ定ムル所ニ従ヒ」とあるから、この六月下旬の時点には、やはり「作戦ノ大方針」は固まっていたと見るべきであろう。

さらに三十日、各艦艇を佐世保に集結させた西郷海相は、「其勢力ヲ纏メ、戦闘準備ハ勿論艦隊一致ノ運動ヲ訓練シ、勉メテ区々ノ運動ヲ避ケ、事ニ当テ最モ運動ノ機敏ヲ要ス。開戦ノ場合ニ至リ遺算《ママ》ナカランコトヲ望ムニアリ」と指示している。この時、二十二日の御前会議の決定を受けて、開戦の決意が現場の部隊にも伝えられた。また、七月一日、中牟田倉之助海軍軍令部長から京城の日本公使館宛に「艦隊一時帰朝セシメタルハ軍略ニアリ心痛スルナ」と通知して在外公館の不安除去に努めた[83]。一方で清国海軍も仁川・牙山間で警戒にあたっていたが、七月一日、林「鎮遠」艦長は「揚威」「飛虎」「操江」の三小艦のみを仁川に残し、「鎮遠」「済遠」「超勇」「平遠」を率いて北洋艦隊の根拠地である威海衛に戻った。その後、七月二十一日の牙山増援まで威海衛の諸艦は動かず、清国海軍も開戦に向けて準備を始めた[84]。

六月二十六日、京城では帰任した大鳥公使が朝鮮国王に拝謁して内政改革の必要性を説き、そのため朝鮮政府が特別委員を任命して改革の条項を調査するように建言した。同時に日本政府内でも、二十七日の御前会議で内政改革の具体案が決定される。これは翌二十八日に大鳥公使に機密訓令された[85]。また、大鳥公使はこの機密訓令を受領する前に、朝鮮は清国の属国であるかとの態度照会を朝鮮政府へ行っている。三十日、朝鮮政府から清国の属国ではない旨の回答があった。七月三日、この朝鮮政府からの回答を受けて、大鳥公使は内政改革要求案を朝鮮政府に提示する。七日、この日本の提案に対し朝鮮政府は重臣三名を内政改革案調査委員に任命し、翌八日には綱紀の紊乱、内政の弛廃、官吏の腐敗を反省し、内政改革の実施を謳った詔を発布した。ここに従来の清国との関係が破棄され、新たに日本との提携関係が樹立されるように見えた。しかしながら、十日から始まった日朝共同調査委員会で、朝鮮側委員は日本軍の京城撤退後でなければ内政改革を審議できないと主張し、会議は全面的に停滞する[86]。十六日には、先に大鳥公使から示された内政改革案への回答として、朝鮮政府から日本の撤兵と改革案の撤回が要求されたのである[87]。

六月以降の日清両国による朝鮮派兵により、列強の目も朝鮮半島に注がれるようになる。その原因の一つは清国および朝鮮両政府が列強へ調停を依頼したためでもあった。六月二十五日、ヒトロヴォー(Michael A. Khitrovo)駐日ロシア公使が陸奥外相と会談し、干渉を示唆する。続いて三十日、ついにロシアによる干渉が始まり、「日本カ清国政府ト同時ニ在朝鮮ノ兵ヲ撤回スル事ニ付故障ヲ加ヘラル、ニ於テハ重大ナル責ニ任スヘキコト」を勧告した。七月二日、日本政府は、朝鮮侵略の意思がないことおよび変乱が鎮定された後には撤兵する旨を示し、婉曲に即時撤兵を拒絶した。この前日、陸奥は抜け目なく、キンバリー(John Wodehouse, First Earl of Kimberley)英外相へ「伊藤伯及本大臣ハ決シテ露国ノ差図ニ従ハザルノ決心ナリトノ事ヲ申伝ヘラレタシ」と駐英国青木周蔵公使に訓令している[88]。

この二日、西郷海相も伊東長官と各鎮守府長官に「今回朝鮮国ニ関スル清国政府トノ交渉事件倍々切迫シ、加フルニ露国政府干渉ノ事起レリ」と、ロシアの干渉に言及して情勢の緊迫化を論達している。その上で日本の政略の大要を示し、「此時機切迫ノ際ニ於テ、清露両国ノ海軍ニ対シ、最モ周密ナル注意ト警戒ヲ怠ルヘカラサルコトヲ希望」した。この論達において「左レハ露国ノ干渉ヲ来シタル原因ハ、素ト清帝ヨリ露帝ニ仲裁ヲ申込マレシ結果ニシテ(中略)清露ノ関係ハ、事予想外ニ出テタルハ必ス両国ノ間ニ一ツノ密約ヲ締結シタリシモノナラン」と疑念を示している。さらに「我政府ハ是ヨリ露国ノ措置ニ付テハ容易ナラサル関係ヲ有スルモノニシテ、随テ我海軍ノ方針ハ政略ノ如何ニ伴ハサルヘカラス」と政略と海軍作戦の一致を述べた[89]。

七月九日、ダン(Edwin Dun)米国公使から和平への好意的忠告がなされた[90]。十三日に至り、ヒトロヴォーは、ロシア政府がこの日本の即時撤兵拒絶の回答をひとまずは了承し、当面は日清間の紛争に深入りしない旨を通知した。これより先、オーコナー(Nicholas R. O'Conor)駐清英国公使からの仲裁もある。九日、オーコナーの仲裁により小村駐清代理公使が清国の外相にあたる慶親王奕劻総理衙門大臣と面談した。しかしながら慶親王は、日本の撤兵を主張するのみであり、まったく要領を得なかった[91]。さらに十二日、オーコナー公使と慶親王との会談で、清国側はオーコナーの提案を拒絶し、この調停も失敗に帰した[92]。

朝鮮半島情勢に目を移せば、七月九日、葉総督は増援して朝鮮派遣軍を強化するか逆に一時撤退することを李鴻章に進言する。しかしながら、李は日清交渉中のためこれ以上の増援もできず、また清国の威信にかけて撤兵もできなかった[93]。結局のところ、その後も清国の朝鮮派遣部隊は牙山駐屯を継続する。翌十日、全州鎮圧に向かった部隊も、反乱軍に大きな打撃を与えることなく牙山へ戻った[94]。このような情勢の中、日本政府は十二日の閣議で、清国へ「第二次絶交書」を通知し、今後さらなる強硬姿勢を採ることを決定する。この「第二次絶交書」は「事局既ニ此ニ至ル、将来因テ以テ生スル所ノ事体ハ帝国政府ノ責ニ任スル所ニ非サルナリ」と、まさに最後通牒であった[95]。ここに清国もこの「第二次絶交書」受けて、開戦を決意した[96]。

十五日、李鴻章は牙山の部隊に平壌移駐を命じる。しかしながら、葉総督は京城・仁川方面の日本軍の活動を考慮して、平壌への海上輸送を危険と考え、また京城・釜山間の日本軍交通線をおさえるため、牙山に留まることを進言し、増援を求めた。これに同意した李鴻章は、十九日に二千名の増援を決定するが、その情報は直ちに日本側に察知された[97]。一方で日本側は十五日に、ハワイ外航中の「高千穂」「金剛」が佐世保に帰港し、主力艦の佐世保集合が完了する。十七日、海軍軍令部長が消極派の中牟田倉之助から積極派の樺山資紀に交代し、海軍の開戦準備も着々と進められた。海軍軍令部長交代については、伊藤首相も関与していたようである[98]。

ところがこの十七日に、再度オーコナー駐清英国公使から調停の申し入れがある。続いて十九日、オーコナーは日清両国による朝鮮共同内政改革の清国提案を取り次いだ。この提案は、オーコナーが発案し、清国政府と調整したものであった[99]。しかしながら、この時既に朝鮮情勢は、日本が共同内政改革を提案した一ヶ月前とは一変していたのである。既に単独改革に着手していた日本政府は、清国が到底受け入れられない修正案を回答した。また、清国の増援情報を察知した日本は、修正案の末尾で「此際清国ヨリ増兵ヲ派遣スルニ於テハ、日本ハ之ヲ以テ威嚇ノ処置ト見做スヘシ」と警告した[100]。

二十一日、この日本の修正案を不当とした英国は、「日本政府が今回清国政府に対する請求は、かつて談判の基礎とすべしと明言したる所に矛盾し、かつその範囲の外に出たるに付き、もしかかる政略を固執し日清両国開戦に至らば日本政府はその責に任ずるの外なし」と、最終宣言を声明した。翌二十二日、日本政府は直ちに反論する。これに対しキンバリー英外相は、日清両軍による朝鮮共同占領と協議を提案した。日本政府が、これを保留している内に、二十三日、英国は上海に戦禍が及ばないように要望してきた。これについては日本側も快諾し、当初日本に対して強硬だった英国との緊迫した関係も開戦直前に事なきを得た[101]。これら開戦前の欧米列強の干渉を概観すると、ここにも英露による利権保護と影響力確保のための激烈な争いが看取できる。陸奥は、伊藤首相と協議の上、この英露の争いをうまく利用して、干渉を切り抜けていくことができたのである。

さまざまな情報源から清国の増援を察知した日本政府は、七月十九日の閣議で清国からの増援阻止を決定する[102]。この政府の開戦決意は現地の大鳥公使に直ちに通知された[103]。また、西郷海相も伊東長官へ「京城ニ於ケル状況頓ニ一変シ、朝鮮政府我勧告ヲ採用スルノ望断ヘタリ。又清国ハ十七営ノ陸兵ヲ朝鮮ニ派遣スル事ニ決シ其内六営ハ今明日ノ内太沽ヨリ発スル報アリ。開戦ノ期倍々熟ス。出発ノ命下ル近キニアルヘシ。万事周到ニ注意サレシコトヲ希望ス」と訓令した[104]。大本営も、伊東長官に「命令第一号」を発して、朝鮮半島西岸の制海掌握と清国の増援阻止を命じた。また大島旅団長に「清国軍増加ノ景況アラハ、其旅団ハ、一部ヲ京城ニ止メテ、従来ノ任務ヲ継続セシメ、敵ノ増加セサルニ乗シ、首力ヲ以テ眼前ノ敵ヲ撃破スヘシ」と打電した。これを受けて大島旅団長は大島公使と協議の上、牙山進軍を決定する[105]。さらに大本営は第五師団に対して、第三次・第四次輸送を予令した[106]。またこの日、警備艦隊が西海艦隊へ昇格し、常備艦隊と合わせて聯合艦隊が編制される。聯合艦隊司令長官には、伊東常備艦隊司令長官が就任した。

二十日、大鳥公使は、江華島条約に違反する清国との条約廃棄ならびに清国兵を退去させることを朝鮮政府へ要求する。これに対して二十二日、朝鮮政府は清国政府に撤兵を請求中であると回答した[107]。ここに至り大鳥公使は朝鮮政府と交渉を継続しても進展はないと考え、二十三日未明、龍山に駐屯している混成旅団の一部が京城に入り、朝鮮兵と衝突して王宮を制圧する。大鳥公使は大院君を迎えて朝鮮新政府を樹立した。新政府は直ちに内政改革要求を受諾し、日本に清兵排除を依頼した。強引な手法ではあったが日朝提携への道は武力によって開かれたのである[108]。

一方で清国側は、二十一日、新たな増援の第一次部隊として約一千三百名を、英汽船「飛鯨号」と「愛仁号」に分乗させて大沽を出港させる。「済遠」「威遠」「広乙」が護衛につき、二十三日、この部隊は牙山湾に着いた。これで清国の朝鮮派遣軍は計約四千名、砲八門となった。同日、さらに第二次増援部隊の約一千二百名と砲十二門が英汽船「高陞号」で大沽を出港した[109]。このような情勢の中で二十二日、聯合艦隊へ出動命令が下る[110]。翌二十三日、聯合艦隊は佐世保を出撃した。

4 「絶対戦争」として始まった日清戦争

朝鮮における二度の変乱の後、一八八五年に天津条約が締結されたことにより日清両国の軍隊は朝鮮から撤退し、それ以降、朝鮮では日清間の微妙な均衡が保たれてきた。当時の清国は、国力、軍事力共に日本より強大であった。しかしながら、日本同様に北方からロシアの脅威を受けていた清国は、南方でもフランスとの戦争に敗れてインドシナを失う。また、香港、上海を中心に南岸では英国の勢力も広がっていた。このような列強の牽制により、日清両国の関係はかろうじて均衡を保っていたのである。

ところが、東学党の乱が生起して日清両国が派兵したことにより、この微妙な均衡が崩壊する。陸奥外相は「いやしくも清国政府にして朝鮮国に軍隊を派出すること確実なる上は、日本もまた朝鮮における日清権力の平均を保持するがために相当の軍隊を同国へ派出することは勿論なり」と述べている[111]。しかしながら、一度兵を出せば、双方が相手より過大の兵力を派出しようと競うのであるから、その「平均」を保つことは困難なことであった。その後、日清間の交渉や列強の干渉にもかかわらず、朝鮮に進出していた日清両国の陸海軍は激突し、戦争に至ったのである。

ここで、焦点となったのは日清両国の間に横たわる朝鮮半島であった。度重なる朝鮮における混乱と清国の支配ならびにロシアの潜在的脅威は、日本の独立と安定を脅かすものであった。日本にとって自らの独立と安定を確保するためには、朝鮮半島から清国の影響を完全に排除し、朝鮮を自らの勢力圏下とする必要があった。したがって、日本はそれを目的とする「限定戦争」を戦えばよかったわけで、宣戦布告の目的も限定的なものであった。当時は山縣有朋も、制海への不安から艦隊決戦の如何にかかわらず、釜山を根拠地とすることを政府に建議していた[112]。戦争を朝鮮半島へ限定することを考えていたのである。日本政府も、陸奥外相は開戦に積極的であったが、戦争の早期終結と講和も望んでおり、朝鮮半島における限定的な戦争を見通していた[113]。ところが、次の第三章で詳述する大本営が立案した「作戦ノ大方針」は、敵を完全に打倒する「絶対戦争」として計画されていたのである。六月下旬には日本が清国打倒を決意し、「作戦ノ大方針」の原案は固まっていたことは明らかである。開戦当初の日本の政策と戦略は一致していなかったと言える。

一方で清国側も、この際に自己の勢力圏下であると考えていた朝鮮半島から新興国日本を排除して、華夷秩序を維持しようと考えていた。李鴻章は開戦回避にも腐心していたが、光緒帝や側近たちは主戦論であったのである[114]。清国では既に欧米列強による浸食が始まっており、インドシナをフランスに切り取られ、ビルマを英国に切り取られ、ここで朝鮮半島を失うことは有史以来東アジアに築いてきた華夷秩序の崩壊を意味するものであった。ましてや、今度の相手は近代装備を駆使して圧倒的強さを誇る欧米列強ではなく、東辺の野蛮人と軽蔑し続けていた日本である。清国にとっても負けるわけにはいかない戦争であった。清国は朝鮮半島から日本の影響力を完全に排除し、朝鮮を今まで通り藩属国として維持することが政治目標であったのである。まさに、日清両国共に、この戦争の政治目標は朝鮮半島の確保、すなわち、それぞれにとっての朝鮮保全であった。そこで、第三章では日本が「絶対戦争」を「限定戦争」へ転換させ、いかに政戦略を一致させて朝鮮半島の確保という政治目標にその努力を集中していったかを考察していくことにする。

他方、開戦前にして既に、日清両国は陸軍派遣に海上輸送を使用した。清国は朝鮮と陸続きではあるものの、当時は朝鮮へ通ずる鉄道はなく、道路状況も劣悪であったため、海上輸送に頼らざるを得なかった。「海洋限定戦争」を分析する上で、このような陸上交通近代化以前の要素を考慮することは重要である。このことは、後の各章において戦争の経過と共に詳述していく。開戦前の段階では、双方の海上交通路は一応安全であったが、日清双方共に護衛の艦船を付けて陸軍の海上輸送を行った。開戦後は、制海の行方が戦局に大きな影響を及ぼす「海洋限定戦争」の様相を示すことが予見されたのである。

第3章

「海洋限定戦争」としての日清戦争

【第3章 関連地図】

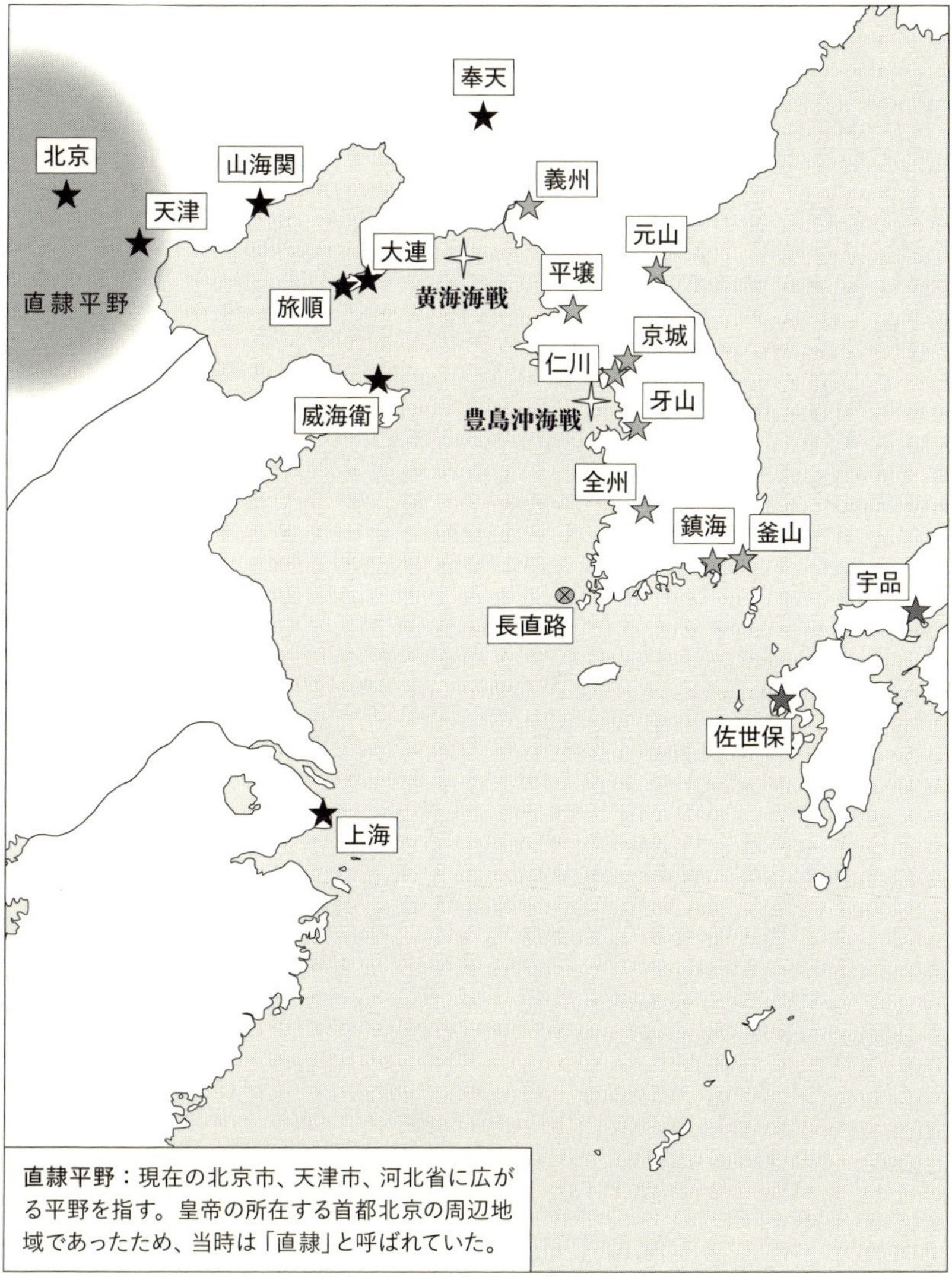

主に参謀本部編『明治二十七八年日清戦史』などを参照して、筆者が作成。

【関連年表】

年	月・日	出来事
1894（明治27）	7・25	豊島沖海戦。派遣混成旅団主力の兵三千が牙山への進撃を開始。
	28	第五師団残部の朝鮮派兵を閣議決定。
	29	牙山近傍の成歓の戦闘で日本軍が勝利。
	8・1	日清両国政府が相互に宣戦布告。
	4	清国軍が平壌を占領。
	6	第三次輸送部隊が釜山に上陸完了。
	7	聯合艦隊による威海衛襲撃（〜11：未会敵）。
	9	「作戦ノ大方針」の変更。
	16	第四次輸送の開始。
	24	第四次輸送部隊が仁川に上陸完了（第五師団上陸完了）。
	29	第三次輸送部隊が京城に進出完了。
	31	「冬季作戦方針」の決定。
	9・1	第三師団と第五師団で第一軍を編成（軍司令官：山縣有朋大将）。
	15	平壌の戦闘（16 平壌陥落）。
	17	黄海海戦。
	10・3	第二軍を編成（軍司令官：大山巌大将）。
	8	英国から講和仲裁の提議（23 謝絶）。
	18	広島で第七回臨時議会開会（〜21 閉会）。
	24	第二軍が遼東半島の花園口に上陸開始（〜11・2完了）。

年	月・日	出来事
1894（明治27）	11・3	山縣第一軍司令官の献策。
	6	金州城陥落。米国から講和の打診（15 回答）。
	8	第二軍が大連湾を占領。
	16	聯合艦隊による威海衛誘出作戦（〜17：失敗）。
	22	旅順陥落。清国政府から講和の申し入れ。
	29	聯合艦隊へ渤海北岸の上陸点調査命令。
	12・4	伊藤博文首相が「威海衛ヲ衝キ台湾ヲ略スベキ方略」を提出。
	14	山東半島作戦の実施を決定。

東学党の乱をきっかけとした日清両国の朝鮮出兵とその兵力の対峙は、日清戦争へと進展していった。ところが、国力、総合戦力共に清国より劣る日本は、開戦にあたって決して勝算があったわけではなく、日清戦争は極めて冒険的な戦争であった[1]。しかしながら、開戦後の日本は戦局を有利に進め、下関講和条約へと比較的短期間で戦争を完結させることができた。日本はなぜこの日清戦争に勝利することができたのであろうか。今までこの命題に対し、主に日本軍の近代的な組織や装備、優れた作戦、高い士気等の観点から論じられてきた。それらが勝利の一因であったことは間違いないことであろう。しかしながら、それらを活用する政戦両略が適切でなければ、国力、総合戦力に劣る日本が勝利し得なかったことは論を待たない。そこでこの第三章では、なぜ日本が勝利し得たかという命題を戦争指導の観点から明らかにしたい。

なお、日本は日清戦争で朝鮮半島から清国の勢力を排除したが、三国干渉によりロシアの進出を許し、朝鮮の保全という戦争目的を最終的には達成できなかった。しかしながら、本書では、有利な条件、すなわち朝鮮の独立、賠償金獲得、領土割譲等の日本の意志を敵に強要して講和条約を結び、戦争を終結したことを「勝利」と定義する。

第二章で検討したのでここでは詳細を省略するが、日清戦争における従来の研究は、政治・外交史と戦争史の二つの分野に大別される。政治・外交史においては、主に開戦期の政略部分を究明するものが大半である[2]。戦争終結や勝利の要因を研究するには、戦争遂行期間中の分析が必要であるが、その部分には十分な関心が払われてこなかった。一方で戦争史においては、参謀本部や海軍軍令部が公式戦史を編纂して以降、日露戦争が注目を浴び続けたのに比べ、それよりも格段に規模が小さい日清戦争は十分に研究されてきたとは言い難い[3]。また、その焦点とされているところは軍事戦略から戦闘場面に至るものであり、政戦両略の戦争指導については等閑視されてきた。

本書で分析枠組として使用する理論を構築したコルベットは、日露戦争を島国の陸軍が渡海して限定目標を確保するという典型的な「海洋限定戦争」であったと位置付け、その戦争指導を詳細に分析して、日本の勝因を考察している[4]。日清戦争も結果的に「限定戦争」であったことは周知のことであるが、当初は大本営においては、敵を完全に打倒する「絶対戦争」として計画されていた。しかしながら、これから見ていくように、現実には「海洋限定戦争」として戦われ、制海の行方が戦局に大きな影響を与えたのである[5]。そこで、この第三章ではコルベットの「海洋限定戦争」理論を分析枠組として、この「海洋限定戦争」としての特質が顕著に表れた開戦から山東半島作戦決定までの期間における日本の戦争指導を分析し、その勝利に寄与した一因を明らかにしたい。コルベットの理論を分析枠組とすることにより、政戦両略の戦争指導の観点から新たな日清戦争像を提示できるであろう。

1　戦争初期の制海争奪と「作戦ノ大方針」の変更

七月二十五日、豊島沖海戦が起こり、日清戦争が始まった。同日、派遣混成旅団主力の兵約三千名は牙山への進軍を開始した。翌二十六日、伊藤博文首相が大本営会議に出席したい旨を奏上し、直ちに許可される[6]。このことは、後に大きな意味を持つことになる。二十八日、閣議は一個旅団の増派を決定し、第五師団の残部（第十旅団主力）が朝鮮半島に派遣されることになった[7]。翌二十九日、混成旅団主力は牙山近傍の成歓の戦闘で勝利を収め、陸上においても日本は初戦を飾る。清国の朝鮮派遣軍は、前日に兵約一千名を公州に分派しており、日清両軍の兵力はほぼ互角であった。したがって、豊島沖海戦で「高陞号」に積載された第二次増援部隊の約一千二百名と砲十二門を失ったことは、清国軍にとって大きな痛手であった。

陸海にわたる戦闘の生起により、八月一日、日清両国政府が宣戦を布告し、名実共に戦争状態に突入する。日本の開戦目的は、朝鮮半島から清国の勢力を排除し、朝鮮の独立を確保することにあった。日本の「清国ニ対スル宣戦詔勅」には、朝鮮半島に清国がその勢力を付置し、朝鮮の独立を損ねることは日本の権利・利益を損ね、東アジアの平和を乱すことであるという日本政府の認識が明記されていた[8]。

その後の朝鮮半島情勢は、日清両国共に平壌へ陸軍を集中するための努力を軸に推移する。平壌は満洲遼東に通ずる義州路の要衝にあたり、大同江がその東を流れているため、船舶が直に黄海に出入することができた。また地形上も攻めるに難く守るに易き要地であったため、李鴻章はこの地に兵力を集中し、日本軍を撃退しようと試みたのである[9]。清国軍は七月二十七日に義州を占領し、八月四日には平壌を占領した。以降、海上輸送により平壌へ兵力を増援する。八月二十三日には、牙山の敗残兵も平壌に到着した[10]。八月下旬までに平壌に集中した清国軍は、北洋陸軍の精鋭二十七営一万四千名からなり、モーゼル銃やクルップ砲等の装備も優れていたのである[11]。このように清国軍が平壌に集中しつつあるとの情報に接し、日本も陸軍の北上を急がせた。

一方で開戦前に策定された「作戦ノ大方針」は、日本軍の目的を「首力《ママ》ヲ渤海湾頭ニ輸シ清国ト雌雄ヲ決スルニ在リ」と規定していた。これは「絶対戦争」の思想である。その上で「此目的ヲ達スルト否トハ一ニ海戦ノ勝敗ニ因ル」と制海の重要性を示している。この制海の成否を軸として、作戦の経過を二期に大別していた。まず第一期において「第五師団ヲシテ朝鮮ニ牽制動作ヲ為サシム」と共に、「我艦隊ハ進ンテ敵ノ艦隊ヲ掃蕩シ渤海及ヒ黄海ノ占領ニ勉ム」としており、制海掌握に作戦の主体を置き、朝鮮半島における陸上作戦を「牽制動作」と位置付けていたのである。第二期は制海掌握状況により、(甲)制海を得た場合には陸軍主力を渤海湾頭に輸送して直隷平野において決戦を行う、(乙)制海が不十分な場合は朝鮮半島の確保を目的とする、(丙)制海を敵に奪われた場合は朝鮮派遣軍を維持しつつ迎撃態勢をとる、という三つの作戦方針が定められていた[12]。そして、甲の場合の最終目的は「清国の首都なる北京を屠り、之をして城下の盟を為さしむる」にあった[13]。

敵の首都攻略が必ずしも「絶対戦争」となるわけではないが、「城下の盟」とは敵を完全に屈服させ無力化させた後に結ぶ講和条約であり、ここに「絶対戦争」の思想が読みとれる。また、山縣有朋は戦争の方針として、「我が作戦の目的は、直隷の平原に進出して北京を陥れ、以て敵国の死命を制し、最後の捷利を制するにある」と述べているが、この「死命を制し」という語も敵の無力化を意味する[14]。日清戦争において日本は直隷決戦と北京攻略を「絶対戦争」と位置付けていたと見るべきであろう。また、艦隊決戦およびそれにより制海を掌握できるか否かが、この作戦方針では重要な位置づけにあった。

それでは当時の制海の状況はどう評価すべきであろうか。日清両海軍の戦力を分析してみると、清国海軍の優勢は否めない。西郷従道海相も開戦前に不安を示し、伊東祐亨司令長官へ「定遠」「鎮遠」との「衝突ハ最後ノ手段ニ止メ容易ニ之ヲ行ハサルヲ良策トスヘシ」と訓令している[15]。両艦の三十センチ砲(二隻で八門)の破壊力と鋼鉄の防御力の存在は絶大であり、これに対抗し得る艦艇は日本に皆無であった。当時

「赤城」の航海長であった佐藤鐵太郎は、開戦直前に清国海軍の大演習を参観して、「支那の方には、鎮遠、定遠の如き戦闘艦があるのに、我日本には防御薄弱なる巡洋艦があるばかりである。（中略）伎倆の点に於ても、決して楽観を許さぬ」と回想している[16]。また、大口径砲の総数でも清国の方が優った。ただし、速力、速射砲の数では日本の方が優っており、海軍はそこに望みを託したのである。清国が優勢ではあったものの、コルベットの言う「制海争奪」の状態であった[17]。

この時期の作戦を陸軍輸送の観点から見ると、開戦と同時に朝鮮半島西岸航路の危険性は増大する。豊島沖海戦の敗戦により清国は衝撃を受けたが、翌二十六日、漢江に進撃して日本艦隊を撃滅するように李鴻章から命じられた北洋艦隊は、即日威海衛を出撃した[18]。この情報を入手した聯合艦隊は、「敵ノ戦略ハ出テ来リテ我レト雌雄ヲ決スルニ在ル」と判断し、仁川沖南方の隔音群島根拠地に錨泊して警戒する一方、艦艇を派出してベーカー島付近を哨戒させながら清国艦隊の来襲に備えた[19]。

このような状況の中、有栖川宮熾仁参謀総長は、仁川までの航路の安全であるかを訓令で問うたが、伊東長官は「仁川間航路ハ目下差支ナシ」としながらも、「去ル二十五日海戦ノ敗兵ニ対シ、彼レ全力ヲ挙ケテ我レニ当路ヲ開クナラン」と情勢を判断し、「因リテ我レハ其進撃ヲ待チテ挟撃セント欲ス。故ニ仁川航路ノ安全請合ハレス」と返電している。さらに、「仁川ニ至ル航路ノ安危ハ電信ヲ以テ上答セルカ如ク。目下ノ処敢テ危険ナシト雖トモ、敵ノ艦隊ヲ撃破スル迄ハ決シテ安然ト断言スヘカラス。大兵ヲ搭載セル大運送船モ一小巡洋艦ノ為メニ撃沈セラル、モノトセハ、寒心ニ勝ヘス。万全ノ策ハ釜山ニ上陸セシムルニ在ルヘシ」と情勢判断し、釜山への陸兵揚陸を推薦した[20]。

開戦前の陸軍第一次・第二次輸送は仁川に行っていたが、これにより第三次輸送（第五師団司令部および第十二連隊主力）は揚陸先を釜山に変更し、陸路で京城に向かうことになった。八月三日から六日にかけて第三次輸送部隊は釜山に上陸する。この陸軍の第三次輸送は、輸送船十七隻で釜山に八千八百三十四名、元山に二千二百七十八名の兵員を輸送したが、聯合艦隊はまったくその護衛を実施しなかった。常に敵艦隊と決戦する機会を窺っていたのである。以後、第三次輸送部隊の諸隊は順次北上を開始し、すべての部隊が京城に進出したのは八月二十九日であった[21]。この間、七月二十六日に出撃した北洋艦隊は二十八日に帰還したが、八月三日、再度出撃して大同江口方面に向かったが、五日には威海衛に帰港している[22]。したがって、この時に護衛のない第三次輸送部隊を釜山に揚陸させた判断は適切であった。しかしながら、京城に到達するまで実に一ヶ月近くを要し、また道路状況が劣悪なため陸軍の疲弊は増大したのである[23]。このことは、次の決戦(平壌攻略)への兵力集中に悪影響を与え、陸軍は大きな壁に直面したのであった。

八月二日、聯合艦隊は「朝鮮国西岸ニ仮根拠地ヲ占領シタル后ハ、敵ノ海面ヲ制スルノ目的ヲ以テ彼ノ艦隊ヲ撃砕スベシ」と命じられた[24]。この命令は明らかに制海獲得を目的とするものである。北洋艦隊の反撃を待ち受けていた聯合艦隊であったが、結果的には遭遇せず、伊東長官は威海衛を攻撃することにより敵艦隊を港外に誘出し、決戦に及ばんとした。八月七日、聯合艦隊は隔音群島を出撃し、威海衛に向かったが北洋艦隊を発見することができず、沿岸砲台と遠距離砲撃戦を実施した後、十一日に帰還した[25]。

一方で清国側は八日、李鴻章が丁汝昌提督に朝鮮海面への出撃を禁じ、艦隊温存策に転じる。この命令を受領する直前の九日、丁は威海衛を出撃し、渤海湾口、旅順口、大東溝近海を巡航していたが、聯合艦隊の威海衛襲撃の報を聞き、十三日に帰還した[26]。以後、北洋艦隊は威海衛・旅順口間を警戒すると共に、平壌への陸軍部隊集結のための護送作戦に従事する[27]。このように、豊島沖海戦後の聯合艦隊は索敵および威海衛誘出作戦を行ったが、結果的には北洋艦隊と遭遇せず、その脅威は存在し続けたのである。

八月九日、「作戦ノ大方針」の変更があり、この戦争の初期における大きな転換点となった。この変更により、「縦ヒ海戦我軍有利ナルモ、目下甲ノ場合ニ於ケル作戦ヲ開始スル能ハス、因テ之ヲ明年氷雪融解ノ期ニ譲」り、「今海戦ノ勝敗如何ニ拘ラス、仮リニ乙ノ場合ニ準拠シテ動作シ、以テ他日ノ作戦ノ為メ、地歩ヲ占有シ置カントス」ることに決したのである[28]。これにより朝鮮半島の作戦は牽制作戦から主作戦となり、作戦続行中の第五師団に加え、直隷決戦に使用予定であった第三師団も投入することになった。十六日、大連・旅順方面と威海衛方面に第一遊撃隊の巡洋艦各一隻を出して敵の艦隊を捜索していた聯合艦隊は、十五日付の「作戦ノ大方針」変更の通知を通報艦「八重山」経由で受け取る[29]。さらに、新たに根拠地とした長直路から仁川港までの陸軍輸送護衛命令を受けた[30]。

ここに日清戦争は「絶対戦争」から「限定戦争」へと転換されることになり、聯合艦隊は索敵行動を中止して陸軍輸送船団の護衛に専念することになった。海軍作戦においては、「制海獲得のための作戦」から「制海行使のための作戦」へ変更されたと見ることができる[31]。すなわち、この「作戦ノ大方針」の変更によって、聯合艦隊は艦隊決戦の任務から解放され、陸軍護衛任務に専念することが可能になったのである。そしてこのことは、後の平壌攻略戦勝利へ大きく寄与することになる。

第四次輸送の仁川への実施は、この作戦の転換を象徴する出来事であった。当初、第四次輸送は艦隊決戦により制海を掌握したあとで仁川へ実施される予定であった。しかしながら艦隊決戦は起こらず、八月十日、大本営は第四次輸送部隊の第十旅団長立見尚文少将に対し、釜山経由陸路で北上することを訓令する。これに基づき先遣隊が釜山に進出したが、十五日になると、大本営は伊東長官と立見少将に、聯合艦隊の護衛により海路で仁川に向かうように命令した。艦隊決戦は果たされていないものの、清国艦隊は行動を控えており、宇品と仁川間は当面安全と判断されたこともあるが、「作戦ノ大方針」の変更により、聯合艦隊の兵力を船団護衛に振り向けることができるようになったことが大きな要因であったことは否めない。さらに、平壌に清国軍集中との情報に接し、釜山経由では平壌決戦に間に合わないという作戦上の要請もあった[32]。
十六、十七日の二日間にわたり、第四次輸送部隊（立見部隊残部）は、宇品を出港し、釜山経由で長直路に向かった。十七日、聯合艦隊は第二遊撃隊を釜山に派出して長直路までの護衛を実施させる。さらに、聯合艦隊主力（本隊、第一遊撃隊）護衛の下で北上し、二十一日、無事に仁川港に入港し、二十四日までに揚陸を完了した[33]。開戦前の第一次輸送と第二次輸送についても護衛の巡洋艦を一～二隻付けていたが（先遣隊：「高雄」、第一次輸送：「吉野」「千代田」、第二次輸送：「浪速」）、これは聯合艦隊による艦隊規模で行う初めての船団護衛であった。ここに開戦前からの四次にわたる第五師団の輸送作戦は完了し、以後、同師団は朝鮮半島作戦の主力として平壌攻略戦に臨み、その勝利に大きく寄与したのである。
八月三十一日、大本営は「作戦ノ大方針」に換わるものとして、「冬季作戦方針」決定する。この「冬季作戦方針」は、制海権獲得後、冬季明けの直隷決戦を実施する準備として、①根拠地としての遼東半島占領、②牽制作戦としての奉天攻略、③決戦兵力の平壌近郊への輸送、④台湾占領、が定められていた[34]。「作戦ノ大方針」が変更され、当面の直隷決戦は延期されたものの、新たな「冬季作戦方針」の策定により、翌春の直隷決戦実施が確認されたのであった。

九月一日、山縣有朋大将を軍司令官として、第三師団と第五師団で第一軍が編成される。第一軍司令部と第三師団も、聯合艦隊の護衛の下、九月前半には長直路経由で仁川に揚陸された。他方、朝鮮半島における戦況の帰趨を決する平壌攻略戦は、野津道貫第五師団長指揮の下、十五日に三方面からの総攻撃によって開始される。清国軍も激しく抵抗したが、翌十六日、平壌は陥落した。また、第一軍輸送の護衛を完遂して黄海の索敵行動に入った聯合艦隊は、十七日、ついに大東溝沖で陸軍上陸掩護中の北洋艦隊主力を発見し、黄海海戦が生起したのであった。

豊島沖と成歓において最初の海陸戦闘が行われてから、平壌と鴨緑江河口沖で両国陸海軍が激突するまでのおよそ五十日にわたり、両軍の間に大きな戦闘はなかった。もしこの時、清国の完全打倒という「絶対戦争」の方針を堅持し、艦隊決戦に固執していたならば、平壌での戦闘は長びき、日本は朝鮮半島確保という戦争目的そのものを失った可能性も否定できない。しかしながら、朝鮮半島の確保にその努力を限定することにより、聯合艦隊の護衛と陸軍部隊の仁川揚陸を可能とし、これが平壌への速やかな兵力集中に繋がり、以後の戦局を有利に進めることができたのである。そして、このことが後に有利な外交交渉の足場となるのであった。

2　黄海海戦と制海の状況

黄海海戦はオーストリアとイタリアとの間で戦われたリッサ沖の海戦以来、三十一年ぶりの主力艦同士の決戦であった。九月十六日以降の聯合艦隊の動向を見れば、旧式艦で編成された第二遊撃隊以下は伴わず、海戦参加艦艇十二隻中、「赤城」「西京丸」以外の十隻は当時の聯合艦隊主力のすべてであり、当初から決戦を望んで行動を開始したことは明らかである。一方で北洋艦隊は大連湾から朝鮮半島の西岸大洋河口に陸軍を護送した帰りであった。十七日、鴨緑江沖で激突した両国の艦隊は、四時間半にわたって激戦を繰り広げたが、夕刻には海戦の帰趨は決せられ、北洋艦隊は旅順口に向けて敗走した。黄海海戦で北洋艦隊は、「経遠」「致遠」「揚威」「超勇」が撃沈され、「広甲」は大破擱座して放棄された。したがって、参加十二隻中五隻を喪失し、敗走した残り七隻も大小の損害を負っていた。一方で聯合艦隊における戦闘行動に影響を及ぼすほどの被害は、「松島」「比叡」「赤城」の三隻のみであり、勝敗は誰の目にも明らかであった。これをもって多くの論者が、日本は黄海の制海を獲得したと評している[35]。

しかしながら、海戦に勝利することと制海を得ることは別問題である。海戦に勝利することにより自動的に制海をも得られるわけではない。ここで問題となってくるのは、制海とは何かということである。黄海海戦後に日本が制海を掌握したという諸説は、いずれも公式戦史の言説を引用しただけで制海そのものが何たるかを明確に定義していない。コルベットは、制海とは「海上交通の管制である」と結論づけている。その上で、「敵が十分な艦隊を保有する限り、我々の管制を妨げる力が敵にはある」と指摘している[36]。海戦の目的は制海獲得ではあるが、制海そのものの状況を決定するのは、彼我の艦隊の力関係であると言えよう。すなわち、たとえ海戦に勝利したとしても、我が海上交通線を脅かすだけの敵艦隊が残存すれば、完全に制海を把握したことにはならない。

これを黄海海戦後の状況に適用してみると、次のように言える。確かに黄海海戦により、北洋艦隊はその主力の内五隻を失ったが、それでもなお、主力戦艦「定遠」「鎮遠」を含む有力な艦隊は残った。北洋艦隊の喪失艦の内、「揚威」「超勇」「広甲」の三隻は千五百トン未満の小型艦であり、「定遠」「鎮遠」「来遠」「靖遠」「平遠」「済遠」という二〇センチ砲以上を搭載した二千トン以上の鋼鉄艦六隻がその主力に残った。また、「定遠」「鎮遠」両艦の巨砲の威力と鉄壁の防御力がこの海戦で実証されたのである。

それに対し、聯合艦隊の勢力は開戦当初から増加したわけではなく、その兵力で対馬海峡から黄海・渤海へ至るすべての海上交通の安全を確保することは未だ不可能であった。残存北洋艦隊主力に対抗できる聯合艦隊艦艇(鋼鉄製、二千トン以上)は、本隊の「松島」「厳島」「橋立」「千代田」「扶桑」に、第一遊撃隊の「吉野」「浪速」「高千穂」「秋津洲」の九隻である。したがって、「定遠」「鎮遠」をはじめとする北洋艦隊の残存艦艇は、損傷復旧後、いつでも日本の海上交通線を脅かすことができるのみならず、聯合艦隊に反撃を加えることもできた。日本は海上で優勢になったが、絶対的な制海を握るには至らなかったと捉えるべきである。これはバルチック艦隊が壊滅した日本海海戦後とは異なる状況であった。

結局のところ現実には、海上において日本はかなり優勢にはなったものの制海獲得には至らず、制海争奪の状況は継続したのである。このことは、後述する山東半島作戦決定の経過に、少なからず影響を与えることになる。一方、大本営はこの黄海海戦勝利により、再び「作戦大方針第二期甲ノ場合」、すなわち直隷決戦実施の準備を進めることになった[37]。これは、「限定戦争」から「絶対戦争」への再変換の可能性を示す徴候でもあった。

3 山東半島作戦の決定

十月三日、大山巖大将を司令官として第二軍が編成される。八日、大本営はこの第二軍へ聯合艦隊と協力して旅順を攻略するよう訓令した。以降、第二軍の出征準備は着々と進められ、遼東半島作戦が準備されていく。一方で平壌陥落以降、「冬季作戦方針」に沿って朝鮮半島を北上した第一軍は、十月二十四日、鴨緑江畔にまで到達する[38]。ここに日本軍は朝鮮半島を完全に制圧し、初期の戦争目的を達成した。

外交では平壌の陥落と黄海海戦の戦勝により、開戦以来、戦況の成り行きを見守っていた欧米列強が動き始めた。第一軍が朝鮮半島を北上していた十月八日、まずは英国が講和仲裁を提議する。講和条件は朝鮮の独立確保と清国による賠償金支払いであった[39]。英国公使は欧洲諸列強とも協議中であるとして共同干渉を匂わせていたが、陸奥宗光外相は他の列国公使との会談態度から、そのような協議は存在せず、未だ列国が共同干渉に踏み切る情勢には至らないと看破していた[40]。したがって、軍の連戦連勝と順調な進撃を考えれば、前記二条件では到底講和仲裁は呑めないと考えるが、将来の講和条件のたたき台とするために回答案を作成して伊藤首相と協議した。今回の調停は謝絶するとしても、この時、陸奥外相は明確に将来の講和への方針を意識したと言える。

陸奥外相は三つの案を起草したが、伊藤首相は当分の間は英国への回答は見合わせ、様子を見ることを指示する。三案の内、甲案は旅順・大連の割譲を求め、乙案では台湾の割譲を求めていた[41]。この時点では「限定戦争」において獲得すべき新たな政治目標は定まっていなかったのである。また、駐イタリア公使、駐ロシア公使等からの情報により、近い将来に列強から本格的な介入があることを察知した陸奥外相は、「既に外国より容喙の端緒相開ける上は、到底我軍隊の運動も最も迅速にして、外国の干渉の余り面倒にならさる以前に何れの地方にても占領し置く事必要と存じ候」と将来有利な講和を結ぶため、新占領地の確保を伊藤首相に進言した[42]。その後、伊藤と陸奥は協議を続けるが、余り回答を引き延ばすのは得策ではないとの陸奥の意見が入れられ、十月二十三日に英国調停案を謝絶する[43]。

それ以降も伊藤首相と陸奥外相の協議は続く。この時期、両者共にこの戦争をあくまでも「限定戦争」として戦い、有利な講和を結ぶために軍事作戦を使おうと考えていたが、両者の間に講和条件、すなわち「限定戦争」の政治目標が一致していなかったことも事実であった。そこで、陸奥外相を主任者として伊藤首相と協議の上、十月末の第七回臨時議会の閉会までに講和条約の基本条件が決定された。そこでは、英国から示された朝鮮の完全独立および戦費賠償の他に、領土割譲と欧米列強並の通商条約締結が定められていた。ここで注目されるのは領土割譲であるが、この時既に「旅順口及び大連湾を含む奉天省南部地方」と「台湾全島及び澎湖列島」を要求することが決められている[44]。旅順、大連、台湾を占領するという「冬季作戦方針」に沿ったものではあったが、この十月末の時点で第一軍は鴨緑江渡河作戦で清国軍を撃破し、その対岸の九連城と鳳凰城を占領したばかりである。また、第二軍も遼東半島への上陸を終えたばかりであった。しかしながら、伊藤首相と陸奥外相、すなわち日本政府は明確に「限定戦争」において獲得すべき政治目標を設定したと言えよう。

一方で英国からの講和調停を謝絶した後も第一軍は南満洲を順調に進撃し、要地を制圧していった。遼東半島作戦も十月二十四日の第二軍の花園口(遼東半島南岸ほぼ中央部)上陸をもって開始される。大山第二軍司令官からは、揚陸点をもっと西方の地点、すなわち旅順・大連に近い場所への依頼があったが、聯合艦隊は旅順の北洋艦隊および夜間の水雷艇攻撃を懸念して譲らず、陸海軍参謀の偵察と協議の結果、花園口が揚陸地点に決定された[45]。これを観ても、日本に完全な制海はなかったことがわかる。上陸作戦は十一月二日までに完了した。その後、六日に金州城を陥落させ、八日に大連湾を占領し、第二軍も旅順を目指して順調に進撃を続けた。

そのような中、山縣第一軍司令官は、①十二月中旬過ぎまでは、軍の行動は十分に可能であること、②山海関を攻略しなければ、戦略上、政略上不利になること、③渤海湾上陸は多少困難であっても、陸海軍が力を合わせ、時機を見て行えば達成可能であることを理由に、迅速な山海関攻略を推薦する書簡を伊藤首相に送り、作戦上の意見を述べた。また、大本営に対し十一月三日付で、(第一策)山海関に上陸し直隷決戦の根拠地を占領する、(第二策)遼東半島で第二軍と合同して兵站主地を結氷しない海岸に移す、(第三策)奉天を攻略する、という三つの策を上申した[46]。難攻堅城だと思われていた平壌がわずか一日間で陥落し、遼東半島作戦も順調に進展したため、「冬季作戦方針」策定時の想定以上に作戦が急速に進展して、来春までの空白時間が長くなってしまったのである。そこで山縣は機を失せず「冬季作戦方針」を変更し、速やかに軍を進めて直隷決戦を実施することを希望するようになった。

しかしながら、この時点では未だ旅順は陥落せず、威海衛には北洋艦隊が現存し、冬季に渤海北岸に上陸できるかどうかも不明であった。さらに、直隷決戦への準備も十分ではなかったため、山縣の第一策である直隷決戦準備のための山海関上陸作戦は、大本営からその実施は不可能であると回答された。また、第二策、第三策は後方補給上の問題から却下された。山縣は十六日に再度第一策実行の必要性と冬営持久の弊害について大本営に献策する。これに対し大本営は「第一策ハ決シテ絶対的ニ採用セラレサルニ非サルモ唯目下急速ニ之ヲ行フ能ハサル」として、冬営して時機を待つことを指示した。これにより、第一軍は冬営の準備に入った[47]。

講和問題が出現した十月中旬から十一月中旬の時点で、政府は有利な講和締結のため、新たな一戦による勝利と新占領地の獲得を目指した。すなわち、外交のために軍事作戦の利用を意図したのである。一方で大本営は冬季間の直隷決戦を必ずしも諦めていたわけではないが、「冬季作戦方針」に沿って第一軍に冬営を指示していたのである。第二軍が金州城を攻め落とした十一月六日、米国政府から講和が打診される。九日、伊藤首相、陸奥外相、西郷従道海相(大山陸相が第二軍司令官として出征したため陸相兼務)等が協議を重ね、十五日の臨時閣議で米国からの調停案への対処方針を決定した。これに基づき、日本政府は今回の交戦より生ずる正当なる結果以上のことは望まないが、実際に清国から直接に講和の要請があるまで戦争は継続することを米国政府に回答した[48]。

十一月二十二日、旅順が陥落し、日清戦争は新たな局面を迎えた。同日、清国政府から朝鮮の独立承認と償金弁償の二条件で講和が申し入れられる。これに対して日本政府は二十七日、日本側の条件は清国全権委員が講和のために来日した時点で提示すると回答した。陸奥外相は、もうしばらく清国の様子を窺うことが肝要で、現状の戦局では有利な講和締結に未だ不十分であり、もう一戦が必要であると考えていたのである。

この時点で、列国は清国に朝鮮独立と賠償の二条件での講和申し入れを助言しており、この二条件による講和実現で国際社会は固まりつつあると理解すべき状況であった。これに対し清国政府は三十日、全権委員を派遣する前に講和条件を提示することを日本政府に求めた。さらに、十二月一日にロシア駐在の西徳二郎公使から領土割譲に列国は反対しているとの情報も入る。しかしながら、二日、陸奥外相は全権委員を送らないのであれば講和交渉は中止すると強硬姿勢を崩さなかった。陸奥は清国が一方で軍事的に直隷戦を想定して防備を整えつつあるとの情報も得ていたのである[49]。このように、いよいよ講和へ向けての調整は本格化していった。

一方この時期、直隷決戦準備も着々と進行していった。既に黄海海戦勝利直後の十月八日、近衛師団戦闘部隊の動員が完結したのに加え、十二月四日には第四師団戦闘部隊の動員も完結した[50]。大本営は列強からの干渉を恐れ、十月下旬頃より冬季中の直隷決戦を検討し始めていたのである。その結果、①渤海北岸予定上陸地を偵察して冬季上陸の見込みが立つこと、②残存北洋艦隊の殲滅、③旅順攻略成功の三条件が満たされれば、冬季直隷決戦に移行する希望を持つに至った[51]。ここに旅順が陥落して条件の一つは満たされたが、十一月十六、十七日に実施された聯合艦隊による威海衛誘出作戦は失敗に終わり、残存北洋艦隊は威海衛に依拠して健在であった。黄海海戦の敗北後も依然として威海衛は北洋艦隊の根拠地としての機能を果たしていたのである。この時点で大本営では、「冬季作戦方針」通りに来春を待って直隷決戦を行う考えと、冬営し決戦を来春まで延ばせば列強の干渉を招くため、あらゆる困難を排して直ちに直隷決戦を断行すべしとの考えが相半ばする[52]。

一方で海軍にとって威海衛は清国北洋艦隊の根拠地であり、完全なる制海把握のためには、いずれは攻略しなければならない拠点であった。大本営も冬季直隷決戦のため、確実な制海把握を希望しており、威海衛作戦は当初その準備作戦という位置付けであった。十九日、児玉源太郎陸軍次官は、川上操六参謀次長に威海衛の艦隊は依然として今後の作戦への脅威となるとの認識を示した。ただし、清国艦隊を威海衛に封鎖しておけるならば、渤海北岸への上陸作戦も不可能ではないと考えられていた[53]。

そこで大本営は威海衛封鎖により渤海北岸への上陸作戦を決行することにして、十一月二十九日に伊東聯合艦隊司令長官へ「敵ノ艦隊ハ未タ撲滅セサルモ、機ニ乗シ甲ノ方針ニ従ヒ、為シ得ル限リ速ニ陸軍兵ヲ渤海北岸ニ上陸セシメントス。貴官ハ聯合艦隊ノ一部ヲシテ洋河附近ニ於テ上陸点ヲ調査シ、至急之ヲ報告スヘシ」と命ずる[54]。これは、明らかに大本営が冬季中速やかに直隷決戦を実施しようと意図し始めたことを示すものであった。八月の「作戦ノ大方針」の変更後、日本は「限定戦争」を戦ってきたが、この命令はこれを再び「絶対戦争」に戻すことを意味した。

この直後の十二月四日、伊藤首相は「威海衛ヲ衝キ台湾ヲ略スベキ方略」を大本営に提出する。この意見書で、伊藤は冬季間の直隷決戦に反対している。その理由の一つは、冬期間の渤海海上輸送の困難と威海衛の北洋艦隊の存在であった。「敵ノ艦隊黄海ノ一敗ヨリ畏縮シテ敢テ出戦スルノ勇ナキガ如シト雖モ、未ダ全ク其力ヲ喪失シタルニ非ズ。是ヲ以テ第二軍ノ大部分ヲ山海関ニ輸サント欲セバ、大ニ海軍ノ掩護ヲ要スルハ復タ言ヲ待タズ」と、伊藤は日本が制海を完全には把握していないことと北洋艦隊の脅威について十分に理解していた。さらに、直隷決戦を強行して僥倖にもこれに勝利することができたとしても、結果として講和を結ぶべき相手政府が崩壊してしまうことを憂いた。まさに、これは「絶対戦争」の否定であった。

そこで、伊藤は「機宜彼ノ降ヲ容シ、和平ヲ両国ノ間ニ克復シテ、以テ苟モ我ニ戦勝ノ利益ヲ収メント欲セバ、宜シク利害ヲ稽考シ、慎重事ニ処セザルベカラズ」と主張する。そのために威海衛を攻略して清国海上戦力を撃滅し、さらに領土割譲の布石として台湾の占領を提言し、それでも清国が降伏しない場合は最後の手段として直隷決戦を提案したのである[55]。この方略を提出した翌日、伊藤首相は病で欠勤していた有栖川宮参謀総長を来訪して面談している。見舞いであったかもしれないが、山東半島作戦について話題になった可能性は高い[56]。

一方で十二月六日、伊東聯合艦隊司令長官と大山第二軍司令官は連名で、冬季の渤海湾上陸は困難であるため、山東半島作戦を行い、北洋艦隊を撃滅することを大本営へ意見具申した。また、旅順軍港の基地能力が低く、確実な威海衛封鎖が困難であることも報告される[57]。直隷平野への上陸作戦のためにも威海衛攻撃が必要であり、ここに旅順占領後の次期作戦目標として、冬季直隷決戦に代わって威海衛攻略作戦が検討されるに至った。八日、大本営で作戦会議が開かれ、作戦変更に関する協議がなされたが、議論はまとまらなかった。しかし翌九日には、大本営は冬季直隷作戦が困難であることを悟り、威海衛作戦を内定する。十三日、山東半島の交通路および降雪状況の報告が入り、聯合艦隊からも強風または極寒時の渤海北岸への陸軍揚陸は困難である旨の調査結果を受けた。これにより十四日、威海衛攻略のための山東半島作戦実施が正式に決定され、ここに冬季間における直隷決戦は断念されたのである[58]。

もし、この時に直隷決戦が強行されてしまえば、戦争を「限定戦争」から再び「絶対戦争」に変換することになる。冬季における渤海北岸への上陸は、困難ではあるものの時期の選定を間違えなければ不可能ではなかった[59]。そうなれば日本は戦争の終結方法を失い、困難な状況に陥った可能性も否定できない。ここで山東半島作戦を提言し「限定戦争」継続を主張したことは伊藤首相の慧眼であった。伊藤と陸奥は順調な戦局に油断せず、戦争を再び「絶対戦争」へ戻さないで「限定戦争」の方針を堅持したのである。また、威海衛を攻略することにより北洋艦隊を撃滅し、完全なる制海を確保しようとした海軍の意図も、この決定の背景にあったと言える。

4 「海洋限定戦争」による成功

日清戦争遂行中、戦争指導上の岐路があった。開戦当初の「作戦ノ大方針」で大本営は、清国の打倒、すなわち「絶対戦争」の概念からその目的を達成しようとしていた。ところが開戦後間もなく、艦隊決戦が遅れて十分に制海を掌握できなかったことおよび輸送船の不足から、「作戦ノ大方針」を変更し、朝鮮半島から清国軍を排除することに重点を置いた。ここに当面の間、戦争目的を直隷決戦による清国の打倒から朝鮮半島の確保に変換したのである。この戦争を「絶対戦争」から「限定戦争」へと変換したということができる。これにより艦隊決戦のために待機していた聯合艦隊を船団護衛に振り向けることができ、第五師団を迅速に決勝点に集中し、平壌の戦闘に勝利することができた。当初、大本営は制海獲得を目指したが、戦争が「限定戦争」へと転換したことに伴い、制海獲得に執着せず、「制海行使のための作戦(陸軍の輸送船団護衛と揚陸支援)」を着実に行ったのである。これを可能としたのは、「限定戦争」であった。ここが戦争の第一の岐路である。

しかしながら、「作戦ノ大方針」変更後に策定された新たな「冬季作戦方針」では、最終的に翌年の春には直隷決戦が予定されていたので、「絶対戦争」は排除されず、大本営は「限定戦争」を遂行しつつも「絶対戦争」への準備も怠らなかった。戦争が継続している以上、全力をもって相手の打倒を目指すことは当然である。一方で列強からの干渉の気配を察知するや、政府は有利な条件での戦争終結を考え始めていた。軍事作戦を視野に入れつつ、列強との交渉や清国との講和交渉を続けていったのである。

大本営は、「冬季作戦方針」策定時の予想以上に軍事作戦がうまく進行したため、冬季の直隷決戦を考え始める。実は、日本が順調に勝ち進んでいたこの時期が、この戦争の最大の危機でもあった。これを救ったのは伊藤首相であった。大本営の冬季直隷決戦に最も危機感を抱いたのは伊藤であった。それは、大本営に提出した「威海衛ヲ衝キ台湾ヲ略スヘキ方略」に、よく表れている。結局のところ、海軍の北洋艦隊撃滅の希望もあり、伊藤の意見が通り直隷決戦は春まで延期され、威海衛を攻略するという「限定戦争」に沿った作戦が決定される。ここが、この戦争の第二の岐路であり、最大の岐路であった。政治指導者の適切な判断が「絶対戦争」化を防いだと言える。

清国を完全に打倒するだけの実力は日本にない。結局のところ、近代化は著しく進展していたものの、総合的国力として清国より劣る日本は、戦争を「絶対戦争」から「限定戦争」に転換することにより、軍事作戦をうまく活用して有利な外交交渉を行う場を作ったのである。軍事戦略と外交を連接させたのは、朝鮮半島、遼東半島、山東半島、台湾という海洋によって孤立化された限定目標であった。日本は海洋を利用することにより、これらの限定目標を奪取して「限定戦争」を進めていった。日清戦争は、まさにコルベットの指摘する「海洋限定戦争」であった。これにより日本は政治目的を達成し、勝利することができたのである。

第4章

下関講和条約に向けた政戦略

【第4章 関連地図】

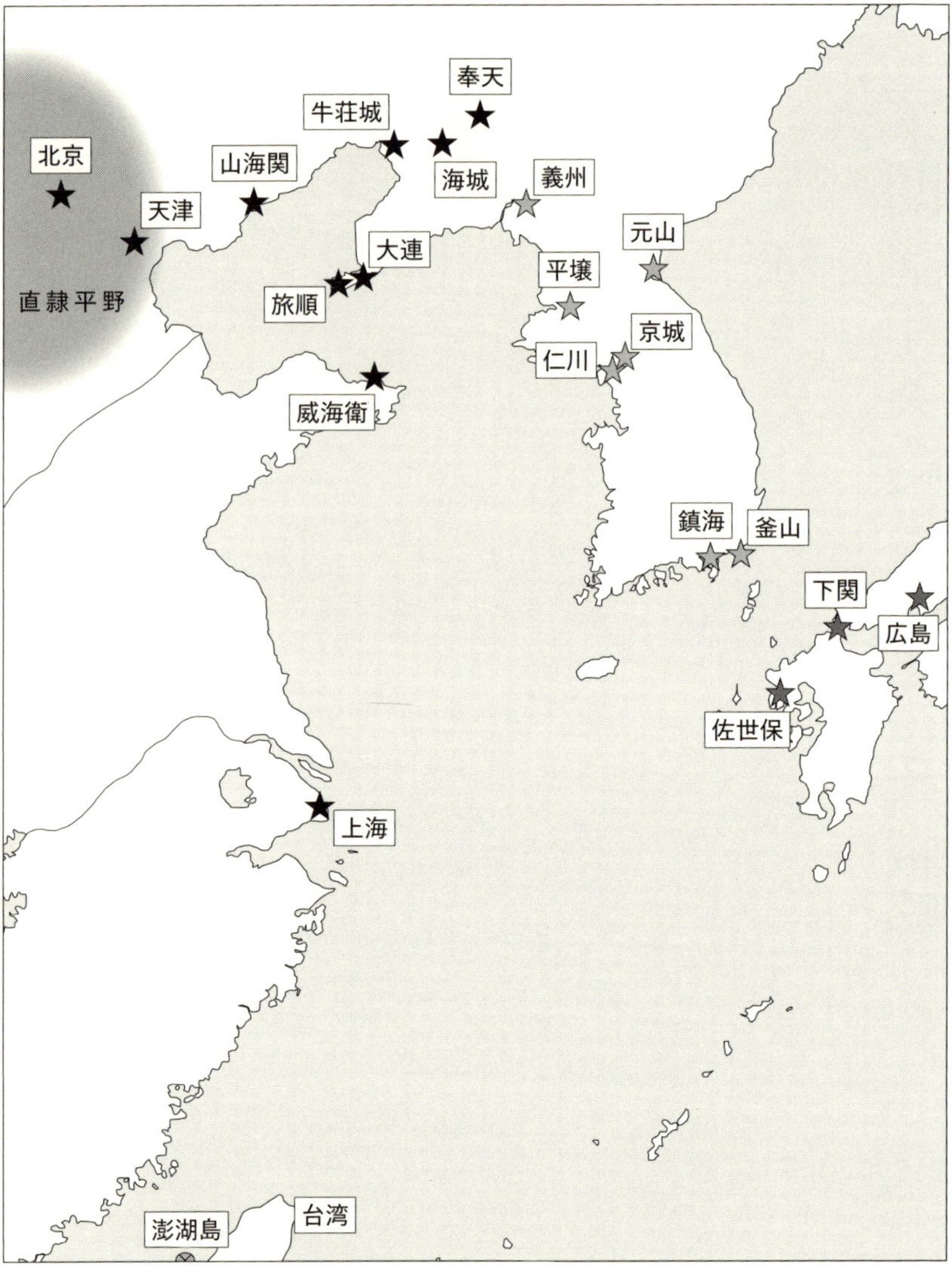

主に参謀本部編『明治二十七八年日清戦史』などを参照して、筆者が作成。

【関連年表】

年	月・日	出来事
1894（明治27）	12・8	山縣有朋第一軍司令官へ召還命令を伝達。
	12	第一軍が析木城及び栄城子を占領。
	13	第一軍が海城を占領。
	14	山東半島作戦の実施を決定。
	24	第八回帝国議会開会（〜95・3・23閉会）。
	26	日本政府が講和会議の地を広島に指定。
	29	大本営が海城死守を決定。
1895（明治28）	1・9	山東半島作戦を開始。
	10	混成第一旅団（第二軍）が蓋平を占領。
	13	澎湖島攻略作戦を決定。
	17	海城方面で清国軍が反撃を開始（〜2・27）。
	20	第二軍が山東半島に上陸を開始。
	27	御前会議で講和の最終案を決定。
	30	第二軍が威海衛南岸を占領。
	2・1	広島講和会議開始（第一回：清国全権の委任状問題で紛糾）。
	2	第二回会議（決裂）。
	5	水雷艇による威海衛夜襲（〜6）。
	12	清国北洋艦隊が降伏。

年	月・日	出来事
1895（明治28）	2・17	第二軍が威海衛を占領。北洋艦隊の接収。日本政府が講和条件を提示。
	18	清国政府が李鴻章を講和全権とすることを日本政府に通知。
	3・4	第一軍が牛荘城を占領。
	5	第一師団（第二軍）が営口を占領。威海衛攻略軍の大連送還を完了。
	7	日本政府が講和会議の地を下関に指定。山縣有朋が陸相に就任。
	11	大本営が直隷決戦作戦計画の大要を策定。
	15	澎湖島攻略部隊が佐世保を出撃。伊藤博文首相及び陸奥宗光外相を講和全権に任命。
	17	田庄台を占領し、遼河平原を概ね平定。
	20	下関講和会議開始（第一回：清国側が休戦を要求）。
	21	第二回会議（日本側が苛酷な休戦条件を提示）。
	24	第三回会議（清国側が休戦要求を撤回）。李鴻章襲撃事件。
	26	澎湖島を占領。
	30	休戦条約調印（21日間）。
	4・1	第四回会議（日本側が講和条件を提示）。
	3	直隷決戦兵力である近衛師団と第四師団が広島に集結完了。
	9	近衛師団と第四師団が広島宇品港を出撃（〜13）。
	10	第五回会議（日本側が最終修正案を提示）。
	15	第六回会議（日本側修正案で講和条約案が纏まる）。
	17	第七回会議（下関講和条約調印）。

伊藤博文首相が提議した山東半島作戦から戦争は「講和期」に入るが、重厚な「開戦期」の研究に比べ、この時期の研究が手薄なことは否めない。古くは戦争終結に向けて講和条件の確定過程などについて論じられていたが、近年では英国の外交資料を豊富に用いて戦争終結に向けた日本の外交政策を国際関係の中で位置づけた研究などがある[1]。これら従来の研究は、重要な示唆を与えてくれるが、その論証の中心は外交政策であり、軍事問題を含む戦争終結への政戦略については十分に論じられてこなかった。「講和期」における日本の政軍関係の不一致は指摘されているが、これをいかに一致させ、伊藤や陸奥宗光外相が有利な状態で日本を戦争終結に導いたかについては、十分に論じられていない[2]。そこでこの第四章では、日清戦争の「講和期」において、日本がどのように政戦略を一致させて、この「海洋限定戦争」を勝利のうちに完結させたのかを明らかにしたい。

1　山縣第一軍司令官の召還と軍事作戦の進展

大本営が直隷決戦を検討していた十一月末、山縣有朋第一軍司令官も、再び冬季中の直隷平野進出を考え始めていた。すなわち、「我が作戦の目的は、直隷の平原に進出して北京を陥れ、以て敵国の死命を制し、最後の捷利を制するにある」として、遼河平原の要衝である海城を攻略して側面を固めることに決し、その先駆けとして析木城の攻略計画を策定したのである〔3〕。ところがこの時、大本営では山縣司令官の召還が計画されていた。この件は十一月二十七日に有栖川宮熾仁参謀総長から上奏され、二十九日、広島の大本営から召還の勅使が出発した。同日、大本営は山縣司令官に第一軍の進軍停止と待機を指令したが、十二月一日、山縣はこの指令を無視する形で第三師団に海城の攻撃を命令する〔4〕。七日、山縣司令官は義州に向かい、翌八日に当地で勅使と懇談して召還帰朝の勅語を賜る。山縣は翌日、直ちに戦陣を離脱した〔5〕。

山縣第一軍司令官の解任原因については、従来から病気説と大本営との対立説の二つが唱えられている。参謀本部編『明治二十七八年日清戦史』や徳富蘇峰編『公爵山縣有朋伝』以来、一九六〇年代までは、いずれもその理由を病気のためとしている〔6〕。ところがその後、海城攻撃の独断で大本営と対立したため、病気を名目に事実上解任されたという説が有力となった〔7〕。しかしながら近年、再び病気説が主張され、復活しつつある〔8〕。

伊藤之雄や斎藤聖二の一次資料に基づいた実証研究を見れば、山縣が病気であり、現場の野津道貫第五師団長や田村怡与造《いよぞう》第一軍参謀副長が、厳寒の戦地において山縣が冬を越すことを懸念していたこと、またその報告により西郷従道陸相（海相の兼任）、児玉源太郎陸軍次官にもその懸念は共有され、伊藤博文首相にまで伝えられていたことは明らかである。また、海城攻略で山縣と大本営が対立し、大本営が現地軍独走を制止するためだったという対立説の理由も一見すれば一理あるように思えるが、十二月一日の海城攻撃命令前に山縣召還が決定され、十一月二十九日に勅使が広島を出発しているので、これも大きな矛盾が生じる。また、山縣も大本営も最終的には直隷決戦を目指しており、根本的な方針に対立はなかったことは、これまで述べたとおりである。山縣が病気により召還されたことは疑いないだろう。

一方で、斎藤は大本営が冬期中に直隷決戦を計画しており、そのため山縣は病気療養の一時帰国ではなく、司令官解任となったと指摘している[9]。冬期直隷決戦を大本営が計画していたことは事実であるが、直隷決戦には大本営が出征して直接指揮する予定であり、そのために山縣の面目まで潰して第一軍司令官を交代させたとは考え難い。また後述するように、この一件には伊藤首相が深く関与するが、その理由が説明できない。作戦上の問題や司令官の病状のみが理由であれば、大本営内で処理すればよいことである。確かに山縣は陸軍随一の重鎮であったが、時の参謀総長は、皇族であり戊辰戦争以来の戦歴も山縣に劣らない有栖川宮熾仁参謀総長であった。山縣召還は大本営内で解決できる問題である。伊藤首相には、ある思惑があったと見るべきであろう。『明治天皇紀』の「侍従武官を遣はし山縣有朋に勅語を賜ひ帰朝を命ぜらる」の項では、「是れ内閣総理大臣伯爵伊藤博文の苦心奏請せしに因ると云ふ」と記されている[10]。また、勅使として現地に派遣された中村覚侍従武官と白根専一宮中顧問官は、西郷陸海相（兼務）、児玉陸軍次官ではなく、頻繁に伊藤首相と直接連絡をとっている[11]。これらを見ると、この一件は直接伊藤首相が画策し、その強い意志が働いていたことは間違いない。

なぜ伊藤首相は山縣召還を画策したのだろうか。大本営との対立説によれば、戦場における山縣の独断を封じるためであろう。しかしながら、この説に矛盾があることは先に指摘したとおりである。一方で伊藤之雄は、山縣帰朝後、伊藤首相が山縣を軍の要職に付けるように努力したことを明らかにしている[12]。山縣帰朝の翌月（一八九五年一月）に有栖川宮参謀総長が急逝するが、その後任に山縣を就任させようとも動いた。この運動は川上操六参謀次長や樺山資紀海軍軍令部長が暗に反対したため実現しなかったが、後に山縣は三月になって陸相として伊藤内閣に入閣する。伊藤之雄はこのような伊藤首相の山縣への就官運動を司令官解任により面目を失ったその心情を察してのことであると主張している。もちろん、そのような動機もあったであろうが、既に講和に向けて思案を重ねていた伊藤首相には別のねらいがあった。

山縣が帰朝後に後任の野津へ書き送った書簡の中に次のような一文がある。「帰途仁川に於て、(中略)、両三日滞港戦況之情報を得、発港可到含居候処、総理大臣帰京之時期に迫り居り、一日も速やかに帰朝之事を促し来り候付、不得止一泊にて、直に出港」[13]。この時、伊藤首相は十二月二十四日に第八回定例議会が東京で開かれるため帰京を急いでいた。ところがこの書簡を見ると、議会開会前の多忙な時期において、なおかつ伊藤首相が山縣の帰朝直後に直接面談することを熱望していたことが理解できる。また、伊藤首相は陸奥外相に命じて帰朝後の山縣に当時の外交状況を説明させている。翌年一月十五日付の書簡では、「山縣大将御面会の上は、諸中立国の対我の形勢より支那使節近日来朝折衝計画の大略及朝鮮井上公使要求の条件等逐一同大将え御随意に御談合可被下候」と陸奥に指示した[14]。このことは、いかに伊藤が山縣を頼りにしていたかということと共に、講和に向けて山縣の協力を強く期待していたことが推察できる。

講和談判を間近に控えて、現地で山縣が独走することを恐れていたこともあろう。しかしながら、帰朝直後から伊藤首相は山縣に強く入閣を要請していることからも、旅順が陥落して限定目標確保のための山東半島作戦が始まろうとしていたこの時期に、伊藤首相は有利な講和により戦争を終結させることを念頭に置き、山縣を帰国させて講和実現に協力させたいという気持ちも強かったと考えられる。ただ単に山縣の面目を察してのことのみで就官運動を行ったわけではなかったのである。日清交渉仲介の労をとった米国のダン駐日公使も、山縣大将の召還は政府の基礎を補強するためで、同時にその威望を借りて講和反対論を阻止する効果があると看破している[15]。

再び外交に目を向けると、講和交渉の全権委員派出前に講和条件提示を求めた清国政府に対し、十二月二日、陸奥外相が全権委員を送らないのであれば講和交渉を中止すると強硬姿勢で臨んだことは第三章で述べた。十二日、清国は全権委員派遣を無条件で承諾し、交渉の開催地として上海を希望した。十八日、日本政府は交渉の地を日本国内にすると回答する。二十日、清国政府は全権委員として張蔭桓と邵友濂を派遣することを表明し、再度交渉の地として上海を希望することを表明すると共に、休戦を希望した。二十六日、日本政府は交渉の地を広島に指定し、交渉開始前の休戦は明言できない旨を回答した[16]。

一方で十二月十四日に実施が決定された山東半島作戦の準備も始まる。その輸送計画は、山東半島に第二軍の半数にあたる第二師団および第六師団残部を内地から輸送し、戦闘後に大連へ差し戻すというものであった。これは直隷決戦兵力の大連進出も兼ねている。砲兵部隊・後方部隊を省いた実戦部隊のみを一気に輸送する計画であったが、運送業務の円滑な実施が作戦の成否の鍵を握っていた[17]。十六日、第二軍作戦序列の変更が命じられ、聯合艦隊へも「第二軍上陸兵団を護送し、これと協力して威海衛軍港を占領し、清国艦隊を撲滅せよ」との訓令が発せられる[18]。旅順占領後、聯合艦隊主力は旅順港外にあって警戒を継続していたが、旅順の船渠が大型艦の整備には不十分であることが判明し、二十二日から「高雄」「橋立」「千代田」「浪速」を内地に回航して整備し、他は不十分ながらも旅順で整備することにした。翌一八九五（明治二十八）年一月十五日、内地回航艦が総て大連湾に帰着し、聯合艦隊の山東半島作戦準備も完了するが、この間、威海衛の北洋艦隊に動きはなかった。コルベットの言う「現存艦隊」としてまったく機能していなかったのである。

これより先、一月九日から山東半島作戦部隊が順次宇品と門司から出航して大連湾経由で山東半島に向かう。この輸送船団には大連から聯合艦隊の護衛も付き、同月二十日から威海衛東方の栄城湾に上陸を開始した。二十六日、第二軍は兵を整えて威海衛に向けて進軍を開始し、早くも三十日には威海衛南岸を占領した。

聯合艦隊も三十日から陸上砲台への砲撃を開始する。しかしながら、天候悪化もあり遠距離砲撃戦では成果が挙げられなかった。二月二日に第二軍は威海衛軍港の全陸岸を占領したが、北洋艦隊と日島・劉公島砲台は、なお健在であった[19]。そこで聯合艦隊は二月五日と六日の連夜にわたる水雷艇の夜襲を決行する。ようやく北洋艦隊旗艦「定遠」を被雷擱坐させると共に「来遠」「威遠」などを撃沈し、北洋艦隊に損害を与えることができた。以降も捕獲した陸岸砲台と協力して日島・劉公島砲台や北洋艦隊への砲撃を継続し、二月十二日、ついに清国北洋艦隊は降伏する。十七日には、威海衛も陸軍に完全占領され北洋艦隊は聯合艦隊に接収された[20]。ここに東アジア最強を誇り、十年来、日本の政軍指導者を悩まし続けた清国北洋艦隊が壊滅し、日本はようやく黄海と渤海の完全な制海を把握することができたのである。この威海衛攻略の間、北洋艦隊は港内に隠れ、「現存艦隊」として機能することはなく、清国は戦勢を挽回する機会を失った。

第二軍が威海衛に向けて山東半島を進撃中であった一月二十七日、講和条約案に関して広島大本営で御前会議が開かれた。ここで講和の最終方針が決定される。講和の三大要件は、①朝鮮の独立を認めさせる、②領土割譲と賠償金、③通商航海に関する諸権利の規定であった。また、この席で伊藤首相は大演説を行い、「宸断一タビ下リタル上ハ、当局者ハ宜ク之ヲ奉行スルノ責ニ任ズベク、又帷幕ノ臣僚ハ他日之ニ対シテ毫モ異議ヲ挟ムベカラザルコトタリ」と大本営からの参会者に対して釘を刺している[21]。御前会議の権威を十分に活用し、政戦略の一致を図ったと言える。

2 広島講和会議と直隷決戦の準備

一月三十一日、清国欽差全権大臣である張蔭桓、邵友濂等が広島に到着し、日本側は伊藤首相と陸奥外相が全権弁理大臣に任命された。翌二月一日、広島講和会議が開かれた。日本側は、張・邵の全権委任状の不備を指摘し、講和交渉は最初から行き詰まる。清国側が提出した国書は一種の信任状にすぎず、当時の国際法上通常の形式を具備した全権委任状ではなかったのである。翌二日、第二回会議でこの講和会議は正式に決裂となった。日本側は、清国政府が正当な全権を与えられた有力者を派遣するのでなければ、講和交渉に応じられない旨を伝えた[22]。陸奥外相は「張、邵の如き清国において勢力なき輩が如何なる全権委任を受けたりとて、到底満足なる談判を成就し得べき望みなし」と回顧している[23]。伊藤首相も「今回来朝ノ清国講和使トノ会合ニ付テハ、十中ノ八九ハ妥当ノ了局ヲ見ルコト覚束ナシト信ズ」と述べている。しかしながら一方で「若シ万一ニモ予期スル所ニ反シ、清国ニ於テ大ニ決心一番セシ所アリトセムカ、此回ノ会合ニテ本件ノ収局ヲ告クルコトナシトモ云フベカラズ」と当初から講和会議を決裂させようとしたわけではない[24]。十二日、清国講和使節は広島を去り、講和交渉は先送りとなった。

この時期の第一軍方面の戦局を少しさかのぼってみると、前年末の山縣召還後もその進撃は止まらず、十二月十二日に析木城および営城子を占領し、十三日には海城を占領した。ところが、海城北東の遼陽方面には海城から逃走した残敵が留まり、北西の牛荘城と南西の蓋平には有力なる清国軍が配置されたので、第三師団は三面に清国の大軍を迎える状態となったのである。十九日、海城西方の缸瓦寨で戦闘が生起し、この方面で戦線が拡大する様相を示した。大本営は第二軍に対し、混成一個旅団を海城南方の蓋平方面へ派出し第三師団を支援するように命令する。同時に、海城確保の可否について検討した。二十九日、大本営は第三師団に海城を死守させることに決定し、再度第二軍の一部を蓋平に進軍させることを命じる。年が明けて一月十日、混成第一旅団が蓋平を占領し、第三師団を側面から援護した[25]。これに対し清国軍は再三にわたり反撃を行う。一月十七日から二月二十七日までの一ヶ月余、清国軍は五回にわたり海城に反撃を加え、その間、遼陽、牛荘城、営口方面の清軍が大幅に増強された[26]。

この期間は、実に広島講和会議の時期と重なる。清国側も講和交渉を睨みながら反撃を繰り返したのである。もし、海城が清国に奪還されれば、広島講和会議に大きな影響を与え、伊藤、陸奥もあのような強気な態度で交渉に臨めなかったであろう。この件については、山縣も川上参謀次長宛の書簡で「戦機は豫め卜知し難きも、海城および析木城を抛棄するときは、先鋒の士気に大なる影響を生ずる事は必然なり」と述べて懸念を示している[27]。この海城の攻防は、講和交渉にも大きな影響を与える軍事作戦であった。

このように、この時期は軍事作戦と外交政策が複雑に絡み合って戦争は進展していく。三月五日には威海衛攻略軍の大連送還が完了し、直隷決戦に向けた第二軍兵力はこの方面に集中された[28]。一方で清国軍の猛反撃をかろうじて撃退した第一軍は、三月四日に牛荘城を占領する。続いて五日、第二軍隷下の第一師団が遼東半島から進撃し営口を占領した。さらに十七日、牛荘城の第一軍と営口の第一師団が協同し、田庄台を占領する。ここに遼河平原は概ね平定された。その後、第一軍隷下の第五師団は海城に、第三師団は缸瓦寨に駐屯し、第二軍隷下の第一師団は蓋平に駐屯することにより、この方面でも直隷決戦の準備は完了した[29]。ここに、日清戦争は軍事作戦、外交ともに最終局面を迎えたのであった。

一月十三日、山東半島作戦にも目途が立ち、澎湖島攻略作戦が決定される。威海衛陥落の後、聯合艦隊主力で別に一艦隊を編成し、これに陸軍の歩兵三個大隊および山砲一個中隊を基幹とする混成支隊を付属させて澎湖島を攻略する計画であった。既に「冬季作戦方針」で台湾占領を含む南方作戦計画も定められていたが、北洋艦隊の殲滅に手間取り、南方作戦実施が遅れていたのである[30]。北洋艦隊降伏翌々日の二月十四日、陸軍の混成支隊に出撃命令が下る。二十日、聯合艦隊にも澎湖島占領と揚子江口の東南方にある馬鞍群島以南の制海獲得が下令された[31]。三月九日、混成支隊が佐世保に到着し、威海衛攻略から帰還した南方派遣艦隊も、十三日、佐世保に集合した。十五日、混成支隊を乗艦させた南方派遣艦隊は佐世保を出撃する。二十三日には混成支隊が上陸を開始し、二十六日、澎湖島は完全に占領された[32]。これにより講和条項として台湾と澎湖島の日本譲渡を決定づけたのであった[33]。

この澎湖島攻略作戦は聯合艦隊主力が参加したものの、陸軍の小部隊が短期間の戦闘を行ったものであり、日清戦争全体の帰趨に影響を与えたものではない。すなわち、清国の打倒に寄与し得るものではなかった。大本営は戦争の主体をあくまでも直隷決戦であると考えていたが、澎湖島攻略のような講和条約における領土割譲を目指す政治目的を持った作戦も実施したのである。これは当時の政軍指導者が密接に連絡を取り合い、協調していった賜物であった。澎湖島という海洋によって孤立化された限定目標の奪取という作戦に、「海洋限定戦争」の特質を見ることができるのである。

三月に入ると直隷決戦の準備も本格化する。大本営は当時直隷平野に集中し得る清国陸軍兵力を約二十万と見積もっており、それに優る兵力を直隷平野に揚陸することを計画していた。決戦使用兵力は、常備軍七個師団すべてと後備部隊の三分の一であり、まさに当時の日本の命運を賭けた一戦であった。三月上旬には、内地で待機していた近衛師団および第四師団は輜重を含めて動員・編制を完了する。屯田兵団からなる臨時第七師団の動員・編制も行われ、内地部隊の出征準備が完了した。「第二期作戦ノ計画」、すなわち直隷決戦計画の概要は三月上旬には定められた。その計画は、まず山海関に上陸してこれを攻略し、大本営も適宜の時機に上陸した上で、第一軍を左翼、第二軍を右翼として山海関から西進し、清国陸軍の主力と決戦に及ぶものであった[34]。これはまさに清国軍を完全に打倒し、北京まで攻め込もうとする「絶対戦争」の計画であった。

七日には海上輸送の計画も決定される。部隊輸送に関しては、輸送船の関係から第一回輸送で二個師団の戦闘部隊を輸送し、その後続けて輜重および後続部隊を輸送することにした。また、第一回輸送以前にできる限り内地の部隊を遼東半島に輸送しておくことにした。この時点で海上輸送は四月上旬から開始し、六月下旬に完了する予定であったが、講和交渉の進展により時局はいつ一変するかもわからない形勢であった。大本営は、できる限り早く直隷決戦を実現するため、海上輸送の時間をさらに短縮しようと努力していたのである。講和条約が締結される前に直隷決戦を実施したい意向であった。これらの作戦計画の大要は三月十一日に策定を完了し、十二日、第一軍に戦闘序列の変更予定が通報され、第一師団は四月下旬までに、軍司令部と第三師団は五月中旬までに大連付近に移動することが内報された。十五日、出征軍へ戦闘序列の変更が命じられ、新たに近衛師団および第四師団が第二軍に編入された[35]。

翌十六日、当初予定されていた大本営の直隷平野進出計画は変更され、小松宮彰仁参謀総長が征清大総督に任ぜられた。征清大総督は大本営の中で作戦に必要な諸機関を率いて直隷平野に進出し、出征全軍を指揮することになった。直隷決戦へ向けた軍の国内移動も始まる。三月中旬までには、近衛師団および第四師団の輜重部隊は広島に終結を完了した。臨時第七師団は三月四日に動員が下令され、十八日に完結する。翌十九日には東京への移動が下令され、三十日に第一軍の戦闘序列に編入された[36]。

3　下関講和条約の調印

直隷決戦の準備が着々と進んでいったが、ここで外交政略の面にも目を向けていこう。広島講和会議の決裂後に列強の日本に対する見方は厳しくなり、講和会議を早急に再開する必要が出てくる[37]。北洋艦隊を接収した二月十七日、日本政府は講和条件について①朝鮮独立の確保、②賠償、③領土割譲、④将来交際のための条約締結の四条件を、米国のダン駐日公使を通じて清国政府に示し、講和交渉の再開を促した。翌十八日、清国政府は李鴻章を全権に指名すると通知する。この清国からの通知は行き違いの可能性が高かったので、さらに翌十九日に日本政府は十七日発の通知を承認するかを問い、二十六日、清国政府は日本政府の当該通知を承諾した。陸奥外相も東京から広島に向かう。三月四日、日本政府は清国政府の全権委任状を承諾し、続いて七日には講和会議の地を下関に指定した[38]。ここに下関講和会議の下準備が整った。ここで関門海峡を見晴らすことのできる春帆楼を談判の会場としたことが、後に大きな意味を持つことになる。

一方でこの七日、西郷海相が陸相兼務を解かれ、山縣が陸相に就任する。帰朝当初は病後静養中であることを理由に就任を固辞していたが、伊藤首相の熱望により入閣した[39]。後に、山縣は下関講和会議において大きな役割を果たすことになる。

三月十五日、伊藤首相、陸奥外相が再度全権弁理大臣に任命された。十九日、清国全権李鴻章が門司に到着し、翌二十日から下関講和会議が始まった。清国側は早速休戦を要求したが、日本側は返答を留保し、翌日に回答することにした。翌二十一日の第二回会議において、日本側は日本軍による大沽・天津・山海関の無血占領という苛酷な休戦条件を提示する[40]。李は再考を促したが、伊藤全権は拒絶した。実際問題として、日本軍が圧倒的に優勢な当時の作戦状況を考えれば、このぐらいの条件を清国に呑ませなければ、大本営は休戦を納得しなかったと考えられる。その点、北洋艦隊を潰滅させ、渤海の絶対的制海を握ったことが、休戦問題について日本側に強硬態度を取らせたことは想像に難くない。この条件に窮した李は、休戦問題について回答の猶予を望み、日本側は三日間の猶予を認めた。

二十四日の第三回会議において、清国側は休戦問題を撤回し、直ちに講和交渉に入ることを希望した。日本側は、翌日に講和条約案を示すことにして会議が終わる。ところが、その直後に講和会議を揺るがす大事件が起こった。李鴻章が宿舎への帰途、暴漢に狙撃されて重傷を負ってしまうのである。ここに欧洲列強の日本に対する印象は一気に悪化し、ダン米公使からも休戦を薦められた[41]。陸奥外相は日本から即時休戦を申し出ることを提議し伊藤首相も賛意を表する。しかし、陸奥は抜け目なく、休戦条約締結以前に征清大総督府の宇品出撃を進言している[42]。後述するように、結果的には征清総督府の出撃は休戦中のこととなるが、このことは直隷決戦の準備を外交上の手段にしようと陸奥が顧慮した証左であろう。

ところが、伊藤首相と陸奥外相以外の主要閣僚および大本営幕僚は無条件休戦について反対であり、松方正義蔵相、西郷海相、榎本武揚農商務相、樺山海軍軍令部長、川上参謀次長が連名で伊藤首相に再考を求めてきた[43]。二十六日、伊藤は下関から広島に赴き、松方、西郷、榎本に根回しを行う。同時に山縣には書簡を送り同日午後に開く御前会議への出席と無条件休戦への同意を求めた[44]。山縣は病気を理由に御前会議は欠席するものの、休戦については期限を限って同意すると共に、西郷海相にもそのことを通知した[45]。ここに山縣陸相の伊藤首相支持が明らかとなり、御前会議では政軍首脳の一致した休戦意見を、閣僚と大本営幕僚は満場一致で決議し、裁可を得るに至った[46]。首相である伊藤と軍の重鎮である山縣の見事な連携であり、また山縣を事前に入閣させておいた伊藤の布石が光った。二十八日、李鴻章の病床に陸奥外相が訪問し、休戦に向けての交渉が行われ、日本は休戦を承諾する[47]。三十日に休戦条約が調印され、ここに台湾と澎湖島を除き、二十一日間の休戦が決定された。

仕切り直しの四月一日、第四回会議が開かれ、日本は初めて講和条約案を提示する。ここに本格的に講和に向けての交渉が開始された。日本の要求は、①清国が朝鮮の独立を確認すること、②奉天省南部と台湾および澎湖列島を割譲すること、③庫平銀三億両の軍費賠償金を支払うこと、④欧洲各国との諸条約を基礎として日清新条約を締結することであった。下関会議開催中も軍の直隷決戦準備は粛々と進められる。四月三日までに、直隷決戦用兵力である近衛師団および第四師団の戦闘部隊も広島に集結を完了した。翌四日、大本営は近衛師団と第四師団に出発を下令した。休戦条約は結ばれていたが、第三条に「現ニ戦地ニ於テ戦闘ニ従事スベキ軍隊ヲ増加スルノ目的ニ非サル以上ハ両帝国政府ニ於テ新タニ兵員ヲ配置運送スルコトヲ妨ケサルモノトス」と規定されており、遼東半島までは進出することができたのである[48]。

五日、日本側講和条約案に対し、清国全権が回答する。その要旨は、①朝鮮の独立は認めるが日清両国の朝鮮に対する権利は平等、②領土割譲の要求に対して論駁、③賠償金の減額を懇請、④通商上の権利については承諾できるものと承諾できないものがあるという曖昧なものであった。この時の交渉を、陸奥は「彼は勉めて事実問題に入るを避け、専ら東方大局の危機を概言し、日清両国の形勢に論及し、日本の国運を賞揚すると同時に清国内政の困難を説き、人を激し人を悦ばすと共に人の憐みを乞わんとするが如し」と評している[49]。

六日、清国側の回答に対し、日本側は反論して直ちに事実問題に入ることを促した。すなわち、日本の提案に対し、その全体を承諾するか、または各条毎に承諾、または修正するかを回答するよう迫ったのである。またこの日に、清国は李鴻章の子息である李経方も新たに欽差全権大臣に任命した[50]。八日、伊藤全権はこの李経方を宿所に招き、九日を期して日本提案に対し諾否を回答するように要求する。さらに交渉決裂の際は、大軍を発し北京を攻略すると言明した[51]。また、遼河平原に駐屯している第一軍と第五師団に直隷平野作戦計画に基づいて行動を開始することが命じられる[52]。日本軍の行動は、当然清国側に察知されることが予測された。

翌九日、清国から①朝鮮の独立は日清両国において確認すること、②領土割譲は、奉天省内において安東県、寛甸県、鳳凰庁、岫巌州と、南方において澎湖列島に限ること、③賠償金は一億両とし無利息のことという修正案が提出される。一方で同日、征清大総督府の出撃にあたって、伊藤首相は大本営に休戦期間内あるいはその後も講和条約締結された場合は、決して進撃しないように注意喚起している。大本営と征清大総督府間の通信連絡の確保にも念を押した[53]。この時、伊藤は既に講和条約締結に向けて確信を得ていたのであろう。今度は軍の行動によって講和が決裂することを憂慮する細心の配慮であった。

十日の第五回会議において、日本より①朝鮮の独立に関しては日本側原案の字句を改変しないこと、②領土割譲に関しては、台湾および澎湖列島は原案の通りにして、奉天省南部については原案より譲歩、③償金は二億両に削減することという再修正案が提出された。日本側はこれを最終案とし、四日以内の回答を求める[54]。翌十一日、伊藤は李鴻章全権に書簡を送り、前日の案の要項を説明してこれが日本政府の最終的な譲歩案であると念を押した。しかしながら、十二日に李は伊藤に返信して清国側の主張要旨を再度説明し、再議を要求する。これに対して伊藤は再度返信し、十日の再修正案は最終譲歩であって、これ以上譲歩の余地はないと言明した。

これより先、十日の第五回会議後、李は日本側最終案を本国に報告していたが、十一日の伊藤の書簡に接し、これを最後通牒の意義を有するものと悟り、再度本国にその要旨を報告して対策を請訓した。この請訓電報で、李はこの日本最終案を全面承諾しなければ、講和会議は決裂せざるを得ない旨を暗示している。十二日、清国総理衙門は回訓して、戦費賠償減額と領土割譲について極力譲歩を得るよう交渉し、妥協の余地がなければ報告の上、講和条約に調印することを許可した。講和会議が決裂した場合、優勢な日本軍が北京に殺到することを恐れ、清廷内部の主戦論者はその影を潜めたのである。十三日、李は再度、譲歩の余地なきことを報告し、本国からほぼ無修正で日本最終案を承諾する旨の訓令が届いたのは、十五日の朝であった[55]。この日に開かれた第六回会議で、ついに日本の再修正案で講和条約案がまとまる。事実上、この日で講和談判は決着がついた。

このような微妙な外交交渉が継続していた一方で、九日から十三日にかけて近衛師団と第四師団が大連に向けて続々と宇品を出撃し、講和会議の場である関門海峡を通過している。近衛師団は運送船二十二隻、第四師団は運送船二十七隻、総計四十九隻の大部隊であった。さらに、船団の最後に出撃した征清大総督府が乗艦した「威海丸」には、巡洋艦「千代田」「和泉」、通報艦「龍田」の護衛が付された[56]。これが講和会議を促進させる大きな軍事圧力となったことは疑いない。十七日、第七回会議において下関講和条約が調印され、ここに日清戦争は終結した。

ここで講和会議開催中に、日本が会議の場から見通すことができる関門海峡に出征軍の大部隊を通過させた問題について検討してみたい。従来の研究では「遭難により結果的に滞在が長引いたが、三月十九日に来日した李鴻章が直隷出征軍の通過するこの頃まで下関にとどまるとは予想されていなかったから、出征軍の下関通過を李に見せつける意図があって下関を会議の場所に選んだとすることはできない」としている[57]。しかしながら、李の遭難で交渉が停滞したのは一週間である。また、李の遭難により日本は大幅に譲歩して休戦条約を締結したのだから、却って講和会議の進行を促進したとも言える。それまでの日清交渉の歴史を見ると、台湾出兵時の北京会議では条約締結まで五十日を要しており、また天津条約締結時も伊藤博文全権が渡清してから一ヶ月、予備折衝も入れれば三ヶ月以上も要している。今回の下関講和会議が李鴻章の来日から出征軍下関通過までの二十日程度で終了するとは予想できないであろう。そう考えると講和会議開始から二十日過ぎというのは、双方の条件が出揃って議論も白熱あるいは停滞しているであろうと予測される時機であり、出征軍の通過は絶妙の時機であったと言える。

また、陸奥が伊藤へ、大総督らの立ち寄りを「可成は其事無之方妥穏と奉存候」と書き送り、伊藤も川上へ「イヨイヨ来タル十日ヨリ総督府御出発ニツイテハ馬関ニ御立寄ハヨロシカラズ御注意アリタシ」と申し送っていることを、軍事的圧力をかける意図がなかった根拠としている[58]。しかしながら、ここで問題となっているのは「通過」ではなく「立ち寄り」である。広島から大連に向かう出征軍が関門海峡を通過せずに、九州を大回りして大隅海峡経由で行くことは常識的に考えられない。また、下関港は講和会議会場の春帆楼や清国全権団の宿舎である引接寺から二キロ余りである。立ち寄らない方が良いとの要請は、治安上の問題や無用な混乱を起こさない配慮であったと推察される。さらに、「彼等(伊藤、陸奥)としては個別条項の交渉に入っていた談判に不要な刺激を与えたくなかった」とあるが、講和会議の経過を見れば、伊藤や陸奥がそのように考えたとも思えない[59]。講和会議は、この時期、清国側の原則論や遷延策によって停滞しており、出征軍の海峡通過は「不要な刺激」ではなく、「必要な刺激」であった。

そもそも出征軍通過による圧力のためと考えなければ、今回の下関講和会議が広島ではなく、わざわざ不便な下関の地を選んだ説明がつかない。日本は自由に講和会議の地を選べる立場にあった。ましてや春帆楼や清国全権一行の宿舎である引接寺は、関門海峡のほぼ中央で海峡を至近に見渡せる位置にある。講和会議へ軍事的圧力を加える配慮があったと考える方が自然である。また、清国全権一行は、当初その乗船である「公義号」の船内に宿泊し、講和会議場である春帆楼に通うつもりであったが、第一回会議の際に、伊藤は往復不便を理由に日本政府が準備した引接寺に宿泊するよう勧告した[60]。この時点で既に李鴻章に日本の出征大船団を見せる腹づもりであったと言える。

4 「海洋限定戦争」としての勝利

伊藤首相の発案による山東半島作戦から日清戦争は、軍事作戦と外交交渉が並行して行われる「講和期」に入った。北洋艦隊が降伏し、黄海・渤海湾の完全制海を掌握すると、海軍は澎湖島攻略作戦を実施する。これは有利な講和条件を目指すだけでなく、海洋によって孤立化された限定目標を奪取するという「海洋限定戦争」に沿ったものであった。一方で、陸軍は遼河平原を平定し、直隷決戦の準備を着々と進めていく。最終的には征清大総督府と決戦兵力が大連に集中されるところまで戦争は進展した。

清国との講和交渉も並行して進展する。ここで軍事作戦と外交交渉の調和を図ったのは伊藤首相であった。まずは講和会議の清国全権代表である李鴻章遭難という最大の危機を、無条件で休戦条約を締結することによって乗り切る。これを発案したのは陸奥外相であったが、閣僚の反対を封じ、軍を抑えることができたのは伊藤首相の力であった。もちろん、「陸奥外交」と一般に呼ばれるように、外交面での陸奥の功績も大きい。しかしながら、陸奥は伊藤の「知恵袋」的存在であった。日清戦争を通じて、陸奥はあらゆる外交政策を立案してきた。しかしながら、それを実行し、また実行できる環境を整える力があったのは伊藤であった。組織上も外務大臣である陸奥が、首相である伊藤の同意を必要とし、その指示に従っていたことは当然である。また、陸奥が不遇の時代に目をかけて保護し、政界に引き上げたのも、伊藤の人物眼がなせる技であった[61]。かつて七年戦争は、当時のピット首相の政軍双方への指導力により英国は勝利できたとコルベットは指摘しているが、日清戦争においては、まさに伊藤首相がピット首相の機能を果たしたと言える。

ここでもう一人、山縣陸相の活躍も見逃せない。山縣自身は軍人として直隷決戦を進める立場であった。前年の第一軍司令官であった時には、山縣自身も直隷決戦を計画し、大本営に意見具申していたのである。しかしながら、その大局眼と柔軟性から、山縣は大半の閣僚が反対する休戦条約に賛成の意を示し、伊藤首相に多大な助力を与えたのであった。戦争終局を見定めて前線から山縣を呼び戻し、陸軍大臣として入閣させていた伊藤首相の先見性とその手腕も光った。これらのことから理解できることは、日清戦争における軍事作戦と外交の連接は、文官であり政府の首班である伊藤と武官であり軍の重鎮である山縣との個人的な連接によるところが大きい。また、第一線の現場司令官がその意に反して解任されたという事実は、当時の政軍関係を考える上で重要な要素である。これは、当時の日本政府が軍を十分に統制していたことを示すものであろう。戦争中に現場の最高司令官を政治判断で解任し得たからこそ、戦争目的を限定して戦うことができたと言える。

そして、日清戦争は最後の岐路を迎える。伊藤首相は、四月八日、清国側に講和会議決裂の時は、大軍を発し北京を攻略すると言明する。その言葉を裏付けるかのように、翌九日から広島の宇品港を出撃した日本軍の大船団が連日関門海峡を通過して大陸に向かった。十日に日本側が四日の期限を切って、最終案を通告する。その間も大船団は続々と李全権の眼前を大挙通過した。その胸中はいかばかりであっただろうか。ついに十五日、李全権は日本の最終案を呑んだ。軍事的圧力を巧みに使った外交政略の勝利であった。講和条約妥結がもう少し遅ければ、直隷決戦は実施され、戦争は「限定戦争」から「絶対戦争」へと進展したであろう。しかしながら、直隷決戦への万全の準備とその進行が清国に対する外交圧力となり、日本が有利な条件で講和を締結できたのである。出撃部隊が通過する関門海峡を臨む下関の春帆楼を講和会議の場所に選定したことも、そのあたりの事情に大きな影響を与えたことは、先に述べたとおりである。

この第四章で詳述したように、最後は軍事的圧力をうまく活用することにより、講和条約が調印され、戦争は日本の勝利によって終結することができたのである。軍事的圧力をかけたと言っても、日本が圧倒的な軍事力を持っていたわけではなかった。今まで度々指摘してきたように、清国を完全に打倒するだけの実力は日本にはない。それどころか、人口、国土面積、総兵力等の総合的な国力は完全に日本の方が劣っていたのである。結局のところ、国力として清国より劣る日本は、相手を打倒する「絶対戦争」から「海洋限定戦争」に転換することにより、軍事作戦・軍事力を巧みに活用して外交交渉を行う場を作ったのであった。これにより日本は政治目標を達成し、成功することができたのである。

第5章

日清戦争後の海軍戦略と日露開戦の決断

【関連年表】

年	月・日	出来事
1895（明治28）	4・23	露独仏による三国干渉（5・4 三国干渉受諾）。
	5・8	下関講和条約批准。
	7・	第十一回海軍拡張案（第一期・第二期拡張案）を閣議決定。
	10・8	王城事変（閔妃殺害事件）。
1896（明治29）	2・11	露館播遷（〜97・2）。
	3・5	第九回帝国議会で、海軍第一期拡張案（明治29年度予算案）が可決成立。
	5・14	小村・ウェーバー覚書調印。
	6・9	山縣・ロバノフ協定調印。
1897（明治30）	3・16	第十回帝国議会で、海軍第二期拡張案（明治30年度予算案）が可決成立。
1898（明治31）	3・6	ドイツが膠州湾を租借（99年間）。
	27	ロシアが旅順・大連地区を租借（25年間）。
	4・25	西・ローゼン協定調印。米西戦争始まる（〜12・10講和）。
	7・1	英国が威海衛を租借（25年間）。
1899（明治32）	5・5〜	馬山浦事件（〜1900・3・29）。
	10・2	南アフリカでボーア戦争始まる（〜1902・5・31講和）。

年	月・日	事項
1900（明治33）	5・31	義和団の暴行に対して、列強が北京に陸戦隊を派遣し、北清事変が始まる。
	6・10	増援の連合陸戦隊が北京に向けて進撃を開始（途中退却）。
	15	日本政府が陸軍部隊の派兵を閣議決定（19 派兵開始）。
	7・9	ロシア軍が満洲に侵攻を開始。
	8・15	連合軍が北京を占領、事変が終息。
	10・16	揚子江協定締結。
	11・26	旅順協定締結。
1901（明治34）	2・24	ロシアが満蒙支配の協約案を清国に提示（4・5 列強の抗議により断念）。
	4・17	エッカルドシュタイン駐英ドイツ大使が日英独三国同盟を打診。
	6・2	第一次桂内閣が成立。
	9・4	セルボーン英海相が覚書「極東における英国の海軍政策」を提示。
	9・7	北京議定書（北清事変に関する最終議定書）調印。
	9・19	小村寿太郎駐清公使が北京より帰朝（21 外相就任）。
	10・16	日英同盟協約交渉を公式に開始（11・6 英国政府が協約案を提示）。
	12・10	英国政府案に対する小村修正案を上奏裁可。
1902（明治35）	1・30	第一回日英同盟協約調印。
	4・8	「満洲還付に関する露清協約」締結（10・8 第一次撤兵完了）。
	5・18	戦艦「三笠」が横須賀に回航されて就役（「六六艦隊」の完成）。
	7・7	第一回日英軍事協約調印。
	10・27	第三期海軍拡張計画案を閣議決定。
	28	山本権兵衛海相が佐藤鐵太郎の「帝国国防論」を奏呈。

年	月・日	出来事
1903（明治36）	4・8	ロシアが満洲から第二次撤兵を行わず、奉天・営口方面で兵力を増強。
	21	無隣庵会議（伊藤博文、山縣有朋、桂首相、小村外相による対露交渉方針を決定）。
		ロシア戦艦「レトヴィサン」、巡洋艦二隻が極東に到着。
	23	旅順で、対日作戦計画変更のための会議を開催。
	30	ロシア海軍が「一九〇三年太平洋海軍作戦計画」を策定。
	5・12	大山巌参謀総長が「軍備充実に関する意見書」を上奏。
	6・8	満洲問題に関する参謀本部会議。
	22	大山参謀総長が「朝鮮問題解決に関する意見書」を上奏。
	23	対露方針に関する御前会議。
	7・13	伊藤博文が枢密院議長に就任。山縣有朋、松方正義が枢密顧問官に就任。
	28	日本政府が満韓問題解決のための交渉をロシアへ提議。
	8・5	ロシア政府が日露交渉開始の勅裁を得た旨を回答。
	11	ウィレニウス増遣艦隊の戦艦「オスラービア」（旗艦）、装甲巡洋艦「バヤーン」が、ペテルブルグを出港。
	12	日本が日露協商基礎条項を提示。ロシアが極東総督府を設置。
	29	ウィッテ蔵相罷免。
	9・7	小村外相がロシアへ対案提示の催促を行うよう栗野慎一郎駐露公使に訓令。
	10・1	田村怡与造参謀本部次長が急逝。
	3	ロシアが第一回対案を回答。
	6	第一回小村・ローゼン会談。
	8	第二回小村・ローゼン会談。

1903（明治36）	10・12	児玉源太郎が内相を辞任して参謀本部次長に就任。
	13	ロシアの第一回対案に関する元老会議。
	14	第三回小村・ローゼン会談。
	19	東郷平八郎が常備艦隊司令長官に就任。
	21	チリ戦艦臨時購入及び第三期海軍拡張計画製艦年度変更案を閣議決定。
	26	第四回小村・ローゼン会談。
	28	ロシアが奉天を再占領。
	30	日本が第一回確定修正案を提示。
	12・2	ロシア戦艦「ツザレヴィッチ」、装甲巡洋艦「バヤーン」が旅順に到着。
	11	ロシアが第二回対案を提示。
	16	元老会議（日本が開戦を決意）。
	23	日本が第二回確定修正案を提示。
	28	戦時大本営条例改正、軍事参議院条例制定。聯合艦隊の編制。
	30	陸海軍合同作戦会議。装甲巡洋艦「日進」「春日」の購入契約が成立。
1904（明治37）	1・6	ロシアが第三回対案を提示。
	9	聯合艦隊戦策を策定。「日進」「春日」がイタリアのジェノバ港を出港。
	12	御前会議で対露交渉最終修正案を決定（16 ロシアに提示）。
	26	小村外相が栗野公使へ対露最終修正案への回答催促を訓令。
	30	元老会議（伊藤、山縣、桂首相、山本海相、小村外相）。
	2・4	御前会議でロシアとの国交断絶を決定。韓国臨時派遣隊へ乗船命令。

従来から開戦原因論は、日露戦争研究における主要なテーマの一つであり、膨大な研究が蓄積されてきたが、未だその結論を見ない。日露戦争を「帝国主義戦争」と観るか、「祖国防衛戦争」と観るかという戦争性格論争が長らく続いた後、実証的な開戦原因研究は、角田順『満州問題と国防方針』がその嚆矢とされる[1]。以降、これが通説とされてきた[2]。通説としては、①満洲占領ロシア軍の撤兵不履行、②朝鮮半島を日本の勢力圏にすることをロシアが認めなかったこと、③開戦前の日露交渉におけるロシアの不誠実な対応を日本がロシアの時間稼ぎと観たこと、④世論・参謀本部の対露強硬論を背景とした桂太郎首相・小村寿太郎外相の強硬派が伊藤博文・井上馨の対露宥和論を抑えたことが日露開戦原因であり、開戦は必然であったと説明されてきた。

この従来の通説に対して近年、開戦原因は日露双方の誤解に基づくものであり、日露戦争は回避できたという批判的研究がなされている[3]。千葉功は開戦前の日露交渉を詳細に分析した上で、ロシアが北韓における中立地帯条項の削除で譲歩する用意があったことおよびニコライ二世（Tsar Nicholas II, Aleksandrovich Romanov）が日本の韓国占領を容認していたことを主要な根拠に、開戦原因を日露の期待する交渉速度の相違と交渉相手国の意図の誤解に帰結し、日露戦争を「相互信頼の醸成失敗により引き起こされた戦争であった」と評価している[4]。一方で伊藤之雄はロシア側のロマーノフ（B. A. Romanov）およびマロゼモフ（Andrew Malozemoff）による研究と日本の国内政治状況から、ロシアは日本との戦争を望んでおらず、また日本には伊藤、井上、政友会に支持されていた宥和路線が存在していたにもかかわらず、日露相互の意思疎通不足のため、「相互の誤解によって開戦を避けることができなかった」と結論づけている[5]。

開戦原因を「セキュリティ・ジレンマ」に求める新たな見解もあるが[6]、相互誤解説は近年の日露開戦原因論の主流となりつつある[7]。確かに、膨張政策を推進したベゾブラーゾフ（Aleksandr M. Bezobrazov）は開戦を予想しておらず、ニコライ二世をはじめ、ウィッテ（Sergei Y. Witte）、ラムズドルフ（Vladimir N. Lamsdorf）外相、クロパトキン（Aleksei N. Kuropatkin）陸相等のペテルブルグ首脳は、開戦を望んでいなかった。日本が先制奇襲攻撃を行って戦争が始まったわけであるから、それを思いとどまれば戦争は回避できたと考えることもできる。

しかしながら、この相互誤解説には次の問題点を指摘できる。第一に、ロシア側の史料を利用した近年の研究では、中立地帯条項の削除についてニコライ二世は別の秘密協定を示唆しており、無条件なものではなかった上、もう一つの争点であった「日本による韓国の軍略的使用」をロシアが認める可能性は小さかったのである[8]。第二に、確かにニコライ帝やペテルブルク首脳は戦争を回避しようとしていたが、アレクセーエフ（Yevgeni I. Alekseyev）極東総督や海軍をコントロールできていなかった点が考慮されていない。アレクセーエフやロシア海軍は、外交交渉中にもかかわらず、軍事的観点から太平洋艦隊の強化を継続し続けたのである。

そして第三として、この太平洋艦隊の強化により、開戦直前において状況は大きく変化してしまったという最も重要な視点が欠如している。いわゆる「六六艦隊」が完成して以来、日本は極東の海上において優勢を保っていたが、開戦前年の一九〇三(明治三十六)年、ロシアは継続的に太平洋艦隊を増強していた。翌一九〇四年二月末になれば、後述のウィレニウス(A. A. Virenius)提督が率いる増遣艦隊が極東に到着し、極東における海軍力の均衡は今までの日本優勢からロシア優勢へと逆転し、戦略環境は一変するのであった。

このウィレニウス増遣艦隊や日露海軍力均衡について指摘している研究もあるが、開戦前の日露交渉と関連づけられておらず、断片的にしか扱われていない[9]。一方でコルベットはウィレニウス増遣艦隊を含めて海軍力均衡の観点から日露戦争の原因を詳述している[10]。ただし、コルベットの研究は日露の史料の他に英国の情報を豊富に利用しているものの、当時の日本がどの程度まで海軍力均衡の変化を認識していたかについて踏み込んだ分析がなされていない。また、日露戦争に至る日本の海軍戦略上、ロシアの極東での海軍力増強がどの程度まで脅威と認識されていたかも明らかにされていない。

従来の開戦原因研究では、主に外交や内政の観点から究明されてきており、軍事的観点からの研究は日露交渉と関連づけられておらず、また海軍力均衡や海軍戦略の認識に踏み込んだ研究は、管見の限り見当たらない。ここで特に海軍力に注目する理由は、陸軍の場合、部隊は広い範囲に散在し、また隠蔽や偽装も可能なため、その全貌や移動を把握することは困難であるが、海軍の場合は限られた軍港に所在し、また主力艦の隻数によって戦力の概要や移動を容易かつ定量的に把握できるからである。もとより開戦は、国際情勢、軍事、外交、内政、経済等のさまざまな諸要因の複合的な結果である。また、当時の政治外交当事者たちが陸軍力に関心を持っていなかったわけではなかった。しかしながら、海軍力の動向に、より大きな注意を払っていたのである。

例えば、後述する開戦直前の大山巌参謀総長の「露軍に関する状況判断」では、日露海軍力比較がその移動場所・日時まで明確に叙述されているのに比べ、陸軍力については極東ロシア軍の当時の状況について明確に論述されているものの、その後の増強については漠然と記述されており、また日露陸軍力は比較されていない[11]。彼らは、陸軍力以上に海軍力逆転を明確に認識したため、開戦を決断したのである。そこでこの第五章では、既存の政治・外交史研究を踏まえつつ、海軍力均衡と海軍戦略という新たな視点から開戦原因の一因を明らかにしたい。

1　日清戦争後の極東情勢と日本の海軍拡張

日英同盟締結直後の一九〇二(明治三十五)年五月十八日、新鋭戦艦「三笠」が英国から横須賀に回航されて就役した。ここに日本の「六六艦隊」が完成したが、ここまでの道程は日清戦争直後にまで遡る。日清戦争とその直後に生起した三国干渉の結果、日本は清国の脅威を追い払ったものの、かえってロシアの大きな脅威を朝鮮半島に呼び込んでしまい、これに対抗する必要が生じた。一八九五(明治二十八)年七月、西郷従道海相は第十一回海軍拡張案を閣議に提出する。それによれば、海上権を制する目的のため鋼鉄戦艦を主体とする艦隊を整備することにした。日清戦争の戦訓から、戦艦の巨砲と強靱な防御力の有効性は明らかであった。この当時はロシアのマカロフ(Stepan O. Makarov)提督やフランス海軍青年学派が説く「小艦多数・水雷艇主義」も存在したが、日本海軍は自らの戦訓を重視したのである[12]。

その艦隊勢力は、単独で東洋に艦隊を派遣できる能力を持つ英国、ロシア、フランスの内、当時の国際情勢から英国とロシアが連合することはないと見積もられるため、英国またはロシアが、フランスあるいはそれよりも小国と連合して東洋に派遣する艦隊に対抗できる艦隊を備えることにした。具体数は東洋派遣可能な戦艦を概略五〜六隻と見積もり、それに対抗するため、建造中の戦艦「富士」「八島」に加え、新たに四隻の戦艦を加え、六隻の新式戦艦を揃えることにしたのである[13]。ここに、戦艦の数により海軍力の均衡を保とうとする思想が見られる。

戦艦の大きさについては、英国の最新鋭戦艦と同じ一万五千トン級とした。これは、このクラスの戦艦はスエズ運河を通過できず、戦時において英国以外は喜望峰回りの回航も石炭補給等の関係で困難であると考えられたためである。平時において、大型戦艦を多数東洋に配置することは、その巨額の経費と東洋における利益とを比較すれば容易に行われないだろうと予測し、戦時に派遣し得るスエズ運河通過可能の大きさの戦艦および巡洋艦に対しては、鋼鉄戦艦六隻および一等巡洋艦四隻で対抗可能であると判断したのである。閣議は財政上の理由からこの計画を二期に分割し、第一期拡張案は十二月に開かれる第九回帝国議会に提出することにした[14]。

一方で朝鮮半島ではこの七月、親露派の閔氏一族の巻き返しにより、日清戦争で朝鮮政界に復帰した親日派の朴泳孝が失脚し、再度日本に亡命した。朝鮮王妃である閔妃の一派が復権し、朝鮮政府や宮中もロシア寄りとなっていく。前年から行われていた井上馨公使の朝鮮改革も失敗に終わった[15]。下関講和条約により朝鮮の完全独立は達成されたものの、三国干渉におけるロシアへの完全屈服によって朝鮮における日本の影響力は地に落ちていたのである。

このような状況下、井上から代わった三浦梧楼公使は、大院君を担いで閔氏一派を朝鮮政府から一掃し、朝鮮政界における日本の勢力を挽回することを画策する。これには日本公使館員も深く関わった。日本人教官に指導された訓練隊解散の動きをきっかけとして、十月八日早朝、大院君を護衛した訓練隊と日本軍守備隊、それに武装した日韓壮士も加わって王宮に乱入し、警護の侍衛隊と衝突して親露派の閔妃を殺害した。事変後、日本政府は直ちに小村寿太郎を派遣して調査にあたらせる。三浦公使は罷免して帰国させ、小村が後任となった。関係者は帰国させられ裁判に付されたが、三浦公使たちは朝鮮国内の親露派を一掃して親日派に変えた英雄であるという日本国内の風潮の中、日本軍守備隊の軍人は軍法会議の結果、全員無罪となり、三浦公使以下の関係者も広島地裁の予審において証拠不十分で全員免訴となった。

朝鮮国内では、親日派の金弘集内閣は訓練隊首脳など朝鮮側の首謀者を処刑する一方で、内政改革を断行したが、日本の軍事力を背景とした改革は朝鮮国内の反発を買い、日本の勢力は却って弱まる結果となった[16]。こうした朝鮮情勢に対して、日本国内では立憲改進党をはじめとする対外硬派各党が激しく政府を批判し、伊藤内閣は自由党と提携して第九議会に臨んだ。その結果、先述の海軍第一期拡張案は、翌明治二十九年度以降七ヶ年継続することで協賛を経て実施に移されることになった[17]。

日本で議会開催中の翌一八九六(明治二十九)年二月、朝鮮ではロシア公使と朝鮮国内の親露派が謀って、十日にロシア水兵約百名をロシア公使館に引き入れ、翌十一日、朝鮮国王を王宮から公使館に移した。政局は逆転し、金弘集首相ら朝鮮の親日派大臣が殺害され、親露派政権が樹立された。以後、約一年にわたって、ロシア公使館内で朝鮮政府の政策が決定されるという異常事態が現出する。同年五月、「小村・ウェーバー覚書」、六月「山縣・ロバノフ協定」により、日露間の勢力均衡と妥協が成り、翌一八九七年二月に朝鮮国王は王宮に帰還した。しかしながら、この一連の出来事によって、ロシアの駐兵権などの朝鮮における地位をある程度容認せざるを得なくなり、ロシアの政治的影響力はさらに増大した[18]。

こうしたロシアの脅威に対し、日本はさらに急速な軍備拡張を図る。先に述べた海軍艦船拡張計画の他、陸軍も軍備充実計画により日清戦争当時の七個師団体制から十三個師団へとほぼ倍増させ、さらに二個騎兵旅団および二個砲兵旅団が新設された。また、これらの野戦軍の整備と共に十一カ所の海岸要塞を構築した[19]。またこの年、第二期海軍拡張の実施を請議するにあたり、東洋の情勢が風雲急を告げてきたことを考慮して当初計画に一等巡洋艦二隻を追加し、新鋭戦艦六隻と装甲巡洋艦六隻を主力とする「六六艦隊」の整備を目指した。西郷海相は五月の閣議決定を経て、十二月の第十回帝国議会にこの第二期拡張案を提出した。ところが、一等巡洋艦二隻の追加は議会で紛糾し、一度は貴族院予算委員会で削減されてしまう。最終的には、松方正義首相兼蔵相や政府委員として出席した伊藤雋吉海軍次官の演説により本会議で復活し、衆議院で若干の修正がなされていた海軍原案は賛成多数で協賛された[20]。この時の伊藤次官による議会説明が、いかに当時の海軍が主力艦の隻数にこだわっていたかを象徴している。

「唯今製造中ノ富士八島、彼ノ甲鉄艦二艘ト昨年ト当年ニ提出致シマシタル甲鉄艦四艘トヲ合セマシテ甲鉄戦闘艦ガ六艘ニナル計画デゴザイマシテ、是ニ加フルニ所謂装甲巡洋艦六艘ヲ以テスレバ則チ主戦艦ト称へ得ルモノガ十二艘出来マスルコトニナリマス、此数ガ海軍ノ方針中ニ於キマシテ最モ主要ナル脳髄デアリマスルノデ……(中略)……唯主眼トスル所ノ此東洋ノ海上権ニ於キマシテ、我防禦力ノ最モ重要ナルモノハ此主戦艦十二艘ニアリマスル、ト云フコトハ何卒御記憶ニ御止メ置カレンコトヲ希望致シマス[21]。」ここに第一期第二期を通して、戦艦四隻、一等(装甲)巡洋艦六隻の他、二等巡洋艦以下十隻、駆逐艦二十三隻、水雷艇六十三隻等が建造されたのである[22]。

弱体化をさらけ出した清国への列強による分割も始まる。一八九八年三月にドイツが膠州湾を、ロシアは旅順・大連を租借した。翌四月、日本はロシアと、「西・ローゼン協定」を結び、韓国における日本の商工業上の発展をロシアが妨害しない代わりに、日露両国は政治上同等の権利を有することに同意した[23]。七月には英国が威海衛を租借する。このように列強による清国分割が進む中、この年の十一月に成立した第二次山縣内閣で、それまで海軍拡張に大きく貢献してきた山本権兵衛が海軍大臣に就任した。その後、山本は第四次伊藤内閣、第一次桂内閣と海相を留任していく。

一九〇〇(明治三十三)年、欧米列強の清国進出への反発として、「扶清滅洋」をスローガンとした義和団が蜂起する。これに対し、日本は欧米列強と共同で出兵するが、この北清事変が欧米諸国との共同行動の嚆矢であった。また、混乱から満洲における鉄道等の利権を守るため、ロシアは満洲全土を軍事占領する。ロシアにとっては防衛的な措置であったが、満洲にロシアの大軍が駐屯することによる韓国への圧力は、隣接する日本にとっては大きな脅威となり、後に日露開戦の遠因となった。事変鎮圧後の十月十六日、ロンドンにおいて英独協定が締結された。揚子江協定とも言われるこの取り決めは、清国の領土保全と門戸開放を提唱していた。この協定にはフランス、オーストリア、イタリアが同意したのに続き、日本も二十九日に加盟する。しかしながら、満洲問題に関心のないドイツが英独協約は満洲には適用されない旨を声明するに至り、満洲に対しては空文化した[24]。

一方で十一月二十六日、ロシアのアレクセーエフ関東州総督は、清国の奉天将軍である増祺と旅順協定を締結する。この協定はロシア軍の満洲駐屯と清国奉天省官憲がこれに便宜を与えることを主眼とするものであった。さらにロシアは、この協定を正式の条約とするよう清国政府に迫るが、李鴻章はこれを拒絶する。そこで、翌一九〇一年一月から新たな協定を結ぶための露清間の交渉がペテルブルグで始められた。このロシアの行動は他の欧米列強から大きな批判を浴びる。日本政府も、清国内の湖広総督である張之洞と両江総督である劉坤一の協力を得て、清国政府に主権を損なうような協定をロシアと締結しないように勧説した。また、ロシア政府に対しても、日本単独で抗議するという積極外交に踏み切り、対清要求の撤回を求め、この問題の解決は北京における列国公使会議に諮ることを勧告する。ついに四月五日、ロシア政府は満洲問題に関する協約を強圧的に清国政府と締結することを断念し、満洲問題は一段落を告げた[25]。ただし、ロシアは実力に訴えて満洲占領を継続しており、なんらこの問題が解決の方向に向かったわけではない。その後、日本国内においても閣内不一致により第四次伊藤博文内閣は倒れ、この問題で矢面に立っていた加藤高明外相も辞任した。

ロシアは韓国問題についても動きを見せる。これより先、この年の一月七日にイズヴォーリスキー(Aleksandr P. Izvol'skii)駐日ロシア公使が、前年の十二月二十日の会談の際に示唆した韓国の永久中立保障について、加藤外相に提議した。満洲がロシアによって占領されている状況で、既に日本が優越した位置を占めている韓国を中立化することを日本が呑めるわけもなく、一月十七日、この韓国中立化案の拒否回答をロシア側へ伝えた。しかしながら、ここから満洲問題を韓国問題と関連づけて一括して解決していこうとする方向性が日本側に芽生えてきたのである[26]。

2 第一次桂内閣の成立と日英同盟協約の締結

一九〇一(明治三十四)年六月二日、第一次桂内閣が成立した。この第一次桂内閣は、内閣制度創設以来、初めて元勲以外を首相とする内閣であり、当時は少壮内閣と呼ばれていたが、その成立にあたって、桂首相、山本海相、駐清公使として北清事変の事後処理後に外相就任予定の小村の三人をもって外交政策の樹立とその実行にあたることが決定された。さらに、重大問題については元老会議に付し、その性質によっては、これを御前会議で評議して聖裁を仰ぐことが内閣および元老の申し合わせにより内定された[27]。外交政策における桂と小村の密接な連携や元老会議および御前会議による重要国策の決定については、よく知られるところであるが、山本が海軍大臣の職務のみならず、副総理格として外交政策にも関与していたことは、開戦前の日露交渉において考慮されなければならない。

この桂内閣には内政上の課題として財政問題があったが、外交上の当面の課題は、①北清事変の事後処理、②日英同盟締結問題、③ロシアが占領を継続している満洲問題の解決であった。九月に小村が北清事変を最終解決する北京議定書を調印して帰朝した。直ちに外相へ就任すると、次の課題として日英同盟締結問題がその前面に出てきた。

そもそも日英同盟締結問題は、桂内閣成立前の四月に駐英ドイツ代理大使であるエッカルドシュタイン(Hermann Freiherr von Eckardstein)が、林董駐英公使を訪ねて日英独三国同盟を私見として打診したことに始まる。林公使は加藤外相の承認を得て、十七日にランズダウン(Henry Petty-Fitzmaurice Lansdowne)外相を訪ね、まずは個人の立場として英国政府の意向を探った[28]。しかしながら、五月二日に伊藤首相が辞表を提出し、その後の交渉は新内閣の成立を待った。

正式に日英同盟交渉が始まったのは、小村が北京より九月十九日に帰朝し、二十一日に桂内閣の新外務大臣に就任してからである。ここで重要なことは、この小村の帰朝と入れ違いに、十八日、伊藤博文がロシアを含む欧米への外遊のため出国したことである。このため英国との交渉中、日本側の意見統一に多少の齟齬が生じる。しかしながら、近年の研究で強調されるように、伊藤は決して日英同盟に反対だったわけではなく、その成立の可能性を疑い、日露協商交渉を優先させるべきであると考えていたのであった[29]。十月八日、小村は林公使に対し、同盟問題について公式に英国政府と意見交換する権限を付与する旨を訓令した。それまでも、個人の立場として林はランズダウン外相との会談を継続していたが、十六日に改めて外相と会見し、正式に同盟交渉を開始した[30]。

十一月六日、ランズダウン外相より林公使へ協約の英国政府案が手交される。これを接受した桂首相は外遊中の伊藤に同盟交渉継続の同意を取り付けた。その上で二十八日、閣議を開いて英国案に対する小村の修正案を可決した。その後、十二月七日、山縣、西郷、井上、松方の四元老ならびに桂首相と小村外相が出席して元老会議が開かれる。ここで小村は用意した意見書を提出して日英同盟と日露協商を比較して、その利害得失を詳細に説明した。この席で伊藤と連絡を取り合っていた井上が同意に若干躊躇したものの、最終的には満場一致で小村の修正案は議決された[31]。

八日夜、桂は伊藤よりの同盟交渉延期を勧説する電報に接する。この電報は翌九日閣議にかけられたが、閣僚一同不同意であった。小村修正案はこの伊藤の電報と共に上奏される。天皇はさらに元老への再議を命じたが、元老も悉く前議を覆さなかったので、十日に修正案は裁可された[32]。一方でペテルブルグを訪問した伊藤は、ニコライ二世に謁見した他、ラムズドルフ外相や実力者のウィッテ蔵相と度々会談したが、日露協商の端緒となるような成果を得ることはできなかった[33]。以降、日英両政府間の交渉で、さらなる修正が加えられ、翌一九〇二年一月三十日、日英同盟協約は調印された。

英国がその孤立主義を棄てて日英同盟協約を締結した大きな要因には海軍政策上の窮状があった。同盟交渉に入る前の一九〇一年一月、セルボーン(William Palmer, 2nd Earl of Selborn)英海相は、五年後には露仏両国の戦艦数が英国と同等の勢力に達する予測を示した。その後、九月四日に提示した覚書「極東に於ける英国の海軍政策」は、英国の二国標準主義が不十分になりつつあり、日本との同盟により英国海軍は強化され、露仏両国またはその一方と戦争になる可能性を減少させることを力説する。特に欧洲正面で優勢を確保するためには、英国は極東に戦艦を増強する余裕は既になく、ロシア太平洋艦隊の増強に対して、英国が優勢を維持していくことは極めて困難な情勢であった[34]。このような状況が、日英同盟協約締結に向けて英国側を強く後押ししたのである。

日英同盟締結後の四月八日、前年十月から再開されていた満洲問題に関する露清交渉が決着し、三期に分けて段階的にロシア軍が全満洲から撤兵する「満洲還付に関する露清協約」が調印された[35]。一方でこの頃、マクドナルド(Claude M. MacDonald)駐日公使が小村外相に対し、日英同盟の結果として、さらに両国において軍事協商を結ぶ必要があることを申し出た。これが端緒となり五月十四日、日英同盟協約に伴う軍事協約締結の予備交渉として、日本側から山本海相、伊東祐亨海軍軍令部長、寺内正毅陸相等が、英国側からマクドナルド駐日公使、ブリッジ(Cyprian Bridge)支那艦隊司令長官等が出席して、日英軍事会談が海軍の横須賀鎮守府で開かれた[36]。

会談は海軍作戦について、①主力艦隊と軽快部隊とに二分する艦隊編制を採用すること、②いわゆる「決戦主義」を採用することで日英の意見が一致する。ところが、陸海軍の協同作戦については日本側陸海相間の意見が異なっていた。山本海相は「余ハ日英連合艦隊ノ威力ヲ以テ敵ノ海軍ヲ全滅シ、此ノ力ヲ以テ敵ヲ屈服シテ平和条約ヲ締結セシメ、敢テ陸軍ノ力ヲ労セザランコトヲ切望ス」と述べたのに対し、英国側のブリッジ支那艦隊司令長官は「希望スル所ナレドモ此ノ如キ好都合ハ甚ダ希ナリ」と否定的な見解を示した。これに寺内陸相も「凡ソ海戦ノミヲ以テ戦役ノ結局トナリシハ、古来歴史上其例甚ダ少シ」と応じ、さらに「陸軍ヲ上陸セシメテ敵ノ急所ヲ撃破シ、彼ヲシテ容易ニ立ツ事態ハジメザルニ非ルヨリハ、結局ヲ見ル事難シ。而シテ此作戦ヲ実施スルニハ陸海協同ノ作戦ヲ必要トス」との意見を述べた。この場では結論は出されず、その他の事柄として、①信号・電信暗号、②諜報、③石炭補給、④入渠修理、⑤戦時陸軍運送船としての英国商船の徴用について論議された[37]。

その後、日英間の軍事協商は、陸軍はエドワード七世(Edward VII)の戴冠式に出席する小松宮彰仁親王の随員の名目で福島安正参謀本部第二部長を派遣し、既に艦隊を率いて英国にいた伊集院五郎常備艦隊司令官と協議して、ロンドンで英国陸海軍当局者と協議させることにした。このため、まずは日本の今後における作戦方針を確定させる必要が生じ、大山巌参謀総長が「日英連合軍事大作戦方針」を起案する。五月二十日、大山参謀総長、伊東海軍軍令部長、山本海相、寺内陸相、上村彦之丞海軍軍令部次長、田村怡与造参謀本部次長が出席して、この「日英連合軍事大作戦方針」は決定された。この時、政府から桂首相と小村外相も臨席している。

この「日英連合軍事大作戦方針」は、後に締結される日英軍事協約の準拠とするために制定されたが、日露戦争後に定められた「帝国国防方針」および「帝国軍の用兵綱領」の前駆的な側面を有する。特に、この作戦方針は「日英両国ハ速ニ艦隊ヲ集中シテ敵艦ヲ撃砕スヘシ」としながらも、もし敵が海戦を避けて港湾内に潜んだ場合はこれを封鎖し、「速ニ優勢ナル陸軍ヲ輸送シ陸海軍協力シテ」敵の陸軍が集中する前に、「其海軍根拠地ヲ攻撃シ以テ勝ヲ制スルノ地歩ヲ占ムヘシ」として、陸海軍の協同により勝利することを強調した。この「日英連合軍事大作戦方針」は、訓令と共に福島少将へ与えられた[38]。

一方で五月二十二日、ロンドンにおける協約締結会議の海軍側代表予定であった伊集院少将へ、山本海相から日英軍事協約に関する訓令が与られた。この訓令の「覚書」は、「我レハ佐世保ヲ作戦基地トシ第一着ニ対馬海峡及朝鮮南岸及付近ノ海上ヲ制セント」し、「英国海軍トノ連合作戦ニ於テハ成ルヘク速カニ日英主戦艦隊ヲ合シテ敵ノ主力ヲ撃破シ或ハ之ヲ港湾内ニ封鎖」することとした。このように艦隊決戦主義を示しながらも、日英連合海軍の勢力は露仏連合海軍の勢力よりも遙かに優るため、露仏は制海を争わず港内に籠もることを予想し、その時こそ、「陸海軍共同攻撃ヲ要スル時機ナリ」と陸海軍の共同作戦にも一定の配慮を示している。

ところが、「日英連合軍事大作戦方針」については、「大体ニ於テ海軍ノ承認シタル所ナリ」としながらも、「海軍作戦ニ至ツテハ該書ノ拘束ヲ受クヘキモノニアラス」としていた。これに対し陸軍側が強く反発したため、陸海軍双方の妥協が図られる。陸軍側は「日英連合軍事大作戦方針」から海軍力に関する表を削り、これに関連する本文を海軍起案の訓令「覚書」のとおり修正することにした。また、海軍側は、訓令「覚書」から「日英連合軍事大作戦方針」の拘束を受けない旨の記述を削除することにした。この時点で、陸海軍の作戦計画は必ずしも円満に策定できる態勢になく、山本海相は参謀総長が海軍作戦をも立案することに激しい不満をもっていたのである[39]。

七月七日、ロンドンの英陸軍省内で、日本側は伊集院少将と福島少将が、英国側はニコルソン(W. G. Nicholson)陸軍中将とカスタンス(R. N. Custance)海軍少将が署名して、陸海軍に関する軍事協約が調印された。この軍事協約は先の横須賀軍事会談の内容を確認したという性格が強い。翌八日、陸軍のみに関する軍事協約に、福島少将とニコルソン中将が署名して調印された。この陸軍に関する軍事協約締結会議において、福島少将は満洲における英国陸軍の応援を希望し、「制海権ヲ得ルヤ否ヤ速ニ日本ノ軍隊ニ応援スヘキ為メ少クモ英国ノ一軍団(出来得ヘクンハ尚其以上)ヲ満洲に送遣」することを要求した。これに対してニコルソン中将は、英国野戦軍の使用については前もって約束することはできないとし、さらに、「戦役ノ初メニ於テ英国ノ軍隊ヲ満洲ノ作戦ニ向ハシメ得ヘキ余地ナカルヘキヲ恐ル」と答えた。福島は英国のインドからロシアへの攻撃についても質問したが、これについてもニコルソンは困難であると答えた。結局のところ、「英国野戦軍ヲ満洲ニ派遣スルコトハ状況ニ従ハサルヘカラスシテ、今此項ニ関シ明確ナル言約ヲ与フル能ハサルコト」と決定される。この条項は日本陸軍の期待を裏切り、大きな失望と不満を残した[40]。同年九月に、軍事協約書は参謀本部に到着し、翌一九〇三年二月十七日、桂首相が軍事協約書を上奏し、裁可された[41]。

この軍事協約締結までの経過を観ると、日英同盟は防守同盟である上、英国陸軍の満洲派遣はほぼ可能性がないことがわかり、従来唱えられているように日露開戦への日本側の決断へ軍事的には大きな役割を果たしたとは言い難い[42]。その一方で、「日英連合軍事大作戦方針」では陸海軍の協同が強調され、山本海相の陸軍側への不満が表出される場面もあったが、最終的には修文で陸海軍の妥協が図られるなど、日露戦争における陸海軍協同の礎石が築かれたと言えよう。

3　日露海軍戦略と海軍力の拡張

一九〇二（明治三十五）年十月二十八日、山本海相は英米に派遣留学させていた佐藤鐵太郎少佐の『帝国国防論』を奏呈した[43]。佐藤は軍備の目的を自衛とした上で、日本と英国の地勢の類似から「海主陸従」を導き、その中心的思想として、海上、海岸線、国内という「国防ノ三線」を主張する[44]。

最終章で、佐藤の論はロシアに対する具体的な国防施策に及ぶ。この当時における日本の海軍勢力は七大強国中の第四位であるが、「世界列邦」が「新艦ヲ増製シ其ノ威力ヲ伸張セントスルノ意気極メテ旺盛ナ」状況から、「我制海艦隊ノ実力比較的ニ減少スルコト果シテ右ノ如クトナリトセハ到底国防ノ主幹トシテ防衛ノ任ニ膺ルコト能ハサルヲ以テ、之ヲ拡張シ列強ト均衡ヲ維持スルノ必要アルハ固ヨリ論スルヲ待タス」と主張した。佐藤は海軍力の均衡がなければ、国防を全うし得ないと明確に認識していたのである。

しかしながら、国力との関係上、漫然と海軍を拡張するわけにはいかないので、標準を定めて計画的に艦隊を整備していかなければならない。その最小限の標準は、「如何ナル場合ト雖モ想定敵中ノ一国カ我国ニ対シ派遣シ得ヘキ勢力ニ対シ常ニ優勢ヲ保ツノ覚悟ナカルヘカラサルハ勿論ナリ」とした。このため、敵の海軍力を想定してその実力を調査し、これと均衡を保つに足るべき兵力量を決めなければならない。ここで、「其ノ最モ強大ナル海軍ヲ東洋ニ派遣シ得ヘキ」国をロシアと定め、ロシアが東洋に派遣可能な海軍力を日本が保持すべき軍備の最小限の標準と定めたのである[45]。

続いて日露海軍力を比較対照している。ここでは、一九〇二年の「三笠」竣工以降、日本はまったく装甲艦を竣工させる計画がないが、これに反し、ロシアは戦艦「ポベーダ」「ツェザレウィチ」、装甲巡洋艦「バヤーン」の竣工に次いで、一九〇三年以降は、さらに最新鋭の「ボロジノ」型戦艦が次々と竣工して、日露海軍力の差が懸隔していくことが示されている。ロシアの地勢上、欧洲方面の防衛に大艦隊を必要とせず、バルト海の艦隊は、ほぼそのすべてを東洋に派遣できることを指摘し、警鐘を鳴らしている[46]。

『帝国国防論』は、佐藤の一私論であったが、山本海相から上奏文を付して奉呈された以上、日本海軍全体の思想であったと言える[47]。また、奉呈後に公刊されて議員等の有力者にも広く配布され、少なからず当時の世論にも影響を与えた[48]。

この佐藤の思想を具体化したものが、この頃(十月二十七日)、閣議に提出された第十二回海軍拡張案(第三期海軍拡張)である。閣議において当初計画は修正されたが、一等戦艦三隻、一等巡洋艦三隻、二等巡洋艦二隻を建造することが閣議決定された。その理由書によれば、佐藤の論と同様に近年の欧米列強の海軍力増強に対抗すべきことが主張され、その標準は列強の東洋派遣艦隊との均衡が重視されていた。その上で、「欧米列強中最強大なる艦隊を東洋に派遣し得べきものは蓋し露国なるべし。而して東洋に於て我帝国と最も利害を異にし、特に将来東洋の静謐を撹乱するの虞あるものを想像せば、亦先ず指を露国に屈すべし。故に我に対する勢力の標準は之を露国に取らざるを得ず」としている[49]。ここに、国防の対象国として初めてロシアが明確に名指しされたのである。

さらに、日本の国力の関係からロシアの太平洋艦隊と来援する太平洋第二艦隊を各個撃破する戦略が立案される[50]。この戦略は、日本艦隊とロシア太平洋艦隊の均衡を保つということが前提であり、この均衡の崩壊は、海軍戦略、ひいては国防戦略の根本的崩壊を意味するものであった。この拡張案は、明治三十六年度予算案に編入され、十二月開会の第十七回帝国議会に提出されたが、議会が解散されたため、続く翌一九〇三(明治三十六)年五月の第十八回帝国議会に再提出され、協賛を得た。

一方で極東におけるロシアの海軍増強も、日清戦争期にまで遡る。日清戦争中の一八九五(明治二十八)年一月、戦艦「ニコライ一世」がウラジオストクに配備され、さらに大型巡洋艦などが続き、三月末には極東に一大艦隊が編制された。この艦隊は三国干渉時に山東半島の芝罘沖にあって、講和条約批准まで無言の恫喝を続けていたのである[51]。一八九七年、ドイツの膠州湾占領に刺激されたロシアは、ムラヴィヨフ(Mikhail N. Murayov)外相の主導により、旅順および大連の占領を企図する。これを検討する御前会議で、トゥイルトフ(Pavel P. Tyrtov)海相は、「海軍のためには太平洋にもっと近いどこか朝鮮の沿岸にロシアの港湾をもつことが便利である。旅順大連はその意味で海軍大臣を満足させる地点とは言い難い」と海軍当局の立場を説明している。結局のところ、ムラヴィヨフ外相やワンノスキー(Pyotr Vannovskiy)陸相の意見が通り、旅順と大連へ軍艦を送って、これを占領した[52]。

一八九八年、既述のごとくロシアは旅順・大連を租借して極東に一大根拠地を得ると共に、「七カ年計画」で戦艦十四隻、大型巡洋艦十一隻の建造に着手する。この内、戦艦八隻と大型巡洋艦五隻が極東への回航が可能であると日本海軍では推測された。ロシアは旅順と大連に拠点を確保した以上、極東に相当の海軍力を持つ必要があったのである。旅順をロシア太平洋艦隊の主要軍港とすることも決定される。翌九九年、ロシアは朝鮮半島南東岸の馬山浦への海軍基地進出を企図したが、日本側が先に用地を買収したため、計画は断念された[53]。一九〇一(明治三十四)年になると、ロシア太平洋艦隊は急速に強化される。一月に戦艦三隻、装甲巡洋艦五隻であった太平洋艦隊は、十月に新鋭戦艦「ポルタワ」「セバストポリ」が加わり、東洋における対英優位を確立する[54]。十二月、ペテルブルグ訪問中の伊藤博文が提議した日露協約私案への対案について、ラムズドルフ外相から意見を求められたトゥイルトフ海相は、ウラジオストクと旅順の中間である韓国南部に港湾を建設する必要性を再度主張した[55]。

このように太平洋艦隊が大幅に強化されたこの年、アレクセーエフ関東州総督の提唱により太平洋艦隊司令長官スクイドルフ(Nikolai I. Skrydlov)中将が、初めて対日作戦計画を策定した[56]。旅順を主根拠地として日本艦隊の黄海侵入を防ぎ、ウラジオストクには巡洋艦戦隊を置いて、日本艦隊を牽制することが計画される。実際の日露戦争では、ほぼこの作戦計画どおりにロシア艦隊は配置され、行動した。また、この作戦計画策定前後の一八九六年、一九〇〇年、一九〇二・〇三年の三回にわたりペテルブルグのニコライ海軍大学校において対日作戦を課題として図上演習が行われた。一八九六年の演習は、前年十二月当時の海軍力をもって行われたが、結果はロシアの全敗に終わった。演習に対する講評の要点は次のとおりである。

①対馬海峡占領前は、日本海との軍事的連絡が不安である。

②開戦初頭におけるロシア海軍力が日本よりも劣勢なので、ロシア艦隊が朝鮮半島沿岸、特に対馬海峡付近に艦隊作戦根拠地を置くことは無謀である。

③開戦初頭のロシア海軍力劣勢状態では、巡洋艦戦隊の海上交通破壊作戦が重要である。

④欧洲方面の戦艦艦隊を極東に回航すれば、日露海軍力の関係は逆転してロシア艦隊が優勢となる。その時点でロシアは攻勢に転じ、その全力を挙げて日本艦隊を撃滅して朝鮮半島との連絡を遮断し、対馬を占領すべきである。

一九〇〇年の図上演習では、制海を掌握するために日本艦隊との決戦が必要であるが、艦隊勢力比が劣勢のため決戦は実施できないと判断された。したがって、増援艦隊の来着を待って決戦に臨むことが決定された。さらに、太平洋艦隊の増勢を促すと共に、ウラジオストクと旅順が海軍根拠地として不適当であることが指摘されている。

一九〇二・〇三年の図上演習は、「千九百五年ニ於ケル対日作戦」を研究するために行われた。同年に至ればロシア太平洋艦隊は一八九八年の造艦計画で予定した編制を完了するからである。演習は日本から奇襲されることを想定し、欧洲からの増援艦隊を想定せず、旅順に戦艦十隻、巡洋艦十三隻その他を、ウラジオストクには巡洋艦四隻を配置して行われた。演習開始後に艦隊決戦が行われ、日本戦艦はその三分の二が、ロシア側は二分の一が失われた。追撃戦で日本艦隊を殲滅したが、ロシア側も大損害を蒙り、日本の朝鮮半島への海上交通線は確保された。

演習の審判官は次のような意見を発表している。日本が優勢であっても、開戦後にロシア艦隊が制海を争えば、日本陸軍の朝鮮半島への輸送は遅延し、ロシアが制海を掌握すれば日本は陸軍を輸送できず、戦争は終結することになる。増援艦隊の来着は重要であるが、さらに重要なことは開戦初頭における制海の掌握であり、極東において欧洲からの増援なしに日本海軍を凌駕する海軍を完備すべきであるとしている。また、この演習でもウラジオストクと旅順が海軍根拠地として不適当であることが再度指摘され、朝鮮南端付近、例えば馬山浦に根拠地を設けることを推奨している[57]。

日清戦後、継続的に対日作戦計画が研究され、その主なものは実際の日露戦争における作戦の原型をなしていることは注目に値する。さらに重要な点は、これらの演習で指摘された続けた対馬海峡と朝鮮南岸根拠地の重要性は、後の日露交渉におけるロシアの「対馬海峡の自由通峡」および「朝鮮半島を軍略的に使用しないこと」という条項へのロシアの強硬な姿勢として表面化する。日露交渉におけるロシアの要求は、その約十年前から研究されたロシアの一貫した海軍戦略に基づくものであった。

4 ロシアの満洲撤兵不履行と日露間の緊張

一九〇三(明治三十六)年四月八日、ロシアは満洲還付条約を履行せず、満洲のロシア軍は動かなかった。続いて十八日、清国へ新たに七カ条の要求を突きつけ、これを撤兵の条件とする。これに対し日米英三国は清国に警告を与え、これを受けて二十七日、清国政府はロシアに対して新要求は不承諾の旨を回答すると共に、満洲還付条約に基づき、速やかに撤兵することをロシアに要求した[58]。一方でこの頃、満韓国境の鴨緑江を越えて、龍岩浦でロシアの森林伐採事業が始まり、ロシア軍も北韓の地に侵入しつつあるという多数の情報が入ってきた。日本政府はロシアの朝鮮半島進出への威圧を感じる[59]。二十一日、京都にある山縣有朋の別荘無隣庵にて山縣、伊藤博文、桂首相、小村外相が対露策を協議し、満韓交換を基礎としてロシアとの交渉を開始することが内決された[60]。一方、海軍では二十二日、山本海相が日高壮之丞常備艦隊司令長官に南清巡航を延期するよう訓令し、二十九日、同司令長官および各鎮守府司令長官、各要港部司令官に状況を通知した[61]。

この時期のロシア太平洋艦隊は、スタルク(Oskar V. Stark)司令長官の下、戦艦四隻、装甲巡洋艦三隻、巡洋艦五隻、砲艦九隻、駆逐艦十一隻が所在していたが、さらに戦艦二隻、巡洋艦五隻、駆逐艦七隻が、既に本国を出港して東洋へ回航する途上にあった。四月二十一日には、この内の戦艦「レトウィザン」と二隻の巡洋艦が早くも極東に到着する[62]。

この新たな戦力の追加に伴い、ロシア太平洋艦隊では、対日戦略が見直されることになった。二十三日、一九〇一年に策定された対日作戦計画を変更するための会議が旅順で開かれる。会議では、太平洋艦隊参謀長エーベルガイド大佐が朝鮮半島南岸の馬山浦を前進根拠地とする攻勢作戦を提議したが、他の将官の反対にあい、修正計画案は決定されなかった。三十日の会議でこの修正計画案は将来ロシア艦隊が日本艦隊よりも優勢になった場合に採用すべきものとして保留になり、太平洋海軍幕僚長ウィトゲフト(Wilgelm Virgeft)少将が「千九百三年太平洋海軍作戦計画」を策定した。それによれば、黄海および朝鮮海湾の制海を掌握し、朝鮮西部沿岸への日本陸軍上陸を阻止することを作戦目的として、戦艦を主力とする艦隊の根拠地を旅順に定め、黄海および朝鮮海湾において攻勢作戦を行う一方、装甲巡洋艦を主体とする巡洋艦戦隊は、日本沿岸への巡航作戦と朝鮮半島東部沿岸の海上交通線を破壊し、日本艦隊を牽制することになった[63]。

五月十二日、大山巌参謀総長が「軍備充実に関する意見書」を上奏すると共に首相、陸相、海軍軍令部長に通報した。それによれば、バルカン半島情勢の安定化に伴い、ロシアは全力を満洲方面に傾注しつつあり、その慣用手段である恐喝をもって日本を威喝して多少の利を得るか、兵力に訴えようとしていると情勢を分析した。その上で近い将来に軍事力均衡が変化して日本が不利になり、その状態で韓国がロシアの勢力下に入れば、国防上の重大問題であるという参謀本部の見解を吐露した[64]。二十日、海軍軍令部はロシア海軍の行動に関する情報を関係各所へ配布することを始めた。これ以降、海軍軍令部が把握した情報は政軍指導者の間で共有される[65]。

六月八日、満韓問題に関する参謀本部会議が開かれる。井口省吾総務部長、松川敏胤第一部長、福島安正第二部長等各部長は、兵力に訴えても問題を解決すべきであると強硬な意見を主張したが、大山参謀総長は開戦の不利を唱え、各部長の説を容れなかった。この時、各部長は日露両国の戦力比較を纏めて早期開戦を勝算の根拠としていた[66]。二十二日、大山参謀総長は「朝鮮問題解決ニ関スル意見書」を内閣に提出し、同時に上奏した。この際、大山は海軍軍令部長との連署による提出を求め、軍令部は同意だったにもかかわらず、山本海相が「韓国ノ如キハ失フモ可ナリ帝国ハ固有ノ領土ヲ防衛スレハ足ル」との意見から同意せず、陸軍の単独上奏となったことはよく知られる[67]。これは、山本が、海上における「島帝国」の防衛を主張した先述の佐藤の『帝国国防論』の戦略を堅持していることを示すと共に、山本の海軍部内での絶大な影響力を物語るものであった。

翌二十三日、日露交渉開始のための御前会議が開かれる。会議では、無隣庵会議の決議に基づき、①満洲問題を利用して、この機会に韓国問題も解決する、②韓国問題は如何なる事情があっても譲らない、③満洲問題は多少譲歩する、④交渉は東京で行う、という方針が決定された[68]。会議で決定された「万難を排して目的を貫徹するの決心」の意味について伊藤が質問したのに対し、山本海相は、交渉開始の現時点では「飽迄も平和に且つ友誼的に此商議を進め、以て其間に起るべき諸般の難事を切り抜けて我目的を達成するの覚悟」の意味であると答弁している[69]。この時、日本は韓国問題では開戦をも辞さないと覚悟した一方で、戦争は回避可能であり、平和裡に協商を成立させることを目指していたと言えよう。

一方で満洲では七月初旬、ロシアの陸海軍将官および外交官等が旅順に集まり会議が開かれた。この会議では満洲併合は不得策であると判断され、鴨緑江伐木会社を純然たる商業経営とすることを決定したが、アレクセーエフ関東州総督は鴨緑江伐木会社を保護するために満洲から撤兵しないだけでなく、極東の陸軍兵力と太平洋艦隊の増強、そして旅順要塞の強化を図った。ただし、日本との戦争は回避することを決定したという情報も日本に入ってきた[70]。

この間、五月以降六月下旬までに戦艦「ポベーダ」、巡洋艦「ボヤーリン」「ボガツイリ」、駆逐艦七隻が新たに極東に到着し、ロシア太平洋艦隊は着実に強化されていく。また六月十一日、ウラジオストクの川上俊彦貿易事務官から、ロシア政府が近頃沿海州各方面の防備に全力を注いでいるとの報告も入る。これに対して七月十日、山本海相は戦艦六隻、装甲巡洋艦六隻、二等巡洋艦四隻に平常の航海に必要とする石炭の他に、高速力を発揮することができる英炭を積載することを訓令する[71]。日露交渉を前にして極東海域の緊張は確実に高まったと言えよう。

5　日露交渉の展開とウィレニウス増遣艦隊の極東回航

七月二十八日、日本政府は満韓問題を解決するための交渉を提議したが、ロシア側もそれに応じ、日露交渉が始まった[72]。その直後の八月十一日にウィレニウス提督率いる増遣艦隊の主力である戦艦「オスラービヤ」(旗艦)、装甲巡洋艦「バヤーン」が極東に向かってペテルブルグを出港したとの情報が入った[73]。ロシアは日本との外交交渉開始を決定した直後に、太平洋艦隊を増強する艦隊の主力を出港させていたのである。出港の準備はそれ以前からなされていたとしても、この艦隊が外交的威圧を含んだものであることは否めない。

翌十二日、栗野慎一郎駐露公使がラムズドルフ外相へ六カ条の日露協約基礎条項を提出する。その要旨は、①清韓両国の独立と領土保全の尊重、②韓国における日本の優越と満洲におけるロシアの鉄道権益の承認、③韓国における日本、満洲におけるロシアの商工業の発達を互いに妨害しないこと、④韓国への日本の軍隊派遣、満洲へのロシアの軍隊派遣の相互承認、⑤韓国における改革の助言と援助は日本の専権、⑥従来の協定の破棄であった。これは基本的に日本に有利な満韓交換論に基づくものであった[74]。またこの日、極東総督府が新設され、アレクセーエフ海軍大将が総督に任命された。これにより極東におけるロシアの行政、外交、軍事の権限は、アレクセーエフに集中されることになった。

一方でこの頃、極東海域では日露双方の艦隊整備が進められた。八月初旬以降、旅順に在った諸艦は続々とウラジオストクに回航された後、交互に入渠する。日本も七月頃から艦艇の修理を急ぎ、完了した艦は逐次常備艦隊に編入され、昼夜を問わず猛訓練が実施された[75]。九月七日、小村外相は交渉の場を東京に移すというロシアからの提議への同意と、併せてロシアに対案を速やかに提示するよう求めることを栗野公使へ訓令した[76]。一方でロシア艦艇の東航情報も続く。十二日、ロシアがフランスに発注して建造された新鋭戦艦「ツェザレウィチ」がツーロン港より極東に向けて出港した[77]。

十月三日、ローゼン(Roman R. Rosen)駐日公使がロシアの対案を小村外相に手交した。対案の要旨は、①韓国の独立と領土保全の尊重、②韓国における日本の優越、韓国の民政を改良すべき助言と援助を与える日本の権利、③韓国における日本の商工業をロシアが妨害しないこと、④韓国への日本の軍隊派遣の権利、⑤韓国領土を軍略上の目的に使用しないことおよび対馬海峡の自由航行、⑥北緯三十九度以北の韓国領土に中立地帯設定、⑦満洲沿岸は日本の利益範囲外、⑧従来の協定の破棄であった[78]。ロシアは満洲を日本の利益範囲外としたのみならず、韓国における日本の権利をも制限しようとしたのである。六日、外相官邸において第一回小村・ローゼン会談が、八日に第二回会談が開かれるが大きな進展はなかった。しかしながら、桂から山縣への書簡によれば、日本の提案とロシアの対案には相当の開きがあるものの、平和的に解決することが確認され、双方の案を近づけて、それを基礎に交渉を継続することになった[79]。この時点では、日本側も平和的解決にかなりの希望を抱いていたのである。

日露交渉が継続する間も、ロシア艦艇の東航情報は続く。十月八日、巡洋艦「アウローラ」が東洋に向けてペテルブルグを出港した。十二日、先にペテルブルグを出港して東航中であった戦艦「オスラービヤ」が座礁損傷したため、イタリアのスペチアへ回航されたとの情報も入ったが、十六日、戦艦「ツェザレウィチ」および装甲巡洋艦「バヤーン」はスエズ運河の入り口にあるポートサイドに入港した[80]。

日露交渉が難航していたこの頃、ペテルブルグの海軍軍務局では、新たな海軍作戦計画を検討していた。十月十七日、ブルシコフ中佐は太平洋作戦計画ならびに将来の戦争に対する準備に関する覚書を提出する。それによれば、ロシアが極東において優位を得るため、日本艦隊を撃滅することを目標にしている。しかしながら、現状ではロシアの戦備は整っておらず、勝利は覚束無いので多大の譲歩をしても衝突を避けることが得策であるとしている。ただし、二年後には開戦する決心で軍備を整える必要があると指摘し、その時の勢力を次のように見積もった。

ロシア：戦艦十三隻　装甲巡洋艦五隻

日　本：戦艦　六隻　装甲巡洋艦六隻　非装甲巡洋艦十六隻

現在、戦争を回避するために日本軍の朝鮮半島侵入を許しても、今後二年にして優勢な海軍力と充分な陸上兵力を備えれば、海軍力をもって韓国占領日本軍とその本国との連絡を遮断すると同時に、陸軍を陸上から朝鮮半島に侵入させることができると結論づけている。

このブルシコフ中佐の覚書に対し、ロジェストウェンスキー（Zinovij P. Rozhesrvenskii）軍務局長は異なる考えを示す。ロシアの目的は韓国併合であり、陸軍に協力して朝鮮半島から日本軍を排除できればよく、日本艦隊より優勢な艦隊は必要としないと考えていた。また第二の結論としては、ブルシコフ中佐の意見を肯定し、できる限り短期間にこれを実施する必要があるとしながらも、その主旨は戦争を避けるためであると主張している。先の韓国併合の考えとは矛盾するものの戦争回避を希望する考えも持っていたのである。結局、ペテルブルグの海軍軍務局では意見の一致を見ず、対日作戦計画は策定されなかった。さらに、旅順で策定された作戦計画も海軍軍務局には報告されなかった。このため海軍軍務局は作戦計画に関する総てを管掌すべき立場にありながら、時局が切迫して開戦になった際に、太平洋艦隊がいかなる作戦行動を取るかを知らなかったのである[81]。

これは極東総督府設置によるロシアの組織上、必然のことであって、太平洋艦隊は中央の海軍省管轄下ではなく、極東総督府の管轄下に移され、その全権は皇帝直轄のアレクセーエフ総督の手に握られていたからである。また、海軍軍務局内のみならず、軍務局長ロジェストウェンスキー自身も、戦争を回避すべきか、あるいは日本を朝鮮半島から排除して韓国を併合するのか、その考えが揺れ動いていたのである。このような状態で、中央政府首脳が海軍を管制することはまったく不可能であった。

十月十九日、日本では日高中将に代わって東郷平八郎中将が常備艦隊司令長官に就任した。次いで二十一日、山本海相は、戦艦二隻の臨時購入と第三期海軍拡張計画の内、戦艦一隻の建造期限を繰り上げることを閣議に提出した。その理由は「露国ノ東洋派遣勢力増加ノ急調」であった。いかに海軍当局が、この頃のロシア太平洋艦隊増強に危機感を覚えたかが理解できる。政府は情勢の緊迫化と議会開会時期が比較的遠いことを考慮して、予算の緊急支出により軍艦購入を図った。しかしながら、売りに出されていたチリ戦艦の臨時購入は、金額面から折り合いが付かず失敗した。また、建造の繰り上げについては、繰り上げてもその竣工予定は二年半後の一九〇六(明治三十九)年であり、当面の海軍力均衡に影響を及ぼすことはできなかった。わずかに、二ヶ月後の十二月三十日にイタリアで完成直前であったアルゼンチン一等巡洋艦二隻の売買契約が成立し、速やかに日本に回航されることになった[82]。

十月三十日、小村外相はこれまでの四回に及ぶ会談に基づいて日本の確定修正案をローゼン公使に手交し、ロシア政府の再考を求めた。この確定修正案は、満韓交換の原則が貫かれた他、ロシア対案にあった「韓国領土を軍略上の目的に使用しない」という条項は削除したものの、「対馬海峡の自由航行」の条項を加えた。また、中立地帯については、「韓国領土の北緯三十九度以北」という部分を「満韓国境の両側五十キロ」に改めて加えた[83]。一方でロシア艦艇の動向であるが、十月二十四日、装甲巡洋艦「ドミトリー・ドンスコイ」が、十一月七日には巡洋艦「アルマーズ」が極東に向けてペテルブルグを出港する。また、東航中の戦艦「ツェザレウィチ」、装甲巡洋艦「バヤーン」は、十八日、シンガポールに入港した[84]。十月三十日の日本確定修正案提出後も、ロシア艦艇は続々と東航し、それは逐一、海軍軍令部を通じて政府首脳に知らされていたのである。

「ツェザレウィチ」「バヤーン」がシンガポールを出港し、その極東到着も迫った二十一日、小村外相は栗野公使へ日本側の確定修正案への返答催促を訓令する。しかしながら、ロシア側は皇后の病気や旅順のアレクセーエフ極東総督との調整等を理由に回答を遅らせたのであった[85]。ところが、これに先立つ十八日、アレクセーエフは第二対案をペテルブルグに提示したにもかかわらず、それを日本に渡すことを遅らせるように求めていた。アレクセーエフは極東における軍備増強のため、時間稼ぎを試みていたのである。結果的に、ラムズドルフ外相がアレクセーエフに反対して交渉継続の方向で干渉したので、遅延は二週間程度となった[86]。このように、十一月のロシア艦艇の極東回航は急を告げる一方で、十月末に日本が提議した確定修正案には、回答の素振りさえも見られなかったのである。

6 危機の十二月

一九〇三（明治三十六）年の師走は、小村外相の交渉速決の催促とロシアによる更なる太平洋艦隊の強化で始まる。二日、ついに新鋭戦艦「ツェザレウィチ」と装甲巡洋艦「バヤーン」が旅順に到着した。これにより、ロシア太平洋艦隊は、戦艦七隻、装甲巡洋艦四隻、巡洋艦十隻、その他駆逐艦、砲艦より成り、また有力な軍艦を仁川に派出して韓国を威嚇し始めた〔87〕。十日、ペテルブルグの栗野公使からロシアでは皇帝も世論も共に戦争に反対であり、平和解決を望んでいるとの電報が届く。これに対し児玉源太郎参謀本部次長は、「露国財政の窮乏のため日露問題は多分平和的解決をみるであろうが、ただこれ戦機を両三年延期するにすぎなく、われの不利はかえって大となる」という意見であった〔88〕。同日、玉利親賢在英国公使館付武官からも英国海軍省筋の情報としてスペチアで修理中の戦艦「オスラービヤ」が、今週中に東洋に向けて出発すべき命令を受けたとの報告が入電した〔89〕。

翌十一日、ローゼン公使が漸く修正対案を提示した。ロシアはこの対案で満洲に関する条項をまったく削除し、「韓国領土の一部たりとも軍略上の目的に使用せざること」および「北緯三十九度以北の韓国領土を中立地帯と為すこと」の条項をそのままとし、韓国における日本の行動制限に固執した〔90〕。この修正対案に接して日本政府はいよいよ交渉が成就することは困難であることを悟り、陸海軍は戦争の準備を進めていく。十二日、山本海相から常備艦隊へ臨戦準備と佐世保への集中待機が指示された〔91〕。

十六日、閣議および元老会議が開かれる。時局は平和的解決の望みがほとんどないものと判断され、陸海軍が戦争準備を完了するまでの便宜的手段として外交交渉を継続することにしたが、一方でロシアの友誼的精神に一縷の望みを託し、その再考を促がすために更なる修正案を議決した〔92〕。以降、開戦準備は着々と進む。この時、桂首相は満洲問題では開戦しないが、韓国問題で日本の修正要求が入れられなければ、開戦を決意することを山縣への書簡で明らかにしている。また、十九日には交渉修正案を上奏し裁可を得るが、その際、桂首相は明治天皇にも開戦の決意を述べている[93]。

同日、井口参謀本部総務部長は、韓国へ限定的に出兵し、その兵力を背景にして交渉を行い、ロシアが韓国を去らなければ一大決戦を覚悟することを児玉次長に促した。児玉は既に数回にわたりこの主旨を政府に告げていたが、二十一日に至り、政府も漸く陸海軍に対して開戦準備を通告した。これ以降、開戦へ向けて政府と陸海軍の間で協議が行われていく[94]。一方で二十日、本野一郎駐仏公使より、仏領ビゼルタ港（現チュニジア）に停泊中のウィレニウス増遣艦隊（戦艦「オスラービヤ」、装甲巡洋艦「ドンスコイ」、巡洋艦「アウローラ」、駆逐艦五隻）が極東への出発命令を待っており、数日中にさらに、六隻の駆逐艦が同艦隊に加わる旨の報告が入った[95]。二十一日、小村外相はローゼン公使に対し、韓国に関しては領土使用に関する制限の削除を重ねて主張し、中立地帯に関してはロシアが満韓双方に設けることに不同意であるならば、中立地帯条項を全部削除することを提議し、ロシアに再考を促した[96]。

二十四日、伊藤博文、山縣有朋、桂首相、寺内陸相という長州閥の指導者が、伊藤の大磯滄浪閣で会合し、対露問題のために献身的に努力することを誓いあう。ここに、伊藤と山縣という主要元老も開戦への腹が固まったと言えよう[97]。同日、山本海相は東郷長官へ今までの日露交渉の経過を通知した上で、開戦準備に万全を期すよう訓令した。それに対して東郷は先制攻撃が有利であることを上申している[98]。

二十八日、臨時閣議および枢密院会議が開かれ、軍費支出に関する緊急勅令、戦時大本営条例の改正、軍事参議院条例、京釜鉄道速成令、台湾居住人戦時召集令が決められ、即日公布される[99]。また、常備艦隊は編制を解かれ、明治三十六年度戦時編制に準拠して第一、第二、第三艦隊が編制され、第一、第二艦隊を以て聯合艦隊が組織された。さらに、元老、内閣、統帥部の間で初戦の作戦計画について話し合われる。この時、陸軍は京城へ部隊を派遣することを提案するが、海軍側は制海の把握と海上交通の確保が優先であると譲らず、以後協議されることになった[100]。翌二十九日、政府は参謀総長と海軍軍令部長に「何時たりとも出兵差支えのないように準備されたい」と通告した[101]。

開戦後の作戦計画についても進められていく。参謀本部では、既に一九〇二(明治三十五)年八月に来るべき対露戦争において黄海および日本海の制海を把握した場合、主作戦を満洲に支作戦をウスリーに導き、敵の野戦軍を撃破する目的をもって、主作戦に五個師団、支作戦に二個師団を用い、これを鎮南浦および羅津浦に上陸させる方針を立てていた。その方針に基づき、最初の対露作戦計画が策定される。その第一期は鴨緑江以南の作戦で韓国を軍事占領する作戦であり、第二期は鴨緑江以北に進む満洲における作戦であった[102]。海軍ではロシア艦隊の行動に応じて四つの作戦計画が策定された。そのうち実際に実施された第一計画は、ロシア艦隊が旅順とウラジオストクに分かれ、その戦争準備が整う前に機先を制して攻撃するものであった[103]。

三十日、参謀本部と海軍軍令部は、陸海軍協同作戦の合意事項として、①第一艦隊および第二艦隊は旅順艦隊と決戦を企図する、②第三艦隊は対馬海峡の警備を行う、③海軍の第一計画を成功させるため陸軍の臨時派遣隊は海軍の行動に先んじて派遣しないことを確認した[104]。同じ三十日、「対露交渉決裂の際日本の採るべき対清韓方針」が閣議決定される[105]。交渉決裂と開戦が明確に意識されたと言えよう。この日、参謀本部と海軍軍令部の首脳も会談し、これまで研究していた作戦方針に基づき、開戦の時期や作戦計画などが協議される。熟議の末、戦闘は海軍の旅順艦隊急襲を以て開始することが決定された[106]。

三十一日、旅順では戦艦「ツェザレウィチ」と装甲巡洋艦「バヤーン」の増加に伴い、従来の対日作戦計画の変更について審議された。その結果、①対日海軍作戦計画は当分変更しないこと、②ウラジオストクの巡洋艦は移動させないこと、③ウィレニウス増遣艦隊が来着合同すれば、ロシア艦隊の勢力は日本と伯仲するので、その時に作戦計画を変更して日本沿岸に対し積極的な攻勢作戦を開始することが決定された[107]。この頃、地中海を東航中のウィレニウス増遣艦隊の動向は、海軍戦略上、大きな意味を持っていたのである。

7 開戦への決断

一九〇四(明治三十七)年に入り、開戦への準備はさらに具体化する。三日、陸海軍は再び大本営設定の時期や作戦計画等を協議した[108]。六日、ローゼン公使が小村外相に前年十二月の日本提案に対する復答を提示する。満洲に関しては、日本の利益範囲外であることを認めれば、現行条約の下で獲得した権利については認めると譲歩したが、なお韓国に関しては、前回同様に「韓国領土の一部たりとも軍略上の目的に使用せざること」「三十九度以北の中立地帯」という重大な制限を付していた。ここに桂と小村は、これ以上話し合う余地はないと考え、交渉決裂を考慮するに至る[109]。翌七日、主要閣僚および軍首脳の会議が開かれ、海軍の開戦準備が整う一月二十日以降に作戦行動を開始することが確認され、そのための時間稼ぎとして最終修正案を作成してロシアに提示することが決められた[110]。

この頃、海軍は日露海軍勢力比の現状と将来の見積もりを対照している。まず、現状については次の通りである。

日　本：戦艦六隻　装甲巡洋艦六隻（非装甲巡洋艦以下は略）
ロシア：戦艦七隻　装甲巡洋艦四隻（非装甲巡洋艦以下は略）

そして、ウィレニウス艦隊の勢力を戦艦一隻、装甲巡洋艦一隻、非装甲巡洋艦二隻、駆逐艦七隻、水雷艇四隻とほぼ正確に把握し、これに対し日本が近日中に増加できる艦艇は、装甲巡洋艦二隻（「日進」「春日」）、非装甲巡洋艦一隻（「対馬」）、水雷艇五隻であった。

これらを加えて対比すれば、次の通りとなる。

日　本：戦艦六隻　装甲巡洋艦八隻（非装甲巡洋艦以下は略）
ロシア：戦艦八隻　装甲巡洋艦五隻（非装甲巡洋艦以下は略）

さらに、ロシアはこの年（一九〇四年）中に、一万三千トンの最新鋭戦艦「アレキサンドル三世」級（「ボロジノ」級）五隻、巡洋艦数隻、駆逐艦、水雷艇二十隻余が太平洋艦隊に加わる計画であり、その場合は次の通りとなった。

日　本：戦艦六隻　装甲巡洋艦八隻（非装甲巡洋艦以下は略）
ロシア：戦艦十三隻　装甲巡洋艦五隻（非装甲巡洋艦以下は略）〔11〕

この対照は、十二月末に緊急購入した「日進」「春日」を除いて、前年十月のブルシコフ中佐の対照とほぼ一致し、日露双方とも海軍当局者は十分な情報を得て、正確な見積もりを行っていたと言える。まさに、時を失すれば日本はロシアと太刀打ちできず、屈服せざるを得なかったのである。

このように開戦時機に大きな影響を及ぼすウィレニウス増遣艦隊であったが、この頃、スエズ運河に向けて地中海を東航中である旨の情報がロンドン駐在の玉利大佐から頻繁に入電する[112]。一方で「日進」「春日」も一月九日にイタリアのジェノバ港を出港し、日本へ向った[113]。また同日、先の作戦行動開始と最終修正案提示という主要閣僚および軍首脳会議の結論は閣議決定された[114]。

これ以降、聯合艦隊も臨戦準備に入る。東郷長官は聯合艦隊戦策を指揮下の各指揮官に示すと共に、各艦に英炭の満載と糧食等の需品の搭載を命じた。また、山本海相は艦艇外面の濃鼠色への塗り替えと水雷敷設準備を訓令する。さらに十一日には、傭船三十余隻を仮装巡洋艦や病院船等へ改装することを訓令した[115]。このように、ロシア艦艇の東航に合わせて開戦準備は着々と進められていった。これを観れば、開戦自体が政略上の観点から決定されるのは当然であるが、その政略の動向とは無関係にこれだけの準備がなされるとは考えられない。これらの準備は、当時の交渉状況も知悉している山本海相の訓令により行われたわけであるから、既に政略上も開戦が決定されたと見るべきであろう。

十一日、元老会議が開かれ、最終修正案について聖断を仰ぐことが決定される[116]。翌十二日の御前会議では、①「韓国領土を軍略上の目的に使用しないこと」および「北緯三十九度以北の中立地帯の設定」条項を削除すること、②満洲に関しては居留地設定の制限を削除し、満洲の領土保全を但し書きとする他、韓国およびその沿岸はロシアの利益範囲外とする規定を入れて、満韓交換を相互的にすることが決められた。閣議決定書では、「従来ノ経過ニ徴スルニ右ノ如クスルモ、尚ホ露国ヲシテ我希望ヲ容レシメンコトハ頗ル困難ニシテ、到底其望ミナカルヘク」と、最終提案による解決がほぼ絶望的であることを見通し、「若シ同政府ニ於テ回答ヲ遅延シ、又ハ不満足ナル回答ヲ与フルニ於テハ……（中略）……已ヲ得ス談判ヲ中断シ、同時ニ自ラ其侵迫ヲ受ケタル方面ニ向テ帝国ノ地歩ヲ防衛シ、并ニ帝国ノ既得権及正当利益ヲ擁護スル為メ最良ト思惟スル独立ノ行動ヲ取ルコトノ権利ヲ保留スル旨ヲ露国政府へ通告シ、直チニ自衛ノ為メ必要ノ手段ヲ取ルノ外ナカルヘシ」と述べられており、この時点で開戦は既定路線であったと言って差し支えないだろう[117]。あとは、開戦時機の問題であった。

　翌十三日、小村外相はローゼン公使にこの最終修正案を手交すると共に、栗野公使にも訓令した[118]。スエズ運河付近に所在するウィレニウス艦隊の情報も、引き続き頻繁に入電する。詳細は省略するが、同艦隊はスエズで石炭等を補給して出港した[119]。これに先立つ十二日に陸軍は戦争準備を完了し、先述のとおり海軍も二十日には戦争準備を完了させる予定であった。ところが、十九日になると海軍は戦争準備の完了を二十六日頃に変更した。「日進」「春日」がセイロン島コロンボを出航し、安全圏に到着するまでは行動を待つ方針だったのである[120]。二十三日、二十六日、二十八日と連日のように小村外相は、ロシアへ回答の催促と回答時期の照会をするよう栗野公使へ訓令した[121]。

　三十日、首相官邸で、伊藤、山縣、桂首相、山本海相、小村外相が会合した。この日、伊藤が示した決意書には、「仮リニ露ノ我ニ譲歩スル所、中立地帯設定ヲ我ニ譲リ、朝鮮ノ邦土ヲ軍略的支用《ママ》スルヲ得セシムルモ、是レ露ノ政略全体ヨリ観察スレバ、日本ニ執リテハ、数年間ノ小康タルモノト看ルノ外ナシ。然レバ到底露ト干戈相視ルハ、早晩免ルベカラザルモノタルハ火ヲ見ルガ如シ」とあり、例え懸案の二条項でロシアが譲歩したとしても、開戦やむなしとの決意が示されている[122]。翌三十一日、ペテルブルグでは、ラムズドルフ外相と会見した栗野公使が、ロシアの回答はニコライ二世の判断によるため正確な回答時期は答えられない旨を告げられた[123]。

二月一日、大山参謀総長が「露軍ニ関スル情況判断」を上奏した。そこでは、ウィレニウス増遣艦隊が五～六週間後には太平洋艦隊と合同し、ロシアが優勢になると見積もられている。陸軍増強の見積もりと併せて、時局の解決には開戦しかなく、戦略上有利な今、開戦すべきであると結論づけられていた。翌二日、「日進」「春日」がシンガポールに入港する[124]。

三日、元老会議が開かれ、ロシアに最後通牒を通告することが審議され、異議がなかったため、翌日に御前会議が開かれることになった[125]。さらにこの日の午後七時、在芝罘の森義太郎中佐から旅順艦隊の大半が出港して行方不明であるとの電報が到来する。翌四日、海軍軍令部は、このロシア艦隊主力の旅順口出港に関し、次のような判断を元老と閣僚に示した。「露国ノ増遣ニ係ル艦隊、陸兵竝ニ輸送中ノ軍需品等ハ現下猶新嘉坡以西ノ海面ニ在ルモノ頗ル多クシテ、今直ニ戦端ヲ開クハ彼ノ為メニ不利トスル所多大ナルノミナラス、又彼我外交上ノ関係ヨリ観察スルモ、彼ヨリ対敵行為ヲ開始スルカ如キハ蓋稀有ノコトナリトスルヲ得ヘシ、故ニ昨三日彼ノ主力艦隊カ旅順口ヲ出発セル目的ハ攻勢ヲ取ルカ為メニ非ス」と、ロシアから戦争を仕掛けてこないことは十分に理解していたのである[126]。したがって、ロシアの意図に誤解はもっていなかった。

午後の御前会議で、ついにロシアとの交渉断絶と艦隊の発進命令が決定された。「此上時日ヲ空過スル時ハ、我邦ハ外交軍事共ニ回復スヘカラサルノ不利ニ陥ルヘキコト疑ヲ容レス[127]」と、この時機を逃せば海軍力均衡は逆転し、日本はロシアに戦わずして屈服せざるを得ないとの認識に立った開戦決断であった。

8　必然であった日露開戦

日清戦争以降の情勢と日露海軍戦略を踏まえた上で、日露開戦前の外交交渉と両国海軍の動向を織り交えて検討することにより、次のことが明らかになった。第一に、日清戦争以降の日本の海軍戦略は、仮想敵国との海軍力均衡を前提として構築されてきた。したがって、海軍力均衡が圧倒的に劣勢になった場合は戦えないという思想に至る。幸いにして、清国からの賠償金と「臥薪嘗胆」の世論にのって、一九〇二年の「六六艦隊」完成までは順調であり、極東の海上における優勢を築くことができた。しかしながら、一九〇三年に入ってからのロシア太平洋艦隊の急速な増強は、この日本の戦略を崩壊させる恐れを抱かせたのである。さらに、一九〇四年中には最新鋭の「ボロジノ」型戦艦五隻も太平洋艦隊に配備される予定であり、極東における海軍力均衡は大きくロシア側に傾き、日本は到底太刀打ちできなくなってしまう。伊藤の決意書や大山の上奏書を見ても、このことが政軍指導者の開戦への決断に大きな影響を与えたことは明らかである。

第二に、旅順を租借し、ここに海軍基地を設定して以来、ロシア太平洋艦隊の海軍基地は対馬海峡および朝鮮半島を挟んで、旅順とウラジオストクに二分されることになった。したがって、ロシア海軍は朝鮮半島南端、具体的には馬山浦に海軍基地を設定したいと考えており、朝鮮半島進出の機会を一貫して窺っていた。このため海軍戦略上、ロシアは全面的に韓国を日本へ譲れず、韓国問題をめぐり双方に譲歩の余地はなかったのである。すなわち、満洲でロシア軍の占領が続く以上、日本が韓国を軍略上利用して対抗せざるを得ず、また日本が韓国を軍略上利用するということは、ロシアにとって太平洋艦隊の分割が継続するということを意味する。日露交渉の妥結は、当初から困難な問題であった。

第三に、日本はウィレニウス艦隊の動向を逐一把握しており、それを脅威に感じて、そのことが外交交渉に少なからず影響を及ぼしたと考えられる。八月初旬に外交交渉が開始された直後に、ウィレニウス艦隊主力がペテルブルグを出港して極東回航の途につくが、日本は各寄港地ごとに情報を収集した。この情報は海軍軍令部から関係各部に配布され、政策決定者の間で共有されていたのである。本書では、この情報と外交交渉を並行して論じることにより、その相互の時系列上の関係を明らかにした。

第四に、日本が交渉妥結の困難を悟り、開戦を意識したのは十二月の中旬であった。それは二日の戦艦「ツェザレウィチ」と装甲巡洋艦「バヤーン」の旅順到着、十一日のロシア修正対案の受領、ウィレニウス艦隊の極東回航の動向が影響を与えたのである。十二月中旬以降の政府首脳と元老の動向、そして陸海軍の戦争準備を考察すれば、外交交渉に一縷の望みを託しながらも、この時期に日本は戦争を決意したと言えよう。翌年一月六日のロシア再修正対案を受け取ってからは完全に平和解決への道を断念し、開戦準備の時間稼ぎとして外交交渉を継続させていたのである。

ウィレニウス艦隊が極東に到着し太平洋艦隊に合流すれば、それまで交渉の目的としていた満韓交換論はその意義を失う。なぜならば、満韓交換による韓国確保は、日本が少なくとも対馬海峡および朝鮮半島南端の制海を握っているということが前提となっているが、ロシア増遣艦隊による海軍力均衡の変化は日本の韓国確保を無意味にするものであった。この戦略環境の変化のために、増遣艦隊の到着前に日本は開戦する必要が生じたのである。海軍が示した日露海軍力の対照はそれを示している。陸海軍の戦争準備が整い、「日進」「春日」がシンガポールに到着したところを見計らって、日本は開戦に踏み切ったのである。

ここまでの考察を総合すれば、日露開戦は必然であり、日本が開戦を決断した背景には海軍力均衡の崩壊予測があった。ロシアが戦争を欲していなかったことは確かであったが、日本はそれを承知した上で先制攻撃を開始したのである。しかしながら、このことは日本が好戦的であったということを意味しない。開戦前年の春に満洲撤兵の不履行と北韓への圧迫という脅威を自覚して以来、日本政府は、参謀本部内の主戦論や強硬な国内世論を抑えてロシアに外交交渉を申し入れ、問題の平和解決を優先したのである。それにもかかわらず、時の経過と共に逆転していく海軍力均衡は、その猶予を待たなかった。日本は、ロシアが武力の威嚇により日本を屈服させようとしていたことを知悉していたが故に、海軍力の均衡が逆転する前に開戦を決断したのである。

第6章

聯合艦隊による旅順口攻撃の再評価

【第6章 関連地図】

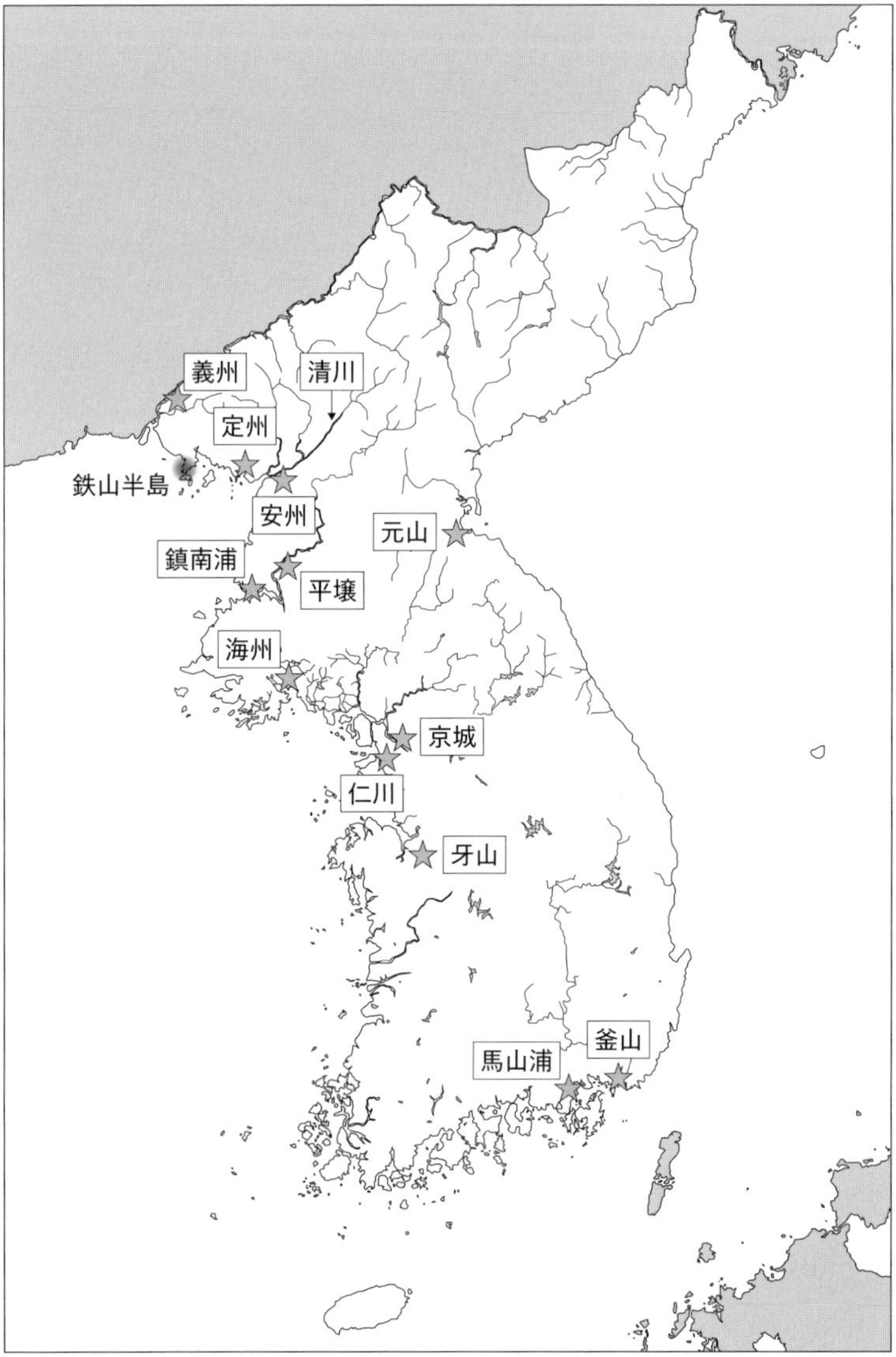

参謀本部編『明治三十七八年日露戦史』、海軍軍令部編「極秘明治三十七八年海戦史」を参照して筆者が作成。

【関連年表】

年	月・日	出来事
1904（明治37）	2・4	御前会議でロシアとの国交断絶を決定。韓国臨時派遣隊へ乗船命令。
	5	動員下令。大海令第一号（極東ロシア艦隊撃滅等を命令）。
	6	日本政府がロシア政府へ国交断絶を通告。聯合艦隊が佐世保を出撃。
	8	韓国臨時派遣隊が仁川に上陸。旅順口夜襲。
	9	旅順口昼間砲戦。仁川沖海戦。韓国臨時派遣隊が京城に進出。
		ウラジオ艦隊が第一回出撃（〜14）。
	10	宣戦布告。ウラジオ艦隊が日本海で示威行動。
	12	第七師団に、函館、小樽、室蘭の守備を下令。
	13	大本営が編制を完了、第一回大本営御前会議。
	14	旅順口第二次攻撃。函館に戒厳令。
	16	第十二師団が仁川に上陸を開始（〜27）。「日進」「春日」が横須賀に入港。
	17	ミシチェンコ支隊（コサック騎兵）が鴨緑江を渡り、韓国に侵入。
	20	マカロフ提督がロシア太平洋艦隊司令長官に就任。
	22	クロパトキン大将がロシア陸軍満洲軍司令官に就任。
	23	日韓議定書調印。
	24	旅順口第三次攻撃（〜25）、第一回旅順口閉塞作戦。ウラジオ艦隊が第二回出撃（〜3・1）。
		第十二師団の先発一個中隊が平壌に進出。
	28	日露騎兵の将校斥候が平壌北方で遭遇。
	29	第三艦隊を聯合艦隊司令長官の指揮下に入れる（3・4正式に聯合艦隊に編入）。

年	月・日	出来事
1904（明治37）	3・6	第二艦隊がウラジオストクを砲撃。マカロフ司令長官が旅順に着任。
	10	旅順口第四次攻撃。近衛師団が鎮南浦に上陸開始（～25）。
	13	第十二師団司令部が平壌に入城。
	14	陸軍が旅順要塞攻略を決定。
	17	第一軍司令部が鎮南浦に上陸（21 平壌に入城）。
	20	第二十回帝国議会開会（～29 閉会）。
	22	旅順口第五次攻撃。
	27	第二回旅順口閉塞作戦、旅順口第六次攻撃。
	28	定州で騎兵による遭遇戦、定州を占領。クロパトキン司令官が遼陽に着任。
	4・3	ミシチェンコ支隊が鴨緑江北岸に退却。
	8	英仏協商成立。
	11	大本営が聯合艦隊と第二軍の共同作戦方針を決定。
	13	旅順口第七次攻撃、戦艦「ペトロパブロフスク」撃沈（マカロフ司令長官戦死）。
	15	旅順口第八次攻撃。御前会議（第二軍の上陸地・上陸時期を決定）。
	21	第一軍が鴨緑江南岸義州付近に進出。
	23	ウラジオ艦隊が第三回出撃（～27）。
	25	陸軍運送船「金州丸」がウラジオ艦隊に撃沈される。
	30	ロシアが第二太平洋艦隊（バルチック艦隊）を編制。
	5・1	鴨緑江の戦闘。
	3	第三回旅順口閉塞作戦。第二軍の第一次輸送部隊が大同江口を出撃。
	5	第二軍の第一次輸送部隊が遼東半島（塩大澳）に上陸開始（～14）。

ロシア太平洋艦隊主力が所在する旅順口への夜襲によって日露戦争は始まった。この奇襲攻撃において、聯合艦隊はロシアの新鋭戦艦二隻および巡洋艦一隻を撃破する。また、仁川方面では陸軍の韓国派遣隊揚陸を無事に成功させると共に、仁川沖海戦に勝利した。開戦劈頭、ほぼ同時に二つの海域で戦闘が行われたが、なかでも旅順口夜襲とそれに続く昼間砲戦についての評価にはさまざまな議論がある。日露戦争後に海軍軍令部が編纂した「極秘明治三十七八年海戦史」や私刊の諸史書は、この旅順口攻撃を成功の作戦と位置づけた[1]。

これに疑問を呈したのが、海戦史に焦点をあてて日露戦争を詳述した外山三郎である。外山は開戦劈頭の旅順口奇襲の結果として、黄海の制海は実質的に日本海軍の手に帰し、陸軍の海上輸送を著しく容易にしたと認めながらも、第二撃が行われず、ロシア主力艦隊に決定的な打撃を与える機会を逸したことを問題視した。夜襲により混乱していたロシア艦隊へ、天明と同時に主力部隊が突入すれば、ほとんど全滅に近い打撃を敵に与えたであろうと推察している[2]。

近年の研究でも、大江志乃夫は外山の研究を引用した上で、「夜明けとともにロシア艦隊側が損傷艦を港内に収容するための作業を開始し、港口が混雑を極めるであろう時機をねらい、夜襲に続く息をつがせぬ第二撃によって戦果を拡大するという思想と闘志に欠けていたことは否定できない」と指摘し、「開戦劈頭の旅順奇襲が成功をおさめなかったため、成功の確率が少ない三回にわたる旅順口閉塞作戦を引きつづき実施し、しかもそのすべてが失敗に終わる結果となった」と結論づけている[3]。

さらに、相澤淳は、海軍軍令部の「奇襲断行」の作戦方針に反し、「威力偵察」で終わらせた東郷の作戦行動を厳しく批判している。相澤は、コルベットが「完全な制海権は必要なく、陸上部隊の上陸を可能にする部分的な制海権獲得、すなわち防勢作戦で十分であった」と東郷の作戦行動を高く評価したことについても、開戦劈頭に聯合艦隊が旅順艦隊を撃ち漏らしたため、旅順作戦が陸軍部隊の大規模投入なしに解決できなくなってしまったことを理由に疑問視している[4]。このように外山の指摘以来、近年の研究では、この開戦劈頭の旅順口第一次攻撃への評価は低い。聯合艦隊の戦術的失策でロシア旅順艦隊を撃滅できなかったわけであるから、そういう意味でこの作戦は失敗であったとも言える。

一方でこれまでの議論は、公式戦史以来、この攻撃を評価するにしても評価しないにしても、海戦史の枠内で議論されてきた。しかしながら、海軍作戦といえども独立した存在ではなく、戦争全体の中で、ある目的をもって遂行されるものである。したがって、旅順口第一次攻撃への評価も、戦争遂行全体、少なくとも戦争初頭における推移全体の中で位置づけられなければならない。そこで本書では、朝鮮半島確保というこの戦争の主要目的をとりあえず達成するまでの時期に焦点をあて、陸軍作戦や当時の韓国情勢をも視野に入れて旅順口第一次攻撃の再評価を試みてみたい。

この課題に答えるには、その前提として「なぜ当時の聯合艦隊は、この開戦劈頭の好機会に、旅順艦隊を撃滅するまで徹底的な攻撃を行わなかったのであろうか」という問いを明らかにする必要がある。第二撃を行わなかった理由については、近年の研究でも明らかにされていない。そこで、まず緒戦の経過について概観した後、海戦参加者の回顧と当時の海軍思想を検討して、当時の聯合艦隊首脳の判断とその理由を解明する。その上で、その判断に基づく戦力の温存とその後の聯合艦隊の作戦が、朝鮮半島の確保という戦争目的達成に適合的であったことを論じていきたい。

1　緒戦の戦いと日本海軍の思想

一九〇四（明治三十七）年二月四日の御前会議において開戦が決定された。翌五日、大海令第一号に基づき、第一艦隊と第二艦隊で編制された聯合艦隊は、ロシア艦隊を撃破すると同時に、陸軍の韓国臨時派遣隊を護衛し、揚陸するための出撃命令を発する[5]。陸軍も、韓国における作戦のため、近衛師団、第二師団、第十二師団で編成する第一軍の関連諸部隊を動員した。六日、聯合艦隊は韓国臨時派遣隊を載せた陸軍運送船三隻を護衛して佐世保軍港を出撃する。同時に第三艦隊も、竹敷に進出して対馬海峡の警戒にあたると共に、鎮海湾を占領した。

さらにこの日、大山巌参謀総長が韓国における作戦計画を上奏し、翌七日、第十二師団長へ韓国派遣に関する訓令を伝達した。この作戦計画では、第十二師団が馬山浦に上陸し、釜山－京城南路を前進して京城およびその以南を軍事占領することが定められていた。とりわけ、その最大の目的は京城占領である。政略および戦略上重要な京城は、海戦の結果を待たずに占領する必要がある。ところが、現状において海軍が安全を保証しているのは対馬海峡のみであった。開戦前の韓国臨時派遣隊は海軍の第四戦隊護衛の下で仁川近くに上陸させるが、師団主力は朝鮮半島の南岸に上陸して陸路で京城を目指すことにしたのである[6]。

東郷平八郎聯合艦隊司令長官は、当初、開戦前の韓国臨時派遣隊の揚陸地も、安全のため仁川南方の牙山付近を考えていた。しかしながら、牙山では目的地の京城から遠いため行軍に四日を必要とし、その間に京城の情況が一変する恐れもあるという陸軍からの要請により、可能な限り仁川に揚陸することにした[7]。進撃途中、陸軍輸送部隊を仁川方面に向けて分離した聯合艦隊主力は、八日夕刻には駆逐隊を旅順口と大連湾へ先行させる。その夜の旅順口攻撃において、日本駆逐隊は衝突事故を起こすなど相当に混乱したが、新鋭戦艦「ツェザレウィチ」「レトウィザン」および巡洋艦「パルラーダ」を大破させた。翌九日、先行させた第三戦隊の偵察の後、聯合艦隊主力は旅順港口で旅順艦隊と昼間砲戦を行う。しかしながら、援護の旅順要塞陸上砲台による猛反撃に遭って一航過で引き揚げ、戦果を拡大することができなかった。

一方、陸軍運送船を護送して仁川沖まで進んだ第四戦隊（巡洋艦「浪速」「高千穂」「明石」「新高」）と臨時配属の装甲巡洋艦「浅間」は、八日朝に仁川から出港してきた巡洋艦「千代田」と会合する。「千代田」からの情報よれば、港内は平穏であり、在泊しているロシア巡洋艦「ワリヤーグ」と砲艦「コレーツ」も平常通り碇泊していた。また、駐京城公使館付海軍武官吉田増次郎少佐からの電報によれば、「京城ニオケル治安及ヒ韓廷ノ関係上、一日モ早ク我兵ノ入京ヲ必要トナスニ付、先発隊ハ成ルヘク仁川港ニ上陸セシメラレ度旨、伊地知陸軍少将ヨリ艦隊参謀長ニ伝ヘラレ度シ」と連絡があった[8]。ここに、仁川方面における作戦の計画実施について委任されていた瓜生外吉司令官は、これらの情報を考慮して揚陸点を仁川港に決定する。八日午後、陸軍運送船と護衛艦艇は仁川港に向い、九日未明、無事に陸軍派遣隊の上陸は完了した[9]。派遣隊指揮官木越安綱少将は、二個大隊をロシア領事館と海岸の警戒のため仁川に残し、自ら二個大隊を率いて同日中に京城へ侵入する[10]。この派遣隊の速やかな京城進出は、同地の人々に日本優位を印象づけた[11]。

陸軍護送の任務を完遂した第四戦隊および「浅間」は、出港要求に応じた「ワリヤーグ」「コレーツ」と砲撃戦になり、仁川沖海戦が生起する。両艦は多数の命中弾を受けて仁川港に退却し、後に自沈した。これを知った駐韓ロシア公使パヴロフ（Aleksandr I. Pavlov）は韓国を退去することを決意し、十二日、仁川からフランス軍艦「パスカル」で退去する。京城および仁川付近の人心も漸く平穏となり、韓国政府は十三道観察使に日本軍へ便宜を与えるように訓令した[12]。また、開戦以前より北韓には韓国駐箚隊のうち元山守備隊として一個中隊が駐屯し、同地の警備にあたっていたが、大本営は開戦後に一個大隊を増派した[13]。

これまで観てきたように、開戦劈頭、海軍は旅順口夜襲と仁川沖海戦の勝利により旅順艦隊の一部を撃破し、同時に陸軍の韓国臨時派遣隊を仁川へ揚陸することに成功した。その直後に作戦の大方針が策定される。この作戦の大方針では、①三個師団をもって敵に先立ち韓国を占領すること、②満洲を主作戦地として陸軍主力を用い、敵野戦軍の主力を攻撃するため、まず遼陽に向かい進撃すること、③ウスリーを支作戦地として、一個師団（第八師団）を用いて敵を牽制することが決定された。遼陽進撃にあたっては、韓国から進撃する第一軍に加え、遼東半島の大弧山に第二軍を上陸させ、相呼応して進撃させることにした。兵力劣勢な日本軍がこの作戦で勝利を得るには、迅速に兵力を集中し、敵の集中が完了する前に逐次これを殲滅する他はなかったのである。そのためには、いかに兵力を迅速に輸送するかが鍵であった[14]。

ここまで開戦劈頭の戦闘経過を辿ってみたが、ここで旅順口第一次攻撃において、なぜ第二撃が行われなかったかを検討してみたい。日露戦争後に行われた戦役参加者史談会で、第二艦隊参謀であった佐藤鐵太郎が、戦後に東郷と議論したことが記録されている。佐藤は聯合艦隊の主力が攻撃する前の第三戦隊による偵察は不要で、全力を挙げて朝方に攻撃すべきであったことを主張している。これに対し、東郷は「万が一のことあると飛んでもないことになるから、それだから前に偵察した」と答えている[15]。また、攻撃を一航過でやめてしまったことについて、東郷は「要塞との関係、その他の任務が非常に重いから、損害を多く受けてはいかぬ」と語っている[16]。

第三戦隊参謀であった山路一善も、偵察は必要なく、「不意に敵の不備に乗じて攻撃したならば、尚一段の効果」があったであろうことを回顧している。しかしながら一方で、「長官が斯くの如くお考へになることは私は無理はないと思ふ。それは申す迄もなく当時要塞を軍艦で攻撃すると云ふことは殆ど為すべからざることのやうに考」ていたからであると述べている。当日は、第一戦隊、第二戦隊、第三戦隊の順に単縦陣で港口を航過して攻撃したが、「要塞の射撃は漸次精確となり、要塞の弾丸に中てられた艦が相当にあった」と山路は語っている。したがって、「矢張り東郷長官の取られたやうに一回丈の射撃の方が至当ではなかつたであろうか、もう一回射撃をしたならば相当の打撃を敵に与へることは与へるけれどもが、此方も随分打撃を受けたかも知れぬ。すると将来の戦に不利であつたかも知れぬから、是は長官の取られた御処置が大変適切であつた」と述べている。

さらに、第一艦隊の先任参謀であった有馬良橘は「三笠より見れば、第三戦隊の周囲に盛んに敵弾が当る。若しあの場合第三戦隊の一隻でも損害を受けて航行不可能にでもなつた時には、夫を見捨てゝ置く事は出来ない。(中略)そうなるとどうしても主力の大艦を犠牲にして、無駄な犠牲を払つて救うて来なければならぬ。劈頭の旅順攻撃に於てさう云ふ事になると、将来の作戦に非常に憂ふべき事態を引起こす」と語っている[17]。

第二撃を実施しなかったのは、激しい射弾を浴びせられ、その時の状況判断によるものであろうが、これらの発言から彼らの意識の根底に「当時要塞を軍艦で攻撃すると云ふことは殆ど為すべからざること」という考えがあったことは、疑うことができない。このように聯合艦隊の参謀達が考えたのは、秋山真之の前任海軍大学校教官であった山屋他人の戦術思想に基づくものであったと考えられる。山屋の戦術は講義録として残されており、丁字戦法の原型となった円戦術だけでなく、海岸砲台との戦闘についても一節を設けて詳述した。山屋は、軍艦が海岸砲台と戦う場合の技術的な不利をいくつか挙げた上で、それに比べて軍艦が有利な点は移動が自由なことのみであるとし、「同時ニ軍艦ハ砲台ノ攻撃ニ依ツテ沈没セラル、コトアルモ砲台ハ其構造物ヲ根底ヨリ破壊セラル、コトハ決シテ之レナケレハナリ」とその最大の不利を指摘した。そして、「近世ノ緻巧ナル軍艦ヲ以テ砲台ヲ攻撃スルハ甚タ危険ナル事業ナルノミナラス得失相償ハサルコト甚タシク（中略）単ニ算数上ヨリスルトキハ軍艦ヲ以テスル砲台攻撃ハ全ク之ヲ思ヒ止マルニ如カス」と結論づけている[18]。

開戦一年半前の一九〇二（明治三十五）年夏に、山屋の後を引き継いで海軍大学校戦術教官に就任した秋山は、この山屋の講義録である「海軍戦術完」を高く評価し、出版して海軍部内に配布することを試みている[19]。また東郷も、山屋と同時期ではないが、日清戦争後に三年近く海軍大学校校長を務めており、この「海軍戦術完」を読んでいたと考えられる。したがって、東郷長官と作戦担当者であった秋山参謀の心中には、敵軍港前の戦闘は不利であり、海岸砲台とは戦うべきでないという考えが強く印象づけられていたのであった。

さらに、攻撃参加幕僚の回顧を検討してみれば、当時の聯合艦隊首脳は、今後の戦いを考慮すれば大きな損害を受容できないと考えていたことが窺える。これは、秋山参謀の考えが多分に入っているのであろう。秋山は、その講義録である「海軍応用戦術」で、「為し得る限り敵を殺傷するを避け、単に之を屈伏せしむるの手段として或は之を疲労せしめ或は其武器を奪ひ或は其手足を傷け、以て其抵抗力を減殺し、遂に我に屈服するの已むを得ざる（に）至らしむる」という「屈敵主義」を唱えた。そして戦争においては、この「敵を屈するの目的に適合」する手段を採らなければならないと説く。その手段は「全軍を殲滅せんとすることもあれば或は其一部を撃破せんとすることもあり、又は単に敵の交通線を遮断せんとするもあれば、或は又敵の要地を占略せんとする等のこともある」としている。この「敵の兵力を殲滅せんとする」場合においても、「戦略は此場合に於てすら尚ほ為し得る限り戦闘を避け我が損害を出来得る丈け少なくして敵の勢力を挫かんとし、濫に力戦奮闘を要求するものにあらず」と説いた。ここで秋山は、自軍の損害をいかに少なくして勝つかを強調している[20]。

その実例として、日清戦争における威海衛と旅順の攻略を挙げた。特に威海衛攻略において、聯合艦隊は、水雷艇の夜襲と陸上砲台への威嚇砲撃以外に大きな戦闘は行わず、陸軍を上陸させることにより、威海衛を陥落させると同時に清国北洋艦隊を壊滅させ、その目的を達成したのである。秋山は説く、「戦闘する者は此戦略上の目的即ち何故に此戦闘を為すかの理由を了解して之に従事せざる可からず。即ち此目的を達すると否とが直接若くは間接に全局の作戦目的の成否に関係するものなれば唯だ目的もなく無謀に戦闘するも、全局の作戦に対し何等の利益もあらざるなり」[21]。

二月九日の旅順口攻撃において、秋山が、自らも大きな損害を被る可能性のある無謀な戦闘を避けたのは明らかである。近い将来においてバルチック艦隊の東航も予想される中で、当然の判断であった。この戦争における日本の目的は、まず第一に朝鮮半島の確保であり、そのためには速やかに陸軍を揚陸し、京城を確保することが必要であったのである。次節以降では、海岸砲台との戦闘を避けて艦隊を温存し、この秋山の思想に基づいて作戦を遂行していった聯合艦隊が、その後、いかに戦争目的を達成していったのかを観ていきたい。

2　日韓議定書の締結と陸海軍協同による戦略目標の確保

日露両国が宣戦布告した二月十日、海戦の結果から仁川へ上陸することが可能であるとの海軍軍令部による情勢判断に基づき、参謀本部は第十二師団の馬山浦上陸を改めて仁川に上陸させることに決定した。ここに、京城の早期完全確保が確実性を帯びる[22]。一方で聯合艦隊は開戦劈頭の旅順口奇襲に引き続き、二月十四日未明に第二次攻撃を実施する。駆逐隊による旅順口夜襲が再演されるが、戦果を挙げることはできなかった。同時に聯合艦隊は第四戦隊に仁川港外の警戒を命じる。さらに、第十二師団の上陸地が釜山から仁川に変更されたという情報に接すると、巡洋艦「笠置」および通報艦「龍田」により港外の陸軍運送船航路を警戒すると共に、第四戦隊に駆逐隊を配属して警戒を厳重にした。こうした海軍の警戒の下、第十二師団は十六日から仁川に上陸を開始し、十九日には師団司令部が京城に入った[23]。ここに、京城は完全に日本軍によって確保されたと言ってよいだろう。

二月二十四日、第一回旅順口閉塞作戦とそれに伴って第三次攻撃が実施される。閉塞船五隻が旅順口に突入するが、有効な閉塞には失敗し、駆逐隊による連夜の港外夜襲も戦果を挙げることができなかった。さらに二十五日、聯合艦隊主力がロシア巡洋艦、駆逐艦および陸上砲台と砲戦を交えると共に、港内間接射撃を行ったが、巡洋艦三隻に損害を与え、駆逐艦一隻を大破擱坐させるに留まった[24]。しかしながら、第十二師団の仁川上陸は二十七日に完了し、聯合艦隊の一連の攻勢作戦は、京城の確保という当面の軍事目標の達成に大きく寄与したと言える。また、第四戦隊は継続的に陸軍上陸の援護にあたり、第三艦隊も対馬海峡の陸軍運送船の航路上を警戒して間接的に護衛を行った[25]。

陸海軍が活発に作戦展開中であった二月二十三日、日韓議定書が締結され、「大韓帝国ノ皇室ノ安寧或ハ領土ノ保全ニ危険アル場合」には、日本は臨機必要の措置をとり、韓国は日本の行動を容易にするための便宜を与えることなどが決められた[26]。韓国との攻守同盟については、開戦前年の十二月三十日、「対露交渉決裂ノ際日本ノ採ルベキ対清韓方針」の閣議決定で締結の必要性が強調され[27]、その頃から林権助駐韓公使が韓国側との折衝を開始した。一月二十日には、林公使の原案と韓国側の対案を踏まえた日本政府案が林公使に届く。しかしながら、ロシア公使パヴロフおよび韓国内の親露派や中立派が巻き返し、二十一日に韓国政府は局外中立声明を発表した[28]。ここで日韓議定書締結交渉はいったん挫折する。

開戦前、韓国皇帝高宗は、日露対立の原因が韓国ではなく満洲にあるという誤った認識をもっており、そのため韓国は中立政策を採ることができるという幻想を抱いていた。そこでロシア皇帝に密書を送り、ロシアに依存して日本を牽制し、「親ロシア的中立政策」を試みていたのである[29]。また、ロシア公使もロシア公使館または同盟国であるフランス公使館への「播遷」を画策していた。さらに、在京城ロシア公使館に所在する護衛兵の動向も懸念された。当初、ロシア公使館には十四名の護衛兵が駐留していたが、一月中旬に逐次増強されて六十九名となった。日露国交断絶直後の二月六日、林公使はロシア公使およびロシア兵への対応について、小村寿太郎外相に請訓している[30]。

そういった情勢の中で日本の最大の懸念は、かつての「露館播遷」のように、韓国皇帝の列国公使館への移動であった。特に、ロシア公使館またはフランス公使館に移動されてしまえば、日本にとって最悪の情況となる[31]。七日、林公使は「宮中ハ我ガ陸海軍ノ行動ヲ始メタルヲ知リ一昨夜以来大ニ動揺セリ」「韓国ノ事情ハ何時意外ノ事アルモ計リ難シ」と報告している。さらに翌八日、「陛下ハ昨日来頻リニ疑惧ノ念ヲ深クシ動モスレバ仏館ニ播遷ノ虞レナキ能ハズ」と報告している。このフランス公使館への「播遷」を防ぐため、林公使は、今回の日本の行動が「大韓国大皇帝陛下ノ皇室ト国土ヲ保護シ、其独立ヲ永久ニ維持セン」としたものであり、韓国宮廷を保護することを保証する念書を手交した。九日、小村外相もこの措置を適当なものと認め、「此上共韓国皇帝ヲシテ安心シ他館ニ播遷セラルルガ如キコト之レナキ様十分御尽力アリタシ」と訓令した[32]。
この日の朝、林公使は臨時派遣隊の上陸と当日中の入京を韓国政府に通知する。さらに、伊地知幸介公使館付武官等を伴い、韓国皇帝に謁見した。その席で林は、日韓同盟締結について探りを入れたところ、同盟締結の件は熟考しておくとの言質を皇帝から得る。さらに、日本軍の韓国内での行動に便宜を与えることを認めさせた。十三日からは新たな日韓議定書締結の交渉が始まり、二十三日にその締結を見たのである。これにより従来、日露間で動揺していた韓国は明確に日本側につくこととなった[33]。戦略的に、京城という要衝を速やかにおさえると共に、政略的手続きも遅滞なく進めていったと言える。

一方、二月十八日、二十日および二十二日と続けてロシア政府は、日本の宣戦布告前の攻撃や韓国における行動について抗議した。これに対して、三月二日に日本政府は、宣戦布告前の攻撃は極東におけるロシアの軍備増強と挑発的軍事行動への自衛の措置であり国際法上も問題ないと発表する。八日、韓国における行動についても、韓国政府の明確な同意を得ていることを根拠に反論した[34]。このように外交上有効に反論することができたのは、開戦後速やかに京城を軍事的におさえ、この日韓議定書を締結できたことが大きい。朝鮮半島の確保という戦争の第一目的をめぐり、政戦略の歯車は順調に回っていくのである。

再び戦局の動向に目を戻そう。第十二師団が仁川上陸を継続していた二月十六日、ロシア軍は未だに鴨緑江以南には進出しておらず、また海軍の状況も有利な形勢にあると大本営は情勢を判断して、同師団へ平壌占領を訓令する。ところが同日、ロシア側も北韓地方の偵察のため、騎兵支隊を義州から安州を経て平壌に派遣することに決定し、ミシチェンコ少将の率いるコサック騎兵支隊は、翌十七日に義州付近で鴨緑江の氷上を渡った。日韓議定書締結の翌日である二十四日、第十二師団から派出された先鋒一個中隊が平壌に到着する。続いて、歩兵第十四連隊と騎兵第十二連隊を基幹とする佐々木支隊が三月五日までに平壌へ進出した。

この間、ロシア騎兵も平壌の北方まで侵入し、日露両軍の小規模な陸上戦闘が初めて生起したが、日本軍はロシア騎兵を撃退した[35]。速やかな行動をとった日本軍が、ロシア軍よりも先に先遣隊を派出することにより、朝鮮半島北部の戦略的要衝である平壌を占領することができたのである。

これより先の二月二十一日、海軍軍令部長と参謀次長が協議した結果、大本営は解氷期を待って平壌近くの鎮南浦に第一軍主力(近衛師団および第二師団)を上陸させることに決定した[36]。その後、前述のごとく二十四日および二十五日に聯合艦隊による第三次旅順口攻撃と閉塞作戦が行われる。その結果は不十分ながらも、第一軍主力の鎮南浦上陸はほぼ危険なく実行できる見込みがたち、この付近の解氷が三月上旬と予想されたので、大本営は上陸開始予定日を三月十日に決定して第一軍に命令した[37]。

一方、日本海では装甲巡洋艦三隻を主力とするウラジオ艦隊が、開戦直後に秋田沖で日本商船を砲撃撃沈して沿岸に脅威を与えていた。二月二十四日、ウラジオ艦隊は再度出撃し、朝鮮東岸海域を行動するが、日本船舶には遭遇せず、ウラジオストクに帰港する[38]。この行動は、日本側に損害を与えないまま早々に切り上げられてしまったが、元山等でその艦影が視認され、日本側へ大きな脅威を与えた。

そこで大本営は二月二十九日、一部の兵力をもってウラジオストク方面の威力偵察を実施することを聯合艦隊に命じる。翌三月一日、聯合艦隊は上村彦之丞第二艦隊司令長官の指揮の下、第二戦隊の装甲巡洋艦五隻と第三戦隊の巡洋艦「笠置」「吉野」を派出することにした。六日、この部隊はウラジオストクの陸上砲台および造船廠や船渠を砲撃する。これに対してロシアの陸上砲台は反撃せず、またウラジオ艦隊は港内に在泊していたものの、日本艦隊が有力であると見て出撃してこなかった[39]。三月十日からの第一軍主力の鎮南浦上陸を控え、この行動によるウラジオ艦隊への牽制効果は大きい。この間、第三艦隊は二月二十九日に東郷聯合艦隊司令長官の指揮下に入れられ、三月四日、正式に聯合艦隊へ編入された[40]。

十日、計画どおりに第一軍の近衛師団が鎮南浦に上陸を開始した。以降、海軍の第七戦隊諸艦は大同江口を警備し、陸軍の上陸を援護する。また、第五、第六戦隊は対馬海峡で陸軍運送船の間接護衛にあたった。この第一軍主力の上陸に合わせて、聯合艦隊主力は旅順口第四次攻撃を実施する。未明から駆逐隊はロシア駆逐艦と接近戦を行い、その中の一隻を撃沈した。また、第一戦隊の戦艦は旅順港内へ間接射撃を行い、ロシア艦艇や陸上施設に若干の損害を与えた[41]。今回の攻撃においても聯合艦隊は多大な戦果を挙げたとは言い難いが、旅順へ攻勢をとることにより第一軍の安全な上陸に寄与したと言える。

他方で二月下旬以来、京城から北上していた第十二師団諸隊は続々と平壌に到達し、その主力も三月十三日に平壌へ入城する。ロシアの騎兵部隊は平壌北方付近にまで進出していたが、第十二師団が急速に北上して平壌を占領したことを知り、清川江の右岸まで退却した。三月十七日、鎮南浦に上陸して第十二師団をその指揮下に入れた第一軍司令部も、二十一日に平壌へ入城した。退却するロシア軍を追うように、清川江等の架橋掩護隊が清川江を逐次渡河して右岸に進出する。さらに、その先頭である近衛騎兵連隊は二倍の兵力のロシア騎兵と遭遇戦を行い、これを撃退して定州を占領した。これにより朝鮮半島北部に侵入した第一軍正面のロシア軍は、鴨緑江右岸まで退却した[42]。ここに、朝鮮半島北部の要衝である平壌も日本軍が完全に確保したと言える。

この頃、大本営では次の目標である旅順攻略について検討されていた。開戦当初の参謀本部は、児玉源太郎参謀本部次長が兵力分配の不可を唱えるなど、陸軍による旅順攻略は必要ではなく、単に監視するのみで十分であると判断していた。ところが、これまで述べてきたように海軍の度重なる旅順口攻撃の状況や第一回閉塞作戦失敗などから、陸軍はロシア艦隊の覆滅は到底海上からの攻撃のみでは困難であると予想するようになる。そこで陸上より旅順要塞を攻略してロシア艦隊の根拠を奪うと共に、全軍の根拠地として大連港を掌握するため、三月十四日、陸軍は二個師団をもって攻城軍を編成し、旅順を攻略することにした[43]。

陸海軍から観た戦略目標の重要度を考慮すると、ロシア艦隊の根拠地である旅順の攻略は海軍から要請することが妥当であるが、そのような要求はなかったようである。海軍は、駆逐艦による急襲、港口閉塞、艦砲による間接射撃という方策に相当な成算があり、海軍独力で旅順を陥落させることができると判断したため、陸軍側へ旅順攻撃を要請しなかったのである[44]。また、この時期の情報では、バルチック艦隊の来航は当分先であると見積もられていた[45]。他方で第八師団を使用する予定のウスリー作戦については、海軍が旅順口への作戦と陸軍輸送掩護の双方を行わなければならず、聯合艦隊主力をウラジオストク方面に指向できなかったため、未だその最終決定を見なかった[46]。

三月二十二日未明、第二回旅順口閉塞作戦を容易にするため、旅順口第五次攻撃が実施される。駆逐隊がロシア駆逐艦と戦闘した他、戦艦「富士」「八島」が港内を間接射撃したが、見るべき戦果はなかった。これに対して、新太平洋艦隊司令長官にマカロフ(Stepan O. Makrov)中将が着任したことにより、その戦意が高揚したロシア艦隊は修理中の艦艇を除いて大挙出撃する。しかしながら、ロシア艦隊が陸上砲台の威力圏外に出なかったために海戦は生起しなかった。続いて第二回旅順口閉塞作戦およびそれに付随する第六次攻撃が、二十七日未明に行われる。閉塞はまたもや失敗した。支援の水雷艇隊がロシア駆逐艦一隻を大破擱坐させたが、主力艦同士の戦闘は生起せずに終わった[47]。しかしながら、その後三月二十九日には、第一軍主力の上陸は無事に完了した。

仁川への第十二師団上陸完了後、それより北方にあってロシア艦隊根拠地である旅順に近い鎮南浦へ、第一軍主力の上陸が決行された。聯合艦隊は旅順口への攻撃および閉塞作戦を繰り返したが、海戦では大きな戦果を挙げることができなかった。しかしながら、この聯合艦隊の活動により旅順艦隊は港内に封じ込まれ、第一軍主力は無事に上陸を完了することができたのである。京城から北進してきた第十二師団と合わせて、速やかに朝鮮半島北部の要衝である平壌をおさえたことは、軍事的にも政治的にも意義が大きかったと言える。

日清戦争においては、先に清国軍が平壌に進出したため、日本軍による平壌攻略は激戦となり、清国軍指揮官の戦意不足による退却により、ようやく勝利を掴むことができた。今回はロシア軍が平壌に進出する前に、同地をほぼ無血で速やかに占領できたのである。これにより朝鮮半島北部に侵入していたロシア軍は、大きな戦闘を行わずに鴨緑江の右岸まで退却した。これを可能としたのは、健在な聯合艦隊が陸軍の上陸点近くに所在する旅順艦隊を封じるとともに、陸軍の海上輸送および上陸を全面的に支援したためであった。まさに秋山の戦略思想の通りに、ほとんど損害を受けることなく、朝鮮半島のロシア軍を「屈服」させることができたのである。

3 政府と政党勢力の妥協による挙国一致

ここで、この頃の国内政治情勢について、第二十回帝国議会の状況を中心に一瞥してみたい[48]。開戦前年の十二月、第十九回帝国議会が迫ると、政友会と憲政本党が政府の対露交渉と行政整理問題を攻撃して提携を進めたが、開院式における河野広中議長の弾劾上奏文問題で衆議院は解散された。日露開戦後の三月一日、総選挙が行われる。主要会派の新たな議席は総選挙前と大きな変化はなかった。議席総数三百七十九名の内、第一党の政友会は百三十議席に準会員の十八議席を加え、前年の伊藤博文総裁と桂太郎内閣の妥協で生じた大量脱党の痛手からやや回復の兆しを見せたものの、過半数には遠く及ばなかった。しかしながら、第二党の憲政本党も五議席増えて九十議席となり、第十九議会以前から提携して桂内閣と対峙してきた両党を合わせれば二百二十議席に達し、過半数を優に超えていたのである[49]。

総選挙が終わり、政界も動き出す。三月五日、政友会の原敬と憲政本党の大石正巳が議会対策について会談する。原は、「今回は戦時中に付大体に於て政府案を賛成せざるを得ざるも其趣旨を明かにし之が決議をなすを可とする旨」を述べて、大石も了承した。また、大石は「此際議会開会前、政府当局者に面会して其財政計画等に就き、予め協議する事可ならん」と提案する。原も同意し、井上馨もしくは伊藤博文に仲介の労を求めることにした。翌六日、原は井上を訪ねる。議会開会前に政府と政友会および憲政本党の首脳が財政計画等について協議することは「時局に対する円満の処置ならん」との理由をもって、原が周旋の労を求めたところ、井上は同意を示して快諾した。帰路、原は伊藤邸にも立ち寄る。伊藤へも同様の要請をしたところ、伊藤も「政府の人々に之を談話すべし」と承諾した[50]。

このような動きの中で、十二日に閣議が開かれ、議会へ提出すべき十二月までの臨時軍事費予算案および増税案その他財政計画が決定される。翌十三日、政府側から衆議院各派の代表者との会談が申し入れられ、政友会および憲政本党の首脳と政府が会談することになった。十五日午後、首相邸に政友会、憲政本党、自由党の首脳が招かれ、桂太郎首相、曾禰荒助蔵相、山本権兵衛海相、寺内正毅陸相等が列席して戦時増税案について協議会が開かれ、曾禰蔵相が増税案について説明した[51]。

十六日、政友会は臨時党大会を開く。西園寺公望総裁は、戦争で勝利を収めるため、臨時軍事費の負担については全会一致で賛成することを希望する旨を演説した。しかしながら、一方で「議会は挙国一致の実を挙ぐるを名として、唯だ政府の言ふ所に盲従さへすれば夫れで宜いと云ふやうなことであつてはならぬ」と続けている。さらに、「即ち政府に対しては問ふべきことは問ひ、責むべきことは責め、又従ふべきことは従ふといふことでなくてはならぬ」と述べており、議会には是々非々で臨む姿勢を示した[52]。この演説を受けて党大会では、「(前略)軍国の急須に顧み、従来の問題は姑く其時機に及で之を解決するに譲り、茲に交戦の目的を達するに必要なる軍費は断然之が負担を辞せざること」を満場一致で決議した。憲政本党も、同様の宣言書を発布する。この宣言書でも、「智を集め衆力を合せ挙国一致以て終局の勝利を収めざるべけんや」としながらも、「挙国一致とは上下心を一にするの謂にして後援は盲従の謂にあらず」としている[53]。

続いて十七日、井上邸において、主要閣僚と政友会の原、松田正久および憲政本党の犬養毅、大石が会合をもった。海相および陸相は軍事情勢の説明を行い、その後午後十時過ぎまで討議が行われる。原はこの日の日記に「政府も十分打明くると云ふ事にて軍事上の事も内話せり、政府と政党間は此会見にて大に融和せるが如し」と記している[54]。原にとっても、満足のいく説明と討議があったのであろう。

二十日、第二十議会が開会となった。その夜の七時に閣議が開かれ、その後、政友会の原、松田、憲政本党の大石、箕浦勝人が官邸に招かれ、日をまたいで午前二時まで予算案や諸法律案等について交渉を行う。政党側は多くの新税・増税の政府原案に同意したものの、非常特別税法の有効期限、絹布・塩の消費税否認、煙草製造専売法の修正などを主張して譲らなかった[55]。桂は山縣有朋への書簡で、「議会之本議場に於而彼是之議論湧出候に而は、外国へ対し殊に敵国に対し所謂国民一致之点に於而面目否勢力を失し候歟に而、此無智之議員を相手には苦辛千万に御坐候」とその苦衷の胸の内を吐露している[56]。一方で翌二十一日、原は議員総会で昨夜の交渉結果を報告した。ところが、煙草製造専売法については異議が出たため、政府と再交渉することになった。二十二日、桂と大石との再交渉の結果、この件は修正することに決まった[57]。

二十三日、衆議院で実質的な審議が始まる。桂首相と小村外相が日露交渉の発端から開戦に至るまでの経過を演説し、続いて曾禰蔵相が壇上に登り、戦時財政への協賛を訴えた。二十四日、衆議院予算委員会は秘密会となり、陸海軍の状況が説明される。他の委員会でも関連法案等の審議が続いた。二十五日、政府提出案の一部が議了したが、非常特別税法の委員会において絹布と塩のみならず、政府・政党間で合意されていた毛織物の消費税までもが一票差で否決された。また、煙草製造専売法案も合意以外の点が委員会で修正されてしまう。桂は原と箕浦に面会し、約束を守るように求めた。翌二十六日、原等の努力により本会議では毛織物消費税が復活したが、煙草製造専売法案は委員会修正案のまま、可決された[58]。

政府は衆議院の議決に従い、貴族院でこれらの復活は求めないことにして、不足額は特別資金の繰替と政費の節約で補填することにする。ただし、臨時軍事費を含む予算案については修正は非常特別税案の修正分にとどめて、同日、無事に衆議院を可決通過した。翌二十七日および二十八日に貴族院で非常特別税案その他の法案は衆議院修正の通り可決され、二十九日には予算案も可決成立し、議会は閉会した[59]。政府は政党側の要求を大幅に入れながら、必要な軍事予算を確保したのである。

この時点での戦局が議会に与えた影響は大きい。これらの法案審議の一方で、二十一日に貴族院で「帝国海軍の戦功に関する決議」が議決され、二十三日、衆議院では原等から国民の名をもって海軍に感謝の意を表する決議案が提出される。これは委員会で文言を修正の上、二十五日に満場一致で可決され、同決議案は聯合艦隊へ伝達された[60]。開戦劈頭における旅順攻撃と仁川沖海戦において、ロシア艦隊を撃滅することはできなかったものの、ある程度の勝利を収めたことは、「帝国海軍の戦功に関する決議」や「海軍に感謝の意を表する決議」に繋がり、議会の空気を戦争に向けて高揚させ、大きな政治的意義があったのである。

4 鉄山半島への海上輸送と朝鮮半島の制圧

再び戦局の動向に目を戻そう。三月二十七日に第二回旅順口閉塞作戦が失敗したことは先に述べた。これより先、大本営陸軍部では、この第二回閉塞作戦の成功を予想していた海軍部からの勧めもあり、第二軍の上陸地を大弧山から大連湾へ変更していた。海軍部では、この第二軍の遼東半島上陸に関し、変更された上陸点が旅順に近いことや旅順艦隊の行動が活発化してきたことを考慮し、聯合艦隊の意見を聞くことにして財部彪海軍部参謀と殖田謙吉海軍部参謀を派遣することにした[61]。出発にあたり海軍部は陸軍部の希望条件を確かめる。翌二十八日、陸軍部は、旅順要塞の防備が日々堅固になりつつあることや遼陽方面におけるロシア軍の集中が進んで南進の徴があることなどから、大連湾もしくはその近くの塩大澳へ速やかに第二軍の上陸を行う必要がある旨の意見を海軍部に提出した[62]。

四月三日、派遣された両参謀は朝鮮半島西岸の海州邑根拠地に碇泊する旗艦「三笠」で、聯合艦隊首脳と協議する。その結果、第三回旅順口閉塞を行うと同時に、閉塞の成否にかかわらず第二軍を塩大澳に上陸させることなどが決定され、東郷平八郎聯合艦隊司令長官から大本営へ具申された[63]。

六日、大山巖参謀総長、児玉次長および伊集院五郎海軍軍令部次長が会合して、①海軍は第三回旅順口閉塞作戦を遅くとも四月中に決行すること、②閉塞成功の場合においては第二軍の揚陸地を大連湾外とし、なるべく速やかに大連湾の掃海を実施して陸軍の大根拠地となすこと、③閉塞が完全でない場合は塩大澳付近に揚陸すること、④第二軍上陸と同時に海軍は蓋平及び営口沿岸を砲撃してロシア軍を牽制すること、⑤艦隊は用いる手段を尽くして上陸を援助すること、⑥旅順要塞攻略を海軍からは要請しないことなどが決議された[64]。既に三月十四日に陸軍が旅順を攻略することを決定していたことは先に述べたが、この時点でそれを海軍から要請しないことが陸海軍の合意となった。このことは、後に旅順攻略をめぐる陸海軍の協同に大きな凝りとなる。

続いて八日、陸軍部の井口省吾、松川敏胤、大澤界雄各参謀と海軍部の山下源太郎参謀が会合し、六日の決定を確認するとともに、海軍陸戦隊の行動や海軍の上陸支援要領等を決議する。十一日、大本営陸軍部において、山縣有朋元帥、大山参謀総長、児玉次長、寺内正毅陸相が会合し、「第二軍司令官ニ与フル命令並訓令」「第二軍作戦計画第二」などが決定された。翌十二日夕刻、聯合艦隊へ派遣された財部参謀と殖田参謀が東郷長官の具申を携えて帰京した。海軍部は前日までに決定された作戦計画を修正するために陸海軍小会議の開催を急遽要請する。この会議で東郷長官の具申に基づき、第二軍の上陸は旅順口閉塞の成否にかかわらず、塩大澳から大沙河河口に至る間で実施することが決議された[65]。

十四日、大山参謀総長、伊東祐亨海軍軍令部長以下の陸海軍首脳会議が開かれ、上陸地を大沙河河口とするが、現場を調査した上で塩大澳の方が有利であると判断される場合には、そちらに改めることにした。また、五月一日を上陸第一日に予定することにして、第二軍司令官や聯合艦隊司令長官に与える訓令書などが決議された[66]。ところが翌十五日の御前会議で、海軍側が独立第八師団のウスリー作戦に関して修正を提議し、紛糾する。児玉次長は修正提議に賛意を表して松川作戦参謀に諮るが、松川参謀はこの計画の根本理由を説明して修正を受け入れず、また井口参謀も修正反対を説いたため、原案のまま允裁を得るに至った[67]。

大本営において陸海軍協同作戦計画が検討されていた頃、戦場では陸海軍の協同が順調に進みつつあった。三月下旬に鎮南浦へ上陸した第一軍諸隊は、逐次義州に向けて北上を開始する。ところが迅速な前進に伴って陸上の後方補給線では追いつかず、先鋒部隊は糧食の欠乏に苦しみ始めた。大同江－清川江間の道路は解氷期のため崩壊が甚だしく、輸送は困難を極め、一日あたり一～三里程度しか前進できなかったのである。また、安州以北への前進にあたっては地盤軟弱な義州街道で三個師団を進めざるを得ず、後方からの糧食補給は到底不可能であった[68]。

第二師団に所属していた多門二郎中尉の日記よれば、「泥濘馬脚を没し車輪が泥の中に這入り込むため、その行進は遅々として進まない」情況にあった。そういった中で、多門が指揮する歩兵小隊は、砲車の後押しを命ぜられる。「砲車の車輪は深く没入する、歩兵が蟻のように砲車に就く」「こんなことで中々進まぬ、人も馬も疲れ切ってしまう」という困難な行軍であった。また、同じ第二師団に所属していた茂沢祐作上等兵の従軍日記には、糧食配分が不足で村落から徴発せざるを得ないこと、飲料水すらも不自由であること、行軍困難で疲労が甚だしいことなどが綴られている[69]。

そこで、第一軍は海上にその後方補給線を求めるため、義州南方にある鉄山半島の望東浦および梨花浦に補給拠点を設けることにして、大同江口を警備していた海軍の第七戦隊に支援を要請する。第七戦隊の細谷資氏司令官は、これを聯合艦隊に申達した。三月二十九日、これに対して聯合艦隊は「陸軍指揮官ト協議シ其ノ進攻ニ伴ヒ海上側面ノ掩護輸送等ニ助力スヘシ」と訓令する。この訓令に基づき、三十一日、第七戦隊は「海門」「鳥海」および水雷艇二隻をもって、陸軍の海上輸送を支援することにした。四月一日、この「海門」支隊は大同江口を出発し、補給拠点を新設するための人員と資材を積載した陸軍運送船を護衛する。翌二日、鉄山半島に到着して、七日には補給拠点設置を完了した。以降も、「海門」支隊はこの方面の警備を行う[70]。

野戦重砲兵連隊を始め、多くの資材と糧食はこの鉄山半島から陸揚げされた。この間、陸海軍間の連絡調整は円滑に行われ、作戦は順調に推移する。後方からの補給に対する懸念も一掃された第一軍は前進を続け、二十一日までに鴨緑江左岸の義州付近まで進出して展開を完了した[71]。

旅順口方面では第三回閉塞作戦に先立ち、機雷敷設によって旅順口を塞ぎ、敵を威嚇するため、四月十二日夜半から十三日にかけて第七次攻撃が実施される。この攻撃により、戦艦「ペトロパウロウスク」が機雷に触れて轟沈し、座乗していたマカロフ司令長官は戦死した。さらに戦艦「ポペーダ」も機雷に触れて大破した。続いて十五日、聯合艦隊は第八次攻撃を行う。新たに聯合艦隊へ編入された装甲巡洋艦「日進」「春日」をもって旅順港内の間接射撃を行うが、ロシア艦隊は出撃せず、港内からの間接射撃による反撃の他、戦闘は生起しなかった[72]。旅順艦隊はマカロフ司令長官と旗艦「ペトロパウロウスク」を失い、当分の間、出撃する気配はないようであった。

開戦以来二ヶ月余りの間、聯合艦隊は八次にわたり旅順口を攻撃し、二回の閉塞作戦を行ったが、ロシア艦隊を撃滅することも、港口を閉塞することも適わなかった。また、北韓方面の海上ではウラジオ艦隊が引き続き跳梁し、四月二十五日には陸軍兵を搭載した「金州丸」が撃沈され、四月二十六日および三十日には元山が襲撃された[73]。しかしながら、旅順口に連続して攻勢をとり、また護衛と上陸支援作戦を遂行することにより、陸軍の上陸作戦は順調に進み、第一軍は鴨緑江左岸に展開を完了したのである。

四月三十日、「遼東方面の敵に対する連合大作戦」を開始するための聯合艦隊命令が発せられる。これは先に大本営で決定された陸海軍協同作戦計画に基づき、第一軍の鴨緑江渡河に合わせて旅順口を閉塞すると同時に、第二軍を遼東半島塩大澳に揚陸する作戦であった。翌五月一日、最初の陸戦である鴨緑江の戦闘が行われる。聯合艦隊は、第七戦隊から砲艦や水雷艇などで編成した「摩耶」支隊を派出し、鴨緑江からの艦砲射撃で第一軍を支援した[74]。第一軍は三個師団約四万二千五百人という兵力を集中し、野砲・重砲を五千発以上も集中的に撃ち込むといった火力の集中と迅速な機動によって、一万六千人前後のロシア軍を圧倒する。大兵力と火力の集中ならびに先手をとった機動によって、日本軍は陸上の緒戦においてロシア軍に勝利した[75]。ここに日本は概ね朝鮮半島を確保するに至ったのである。

聯合艦隊主力も行動を開始する。先に聯合艦隊に編入されていた第三艦隊は、第二軍輸送船隊を護衛するため大同江口へ向かい、第一艦隊は旅順口封鎖のため閉塞船隊を護衛して海州邑根拠地を出撃した。三日未明、八隻の閉塞船が旅順口に突入したが、今回も閉塞の目的を達することができなかった。しかしながら、第三艦隊の護衛を受けた第二軍輸送船隊第一梯団は、五日早朝に塩大澳に到着し、先着の聯合艦隊付属陸戦隊二個大隊から上陸を開始した。十三日までに今回の第二軍輸送部隊の陸揚げは、すべて完了する。この間、海軍の第五戦隊および第六戦隊は上陸地点周辺海面の警戒にあたり、第七戦隊は陸上への威嚇砲撃や陸軍揚陸支援を行った[76]。

これまで述べてきたように、「遼東方面の敵に対する連合大作戦」は、大本営陸海軍部間で多少の齟齬が生じたものの、聯合艦隊と第一軍および第二軍との円滑な連携で閉塞作戦以外は成功し、日本は朝鮮半島の確保と第二軍の遼東半島上陸を果たしたのであった。

5　第一回旅順口攻撃の再評価

東郷聯合艦隊司令長官は、海戦劈頭の旅順口攻撃において第二撃を行わず、攻撃中止を決断した。これまで本書で述べてきたように、当時の参謀たちの回顧によれば、緒戦における旅順口攻撃で第二撃を行わず、旅順艦隊の撃滅に固執しなかったのは、要塞砲台と戦闘すべきではないとする山屋他人の戦術思想と、屈敵主義に基づき自らの損害を少なくして戦争目的を達成するという秋山真之の戦略思想に影響されたものであった。旅順口第一次攻撃は、旅順艦隊撃滅は達成できなかったものの、新鋭戦艦二隻と巡洋艦一隻を撃破し、当分の間は行動不能にする。また同時に行われた陸軍の韓国臨時派遣隊の揚陸と、その直後の第十二師団主力の仁川上陸によって、速やかな京城確保が達成された。これにより当時の不安定な朝鮮半島情勢の中で、韓国の宮廷および政府への政略的手続きを遅滞なく進めることができ、日本は韓国における軍事行動の自由を担保し得たのである。このことが朝鮮半島確保という戦争目的達成の第一歩に寄与したことは明らかである。

その後に第一軍主力が上陸した鎮南浦は、平壌に近く鴨緑江への進撃にも便利であったが、西朝鮮湾を隔てて敵艦隊根拠地である旅順の対岸に位置した。第三艦隊をも編入された聯合艦隊は、主力艦を損耗しない程度に旅順口攻撃を繰り返して旅順艦隊を封じ込めると共に、陸軍運送船の護衛や上陸支援も行う。鎮南浦という戦略適地への陸軍の上陸は安全に進捗した。これによりロシア軍よりも先に、大きな戦闘を行うことなく朝鮮半島北部の要衝である平壌も確保するに至った。

また、従来の軍事史研究ではあまり注目されてこなかったが、海軍の支援による鉄山半島への海上輸送も陸軍の速やかな前進と重砲や糧食の輸送に大きく寄与し、鴨緑江の戦闘で圧勝する決定的要因となった。歩兵師団の野砲ですら行軍困難であった道路状況を考えれば、海上輸送なしに野戦重砲兵連隊を鴨緑江の戦闘に参加させることは不可能であった。この鴨緑江の戦闘勝利が最大の戦争目的であった朝鮮半島確保を決定づけたのである。結局のところ、秋山の戦略思想に基づいた聯合艦隊の作戦により、海軍から海上輸送と上陸の支援を得た陸軍は迅速に朝鮮半島を制圧し、また外交手段を併せて朝鮮半島の確保に成功したと言える。

さらに、海軍の緒戦の勝利は、開戦前から政府と対立関係にあった政党勢力に戦争協力へ向けての空気を醸成し、政治的意義も大きかった。当時叫ばれていた「挙国一致」は決して政府に盲従する意味ではなく、実際の行動としても、政党勢力は政府に対して是々非々で臨んだのである。その両者の妥協がなったのは、双方の歩み寄りによる努力の賜であった。緒戦の勝利は、心理的にその良き媒介となったのである。

後に、東郷は攻撃を一航過でやめた理由について、前述のごとく「その他の任務が非常に重いから、損害を多く受けてはいかぬ」と回顧している。この決断の際に、陸軍との協力によって少ない損害で戦争目的を達成するという考えが既に胸中にあったと言ってよいであろう。一方で第二撃を行い、聯合艦隊が大損害を受けた場合、韓国皇帝が動揺してロシア側につく可能性は高く、そうなれば韓国内の日本の軍事行動は大きく制約されてしまう。また、健全な艦隊の擁護なくして陸軍を仁川および鎮南浦という戦略適地に揚陸することは困難であった。屈敵主義に基づき、陸軍との協力による戦争目的達成を考えていた聯合艦隊が、そのような危険を冒してまで旅順艦隊撃滅に踏み込む必要はなかったのである。さらに、聯合艦隊が大損害を受けた場合、日本国内では議会が紛糾して日本が混乱している印象をロシアおよび国際社会に与えてしまう可能性もあった。これらを総合的に考えると、当時の不安定な韓国情勢の中で旅順艦隊撃滅に固執せず、陸軍の海上輸送、すなわち海洋の利用により朝鮮半島という限定目標を確保したことは、本書が主題とする「海洋限定戦争」の観点からは成功であったと評価できるのである。

第7章

日露戦争初期の陸海軍協同作戦

【第7章 関連地図】

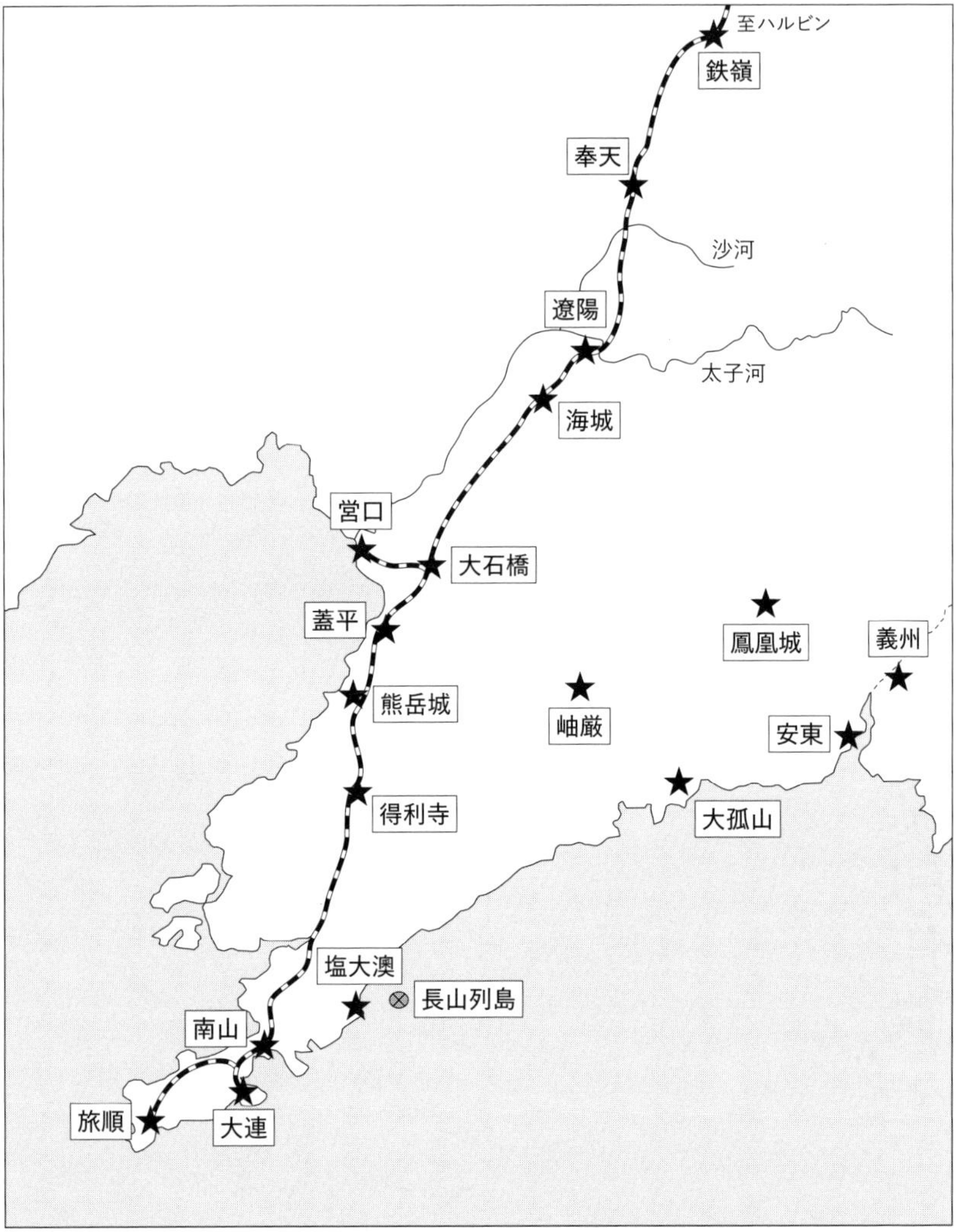

参謀本部編『明治三十七八年日露戦史』、海軍軍令部編「極秘明治三十七八年海戦史」を参照して筆者が作成。

【関連年表】

年	月・日	出来事
1904（明治37）	5・9	聯合艦隊が根拠地を海州邑から裏長山列島へ前進。
	11	第一軍が鳳凰城を占領。
	15	戦艦「初瀬」「八島」、巡洋艦「吉野」の喪失。
	19	独立第十師団が大弧山に上陸。
	20	ロシアが第二太平洋艦隊（バルチック艦隊）の極東派遣を公表。
	26	第二軍が南山を攻略。旅順口封鎖宣言。
	30	第二軍が大連を占領。
	6・6	第三軍司令部が遼東半島（塩大墺）に上陸。
	9	大本営が第二軍に攻勢前進を指示。
	12	ウラジオ艦隊が第四回出撃（～20）。
	14	対馬海峡南方にて、陸軍運送船「常陸丸」「和泉丸」が沈没、「佐渡丸」が大破。
	15	得利寺の戦闘（南下する旅順救援ロシア軍を撃退）。
	19	北進に関する大本営訓令。
	20	満洲軍総司令部を設置、大山参謀総長が総司令官に就任。
	23	旅順艦隊が出撃。大連港からの補給を開始。
	24	満洲軍総司令部が雨季前（7月）の遼陽決戦を断念。
	28	ウラジオ艦隊が第五回出撃（30 元山砲撃：～7・3）。
	7・3	剣山付近（旅順要塞前進陣地）の戦闘（～4）。
	9	第二軍が蓋平を占領。

年	月・日	出来事
1904(明治37)	7・11	東郷平八郎聯合艦隊司令長官が伊東祐亨海軍軍令部長へ旅順要塞の攻略促進希望電。
	12	伊東海軍軍令部長が山縣参謀総長へ聯合艦隊電を提示、大山総司令官に転電。
	15	満洲軍総司令部が大連に上陸。第十二師団(第一軍)が橋頭付近を占領。
	17	摩天嶺の戦闘。ウラジオ艦隊が第六回出撃(〜8・1)。
	18	橋頭付近の戦闘(〜19)。
	21	ウラジオ艦隊が津軽海峡を突破(23〜25 東京湾口に出没)。
	25	大石橋の戦闘。
	26	第二軍が営口を占領。鞍子嶺付近(旅順要塞前進陣地)の戦闘(〜28)。
	30	旅順要塞前進陣地のロシア軍は、すべて要塞内に退却。
	8・1	第一軍が楡樹林子及び様子嶺を占領。第四軍が析木城を占領。
	3	第二軍が海城を占領。
	7	海軍陸戦重砲隊が旅順港内へ砲撃を開始(9 ロシア戦艦三隻が損傷)。
	10	旅順艦隊出撃、黄海海戦。
	14	蔚山沖海戦。満洲軍総司令部が遼陽攻撃を命令。
	19	第一回旅順総攻撃(〜24)。
	22	第一次日韓協約調印。
	25	弓張嶺の夜襲。
	26	鞍山站の戦闘(〜27)。
	28	遼陽会戦(〜9・4)。
	9・4	日本軍が遼陽を占領。

ロシア太平洋艦隊主力が所在する旅順口への夜襲によって日露戦争は始まったが、開戦後三ヶ月も経たずに、第一軍は朝鮮半島からロシア軍を一掃し、鴨緑江の戦闘に勝利する。また、第二軍も海軍の支援によって無事に遼東半島に上陸した。その後の戦局の推移も、常に日本側が主導を握り順調に推移していく。海軍は八月に黄海海戦および蔚山沖海戦に勝利して、極東海域における海軍力の優位を保った。また陸軍作戦も順調に推移し、九月上旬には天王山と目された遼陽会戦に勝利し、同地を占領した。この時点まで、戦局は日本優位に推移しているかに見える。

しかしながら、海軍はロシア太平洋艦隊主力の撃滅に失敗し、以降も聯合艦隊は旅順口封鎖を強いられ続けた。その一方で、バルチック艦隊の極東回航も近づく。陸軍もロシア軍主力の撃滅に失敗し、砲弾不足から追撃戦も実施できなかった。さらに旅順要塞への総攻撃も失敗し、その攻略の見込みはつかず、陸軍は二正面作戦を強いられ続ける。この九月上旬において、日本は個々の戦闘場面に勝利し、戦争遂行において主導をとりながらも行き詰まり、危機的状況を迎えつつあった。この状況でバルチック艦隊が来航して残存の旅順艦隊と合同した際には、日本は制海を失って大陸への海上輸送路は閉ざされる。陸軍は補給も増援も受けられずに満洲で孤立し、シベリア鉄道によって増強されたロシア陸軍に殲滅されてしまうことが予想された。なぜ、このような危機的状況に追い込まれたのだろうか。これを解明するのがこの第七章の課題である。

コルベットも、この時期までにおける日本の戦略的失敗を指摘している。その理由として、旅順および遼陽への進撃遅延ならびに旅順攻略の兵力不足、特に第七師団と第八師団を本土に拘置して使用しなかったことを挙げた[1]。この第七章の課題を考察する上で、この指摘は重要な示唆を含んでいる。一方でコルベットは、序章で述べたように日露戦争は海洋を介在とした限定戦争であったと指摘している。そして、この「海洋限定戦争」において、勝敗の鍵を握るのが「陸海軍の協同作戦」であると看破した。このコルベットが指摘する「陸海軍の協同作戦」とは、単に同一の場所において陸海軍が連携することのみを意味しているわけではない。別々に遂行されている陸海軍作戦が、全体としての戦争遂行努力の中で一体であることを主張しているのである[2]。そういった陸海軍作戦の中で、その成否を分けるのが、いかに旅順や遼陽といった戦略目標に対して陸海軍がその努力を統一できるかであろう。

陸海軍作戦について、近年の主要な研究を振り返ってみれば、桑田悦編『日清・日露戦争』や軍事史学会編『日露戦争(二)』収録の諸論文は、陸海軍を別個に論じており、その連携についてはほとんど触れていない。陸海軍連携への評価という点では、戦前の代表的研究である谷壽夫『機密日露戦史』は、それがうまくいかなかったとしている。ところが、海戦史を詳述した外山三郎『日露海戦史の研究』では、この谷『機密日露戦史』を批判して連携はうまくいったと正反対の評価をしている。また、横手慎二『日露戦争史』や山田朗『世界史の中の日露戦争』という近年の研究も、陸海軍の連携という観点から陸海軍作戦を共に描き、それが成功したと結論づけている[3]。

これらの先行研究において共通する点は、まず第一に、旅順を巡る攻防や黄海海戦、日本海海戦、遼陽会戦、奉天会戦という決戦でいかに勝つことができたかに力点が置かれていることである。一方で、本書が対象としている戦争初期の作戦は、決戦までの経過として描かれ、深く掘り下げられることはなかった。第二に、従来の研究では作戦における陸海軍の連携については描かれているが、限定戦争における戦略目標に対する陸海軍の努力の統一という観点は、あまり論じられてこなかった。ここでいう戦略目標とは、旅順や遼陽あるいは敵艦隊や敵陸軍など戦略レベルにおける攻撃目標である。この戦略目標に対して直接兵力を指し向けることは無論のこと、その行動が戦略目標奪取に寄与するように努力を傾けることこそが努力の統一である。このような観点を採り入れることにより、本書の課題を解明する一助となり得よう。

そこでこの第七章では、第六章に続き五月初頭から九月上旬までの時期に焦点をあて、艦隊や師団などの運用を含む戦略面における陸海軍の努力の統一を分析視角として「個々の戦闘場面に勝利していたにもかかわらず、なぜ危機的状況に追い込まれたのか」という命題を、「海洋限定戦争」の視点から解明していくことにする。

1　主力戦艦「初瀬」「八島」喪失の衝撃

第二軍を無事に遼東半島へ上陸させた聯合艦隊は、五月九日、根拠地を海州邑から陸軍上陸点に近い裏長山列島へ前進させた。一方で鴨緑江の戦闘に圧勝した第一軍は、十一日、防御に適した鳳凰城を占領して陣地を構築し、前進を準備する。また、上陸した第二軍は、直ちに金州の北方および東北方高地のロシア軍を撃退して遼東半島の地峡部を制圧した[4]。

第三回閉塞作戦の失敗後、聯合艦隊は旅順口の直接封鎖を開始する。ところが、立て続けに大きな悲運に直面した。十二日、陸軍上陸地点付近の掃海作業を実施していた第四十八号水雷艇が触雷沈没する。続いて十四日、掃海作業を援護していた通報艦「宮古」も同様に触雷沈没した。十五日には最大の悲劇が訪れる。未明に巡洋艦「吉野」が装甲巡洋艦「春日」に衝突されて沈没し、その後、主力戦艦である「初瀬」「八島」が相次いで触雷し、必死の防水活動の効果もなく、両艦とも沈没した。不幸はまだ続く。十七日、砲艦「大島」も砲艦「赤城」と衝突沈没し、駆逐艦「暁」も触雷沈没した[5]。ここに、聯合艦隊はわずか五日の間に主力戦艦を含む七隻の艦艇を喪失したのである。

これらの遭難に対し、山本権兵衛海相は再三にわたり東郷平八郎聯合艦隊司令長官に注意喚起と慎重な行動を求める電報を送る。第四十八号水雷艇沈没に対する十三日付電報では、「能ク其ノ艇舟ノ用途ニ応シ慎重ノ考慮ヲ加ヘラレ」との注意が与えられた。十五日、「宮古」沈没に対しては、「本大臣ハ再ヒ此ノ悲惨ナル情報ニ接シタルヲ最モ遺憾トシ、更ニ将来ノ行動ニ対シテ部下ヲ戒飭セラレ、深ク注意ヲ払ハレンコトヲ切望ス」と電報が送られた。「吉野」沈没にあたっては、「最近数日ノ間ニ三タビ我ガ勢力ニ影響スル悲報アルニ至テハ実ニ遺憾涯リナシ」「油断ヲ生シタルガ為メニ注意ノ欠クル所アリテ這般ノ不幸ヲ見ルニ至レルガ如キアラバ、誠ニ容易ナラサルコトニシテ、本大臣ハ斯クノ如キ誹リヲ受ケザランコトヲ望ムノミナラス、又決シテ有ルベカラザルコトヲ信スト雖モ、今日ノ場合層一層注意ヲ厚フシ」とその調子は激烈となっている。また、陸軍との協力に関しては「港湾ノ占領、海面ヨリノ掩護等自ラ陸海軍相呼応シテ遺策ナカラシムヘキハ勿論ニシテ、是等ハ一ニ地形ト時ノ情況トニ依リ籌画決行セラルヘキモノナルヲ信ス」と消極的な意見を述べた[6]。

山本海相によるこれらの注意喚起が、その後の艦隊運用に大きな影響を及ぼすことになったことは想像に難くない。特に、第一戦隊の「三笠」以下の戦艦四隻は、「初瀬」「八島」の遭難以来、裏長山列島根拠地に碇泊して動かず、ロシア艦隊旅順脱出の報を待った[7]。それ以前においては、開戦以来、第一戦隊の戦艦は数次の旅順口攻撃に加わり、また旅順口封鎖にも交代で参加して活発に行動していたが、「初瀬」「八島」喪失の衝撃により、根拠地に待機することになったのである。以降、旅順口の直接封鎖における昼間警戒は、巡洋艦部隊がその主力となった。

それでも小型艦艇による陸軍支援は、その後も継続される。第二軍第一回輸送部隊の陸揚げも完了した五月十六日、第六戦隊は蓋平付近沿岸の牽制砲撃を行った。さらに、翌十七日午後には金州湾沿岸を砲撃した。十九日には独立第十師団の大孤山上陸も始まるが、第七戦隊が護衛と上陸支援にあたった。その前日の十八日、大本営は、第二軍に遼東半島の要衝である南山要塞を攻略して大連湾を占領するよう訓令する。二十六日、丸一日の苦戦の末に南山要塞は陥落した。要塞攻略時に第七戦隊は西山支隊を派出する。艦砲射撃による陸軍への直接支援は要塞攻略に大きく寄与した。この日、東郷長官は旅順方面に対して封鎖を宣言する。以降、聯合艦隊は封鎖侵破を試みるジャンク等の臨検拿捕を強化し、旅順の孤立化に努めた。六月七日および八日、第六戦隊は蓋平付近を再度砲撃する[8]。二回にわたる蓋平付近の砲撃は、ロシア軍に当該方面の日本軍上陸を意識させ、大きな牽制効果があった。

ここまで観てきたように、山本海相の叱責により、聯合艦隊は戦艦を根拠地に待機させるものの、巡洋艦以下の艦艇による陸軍支援は継続し、依然として陸軍との良好な協力関係を保った。しかしながら、旅順の孤立化については、聯合艦隊の努力にもかかわらず、密輸船による食糧供給は続き、旅順要塞はその命運を保ち続けた[9]。一方で、バルチック艦隊東航の情報も頻繁に入るようになる[10]。陸軍による早急な要塞攻略が待たれた。

2　遼東半島西岸における海上輸送

六月二日、大本営は、第一、第二軍および独立第十師団へ前進準備を訓令する。その一方で旅順攻略を担当する第三軍司令部も六日に塩大澳へ上陸した。翌七日、作戦の進捗に伴い、内地ではウスリー作戦に使用予定の第八師団も動員される。また、大弧山に上陸を完了した独立第十師団は前進を開始し、九日には岫巌を占領した。ところが、第二軍は南下ロシア軍を四個師団から五個師団程度の大軍であると見積もっており、増援される第六師団の到着を待つことにして、上陸点に近い不蘭店－大沙河の線から未だに北進せずにいた[11]。これらの状況に基づき、六月十日、桂太郎首相、山本海相、寺内正毅陸相、山縣有朋元帥、大山巌参謀総長、児玉源太郎参謀本部次長が会合し、概ね次のように決議した。

①大連湾の掃海終了後、同地を満洲に進出する諸軍の策源地とする。
②蓋平－岫巌－鳳凰城の線をもって、第一軍、第二軍、独立第十師団の遼陽への北進発起点とし、第三軍は旅順の攻略に従事する。
③旅順の封鎖が確実となり、艦隊の一部を割いてウラジオストクに指向できるようになれば、独立第八師団を羅津浦に上陸させてロシア軍をこの方面に牽制し、可能であればウラジオストクを攻略する。このため、必要があれば、第七師団および攻城部隊を増援し、ウラジオストク攻囲軍を編成する。
④旅順が陥落したならば、第三軍は直ちに野戦に使用する。
⑤遼陽付近で予想される会戦に勝利したならば、作戦目標をハルビンに選定する。
⑥適当な時機に樺太攻略を準備する[12]。

前途を憂慮しつつ始めたこの戦争であったが、この頃は予想をはるかに上回る快調な状況で進撃しつつあったためか、極めて楽観的な構想であった[13]。特に、旅順方面の作戦についてはかなり甘く見積もっており、この時に第八師団によるウラジオストク攻略も検討されていたのである。しかしながら、このウラジオストク攻略や樺太攻略には、海軍による支援が不可欠であるにもかかわらず、この重要会議に山本海相は出席したものの、海軍軍令部からは誰も参加することはなかった。したがって、この決議に、「初瀬」「八島」を失って苦境に陥っていた海軍側の意見が十分に反映されたとは言い難い。

十四日、南下してきたロシア軍と北進する第二軍が、遼東半島中程の得利寺付近で激突する。翌十五日、激戦の末にロシア軍は北方に退却し、第二軍が勝利を収めた。これによりロシア軍南下の企図は挫折し、大本営は日本軍北進の機が熟したと判断する[14]。

ここで従来は等閑視されてきた遼東半島西岸の海上輸送による補給について詳しく観ていきたい[15]。当時、第二軍の各師団は未だ完全な輜重部隊を携行しておらず、定められた食事の量を半減し、弾薬縦列まで使用して糧秣を輸送している状況であった。第二軍が熊岳城以北に北進するためには、海上輸送による補給を行う必要があった。そこで、海上輸送について大本営陸海軍部間の調整が行われる。得利寺戦直前の六月十三日、大本営陸軍部の井口省吾参謀が海軍部の伊集院五郎次長を訪ね、熊岳城への第二軍糧秣輸送について会談した。続いて十七日、児玉次長が海軍部を訪れ、遼東湾沿岸における糧秣揚陸の成否、営口掃海の難易および将来錦州方面に上陸する場合の援護の能否を尋ねる。海軍部は、営口掃海については可能である旨返答したが、遼東半島西岸の糧秣揚陸は危険とし、また錦州方面の上陸援護はまったく不可能であるとした。とりあえず陸軍部は、多少の危険があっても遼東半島西岸の糧秣揚陸は断行することを決定する[16]。

また同日、大本営では、ロシア軍の兵力が増大し防備が強化される前に遼陽を攻撃するため、雨期前に攻撃準備を整える方針が決議された。十九日、これに基づき第一軍および独立第十師団には前進準備のための糧秣集積が訓令され、第二軍には前進を継続して六月二十七日頃までに蓋平へ進出することが訓令される[17]。同じ十九日、大本営は「六月中旬以後ニ於ケル作戦計画」を立案し、各軍の前進や熊岳河口への海上糧秣補給の決行が定められた。この計画によれば、第一軍は七月三日に鳳凰城から進撃を開始し、独立第十師団は七月四日に岫巌から進撃を開始する。第二軍は六月十九日に得利寺から進撃を開始し、二十日に熊岳城を、二十七日に蓋平を占領する。最終的には第一軍、第二軍、独立第十師団は、七月十七日に遼陽付近に到達することが計画されていた。ところが、第二軍は補給の関係上、主力を直ちに北進させることができなかったのである[18]。

二十二日、熊岳城に進出したならば、その西方海岸から糧秣を揚陸する旨の通報を大本営から受けた第二軍は、増援された第六師団を加え、ようやく前進を再開する。同日、聯合艦隊も、陸軍からの依頼により第六戦隊に熊岳河口への陸軍糧秣船護送と、揚陸支援ならびに渤海湾の封鎖強行を行わせることにした[19]。ところが、この海上護送と揚陸支援の内報を受けた伊集院次長は、陸軍からの要請があったとしても、輸送船隊護送および揚陸援護は艦隊の自由行動を制約し、不測の被害が生じるかもしれないことを懸念する。そこで、「敵艦隊ヲ撃滅スル迄艦隊ハ成ルヘク他ニ係累ヲ増サ、ランコトヲ望ム」と聯合艦隊へ海上護送に反対する電報を発信した。この電報では「国家ノ運命ヲ決スルハ我海軍ノ勝ヲ全フスルノ如何ニ在リテ、軍ノ前進多少遅滞スルカ如キハ共ニ比スルニ足ラス」とも記されており、当時の大本営海軍部の思想を理解することができる[20]。すなわち、海軍部は艦隊決戦の勝利によって戦争の帰趨を決しようと考えており、海上護送のために危険を冒す必要はないと考えていた。それに対して聯合艦隊は、旅順艦隊が引きこもり、艦隊決戦が行えない状況下では、多少の危険を冒してでも可能な限り陸軍作戦を支援しようとしたのである。明らかに、大本営海軍部と聯合艦隊との間に大きな意思の相違があった。

翌二十三日、第二軍主力は熊岳城を占領した。ところが、この二十三日に、旅順艦隊がウラジオ艦隊と合同するため、ほぼ主力全艦艇で大挙出港する。この旅順艦隊出撃への対応により、第六戦隊の熊岳城方面の行動は中止となった。以降も陸軍は、前進する第二軍への海上からの糧秣補給を熱望する。二十四日、大谷喜久蔵第二軍兵站監は聯合艦隊に状況の許す限り熊岳城への護送を切望した。しかしながら、大本営海軍部は陸軍の要望に応じるために「海軍ノ一部ヲ割クカ如キハ大局ニ害アルモノト認ム」と、あくまでも海上護送に反対する電報を聯合艦隊へ送る。聯合艦隊は渤海湾沿岸に糧秣を輸送することは危険であるとして、第二軍の要請を断らざるを得なかった。このため第二軍は糧秣欠乏のため前進できず、先に示された時期に蓋平へ至るのは困難となった[21]。

糧秣がなくても、無理をすれば進軍できなくはなかったのかもしれないが、進軍後に補給がなければ、強引な徴発をして問題を起こすか、あるいは兵が飢えて戦力を発揮できなくなる恐れがあった。後年の陸軍に比べ、日露戦争当時の陸軍は、後方からの補給の重要性について、よく認識していたのである。ここに大本営は、遼陽攻撃を雨期明けに延期することにして各軍および独立第十師団に通報した。以降も第二軍は糧秣不足に苦しむが、人力による貨車輸送を行うと共に、海軍の援護なしに海上輸送を断行する。これにより糧秣を集積した第二軍は、七月六日に前進を開始し、九日、蓋平を占領した[22]。第二軍の蓋平占領遅延は、実に十二日間におよび、この陸軍運送船護送の一件は、陸軍の進撃に重大な影響を及ぼしたのである。

このように大本営陸海軍部の意思疎通が十分でなかったことについては、戦争指導体制上の要因がある。周知の通り、日露開戦直前の一九〇三(明治三十六)年十二月二十八日に戦時大本営条例が改訂され、参謀総長と海軍軍令部長は並立して天皇を補佐することになった。そして開戦後、作戦その他軍隊・艦隊等の進退に関する些少の事項は、参謀総長および海軍軍令部長に委任されることになる。ところが、大本営陸軍部は参謀本部を、海軍部は海軍軍令部を定位置とし、陸海軍関係者はそれぞれ平時配置の官衙にあって勤務し、必要がある場合のみ皇居内の御前会議（週一回程度）に列席した。しかしながら、この大本営御前会議は事実上ほとんど形式的な天皇への報告に過ぎなかった。このため大本営事務は陸海両軍で間然と分担処理された[23]。

このため、本書で観てきたように児玉次長や井口参謀が伊集院次長を訪ねるなど、必要があれば相手方を訪ねて調整していたのである。この物理的な距離が、旅順攻略問題や遼東半島西岸の海上輸送問題などにおいて大本営陸海軍部間の意思疎通を疎外したことは否めないであろう。大本営が広島城に進出した日清戦争時のように、明治天皇以下、陸海軍部が共に居所を同じくしたのであれば、陸海軍の調整に大きな問題は生じなかったかもしれない。

3 満洲軍総司令部の編成

ここまで海上輸送問題における陸海軍の対立や海軍内の考え方の相違を指摘したが、陸軍内も決して一枚板ではなかった。この頃に検討されて編成された満洲軍総司令部の問題では、参謀本部と陸軍省の間で激しい対立があった。これより先の三月上旬、満洲に第一軍だけでなく複数の軍を派遣することが予想されたため、大本営陸軍部の大部分を戦地に進めることが参謀本部で検討される。四月七日、参謀本部は作戦指揮のみならず進級人事や後方兵站なども含む強大な権限をもつ「陸軍大総督府」案を起案して、陸軍省と協議する。翌八日、陸軍省はこのように強大な権限をもつ大総督府が設置されれば、東京に残った大本営陸軍部は有名無実となる恐れがあり、外交政略や海軍との連携に支障をきたすと反対し、満洲に進出した各軍の作戦を指揮するだけの司令部設置を提案した。

しかしながら、五月十三日、大山参謀総長は、この「大総督府」案を内奏する。明治天皇は、この件を山縣元帥に下問した。二十三日、山縣は野戦軍と大本営の間に中間司令部を置き、各軍の作戦を指揮することを奉答する。これは内地にある大本営が実権を持つ点で、基本的に陸軍省側の意向を反映した調停であった。これに児玉参謀本部次長は反発し、「大総督府」案の大山参謀総長、児玉次長、参謀本部各部長と中間高等司令部案の山縣元帥、桂首相、寺内陸相、山本海相が対立し、折衝が行われる。二十五日、明治天皇は山縣の奉答を受け入れる形で、満洲各軍の作戦を指揮させる高等司令部を編成する御沙汰書を下した。山縣の奉答は、桂首相や寺内陸相と陸軍省のみならず、山本海相ら海軍側の支持も得て、大勢を制したのである[24]。

一方でこの頃、桂首相は旅順攻略を担当する第三軍を満洲の平原で作戦する満洲軍の指揮下に入れるのは不合理であり大本営直轄とすることを提議し、寺内陸相も同意する。桂首相、山本海相、寺内陸相は旅順要塞攻略を何よりも重視しており、あくまでも旅順攻略を担当する第三軍を大本営の指揮下に置こうとしていたのである。しかしながら、第三軍に関しては参謀本部側の不満に配慮して妥協が成立し、大本営直轄ではなく満洲軍の隷下に置くことになった。第三軍にとって不幸なことは、北方正面を重視する満洲軍総司令部の隷属下に置かれながら、その任務は満洲軍主力から独立しており、その作戦計画がむしろ海軍側の情勢判断と作戦計画に制約される関係上、直接に大本営の統制を受けるという実質的な二重の隷属関係に置かれたことであった[25]。このことは後に、重大な意味を持つことになる。

いずれにしても、この問題は出征する満洲軍総司令部(満洲軍編成以前の参謀本部)と東京に残る山縣、桂首相、陸軍省（寺内陸相）、海軍との間に感情的な対立を残す結果となった[26]。そもそも桂首相は、陸軍の統帥問題にまで介入して政略優先の戦争指導を行った。伊藤博文、山縣ら元老の支持を得て桂、山本、寺内という閣僚の協力が統帥を律するという体制の下に、日露戦争の戦争指導は行われたのである。問題は陸軍部内の統帥部（参謀本部）と山縣、桂、寺内との対立であった。作戦重視の統帥部と政略重視の陸軍省は、開戦前後の韓国臨時派遣隊の編成およびその行動や大本営動員などでも対立していた。陸軍の行動をあくまでも政府の統制下におこうとする桂や寺内らと、軍事行動の自由を確保しようとする参謀本部との対立は根深いものがあったのである。その参謀本部の中枢部門がそのまま戦時作戦軍の最高司令部に転換したことは、大本営と満洲軍総司令部との関係に円滑さを欠く結果ともなった[27]。

六月二十日、対立の火種を残したまま、大山参謀総長を総司令官、児玉参謀本部次長を総参謀長として、満洲軍総司令部が編成された。後任の参謀総長には山縣が、参謀次長には長岡外史少将が就任する。出征にあたって大山は山本海相を訪ね、戦局の推移に応じて講和の時機を定めることを考慮するように依頼した。山本も、これに同意する[28]。大山が桂首相ではなく山本海相を訪ねたのは、同じ薩摩出身ということもあろうが、満洲軍司令部の編成を巡る対立への感情的凝りがあったのかもしれない。しかしながら、感情的な対立はありながらも、その方向性は一致していたと言える。この頃既に陸海軍の中枢において、早くも戦争の終局と講和問題が意識され始めていたのである。

4　旅順総攻撃以前における日本の講和構想

ここまで軍事作戦の推移と陸軍内の組織編成について述べてきたが、この時期の日本の外交政策についても目を向けてみたい。米国では六月七日、金子堅太郎男爵が高平小五郎駐米公使と共にローズヴェルト(Theodore Roosevelt)大統領と午餐を共にした。周知のとおり、ハーバード大学留学中に若き日のローズヴェルトと同窓であった金子は、開戦後に米国の世論工作のため派遣されていたのである。午餐後の会談で、ローズヴェルトはロシアの国内争乱の兆しと財政問題から、旅順陥落により戦争が終局する見通しを示すが、戦争が終わらなかった場合には、兵站上の困難を理由に日本軍が奉天よりも北進しないように希望した。その上で、時機が来れば日本のために講和の周旋を行う意志があることを表明したのである[29]。

続いて二十三日、高平公使がヘイ(John M. Hay)国務長官と会談する。会談後に高平は、米国政府が日本の主張および目的を十分に正当かつ穏当なものと認めて日本政府の希望に適う行動をとると思われるので、時機が熟せば講和条件に関する日本政府の希望を米国政府に通知するべきである旨を小村寿太郎外相に報告した[30]。この高平の報告を受けて小村も戦争終局について考え始める。日本の講和構想は、当初から後に講和を斡旋することになる米国からの示唆とその支援の強い確信の下に起草されていったのである。七月、小村は桂首相へ日露講和条件に関する意見書を提出し、「旅順陥落及遼陽ノ大決戦ヲ一段落トシテ和議ヲ講スル場合ヲ仮定」して講和条件を提案した。「今回ノ戦争タル敵手ノ死命ヲ制スルコト能ハサル」ことは十分に自覚しており、旅順陥落と遼陽での決戦勝利により戦争を終わらせようとしたのである[31]。

一方でこの頃欧洲では、林董駐英公使がドイツとの新通商条約調印のためベルリンに滞在していたウィッテ前蔵相から私的会談を求められる。林が直ちに本国へ請訓したところ、小村外相は「目下ノ状態ニ於テ講和問題ヲ談ズルハ未ダ其時機ニアラズ」と考えていたが、ウィッテの申し出を「全然排斥スルハ是亦策ノ宜シキヲ得タルモノニアラズ」として、林が個人の資格で会談することを訓令した。結局のところ、ロシア国内でプレーヴェ(Vyacheslav K. Plehve)内相が暗殺される事件が生起したため、ウィッテは急遽帰国して会談は実現しなかったが、ロシア側においてもウィッテやラムズドルフ外相などの「平和派」は早期講和を望んでいたことが日本側にも察知された[32]。この事件は日本政府に早期講和の可能性を強く意識させるできごとであった。

最もロシア軍においては、クロパトキンがハルビン近くまで後退した後に戦力増強を待って反撃し、日本軍を大陸から追い落とすという守勢反撃戦略を採っていたし、海軍はバルチック艦隊の派遣に強い期待を持っていたので、遼陽の敗北や旅順陥落で戦争をやめるつもりはなかったと考えられる。しかしながら、ロシアの政策は、さまざまな政軍指導者たちの考えによって左右され、一貫したものではなかった[33]。また専制君主であったニコライ二世も、これらの重臣たちの言に左右され、その決定が揺らいでいたのである[34]。

したがって、この時点でウィッテとの折衝などを通じてロシア側の一部にも早期講和の動きがあることを察知した小村たちが、遼陽の勝利と旅順陥落によって戦争を終結させることを構想したことは、まったく的外れなこととは言えないであろう。もし、遼陽で日本軍がロシア軍を包囲殲滅し、バルチック艦隊のリバウ出港前に行った第一回旅順総攻撃によって旅順を陥落させることができたならば、ロシアの陸海軍戦略はその根底から崩壊し、早期講和はかなり現実的なものとなったに違いない。また、後述するように、旅順陥落によって列強から講和の動きが始まったことを考えると、桂首相や小村外相の思惑は外交感覚としても、大きく間違っていたわけではない。

八月に入り、桂首相は閣僚等と共に講和条件を検討してその大方針を定めた。そこでは講和条件の四大目的を、①満韓の保全を維持し、極東永遠の平和を確立し、もって帝国の自衛を全うし、我が利権を擁護する事、②満韓ならびに沿海州方面における我が利権を拡張して、我が国力の発展を図る事、③清国において優越なる勢力を占め、清帝国の将来に応ずるに足る基礎を作る事、④韓国は規定の方針に従い、事実上我が主権範囲に入れ、保護の実権を確立し、満洲はある程度まで我が利権範囲とする事とした。満韓と沿海州の利権拡張については、講和において軍事賠償金を得ることは困難なことが予想されるため、重要視されることになったものである。また、清国への対応は、将来にわたり清国が独立を継続できるのかという懸念があるため、それに備えるものであった[35]。

この大方針は、概ね先に述べた小村外相の意見書を基礎として決定されたことが窺える[36]。さらに桂首相は遼陽の戦勝と旅順陥落を見越して、この大方針に基づいた講和主要条件の腹案を持つに至った。その大要は、①韓国に関しては、ロシアに日本の自由行動の権利を認めさせ、将来紛争の原因を絶つ事、②満洲に関しては、ロシア軍の撤退、満洲横貫鉄道を商業上の目的のみ使用させる事、ハルビン・旅順間の鉄道と遼東半島租借地を日本へ譲与させる事を主要条件とし、その他は事情の許す限り、軍費賠償、樺太割譲、沿海州漁業権獲得を要求することにした[37]。この条件は一年後のポーツマス講和会議における日本側条件の基礎となったものであり、この時点において日本政府は既に講和に向けての大方針を確立したのである。講和に向けた動きの中で、旅順は戦争終結に向けた政略上の最重要目標であった。

5　八月決戦の失敗と戦略予備使用の問題

七月上旬、全般の情勢は徐々に悪化していた。バルチック艦隊の東航に関しても、引き続き多くの情報が入ってくる[38]。十一日、東郷長官は伊東祐亨海軍軍令部長へ封鎖の継続に伴う聯合艦隊の苦境を伝え、バルチック艦隊東航の関係から各艦艇の修理の必要性を説き、早急な旅順攻略を求めた。翌十二日、伊東軍令部長はこの聯合艦隊からの電報を山縣参謀総長に示し、速やかな旅順攻略を要請した。早速、大本営で陸海軍高級幕僚会議が開かれる。この会議で聯合艦隊の意見は同意され、艦隊具申の写しと共に、大山満洲軍総司令官へ早急に旅順を攻略するように伝えられた[39]。

二十日、大山総司令官は聯合艦隊および第三軍と協議した上で、旅順攻略は八月末となる旨を返電した。二十三日、この答電に接した大本営は、山縣参謀総長および伊東軍令部長も列席の上で会議を開いて、旅順攻略を尚一層早めることに決定し、満洲軍へ電報を発した。伊東軍令部長から東郷長官へも、大山総司令官と直接協議して艦隊の苦境を伝えるように指示する。翌二十四日、伊東軍令部長は、遅くとも八月十日頃までに旅順を攻略するよう大山総司令官に要請した。さらに二十五日、長岡参謀本部次長と井口参謀からも攻略催促の電報が児玉総参謀長へ発せられる。二十八日、これらの催促に対して大山総司令官は、後方等の問題から八月十日までの攻略は不可能であり、従来の計画の範囲内で速やかに攻略する旨を返電した[40]。

八月四日、満洲軍総司令部へ赴任途中の井口参謀が、第三軍司令部にて、速やかな旅順攻略を促す山縣参謀総長の親書を乃木希典司令官に伝達した。井口は伊地知幸介第三軍参謀長にも現下の事情を述べ、大本営が早期攻略を切望していることも説明した。しかしながら、伊地知は計画の期日は聯合艦隊とも調整済であり、東郷長官もこの期日に異存はなく、「大本営にて憂慮せらるゝ如き我が艦隊切迫の事情に就ては一も聞く所なく、要するに大本営の見る処は一片の杞憂に過ぎず」として、第三軍はわずかに計画の時日を三日短縮したに過ぎなかった[41]。

また、第三軍戦況視察に出張した鋳方徳蔵大本営陸軍部参謀からも、輸送力等の関係より八月十日までの攻略は不可能であること、現在の攻撃計画は聯合艦隊も了承済みであること、従来の計画より二、三日は時日を短縮して攻撃開始できることが報告された。井口参謀および鋳方参謀から長岡参謀次長宛の電報を見た伊東軍令部長は、第三軍と聯合艦隊の意思疎通不足を遺憾に思い、速やかな旅順攻略を再度第三軍と協議するよう聯合艦隊へ訓令した[42]。しかしながら、結局のところ旅順攻撃を大幅に前倒しすることは行われなかったのである。

大本営と第三軍司令部の間で旅順攻略の日程について紛糾していた八月四日、内地では第七師団が動員される。ここに、現役師団はすべて動員されるに至った。この第七師団と六月に動員された第八師団の使用に関して、大本営では検討が重ねられていた。旅順方面では、要塞攻略に向けての前進が意の如くならないため新鋭師団を追加する必要があった。また、遼陽方面に対しても対峙するロシア軍に比べて兵力不足は否めず、増援を顧慮せざるを得ない。しかしながら、第六章で述べた通り開戦前の作戦計画から第八師団をウスリー作戦に使用することが裁可されており、その上、四月十五日の大本営御前会議においても允裁を得ていたので、これを変更するには相当の理由が必要であった。そして、第七師団の使用については具体案がなかったのである。

結局のところ、大本営はこの二個師団を戦略予備として内地に拘置させ、その使用方面を決定しなかった。ところが、七月下旬にバルチック艦隊東航の確報が伝えられると、大本営は速やかに旅順を陥落させることを優先させ、ウスリー作戦を当分犠牲にして第八師団を出征させることを決定する[43]。しかしながら、第三軍は満洲軍に隷属し、その満洲軍は遼陽攻撃の準備を進めている状況にあったので、第八師団を旅順ではなく遼陽攻略に使用されてしまう恐れがあった。そこで、大本営は第八師団を大阪に集中し、戦況の推移を観ることにして、旅順に投入されることはなかったのである[44]。

八月十日、ウラジオ艦隊と合同するために旅順艦隊が出撃し、黄海海戦が生起する。第一合戦で旅順艦隊を取り逃がした聯合艦隊は、夕刻にようやく同艦隊を捕捉し、旗艦「ツザレヴィッチ」の艦橋に命中した幸運な一弾がウィトゲフト臨時司令官以下を吹き飛ばしたことにより、かろうじて勝利を収めた。この海戦において聯合艦隊は一部の艦艇を戦力外とすることには成功したが、なお有力なロシア艦隊が旅順に残存し、その脅威は継続したのである。その撃滅には旅順要塞の攻略が必須となった。十四日、第二艦隊とウラジオ艦隊の間で蔚山沖海戦が生起し、装甲巡洋艦「リューリック」を撃沈したが、残る「ローシヤ」および「グロモボイ」を取り逃がし、ウラジオ艦隊の撃滅にも失敗した。

十九日、第三軍は旅順要塞の総攻撃を開始する。二日間の猛烈な砲撃後、二十一日から歩兵による突撃が繰り返された。多大な損害を出しつつも、翌二十二日、第九師団は盤龍山東西両堡塁を占領し、二十四日未明、第十一師団はついに要塞最高頂である望台高地を一時占領する。しかしながら、直ちにロシア軍の反撃により望台は奪回されてしまった[45]。後の第三回総攻撃における二〇三高地をめぐる戦闘でも、日露双方が同高地の一時占領を繰り返し、激しい争奪戦が行われる。この時、第三軍が二〇三高地を最終的に確保する決め手となったのが、総攻撃前に第三軍へ新たに追加されていた第七師団の投入であった。このことから類推すれば、もし第八師団が第三軍に配属されており、この戦機に投入されていれば、望台の再奪回と完全確保も可能であっただろう。しかしながら、実際には望台再奪回の予備兵力は第三軍に残されておらず、また多くの死傷者を出し、砲弾も底を尽いたため、ついに二十四日夕刻、第三軍は総攻撃を中止した。以降、攻撃は対壕を掘り進めて要塞に近接する正攻法に変更され、旅順攻略には多大な時日が必要となった。

この望台高地は翌年一月一日に第三軍が再度占領することになるが、旅順地区の軍司令官であったステッセル (Anatoli M. Stessel) 中将は、望台の喪失によって最後の時が来たと判断し、開城のための軍使を派遣してきたのであった[46]。要塞最高頂である望台から旧市街や軍港まで堡塁や砲台はあまりなく、攻撃軍は一気に駆け下りることができる[47]。望台はロシア軍にとって実質上の最終防衛線であった。そもそも、第三軍がこの正面を主攻に選択したのは、本防御線奪取の後、直ちに要塞内部に迫ることができ、一挙に要塞の死命を制することができるためであった[48]。したがって、第一回総攻撃時も望台が完全に占領されたならば、ステッセルは開城を決意したであろう。これを考えれば、第一回総攻撃は多大の損害を出しながらも、要塞陥落までもう一歩のところまで攻め込んだと言える。

この旅順要塞攻略の失敗により、聯合艦隊の旅順口封鎖およびそのための監視行動も、引き続き行わざるを得なくなった。一方で十月十五日には、ついにバルチック艦隊がリバウ港を出撃して極東回航への道に就く。交代で入渠修理を始めたとはいえ、聯合艦隊は旅順口および対馬海峡に張り付かざるを得ず、バルチック艦隊の影が次第に色濃くなる中で、苦境に立たされるのであった。遼陽方面では、ロシア軍の頑強な抵抗に遭って苦戦したものの、九月四日、日本軍は遼陽の会戦に勝利して同地を占領した。しかしながら、ロシア軍主力の撃滅には失敗し、日本軍は今後ますます兵力を増加していくロシア軍と対峙せざるを得ず、この方面でも苦境に立たされるのであった。

また北韓方面では、五月に後備歩兵連隊が追加増援されていたが、七月に入り、この方面のロシア軍が漸次南進してその根拠を咸鏡北道の中心地である鏡城におき、その一部は城津を攻撃して日本人居留地を焼き討ちした。さらに八月には、ロシア軍騎兵五百名が元山の西北に出現したが、元山守備隊の奮戦により日本軍はかろうじて撃退することに成功した。蔚山沖海戦の勝利により、今度は日本側が反転攻勢に出る。九月には咸鏡南道の中心地である咸興を占領し、同地を根拠地とした。その後、後備歩兵連隊二個連隊と後備砲兵中隊一個中隊が元山および咸興に配置される。一方、ロシア軍は三千名余りの兵力と若干の砲で城津中心に日本軍と対峙した[49]。この方面でも予断を許さない状況が継続した。

6 陸海軍協同の齟齬

第六章で述べてきたことも含め、開戦以来の陸海軍協同について纏めると、次のことが明らかである。第一に、旅順攻略は大本営陸軍部主導で決定され、決定当時に海軍部からの要請はなかった。このため、海軍部は陸軍側に旅順攻略の重要性を十分に認識させることができなかったと言えよう。旅順攻略は海軍にとって重要な問題であったが、その後も見積もりの甘さと面子から、開戦より数ヶ月間にわたって陸軍へ攻略を要請しなかったのである。早急な旅順攻略要請を海軍が始めたのは、実に七月になってからであった。陸軍が旅順の早期攻略を行うには、既に手遅れの時期である。日本側が陸海軍部の意思疎通不足によって作戦進捗に支障をきたしている間に、ロシアは要塞の防備を固めてしまうのであった。

一方で陸軍部は、開戦前から計画されていたウスリー作戦に固執し、その使用部隊として第八師団を内地に拘置する。しかしながら、海軍の状況から当面の間はウスリー作戦の実行は不可能であった。この件に関して陸海軍部間で調整された形跡はない。四月十五日の御前会議では、この計画の修正が海軍側から唐突に要請されたが、陸軍は当初の計画で押しきった。その後も、「初瀬」「八島」喪失という海軍の苦境にもかかわらず、海軍軍令部不参加の会議で、ウスリー作戦は追認され、ウラジオストク攻略まで検討されていたのである。海軍の協力なしに、このような計画はまったくの画餅であった。

このウスリー作戦と第八師団使用の問題は、従来の研究では等閑に付されていたが、旅順要塞第一回総攻撃の成否に大きく影響することになる。また第一回総攻撃は、従来、その失敗のみが強調されてきた。しかしながら、本書で検討したように要塞陥落までもう一歩まで攻め込んでおり、兵力不足も一つの要因となり、攻撃継続を断念せざるを得なかったのである。ウスリー作戦に投入するために拘置されていた第八師団を旅順総攻撃に投入していれば、八月に旅順が陥落した可能性は高い。実際に、第八師団の旅順投入は大本営内でも検討されていただけに、この作戦の齟齬は惜しまれる。大本営陸海軍部は、旅順という戦略目標にその努力を統一することができなかったのである。

大本営陸海軍部間に比べ、敵を目前にした戦場における聯合艦隊と陸軍各軍との間の連携は順調であった。第六章で述べたとおり、五月初頭に実施された「遼東方面の敵に対する連合大作戦」では、聯合艦隊と第一軍および第二軍は緊密に協力した。第一軍は最初の陸戦である鴨緑江の戦闘に勝利して鳳凰城に進出する。また、第二軍の上陸も無事に完了し、この作戦は成功したのである。その後、「初瀬」「八島」喪失という悲運にもかかわらず、聯合艦隊は、陸軍に対する協力を継続した。

しかしながら、大本営陸海軍部では意思疎通が不足しており、作戦進捗に重大な影響を与えた。特に「初瀬」「八島」喪失後、山本海相の強い影響を受けていた海軍部は、陸軍作戦への協力に極めて消極的であった。従来の研究ではほとんど検討されてこなかったが、このことは遼東半島西岸の海上輸送の問題に如実に表れ、雨期前に行う予定であった遼陽攻略を大幅に遅延させる大きな要因となったのである。この間、遼陽のロシア軍は大幅に増強され、またその防備も強化されてしまう。このため、日本軍が遼陽においてロシア軍を包囲殲滅することは不可能になってしまったのである。この時の陸軍の戦略目標は遼陽であったが、艦隊決戦に固執した海軍部は、その戦略目標を敵艦隊、すなわち旅順艦隊に置いて、陸軍進撃への援護を怠ったのであった。伊集院軍令部次長の「国家ノ運命ヲ決スルハ我海軍ノ勝ヲ全フスルノ如何ニ在リテ軍ノ前進多少遅滞スルカ如キハ共ニ比スルニ足ラス」という言葉は、それを象徴している。このため、遼陽という戦略目標へも陸海軍は努力を統一することができなかったのである。

これらを総合的に考えると、戦地における陸海軍部隊の連携は順調であったものの、大本営陸海軍部間の意思疎通が不足したために、陸海軍は戦略目標へ努力を統一できなかったのである。「海洋限定戦争」の視点から指摘すれば、日本は海洋を十分に利用することができず、限定目標の奪取に失敗したと言える。このため、各個の戦闘には勝利を重ねたが、九月上旬に至り日本は危機的状況に陥ったと言えよう。

第8章

日露講和に向けた政戦略

【関連年表】

年	月・日	出来事
1904（明治37）	9・7	韓国駐箚軍を改編。
	15	第八師団が大阪に集中完了。
	16	山縣参謀総長が兵備の急造について上奏。
	19	旅順要塞前進堡塁の攻略戦（〜22）。
	25	シベリア鉄道バイカル湖線が開通。
	27	第八師団を沙河方面に投入することを決定。
	29	徴兵令改正（後備役の服役年限を五年から十年に延長）。
	10・8	満洲軍へ北進停止の聖旨を伝達。
	10	沙河会戦（〜19）。
	15	ロシアの第二太平洋艦隊（バルチック艦隊）がリバウ港を出撃。
	23	アレクセーエフ極東陸海軍総司令官解任、後任にクロパトキン陸軍大将。
	26	第二回旅順総攻撃（〜31）。戦艦「朝日」が触雷。
	11・8	旅順攻略に関する大本営会議。
	10	第七師団を第三軍に編入。
	14	旅順攻略に関する大本営御前会議。
	26	第三回旅順総攻撃を開始（27 主攻を二〇三高地に転換）。
	30	第二十一回帝国議会開会（〜05・2・27閉会）。
	12・5	二〇三高地陥落。
	8	桂首相と政友会の原敬による秘密会談（日露戦後における政権授受の密約）。

年	月・日	事項
1904(明治37)	12・14	駐露フランス大使からの講和斡旋(謝絶)。
	17	議会で予算案及び増税各案が可決成立。
1905(明治38)	1・1	旅順のロシア軍が降伏(2 開城)。
	12	鴨緑江軍を新編。
	22	ペテルブルグで「血の日曜日事件」。
	24	高平公使がローズヴェルト大統領と会談(韓国を日本の勢力圏とすることなどを承認)。
	25	黒溝台会戦(〜29)。
	2・6	聯合艦隊が陸軍築城団を元山へ護送(〜12)。
	15	ロシアの第三太平洋艦隊がリバウ港を出撃。
	22	奉天会戦(〜3・10)。
	24	聯合艦隊が後備第二師団の一部を元山及び城津に護送(〜3・6)。
	27	陸軍池田支隊(後備歩兵第十七旅団基幹)が城津に進出(28 臨溟驛に進出)。
	3・10	日本軍が奉天を占領。
	11	「明治三十八年三月十一日以後に於ける作戦方針」起草。ロシア政府が戦争継続を声明。
	13	満洲軍総司令部が「政戦略一致に関する意見」を具申。ウィッテが講和を上奏(却下)。
	27	山縣参謀総長が「政戦両略概論」を桂首相、小村外相、曾禰蔵相に提示。
	28	児玉源太郎満洲軍総参謀長が一時帰京。
	30	「明治三十八年三月以後に於ける作戦方針」(ハルビンと樺太の攻略、北韓作戦)決定。
	4・8	「日露戦役中に於ける作戦並外交歩調一致に関する件」を閣議決定。
	13	「満洲軍総司令官ニ与フル大本営訓令」裁可。
	16	桂首相と原敬の秘密会談(第二回)。
	21	対露講和条件を閣議決定、上奏裁可。

開戦半年が経過した九月上旬に至り、日本は危機的状況を迎えた。この状況に対して、どのように政戦略を一致させて戦局を有利な講和に結びつけようとしたのだろうか。これを解明するのが第八章の課題である。日露戦争におけるこの時期の軍事史研究は、公式戦史以来、遼陽、沙河、奉天の三大会戦や旅順攻防、黒溝台会戦における作戦戦闘が研究の中心であった。海軍作戦においても黄海海戦と蔚山沖海戦から日本海海戦までの時期は海戦が生起せず、あまり注目されてこなかった。近年の主な研究を振り返ってみても、桑田悦編『日清・日露戦争』や軍事史学会編『日露戦争』収録の諸論文は、個別の問題や各戦闘が論じられており、その相互の関連性や政略との関連性については、あまり論じられていない[1]。これは大江志乃夫『世界史としての日露戦争』や山田朗『世界史の中の日露戦争』といった近年の代表的著作においても同様である[2]。他方で従来の政治・外交史研究は、序章で述べたように本邦においても欧米においても開戦前の日露交渉が研究の焦点となっている[3]。このように、従来の研究は主に個々の軍事作戦などを記述した軍事史研究と政治・外交における政策面について分析した政治・外交史研究に分かれ、政戦両略の総合的考察には十分な関心が払われてこなかった。

コルベットもこの時期の状況について、『日露戦争における海洋作戦』の第二巻で詳述している[4]。コルベットは、旅順の攻防とバルチック艦隊東航の動向についての関連性を分析し、それぞれを別個に記述している海軍軍令部編『明治三十七八年海戦史』をはじめとする日本の海戦史研究の欠陥を補っている[5]。また、第三軍と聯合艦隊の関係や、大本営と聯合艦隊の関係についても分析しており、日本の陸海軍協同の状況を明らかにしている。しかしながら、陸軍内の状況が検討されておらず、特に沙河方面の戦闘については結果のみが記述され、その詳細な検討はない。旅順陥落後についても、バルチック艦隊の動向と日本のバルチック艦隊来航へ準備についての記述がそのほとんどを占めており、戦争全体の論述に欠ける傾向にある。

さらに、この時期については限定戦争の視点も不十分であり、陸海軍の協同についても記述しているものの、ほぼ海軍史を中心とした内容となっている。ところが、この当時の海軍は、いかに旅順艦隊やバルチック艦隊を撃滅するかに意識を集中しており、戦争全体について検討する余裕はなかったのである。したがって、海軍史中心の記述では限定戦争の諸相は見えてこない。

日露戦争における戦争終結への大きな方針を構想していったのは、陸軍の主要人物であった。それは桂太郎首相であり、山縣有朋参謀総長や長岡外史参謀次長であり、また戦場においては山縣と緊密に連絡を取り合っていた児玉源太郎総参謀長であった。こういった陸軍の主要人物についての検討がなければ、講和に向けた政戦略の解明は不十分となってしまう。入手資料の関係から、こういった陸軍に関するコルベットの考察には限界があり、不十分な検討とならざるを得なかったのである。

この時期の政戦略は、戦争拡大への試みとそれを限定しようとする努力とのせめぎ合いであった。すなわち、政軍指導者の間で限定戦争戦略を採るかそこから逸脱するかということが論議され、政戦略が決定されてきたのである。日露戦争が限定戦争であったことはよく知られることであるが、結果論として限定戦争であったことが論じられるものの、戦争拡大の恐れやそれを阻止する政戦略については十分に論じられてこなかった[6]。そこでこの第八章では、このようなことを踏まえて、この危機的状況に陥った開戦の年の九月から翌年五月の日本海海戦までの政戦略を「海洋限定戦争」の視点から分析し、明らかにしていくことにする。

1 満洲における二正面作戦

遼陽占領翌日の九月五日、児玉満洲軍総参謀長は長岡参謀次長に対し、バルチック艦隊の行動に関する大本営の見込みを問い合わせた。即日、長岡次長は返答して、バルチック艦隊の来航時期は旅順艦隊撃滅の如何によって大きく影響されるとの見解を示し、「旅順攻略ノ結果ヲ見ルニアラサレハ波羅的艦隊ノ進退ニ関シ何等ノ断果ヲ下スヲ得サルナリ」と、バルチック艦隊東航との関連で旅順攻略の重要性を指摘している[7]。

一方で満洲軍総司令部内では、遼陽という第一戦略目標を占領したため今後の満洲軍の戦略目標について再検討が行われる。井口省吾参謀は、遼陽北方の鉄嶺やハルビンは遼陽に比べてその価値が低く、今後は少ない損害でロシア野戦軍主力を殲滅することを主張した。それに対し松川敏胤作戦主任参謀は、時間が経過すればロシア軍が強大となるため、準備が整ったならば速やかに前進してその主力を撃破すると共に、次の戦略目標である奉天を攻略することを主張する。前進開始時期についても、井口、松川両参謀の意見は異なり、井口は十分な予備弾薬を補充できる十一月末に攻撃前進を開始すべきであるとしたのに対し、松川は若干の予備弾薬を補充したならば、先制の利によって直ちに攻撃運動を開始することを主張した。児玉総参謀長は攻撃開始時期を決定することなく、北進準備を井口、松川両参謀に託し、九月十五日、旅順方面視察へ出発する[8]。この時点で意見の相違はあるものの、松川、井口両参謀共に沙河方面での北進を考えていたことに変わりはなかった。

九月十六日、大本営では山縣参謀総長が兵備の急造について上奏する[9]。この急設兵備が完成するのは翌三十八年春になると見込まれたが、この兵備が整うまで満洲軍主力は遼陽付近で守勢をとって北進せず、当面の課題は旅順攻略であることが山縣と児玉総参謀長との間で確認された。この件は山縣が伊藤博文や桂首相などと相談して決めたようであった。十月八日、大島健一大本営参謀が密使となって遼陽の満洲軍総司令部を訪れ、この北進停止は聖旨として大山巌総司令官へ伝えられる。聖旨は、翌三十八年五月をもって出征する計画の新設第十三、第十四師団の編制が終わるまで北進を中止して遼陽付近に留まることを指示するものであった[10]。ここに、北は守勢をとり旅順攻略に努力を集中する戦略が固まったと言えよう。

この頃、遼陽会戦における日本の戦勝が不十分であったこともあり、米国でもこの旅順陥落の問題が注目される。「米国人民ハ旅順ノ陥落如何ヲ以テ日本軍ニ対スル最終至大ノ試金石ト為シ、以テ戦役全局ノ成敗ヲトセントスルモノ、如シ」と米国派遣中の金子堅太郎は記している。また遼陽会戦において日露両軍が雌雄を決した場合、ローズヴェルト大統領は直ちに日露両国に対して講和を提議するつもりであったと金子は推断している。結局のところ、遼陽会戦でロシア軍主力を撃滅できなかったことと、その年の秋に行われるローズヴェルト自身の大統領選挙において野党民主党から攻撃されることを避けるため、ローズヴェルトは講和を提議しなかったようである[11]。日本が講和斡旋を期待している米国にとっても旅順攻略の成否は重要な問題であり、米国は戦争の早期終結を希望していたのである。

その旅順では熾烈な攻防戦が継続する。九月十九日、第三軍は本防御線への攻撃に先立ち、前進堡塁の攻撃を開始した。翌二十日、水師営南方堡塁、龍眼北方堡塁、南山坡山（海鼠山）の三目標を奪取するが、二〇三高地攻略には失敗した。二十三日、第三軍の戦況視察のために遼陽から来ていた児玉総参謀長は島村速雄聯合艦隊参謀長と大連で作戦協議を行う[12]。協議の内容は明らかにされていないが、二〇三高地攻略の必要性を述べた山縣参謀総長と大山総司令官宛の報告を見れば、旅順攻略問題を話し合ったことは間違いない[13]。旅順を実地に視察した児玉は、二〇三高地の重要性を認識していたと言える。二十六日には、大本営の長岡次長も第三軍に派遣されていた筑紫熊七中佐へ「此の高地(二〇三高地)を占領し、旅順港内を制し敵艦の碇泊を許さざることは旅順陥落の遅延す丈け尚ほ必要なり、之を当局者に勧められたし」と電報している。ところが第三軍司令部は二〇三高地の価値を理解できず、その攻略を第一師団に任せている状況であった[14]。

一方、遼陽からの後退以降もロシア側の作戦方針には大きな葛藤があった。満洲における陸軍司令官であるクロパトキン大将は、守勢により時間を稼ぎ、兵力増強を待って反撃に出るという戦略を持っていた。これに対し、極東におけるロシア陸海軍総司令官アレクセーエフ海軍大将は、直ちに南下して日本軍に攻囲されている旅順を救出するべきであると考えており、攻勢戦略に基づいていた。両者は激しく論争するが、ロシア側が日本軍を上回る兵力と物資の集中に成功し、日本軍が疲弊しているとの情報も入る。クロパトキンも、日本にとって旅順が手詰まりとなっている今が好機と捉え、ペテルブルグの皇帝や参謀本部からの圧力もあり攻勢に出ることを決断した[15]。ここに、北方の沙河方面ではロシア軍が戦争開始以来初めて主導を握り、逆襲に転じた。

十月八日から行われた沙河会戦でロシア軍は攻勢に出るが、兵力劣勢の日本軍も攻勢に転じて激戦が続く。十四日にはロシア軍主力が総退却を開始したため、満洲軍は沙河の線まで追撃した[16]。十六日、山縣参謀総長から北進停止を指示する密電があった。バルチック艦隊のリバウ出港の情報を得て、山縣は旅順の早期攻略に努力を集中すべきであり、満洲軍を北進させるべきではないと考えていたのである[17]。山縣の慎重な戦略が窺える。

十七日、日本軍優位のまま大勢は定まり、翌十八日、満洲軍総司令部内に各軍参謀長を加えた幕僚会議が開かれた。この会議で、藤井茂太第一軍参謀長は敵の近くで触接しながら停止すべきでないことを意見具申し、総司令部の松川作戦主任参謀もこれに同意する。しかしながら、井口参謀は弾薬不足のため停止はやむを得ないこととし、児玉総参謀長も北進には不同意であった。松川参謀と井口参謀の間では激論となる。この会議の結果、満洲軍は沙河の左岸に陣地を構築した上、当分停止したまま防勢に立つことが決定された。十九日、先の山縣からの北進停止を指示する電報に対し、児玉総参謀長は同意することを返電する。翌二十日、防御に関する満洲軍命令が発令された[18]。ここに満洲軍の守勢戦略は堅持されたのである。

一方で十月二十三日、ロシア側の戦況の悪化に伴い、アレクセーエフ極東ロシア軍総司令官が解任され、クロパトキン大将が後任の総司令官に任命された。ここに、開戦以来のアレクセーエフとクロパトキンの戦略論争に決着がつき、ロシア軍が再び攻勢に転ずるための準備は極めてゆっくりと進められる[19]。日本軍とロシア軍の大軍が沙河を挟んで対峙し、この方面での戦局は落ち着くこととなった。

この頃、ローズヴェルト大統領も旅順陥落の時期を高平小五郎駐米公使に問うた上で、旅順陥落によりロシアはバルチック艦隊の極東派遣を断念するとの見通しを示した。また、旅順陥落と日本軍の奉天占領により局面が一変することを希望する旨を高平に伝えた[20]。沙河方面の戦局は膠着するが、ローズヴェルトは自身の大統領選を戦いつつも、日露戦争の戦況に強い関心を寄せ、その講和構想を温めているようであった。

沙河会戦後、満洲軍主力は弾薬補充を急いだ。一方で第三軍も第二回総攻撃を控えて、大本営に弾薬補給を要請する。十月二十日、伊地知幸介第三軍参謀長が児玉総参謀長へ、第三軍における砲弾不足の窮状を報告した。ところが児玉は「絶対に補給する能わず、已むを得ずば攻撃実施を延期するも可なり」と返電する。さらに翌二十一日、大本営の長岡次長からも「貴軍ニ於テ山野砲弾ノ不足ナルコトニ就テハ、総長初メ頗ル痛心スレ共、北方ニ向ツテモ一刻一弾ヲ争フ景勢ナレハ、井口参謀ヨリモ遺憾乍ラ第三軍ヘ野砲弾ヲ送ルコト能ワスト申シ越セリ」と第三軍へ電報があり、北方重視の満洲軍総司令部の意見により旅順へ野砲弾は増加されなかった。その一方で大本営は「総攻撃ノ時日ハ政略上ノ為メ一刻モ早ク聞キタシ」と次回総攻撃に期待した[21]。また同日、総司令部の要求に基づき、第三軍はその隷下にある後備歩兵第九連隊を北方に送り、同連隊は沙河方面で使用された[22]。防御に関する満洲軍命令が発令されたものの、満洲軍総司令部は明らかに旅順攻略よりも北進して極東ロシア軍主力と決戦することを優先させ始めたのである。

一方でこの頃、秋山真之聯合艦隊参謀は聯合艦隊から第三軍に連絡将校として派遣されていた岩村團次郎参謀へ頻繁に書簡を送っている。十月二十二日にも書簡を送り、第三軍に対して敵艦射撃継続と早期の旅順攻略を要望している。ところが翌二十三日には「艦隊ハ飽迄モ耐久シテ第三軍ノ確実ナル戦功ヲ祈リ、決シテ進攻ノ急速ヲ希望致サス、此儀篤ト司令部員ヘ御伝達被下度候」と記している[23]。これでは旅順早期攻略を必要とする海軍の強い要望は、第三軍司令部に伝わらなかったであろう。

従来、秋山は第三軍に対して熱心に二〇三高地攻略を要望していたと伝えられている。これは海軍軍令部編『極秘明治三十七八年海戦史』の備考文書や、それを引用した秋山真之会編『秋山真之』、『提督秋山真之』など昭和初期に刊行された伝記の記述のためだと考えられる。ところが、この『極秘明治三十七八年海戦史』の備考文書には、第一回旅順総攻撃前の七月から十二月末までの五ヶ月間に秋山が岩村に送った計三十通の書簡の内、第三回総攻撃開始以降、それも二〇三高地に主攻を変換した後の十一月二十七日から十二月二十六日までの九通のみしか掲載されていない。そこでは、「最早二〇三高地占領ノ他ニ策無シ」「実ニ二〇三高地ノ占領如何ハ大局ヨリ打算シテ帝国ノ存亡ニ関係シ候」「二〇三高地ハ旅順ノ天王山ト云フヨリハ日露戦争ノ天王山ニシテ」という二〇三高地攻略を強調する言葉が散見され、さらに「旅順ノ攻略ニ四五万ノ勇士ヲ損スルモ左程大ナル犠牲ニアラズ」とまで言い切っている[24]。しかしながらこの時期、従来知られているものとは、かなり様相の異なる書簡を送っていたのである。

2 旅順攻防と満洲軍の北進問題

十月二十六日から行われた第二回旅順総攻撃は、一部の堡塁を奪取したものの失敗に終わった。第三軍は砲弾不足に苦しんでいたが、沙河でロシアの大軍と対峙していた満洲軍総司令部は、先に述べたように第三軍の砲弾補給に極めて消極的であった。政略の上で最重要の旅順に、実態として戦力は集中されなかったと言える。児玉総参謀長は旅順の重要性を認識していたと思われるが、満洲軍総司令部自体は北方重視の戦略であった。

一方で八月の黄海海戦後、聯合艦隊主力は引き続き旅順艦隊の脱出に備えて警戒すると共に、密輸入船舶の臨検拿捕などに従事していたが、第二回旅順総攻撃が開始された十月二十六日、航行中の戦艦「朝日」が浮流機雷に触れて被害を受ける。被害は軽微なものであり、応急修理で「朝日」は本隊に復帰したが、この一件は去る五月における戦艦「初瀬」「八島」の触雷沈没の悲劇を想起させるものであった。「朝日」の触雷は直ちに、伊東祐亨海軍軍令部長から大山総司令官に通報される。「今又朝日ノ事アリ。我艦隊ニシテ万一今後尚ホ永ク現姿勢ニ留マラサル可ラザル事アラバ、彼我艦隊ノ均整ヲ転倒スヘキ災厄ノ発起スベキモ日一日ト加ハル次第ニテ、誠ニ痛心ニ堪ヘザル者アリ。御諒察ヲ乞フ」と速やかな旅順攻略を暗に要請した[25]。

第二回旅順総攻撃中にも、秋山参謀は岩村参謀へ書簡を送っている。そこではバルチック艦隊来航前に旅順艦隊を撃滅する必要性を述べているが、そのためには「何テモ早ク望台ヲ占領シ」と二〇三高地ではなく、現に第三軍が攻撃している要塞北東正面の最高頂である望台占領を要望していた[26]。望台高地であっても旅順港内を見渡すことができ、第三軍が攻略可能であれば聯合艦隊はそれでも差し支えなかったのである。十一月二日、今度は駆逐艦「朧」が浮流機雷に触れて小破する。大連で応急処置の後、内地に帰港させた。聯合艦隊は全力で封鎖を継続していたが、「機械水雷ノ浮流スルモノ今尚其跡ヲ絶タズ。殆ント毎日何処ニカ之ヲ見ザルコトナキ有様」であり、通報艦や仮装巡洋艦をもって浮流機雷の捜索処分にあたっていた[27]。第三軍の旅順攻囲が長期化したため、海軍は連続して大きな被害を受けていたのである。

第二回旅順総攻撃の失敗により、大本営陸海軍部は連日善後策について協議する。十一月五日、長岡次長は旅順に派遣された大本営付の鮫島重雄中将へ「バルチック艦隊の先頭は既に地中海に入れり。海軍をして其艦船の修理を全ふせしめんが為めには、旅順の陥落を急ぎ若くは十分の観測地点を占領して、成るべく速に敵艦を撃破するに在り」と電報を発した。ところが、鮫島中将からは「軍は状況の如何に係らず、先般来の順序的攻撃法を取るを万全の策となし、実行しつつあり」との返電が来る。そこで、長岡は満洲軍総司令部の井口参謀に電報を送り、「両三日前の朝日艦、本日の朧艇の如き不慮の出来事を屢々し、遂に不幸なる景況に立到らずとも限られず。是が為めには差当り十分の観測点を占領し旅順港内の敵艦を撃破し、海軍をしてバルチック艦隊に備ふるの準備を全ふせしむるを急務と考ふ」と述べた後、「総司令官より第三軍に注意されては如何」と勧めた[28]。

ところが翌六日、第三軍からの砲弾増加要求に対し、児玉総参謀長は乃木希典司令官宛に断りの書簡を送っている。そこでは、旅順の「陥落後ハ直ニ貴軍ヲ当方面ニ招致度奉存居候ニ付、即今ニテモ不用ノ軍隊御座候ハバ汽車ノ都合ニテ招致スルコトヲ得ベシ」とも述べており、児玉にして第三回総攻撃に向けて甘い見通しであったと言わざるを得ない[29]。大本営の旅順重視の戦略と満洲軍の北方重視の戦略との差異は明らかであった。

同日、島村聯合艦隊参謀長は伊集院五郎海軍軍令部次長に対し、「旅順口ノ陥落ヲ急クコトニ就キテハ、大本営ニ於テモ尚詮議アランコトヲ希望ス」と電報を送る。これに対し伊集院は、陸軍部へは数ヶ月前から督促しており、長岡参謀次長も満洲軍ならびに第三軍へ旅順攻略を急ぐように電報している旨を返電した。さらに伊集院は「陸軍部ノ口気ニ依リ察スレハ、参謀本部モ満洲軍モ又第三軍モ共ニ艦隊ニ於テハ軍令部ノ言フ如ク急キ居ルモノト認メスシテ、軍令部ノ所見ハ寧ロ悲観的ニ陥リ居ルモノニアラスヤト疑ヒ居ルモノヽ如シ」、したがって「艦隊ハ眼前ニ第三軍ノ艱苦ヲ控ヘ居リ余リ督促為シ悪キ事情アルヘキモ、此ノ辺ハ誤解ナキ様充分考慮アリタシ」と続けている。この後、聯合艦隊は第三艦隊の参謀を二度にわたり第三軍司令部に派遣し、早期の旅順攻略と二〇三高地奪取を希望する旨を交渉している。また秋山参謀宛書簡も、その様相を大きく変えて二〇三高地攻略を強調する内容となった[30]。

八日、山縣参謀総長、伊東海軍軍令部長、伊集院次長、長岡次長による大本営会議が開かれ、今後の作戦について協議される。その結果、海軍が一日も早く艦艇の修理に着手し、次の海戦の準備を整えることが急務であり、このため第三軍は速やかに敵艦撃破の目的を達することを要する旨が決議される。決議はその日の深夜に大山総司令官へ電報で伝えられるが、満洲軍からは新鋭兵力として第七師団の派遣を求めるのみで、旅順攻撃については今まで同様に正攻法にて攻撃させるとの返答であった。十日にこの返電を受け取った山縣参謀総長は、即日参内して第七師団を第三軍に編入する勅許を得た[31]。

十四日には、桂首相も列席して大本営御前会議が開かれる。この御前会議においても、先の大本営会議の結果と同じく速やかに旅順を攻略する必要があるが、海軍作戦を考慮すれば残存旅順艦隊の撃滅が最大急務であると結論づけられた。山縣参謀総長は大山総司令官に対し、速やかな旅順攻略が困難であるならば「先ツ同港内ヲ周ク瞰制シ得ヘキ地点ヲ占領」することが必要であり、バルチック艦隊が極東に近づけば聯合艦隊はその大部分を引き揚げざるを得ず、「此ノ場合ニ至レハ敵ノ海上ヨリスル糧食弾薬補給ノ道ヲ復活シ得ヘク、我カ旅順口攻略上ニ一層ノ困難ヲ加ヘ」るとして、その憂慮を伝えた。ところが大山総司令官からは、依然として従来の計画どおりに望台の主防衛線を主攻とし、バルチック艦隊の日本近海出現が予想される翌年一月上旬までには旅順艦隊の戦闘力を奪い、聯合艦隊がこれに顧慮せず新作戦に移行できるようにする旨が返電される[32]。

この満洲軍からの返電に接した大本営海軍部は、聯合艦隊はバルチック艦隊に対するための修理等準備を行う必要があり、「満洲軍総司令官ノ期セラル、一月上旬ヲ以テ旅順敵艦隊の戦闘力ヲ奪フト云フカ如キハ、時機既ニ去レルモノニシテ、未タ以テ目下ノ最大急務ヲ充スニ足ラサルナリ」と抗議した。この意見は陸軍部に通報され、長岡次長から児玉総参謀長へ通報される。また、聯合艦隊から第三軍にも通報された。しかしながら第三軍からは、今次の攻撃は全軍を挙げて必勝を期すとの答えがあるのみであった[33]。

一方で満洲軍総司令部は、大本営から旅順攻略の催促を受けていた十六日、第三軍より野砲兵第十七連隊および騎兵第一連隊を北方沙河方面に抽出する。第三回総攻撃を前にして第三軍から二度目の兵力抽出を行い、満洲軍総司令部は北方での決戦を優先重視していたのである。第三軍は、新鋭兵力を増加するよりも要塞攻撃に慣れた兵力の抽出を中止してもらった方がよいと、総司令部のやり方に不満を漏らした[34]。

実はこの時、所定の弾薬を補充することができた満洲軍総司令部は、沙河方面の戦局打開のため北進を企図していたのである。今度は、井口、松川両参謀共に攻勢に転ずることが有利であることに一致し、総司令部内で北進に関して討議が行われる。福島安正参謀も、井口、松川の北進案に賛成であったが、児玉総参謀長は不同意を強く主張した。以降、松川、井口両参謀は再三にわたり「沙河右岸ノ敵ヲ攻撃スルタメノ作戦計画」や「今後ノ作戦ニ於テ我満洲軍主力ガ現在ノ姿勢ニ在ルノ利害ニ関スル意見」などを提出して、児玉総参謀長に北進を迫る。これらの作戦計画や意見書は、大決戦により敵に再起できないほどの大打撃を与えることを目的としており、講和を含めた戦争全体への配慮に欠け、戦略目標への優先度について無理解であった。限定戦争というよりも、敵の打倒のみを考える戦略思想に基づいていたと言える。これらの意見は、児玉が大山総司令官に取り次ぐふりをするという機略によって抑えられ続けた。結局のところ旅順第三回総攻撃が近づき、またそれ以降は気温低下のためこの時期の攻勢移転は実施されなかった[35]。

沙河会戦後、児玉が北進に同意しなかった理由については、この頃にローズヴェルト大統領が金子男爵に講和を持ちかけており、金子がこれを日本政府に打電したことが児玉の耳に入ったためであったことが、近年の研究により明らかとなっている[36]。これらの経緯は、満洲軍総司令部内で井口や松川などの高級参謀たちは旅順攻略よりも主力の北進を優先させていたが、児玉総参謀長は大本営とも連絡をとって積極攻勢論を抑え、講和を含めた政略全体を考えて戦略を構築していったことを示すものであった。

二十六日、第三軍は第三回総攻撃を開始する。従来どおり望台一帯の主防衛陣地に突撃を繰り返すが、今回も堅固な敵塁には効果がなかった。翌二十七日、万策尽きた第三軍は主攻を二〇三高地に転換する。一両日の攻撃失敗により直ちに主攻が変更されたことを考えると、この時の望台攻撃固執は面子の問題であったと考えられる。十二月五日、激しい争奪戦の末、ついに二〇三高地を奪取した。第三軍は直ちに港内のロシア艦隊へ間接射撃を開始し、視界外に隠れていた戦艦「セワストーポリ」を除き、巡洋艦以上のロシア軍艦を悉く撃沈した。港外へ逃れた「セワストーポリ」も、水雷艇隊の攻撃を受けて航行不能となる。ここに、聯合艦隊主力は漸く内地に帰港して入渠修理することとなった。

3 旅順開城後における政戦略

二〇三高地を奪取し、旅順陥落も時間の問題となった頃から講和に向けた動きが本格化する。講和斡旋への具体的な動きは、フランスから始まった。既に十一月上旬には、本野一郎駐仏公使から「仏国ノ與論ハ熱心ニ和議ノ成立ヲ希望スルコト疑ナシ」との情報が入っていた。また十二月初旬には、ハーディング(Charles Hardinge)駐露英国大使が、ペテルブルグでボムパール(Maurice Bompard)駐露フランス大使と会談した際の報告書が日本に内示される。それによれば、フランス政府は日露戦争勃発後の露独接近を露仏同盟にとって好ましくないと考え、日露講和斡旋により日英同盟を分断し、日本を友誼的従属的な国としてロシアの勢力圏に入れると同時に、英国を極東において孤立させることを画策しているようであった。早速、ボムパールは本国帰国中の十二月十四日、本野公使に講和斡旋をもちかける。本野公使は、日本は未だ講和の意思のないことを示し、これを謝絶した[37]。

米国では十二月十九日、金子男爵が大統領再選直後のローズヴェルトを訪ねて賀詞を述べ、午餐を共にする。午餐後の懇談においてローズヴェルトは、再度講和斡旋の意思を示すと共に、満洲において日本軍があまり北方に進出しないことを希望した[38]。

一方で日本国内の政治状況を振り返ってみれば、開戦直後の第二十議会閉会後から、桂首相は政友会との接触を強める。しかしながら、政友会の原敬は桂内閣を支援するならば、政友会を政権に近づける方法を採りたいと考えていた。政府と各政党首脳による戦時経営に関する官民懇話会が六月から十月まで計四回開催されるが、原は、「無意味無益の集会」と批判し、政友会独自の道を模索していた[39]。

十一月末からの第二十一回帝国議会においても、前回議会の例にならい、政府首脳と政友会・憲政本党の幹事の間で事前に妥協案を作成することになったが、政府予算案について憲政本党の削減額は政友会の約三倍にのぼった。そこで政府は政友会のみと提携することを決意する。十二月八日、桂首相と政友会の原敬の間で秘密交渉が開始された。ここで戦時における政府への協力要請とその引き替えとして戦後における政友会への政権委譲について話し合われた。双方が概ね合意に達した後、この密談は、政府側の桂、曾禰荒助蔵相、山本権兵衛海相、政友会の西園寺公望総裁、松田正久、原の間のみの秘密という約束となった。この桂と原の密約により、以降の第二十一議会は順調に展開し、十七日には増税各案と予算が一気に可決された[40]。

一九〇五(明治三十八)年一月一日、四ヶ月余りの死闘の末、ついに旅順が陥落する。欧洲列強の新聞紙上などでは講和に向けた論調が盛んになるが、各国政府は未だ自らが講和調停を行うことについては消極的であった[41]。ロシア国内においても、多くの新聞が講和を提唱し始める。最もこれらの新聞の意見も、講和はロシアが二、三の勝利を得た後に行うという主張であった。またロシア皇帝および政府も、この時点では戦争継続の意思に変わりはなかったのである[42]。このロシア側の継戦意思は、日本政府にも理解されていた。旅順陥落直後の一月三日、一時帰京中であった井口満洲軍参謀は桂首相を訪ね、寺内正毅陸相同席の上で今後の政略について懇談している。その席で桂は、ロシアが自ら降伏することはなく、日本側から第三国の列強に調停を促す必要があることを認識していた。しかしながら、まだその時期にはなく、奉天における決戦を待っていたのである。桂は井口に対して、政略上乗ずべき機会があればこれを逃すつもりはなく、政府を信頼するように述べている[43]。

実際に日本の政略は動き出していた。この一月三日に小村外相は、ローズヴェルト大統領の日本に対する好意に謝意を表すと共に、戦勝により日本がフィリピンにおける米国の利益を侵迫するとの風説を打消すため、日本は現状維持をもって満足であること、清国に関しても機会均等主義であることを強調するように金子男爵へ指示している。この小村外相の訓令に基づき、七日および八日の連夜にわたり金子がローズヴェルト大統領を訪ねて会談した[44]。

続いて十四日、ローズヴェルトは高平公使に対し、日本は旅順領有の権利だけでなく、韓国を勢力範囲に置く権利もあると明言する。高平は「大統領ハ十分ニ日本ノ為メニ尽スノ覚悟ナルコトハ明瞭」であるので、「其参考ニ供センカ為メ帝国政府ノ意見ヲ随時大統領ニ通知スルハ極メテ望マシキコトナリ」と意見具申した。これに基づき、小村外相は米国に対し日本の立場を承認させる工作に動く。二十二日、「満韓並旅順ニ関スル帝国政府ノ意志並希望」をローズヴェルト大統領へ伝えるよう訓令した[45]。二十四日、高平公使はローズヴェルトと面会して、韓国を日本の勢力圏内に置くこと、満洲については国際中立主義を否定して安寧秩序の確保と生命財産の保護を全うするに足る改革と善政の保障を条件として満洲を清国に還付すること、旅順についてはロシアの租借地およびその付随する権利を継承することを明確に認めさせた。ローズヴェルトは従前から提唱していた満洲の国際中立主義に関しても、自らの発案によるものではなく満洲からロシアを駆逐する意図から提案したもので、今後は満洲に関する意見を変更することを明言した[46]。ここに日本の政略は、ひとまず成果をあげたのである。

二月十五日、ロシアでは太平洋第三艦隊が、東航中の第二艦隊に合同すべくリバウ港を出撃した。旅順が陥落したものの、ロシアには講和に応じる考えが未だなかったと言えよう。十七日、山縣参謀総長も平和の風説が欧米に起きつつあるが、ロシアは沙河方面に兵力を集中して一戦に及ぶであろう見積もりを示している[47]。翌十八日、小村外相は、講和に関し英米に頼らざるを得ず、その準備が必要であることを上奏した。一方で小村は、バルチック艦隊の全滅あるいは沙河方面のロシア軍が大敗しない限りロシアは講和しないであろうとの判断を、本野駐仏公使をはじめとする欧洲駐在公使に示し、講和への楽観を戒め、列強の態度に注意するように訓令している[48]。米国への働きかけには成功した日本であったが、楽観を許さない状況であった。

二月に入り、日本が講和斡旋を期待していたローズヴェルト大統領は活発に動き出す。カシニー(Arther Paul Nicolas Cassini)駐米ロシア大使やデルカッセ(Theophile Delcasse)仏外相を介して、ロシア政府に二度にわたり講和への友誼的勧告を行った。しかしながら、この勧告はロシア皇帝に拒絶された。他方で日本に対しても、デルカッセ仏外相から講和斡旋の申し出があったが、小村外相はこのフランスからの提案を再度謝絶している[49]。ここに、他の列強も講和斡旋の手掛かりを得ることができず、近く奉天付近で行われることが予想される陸上決戦とバルチック艦隊の動向を見守ることとなった。

陸軍の動きに目を移せば、旅順陥落後、大本営は第三軍を編成替えし、また韓国西北境を防衛する目的で鴨緑江軍を設置した。さらに講和促進のため、主力の決戦とともに樺太と北韓方面で支作戦を企図する。一方で満洲軍は一月二十二日、沙河右岸のロシア軍を撃破して奉天を占領するための「結氷末期における作戦計画」を策定した[50]。この頃、ロシア軍も沙河会戦の損耗から回復し、旅順陥落の重大性を十分に理解していたクロパトキンは、騎兵により日本の後方補給線を攻撃することを計画する。一月二十五日、ロシア軍が日本軍最左翼の黒溝台を襲撃したが、満洲軍にまたも撃退された。開戦以来の後退戦略や沙河における長期間の対陣に加え、この戦闘における敗北はロシア軍の士気をいっそう悪化させる。規律はひどく緩み、脱走事件が頻発するに至った[51]。

他方、聯合艦隊は旅順陥落によりその封鎖も終了し、主力を鎮海湾に置いてバルチック艦隊に備える。また、この頃には昨夏に撃破したウラジオ艦隊の戦力が回復したと予測され、ウラジオストクへ密輸船も頻繁に入港していたので、対馬、宗谷、津軽の三海峡の哨戒を厳重にした。さらに、仮装巡洋艦などに南シナ海方面の偵察を行わせた[52]。

北韓では、十二月下旬における大本営の方針は、北韓作戦は海上からの支援が必要であり、バルチック艦隊の動静を見た後でなくては、作戦を決定し難いというものであった。しかしながら、旅順が陥落した一月には、この方面の作戦を担当する後備第二師団が、北韓所在の二個連隊と内地の部隊で編成された[53]。一方でこの頃、海軍は来航するバルチック艦隊の根拠地となることを防止すると共に、ウラジオストク方面に対する作戦の艦隊根拠地とするため、元山に防備隊を設置することを計画する。同時に陸軍も元山の防備を強化するため、同地に築城することを決定した。そこで二月上旬、この元山臨時築城団の海上護送が行われることになった。

二月一日、伊東祐亨海軍軍令部長から東郷平八郎聯合艦隊司令長官へ、陸軍第三臨時築城団護送と上陸支援の訓令が発せられる。直ちに東郷司令長官は上村彦之丞第二艦隊司令長官へ、鎮海湾に集合している艦隊の一部を率いてこの任務に従事することを命令した。また、呉軍港で修理中の装甲巡洋艦「春日」に対し、修理を中止して直ちに鎮海湾へ向かい、上村第二艦隊司令長官の指揮下に入るよう命令した。六日に鎮海湾を出撃した艦隊は、陸軍輸送船「隆盛丸」一隻を護衛するのに対し、装甲巡洋艦「出雲」「常磐」「春日」、巡洋艦「須磨」、駆逐艦「朧」「雷」という大兵力であった。八日、この護送艦隊は元山沖に到着して揚陸を開始する。十日には揚陸を無事完了し、鎮海湾へ帰投した[54]。当時、ウラジオ艦隊は既に修理を完成しており、海上に大きな脅威が存在していると見積もられていたが、聯合艦隊は修理を中止させてまで参加させた

「春日」を含め、一隻の輸送船に対して強力な艦隊をもって対応したのである。

続いて大本営は、北韓方面における占領区域を北方に拡大することを企図する。咸輿に所在する部隊を北進させて城津を占領し、同地に後備第二師団の一部を海路によって上陸させることを決定した。二月十三日、伊東軍令部長から東郷司令長官へ、後備第二師団一部の城津への護送と上陸支援が訓令される。十七日、東郷司令長官は、上村司令長官へ、戦艦「富士」、装甲巡洋艦「出雲」「春日」、巡洋艦「音羽」「秋津洲」「千代田」「須磨」、通報艦「千早」、駆逐隊二隊により、陸軍輸送船六隻を護送する計画を訓令した[55]。バルチック艦隊来航を前にして、聯合艦隊は、虎の子の戦艦四隻中の一隻を含め、強力な艦隊をもって陸軍輸送船の護衛を行うことにしたのである。この時、聯合艦隊はこの陸軍の護送をいかに重要視していたかが理解できる。二十四日、鎮海湾を出撃した護送部隊は、二十六日に元山沖へ到着し、直ちに揚陸を開始する。さらに、戦艦「富士」、巡洋艦「千代田」、駆逐隊一隊を元山に留め、三月一日、残余の護送艦隊と運送船は、城津沖へ到着して揚陸を開始し、四日に完了する。その後、護送部隊は鎮海湾へ無事に帰投した[56]。

この陸軍増援部隊の揚陸に呼応して既に二月十六日、北韓所在の後備歩兵第十七旅団を基幹とする池田支隊も、城津のやや北方にある臨溟驛へ前進を開始していた。この時、咸鏡道のロシア軍は既に城津以北に退却していたのである。池田支隊は、二十七日に城津へ、二十八日には臨溟驛まで進撃した[57]。この時、野戦砲兵中隊は道路不良のため、元山から城津まで海上輸送される。また、先に述べた三月四日に城津へ上陸した内地よりの増援部隊（後備歩兵第三連隊および騎兵一個小隊、砲兵一個中隊）も北進し、臨溟驛で池田支隊と合流した。ここに後退して新たに鏡城を根拠地としていたロシア軍と臨溟驛まで進出した日本軍が対峙するに至ったのである[58]。北韓方面増援のためのこの二回の護送作戦は従来まったく注目されてこなかったが、旅順開城後、講和問題が動き出した国際環境の中で、韓国保全という政治目的を軍事的に達成することに貢献しようとしたものである。したがって、「海洋限定戦争」を遂行する上で重要な作戦であった。

政略面では三月上旬、小村外相が再度桂首相へ「日露講和条件ニ関スル外相意見書」を提出している。前年七月に提出された意見書と概ね同じ内容であるが、戦局の進展に伴い、若干の相違もある。重要な点を指摘すれば、まず講和条件の沿うべき四大目的の内、「清国将来ノ運命ニ伴フ帝国ノ政策」が抜け落ち、三大目的に変化している。前年よりも講和への現実性が増したため、講和斡旋を期待する米国への配慮により清国への帝国主義的政策は控えたためであろう。また前年七月の意見書では、ロシアに対する要求条件として第一項に挙げられていた軍費賠償が、今回の意見書では第七項まで下げられている。これは当時の国際情勢の現実問題として、賠償金をとることは困難だと考えられていたからであろう。前年以降の戦局の進展を加味して現実的な要求とすると共に、仲介を期待する米国への配慮が表れた意見書と言えよう。今回は、これらの講和条件を「奉天付近ノ大決戦ヲ一段落トシテ和議ヲ講スル場合ヲ仮定」して定めている[59]。政略面においても、奉天における決戦の勝利が待たれた。

その奉天付近では、既に二月二十二日から満洲軍と鴨緑江軍が進撃を開始して激戦となっていたが、三月十日、ロシア軍の退却により奉天を占領する。しかしながら、ロシア軍兵力の撃滅にはまたも失敗した。日本は在満洲ロシア軍の殲滅という戦略目標を達成できず、戦場における決戦によって早期に平和を敵に強要するという希望は崩れ去る[60]。満洲軍は追撃を中止して戦闘力の回復を図った。

しかしながら、奉天会戦におけるロシアの敗北により、欧洲列強の世論は再び講和論へ傾く。特にロシアの同盟国であるフランスの新聞論調は、ロシアの最終的勝利を絶望視し、速やかな講和を望むものがほとんどであった。この論調の背後には、ロシアに多大の投資をしているフランス資本家たちが、ロシアの将来に対し深刻な危惧を抱き始めたことがあった。しかしながらロシア政府は、三月十一日、ペテルブルグの通信社を通じて講和会議の否認と戦争継続の決意を表明する。またロシア国内の「平和派」においては講和論が高まり、十三日にウィッテが講和の急務を上奏したが、東航中のバルチック艦隊に大きな期待をかけていたロシア皇帝は、これに耳を傾けなかった〔61〕。一方で日本国内に目を移せば、二月二十七日に第二十一議会は閉会していたが、この奉天会戦の勝利により、国内政局も講和を求めて動き出す。桂首相と原の政権授受の交渉も国民多数の大反対が予想される講和問題をいかに乗り切るかを大きな課題とするものになった〔62〕。

4 奉天会戦後における政戦略

奉天占領が確実となり、大本営では満洲軍をその北方の鉄嶺に留めて敵を牽制し、その一方でウラジオストクと樺太を占領することを要旨とする「明治三十八年三月十一日以後に於ける作戦方針」が起草された。ハルビンを占領したとしてもロシアの致命傷とはならず、それに比べ満洲軍はハルビン占領に大規模な兵站設備を要し、行軍宿営にも多大の困難が予想されるためであった〔63〕。この作戦方針は大陸奥地への進撃を制止することによって戦争拡大を抑制し、海軍との協力の下に沿岸要地であるウラジオストクと樺太島、すなわち海洋限定目標を占領して戦争を終結させようとする「海洋限定戦争」に沿った戦略であった。

三月十二日、長岡参謀次長は山縣参謀総長を訪ね、この作戦方針案を示して所見を述べる。また長岡はこの作戦方針決定のために児玉総参謀長を一時呼び戻すことを提案した。帰途、長岡は桂首相と寺内陸相も訪ね、この作戦方針案の同意を得る〔64〕。同日、山縣参謀総長から児玉総参謀長へ、この作戦方針案の内意が伝えられ、同時に今後の作戦方針に対する満洲軍の意見を質した。また長岡次長から児玉総参謀長へも、ハルビン占領を断念するこの作戦方針案の理由が通報された〔65〕。翌十三日夜、満洲軍は「政戦略一致に関する意見」を具申する。そこでは、政戦略の一致がなければ、幾万の生命を賭して遂行されるべき戦闘も無意味な結果に終わると述べられていた。また、ロシア軍を満洲より撃退する任務を達成するためにはハルビンを陥れなければならないが、政略が伴わない場合はこの作戦も無用の行動に過ぎなくなってしまうことが主張されている[66]。

従来、この意見具申は戦略を政略に合わせ、戦争終結に向けて戦争を限定していくように求めたものと捉えられている[67]。しかしながら、満洲軍を鉄嶺に留めて北進させない「明治三十八年三月十一日以後に於ける作戦方針」を否定する回答とするならば、異なる解釈となる。この「政戦略一致に関する意見」を起案したと思われる満洲軍の松川参謀や井口参謀が沙河会戦後に北進を強硬に主張した経緯を考慮すると、この意見具申の内容は明らかにハルビン攻略を考えており、それに伴う政略を要求していたと考えられる。ところが既に戦争終局を考えていた児玉総参謀長が、ハルビン占領を考えていたとは思えない。ただし前年同様に、ハルビン攻略に正面から反対することはできなかった。

満洲軍総司令部内に於ける児玉の役割は、作戦立案者と言うよりもむしろ、松川や井口といった参謀の議論を聴取して各説の利害得失を分析し、論戦を「裁決」する参謀たちの「裁定者」という立場であったことが近年の研究で明らかになっている。したがって満洲軍総司令部内の参謀に異論がない場合は、児玉が「裁定者」として乗り出す必要性も無かった。また、作戦主任参謀就任を渋る松川を「松川の作戦はそのまま断行する」という殺し文句で説得した児玉にとって、松川の意見を無視することは困難であった[68]。そこで、児玉の知略として「戦略と政略との一致」が考えられたのである。長岡次長が「満洲軍は政略と一致してと云ふ妙な字が挿まれた所以にて、此処戦争切り上げとは云はれぬから、哈耳賓《ハルビン》占領と大きに出たのであるらしい」と回顧しているが、このことを示している[69]。

十四日、山縣参謀総長はこの「政戦略一致に関する意見具申」を上奏した。翌十五日、この意見書に対する答電案とウスリー方面作戦が、山縣参謀総長、桂首相、寺内陸相の間で検討される。今後は政略を敏活に行うと共に、戦略については鉄嶺付近に陣地を占めて前進せず、新たな戦略上の手段を講ずる必要がある旨が満洲軍へ返電された[70]。政戦略の一致については同意されたが、鉄嶺に満洲軍を留める作戦方針は堅持されたのである。満洲軍への返電の一方で十二日以降、長岡参謀次長は、山縣参謀総長、桂首相、寺内陸相、小村外相等を歴訪して、「明治三十八年三月十一日以後に於ける作戦方針」の決定を働きかけるが、山縣は何か考えるところがある様子で決定を下さなかった[71]。

十八日、山縣参謀総長から急遽呼び出された寺内陸相は、山縣邸で将来の作戦方針について検討する。二十日には、寺内陸相が元老筆頭の伊藤博文を訪ね、将来の作戦方針を定めると同時に外交面においても一段と活発化させることが必要だと意見を述べた。その後、桂首相を訪ね、来訪した山縣参謀総長も交えて、将来の作戦方針について検討する[72]。このように、政軍首脳の間で今後の作戦方針の検討が重ねられていたが、この頃参謀本部内では「浦塩攻略ヲ計画セルモ見通立タザルヲ以テ今ヤ又哈爾賓進撃ノ策ヲ立テツヽアリ」と再度ハルビン攻略が検討され始めた[73]。

日本で今後の作戦方針の検討が重ねられていた三月二十日、米国ではローズヴェルト大統領が、六週間の休暇中に日露講和問題を担当させるタフト(William H. Taft)陸軍長官を金子男爵と高平公使に紹介すると共に、時局に関し、懇談して再度講和斡旋の労を執る意思を表明した。この時ローズヴェルトは、個人的意見として日本軍は奉天より前進すべきでない旨を再度告げた。このことは金子から本国に報告される[74]。

このように国内外おいて今後の戦争の行く末について重大な動きがあったが、二十三日、山縣参謀総長は「政戦両略概論」を起案し、二十七日に寺内陸相の同意を得た後、桂首相、曾禰蔵相、小村外相へ示し、国家大政策の確立を促した。二十八日朝、大本営からの上京招電に応じた児玉総参謀長も帰京する。早速、参謀本部、首相官邸を訪れて戦況を報告すると共に、午後には参内上奏した[75]。

三十日、「明治三十八年三月以後に於ける作戦方針」および六個師団の増設が、山縣参謀総長から内奏される。ここでは児玉総参謀長の意見もあり、先の作戦方針は覆され、ハルビンへの前進が明記された。同時に北韓軍の前進と樺太占領が企図され、さらにウラジオストクとカムチャッカ半島の攻略が目指された[76]。ウラジオストクや樺太攻略という限定戦争方針もかろうじて残されたものの、大陸奥深いハルビン攻略まで作戦方針が拡大されてしまったのである。先に起案された「明治三十八年三月十一日以後に於ける作戦方針」から、この「明治三十八年三月以後に於ける作戦方針」への経過について、従来の研究ではほとんど看過されてきたが[77]、「海洋限定戦争」戦略の逸脱を含む重大な作戦方針の変更であった。

児玉総参謀長自身は、小村外相の意を受けて訪ねてきた外務省の山座円次郎政務局長に「戦局ノ状勢今ハ一兵ノ補充ヲ要セス只々平和アルヘキノミ」と語っており、また大本営にも早期講和を進言していた[78]。この戦争拡大路線である「明治三十八年三月以後に於ける作戦方針」上奏後から、児玉は満洲軍の北進阻止を主張している長岡次長と検討を重ね、この作戦方針の拡大を政略によって抑制することを企図する。三月三十日と四月一日、長岡次長が児玉を訪ねて協議し、ほぼ意見の一致を見た。三日午後、児玉総参謀長は寺内陸相を訪ね、懇談は三時間に及ぶ。翌四日、首相官邸に外相、陸海相など主要閣僚が集まり、政略上将来の方針について協議する。同日、長岡次長が児玉を私邸に訪ね、今後の作戦方針について一致をみた。その足で山縣参謀総長を訪ね、その承認も得る。その後海軍軍令部を訪ねて伊集院次長と協議し、首相官邸で桂首相とも協議した[79]。ここで新たな作戦方針案が検討されたと考えられる。

六日午前、長岡次長が寺内陸相を訪ね、この大本営の作戦方針案を手交する。午後には桂首相が寺内陸相を訪ね、作戦方針に関する山縣参謀総長からの談話が伝えられた。翌七日、山縣が直接寺内を訪ね、今後の作戦方針および兵備拡張意見の大要を話した。その後首相官邸において、伊藤、山縣、井上馨、松方正義の四元老および桂首相、小村外相、山本権兵衛海相、寺内陸相が集まり、今後の政略について検討して伊藤の意見に概ね一同が一致した[80]。この頃、伊藤が桂首相と小村外相に講和を申し入れていたことを考えれば[81]、この伊藤の意見は、おそらく作戦を抑制して講和に向けた外交を活発にするというものであろう。「明治三十八年三月以後に於ける作戦方針」上奏後も、引き続き将来の作戦方針や政策について検討が重ねられてきたが、ここまでの経過を見れば、児玉総参謀長と長岡参謀次長を軸に拡大する戦略を抑え、限定戦争戦略への復帰を試みる努力が理解できる。

四月八日、「日露戦役中に於ける作戦並外交歩調一致に関する件」が閣議決定された。この閣議決定では、ロシア情勢について講和の可能性はあるが、今日からこれを期待することは早計であるとし、列国の情勢を、講和を望んでいるが自ら仲介する気は未だないと見積もった。その上で、作戦においては「事情ノ許ス限リ今日ヨリモ一層優勝ノ地位ヲ占ムルニ努ムルコト」としたものの、基本的に守勢をとることが決定された。すなわち敵の完全撃滅をあきらめ、限定戦争を有利に進めていくことが画策されたのである。一方で外交においては、「今ノ時機ニ於テ適当ノ手段ヲ執リ我終局ノ目的ヲ達スルヲ期スルコト」が決められた。この閣議決定により、「明治三十八年三月以後に於ける作戦方針」は事実上否定され、冒険をせずに早期の講和をめざす路線が決まったのである[82]。ここに長期持久戦を覚悟しつつも、限定戦争を進めると共に講和へ向けて適当な外交手段を採ることと米国へ講和斡旋を働きかけることが国家方針となった。

検討はさらに続けられる。翌九日、寺内陸相は桂首相を訪ね、外交政略および作戦方針の件について懇談を重ねた。十一日午前、寺内は再度桂首相を訪ねて要務を懇談する。午後には、参謀総長室に山縣参謀総長、桂首相、寺内陸相、児玉総参謀長、長岡次長が集まり、満洲軍への訓令について協議した。この会議では、①満洲軍は政略と一致してハルビンを占領する、②北韓軍はできる限り速やかに前進して韓国内のロシア軍を排除する、③速やかに樺太を占領することが決定された。また、この会議において、ウラジオストクを占領する計画も中止となった[83]。ここに、ハルビンへの北進は「政略と一致して」という限定が付され、また北韓軍の作戦に対してもウラジオストク攻略を断念して、韓国内のロシア軍排除にその作戦目的が限定されたのである。

十二日、山縣参謀総長が満洲軍の将来の作戦方針に関する訓令を上奏する。一部修正が加えられた後、翌十三日、「満洲軍総司令官ニ与フル大本営訓令」が勅令として裁可された。この訓令の主眼は、満洲軍の任務続行上「今後ニ於ケル戦略ハ外交政略ト最モ密接ノ関係ヲ保タサルヘカラス。故ニ満洲軍将来ノ行動ハ外交ノ情況に応スルヲ要ス」ことであった。外交政略によって満洲軍の北進に歯止めがかけられたのである[84]。ここに限定戦争戦略への復帰は、満洲軍への命令という形で具体的に示されたのである。

十七日、桂首相、山本海相、小村外相、寺内陸相の間で日露の講和条件予定が話し合われ、閣内ではほぼ意見の一致を見る。七日の元老・主要閣僚会議後も、児玉総参謀長が奉天会戦後の苦しい満洲軍の補充状況を説き、外交の進行手段について一致しない内閣・元老間の調整にあたっていたが、十九日にはその意見も一致をみた。二十一日、政府は「日露講和条件予定の件」を閣議決定し、講和に向けた大きな一歩を踏み出したのである[85]。以降、人馬弾薬の補充を完了して前進準備が整った満洲軍は、五月上旬に鉄嶺北方の開原–康平の線まで進出し、海戦と外交の状況進展を待った。

この頃の国内政治状況もまた複雑であった。四月十六日、桂と原の間で、前年の十二月に続き第二回目の密談が行われる。話は戦局の早期収拾から始まった。原は、「此上戦争を継続するも何の利益なし、寧ろ収め得べくば此際時局を収むるに若くはなし」と考えていた。しかしながら、講和条件に国民多数は満足しないことが予想され、その際に政府との提携がない場合には、政友会は国民の声に雷同するしかなかったのである。桂は講和への協力と引き替えに政友会への政権委譲とその後の協力を約束した。そこでは、具体的に桂の辞職方法まで打ち合わされている[86]。第一次桂内閣は、山縣系官僚の「超然主義」から政党を政治支配体制の中に包摂した桂園時代への過渡期にあって、最大限政党への接近に成功していった。ここに、その強さの秘密があった[87]。政府が政党を重視し、民主主義を発展させていった故に、日本はこの戦争に勝つことができたのである。また、戦争という国難に臨み、政府が国民の協力を必要としたのであるから、戦争によって民主主義が発展したとも言えよう。

5 「海洋限定戦争」としての日露戦争

日露戦争中期における戦局の動向と日本の政戦略を考察してきたが、講和に向けた政戦略には、戦争拡大を抑える視点、すなわち「海洋限定戦争」の視点から二つの岐路があった。戦争終結に向けた日本の構想は、遼陽の戦勝と旅順陥落により講和へ持ち込むというものであった。講和のために旅順攻略は必須であり、政略としては早期に旅順を陥落させて講和に持ち込む必要があった。第一回旅順総攻撃の失敗後も、この構想は継続し続ける。遼陽会戦後、満洲軍は沙河方面で守勢をとり、その戦略目標への陸海軍の努力は旅順に集中されたかに見える。沙河会戦直後は追撃が停止され、この沙河守勢・旅順重視の戦略は堅持された。ところが、その後満洲軍総司令部内でこの戦略は揺らぎ始める。政略上の要求と戦地の戦略には相違が芽生え始めていた。沙河におけるロシア軍との対峙によって、弾薬の補充は沙河方面が優先されて第三軍への弾薬補充は不十分となり、このことは第二回総攻撃失敗の一因となった。その間、旅順口を封鎖していた聯合艦隊は触雷などによって多大な被害を受ける。また、バルチック艦隊も東航の途についた。日本はさらに危機的状況に追い込まれる。

この危機的状況において、大本営は陸海軍部協力して大局的な立場から満洲軍および第三軍を指導していく。作戦の大局上、旅順要塞攻略と旅順艦隊撃滅は急務であったが、第三軍の現状では早急な攻略成功は覚束無かった。旅順の早期攻略は海軍側からの要望であったけれども、その成否への影響は陸軍側に大きかった。すなわち、海軍のみの事情を考えれば、直ちに封鎖を解いて艦隊の修理を行い、バルチック艦隊に備えることもできた。ところが陸軍にとってみれば、旅順の封鎖を解かれることは、ロシア側の海上交通路が復活すると共に満洲軍の補給路を危うくすることを意味した。旅順早期攻略、もしくは二〇三高地占領による旅順艦隊撃滅は、陸軍のためでもあったのである。

大本営陸軍部がそのことを知悉していたのに比べ、戦地の満洲軍総司令部は理解が足りなかった。松川や井口など作戦計画を立案する参謀たちは、沙河における北進を企図する。従来の研究では指摘されることのなかったことであるが、旅順攻略に専心していた第三軍から二度にわたり兵力を抽出することまで行われた。この大陸奥地に攻め込む作戦は「海洋限定戦争」を逸脱し、戦争を拡大する戦略に基づくものであった。児玉総参謀長が、かろうじてこれを制止することに成功した。北進が制止されることにより二正面作戦は回避され、攻撃は旅順に集中されて二〇三高地が奪取された。その結果、重要な戦略目標である旅順艦隊を撃滅することができ、また政略上も重要な旅順を陥落させたのである。ここに政戦略は一致したと言えよう。もし、この時に北進していれば旅順攻略の遅延は確実であった。ここが日本の政戦略における第一の岐路である。

この旅順攻略における対立軸は、従来強調されてきた陸海軍間だけではなく、東京の大本営陸軍部と戦場の満洲軍総司令部の間にもあった[88]。そして、この東京と戦地における認識の格差は、陸軍のみならず海軍においても存在したのである。大本営海軍部の痛切な旅順早期攻略と二〇三高地占領の要望に比べ、大本営海軍部から注意を与えられる以前の聯合艦隊司令部は、十分に海軍側の要望を第三軍に伝えたとは言い難い。このことは、従来の研究では等閑視されてきた第三回総攻撃以前の秋山書簡が明らかにしている。この意思疎通不足による大本営海軍部と聯合艦隊の大きな温度差は、大本営陸軍部と満洲軍・第三軍との対立の一因ともなった。

旅順陥落により、日露戦争は新たな局面に入る。日本は戦争目的であった韓国の保全を達成した上、さらにそれを拡大して遼東半島を占領したのである。講和に向けて、この有利な情勢を確保したまま戦争を終局させなければならなかった。欧米列強による講和斡旋の動きも具体化し、前年秋の大統領選に再選されたローズヴェルトも斡旋意思を明確に表明する。日本側からも米国の斡旋に期待を寄せて積極的な働きかけを行った。

日本は奉天会戦には勝利したものの、またもロシア軍の撃滅に失敗し、その後の作戦方針が大本営で検討される。大本営は奉天会戦勝利後の追撃を鉄嶺で制止し、この方面では守勢をとる作戦方針を起案した。ところが、満洲軍総司令部はハルビンまでの北進を企図する。一度はこの満洲軍の意見が入れられ、ハルビン攻略の積極的な作戦方針が上奏された。従来の研究では看過されてきたが、ここでも再度、戦争拡大が企図されたのである。その後、この拡大路線は政略によって歯止めがかけられ、戦略は「海洋限定戦争」路線に復帰するのであった。そこでの鍵は「政戦略の一致」であった。日本が講和斡旋を期待していたローズヴェルト大統領も、本書がしばしば指摘してきたように再三にわたり日本軍の奉天を越えた北進に警鐘を鳴らしていた。このことも「海洋限定戦争」戦略への復帰に影響を与えたに違いない。ここが日本の政戦略における第二の岐路であり、最大の岐路であった。ロシアを完全に打倒するだけの実力は日本になかった。国力の劣る日本は、「海洋限定戦争」を堅持する政戦略を行うことにより、軍事作戦を巧みに活用して有利な外交交渉を行う場を作ったと言えよう。日本は講和への第一歩を踏み出すのであった。

第9章

日本海海戦後の軍事戦略

【第9章 関連地図】

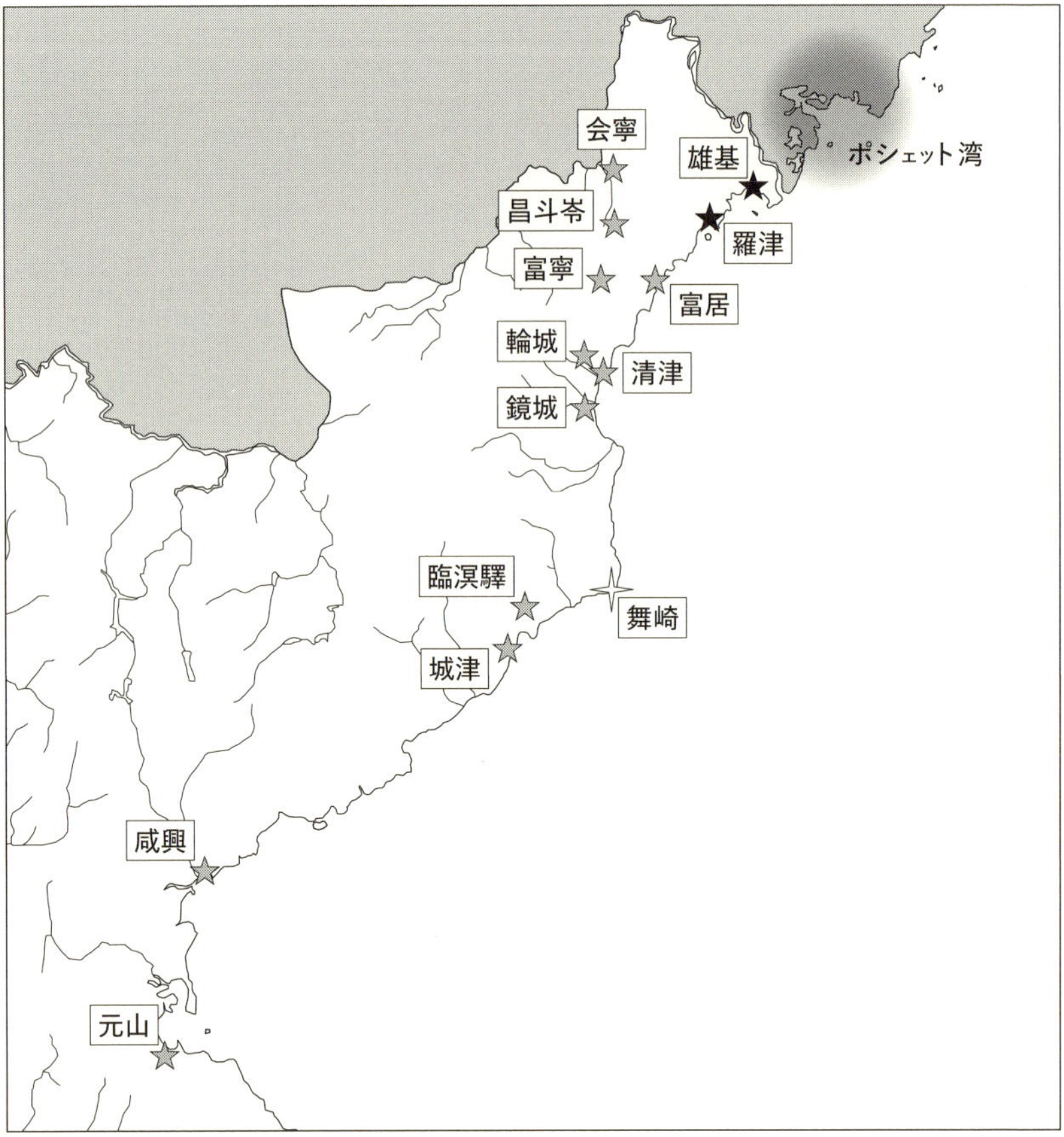

参謀本部編『明治三十七八年日露戦史』、海軍軍令部編「極秘明治三十七八年海戦史」を参照して筆者が作成。

【関連年表】

年	月・日	出来事
1905(明治38)	5・9	仏領インドシナのバンフォン湾で、第二・第三太平洋艦隊(バルチック艦隊)が合同。
	14	バルチック艦隊がバンフォン湾を出港。
	23	バルチック艦隊が最後の石炭搭載。フェリケリザム少将(次席指揮官)病死。
	25	バルチック艦隊が運送船六隻を分離して上海に向かわせる。
	27	日本海海戦(~28)。
	6・9	ローズヴェルト大統領が講和会議の開催を日露双方に提議。
	10	北韓軍が前進を開始。
	12	政軍首脳による作戦方針会議(樺太攻略の中止、北韓方面の現状維持)。
	14	「帝国海軍第三期作戦方針」を策定。艦隊編制を改正して第四艦隊を新設。
	15	木曜会(政軍連絡会議:樺太攻略と北韓軍前進を再び決定)。
	16	山縣参謀総長が「六月初旬に於ける作戦方針」「北韓方面作戦方針」「樺太第十三師団作戦計画」を上奏。
	17	独立第十三師団へ樺太占領の訓令。
	19	北韓軍が鏡城を占領。
	20	増援の後備歩兵第十六旅団が海上輸送で元山に到着。
	26	北韓軍が輪城を占領。
	27	ロシア黒海艦隊所属の戦艦「ポチョムキン」で水兵の反乱(~7・8)。
	30	「日露講和談判全権委員に対する訓令案」を閣議決定。
	7・2	樺太攻略部隊(第十三師団)先発隊が大湊を出撃(4 主隊が出撃)。

年	月・日	出来事
1905（明治38）	7・7	樺太攻略部隊が樺太南部に上陸開始。北韓方面のロシア軍が改編（兵力約1万人）。
	14	城津への海上護送による増援（騎兵二個中隊、工兵一個中隊：～19）
	16	樺太南部のロシア軍が降伏。
	24	樺太攻略部隊が樺太北部に上陸。北韓軍が富寧を占領。
	25	北韓軍が富居を占領（以後、降雨により前進停止）。
	29	桂・タフト覚書調印。
	31	樺太ロシア軍が降伏。
	8・9	ポーツマス講和会議の予備会議。
	10	第一回本会議（日本側が講和条件を提示）。
	12	第二回本会議（ロシア側が日本提案に回答、以降17日の第六回本会議まで逐条審議）。
		城津及び清津へ海上護送による増援（歩兵一個連隊基幹：～18）。
		第二次日英同盟協約調印。
	18	第七回本会議（日本側が譲歩案を提示）。
	21	ローズヴェルト大統領がロシア皇帝に譲歩を勧告（23　駐露大使が伝達）。
	29	第十回本会議（講和交渉妥結）。
	30	北韓軍が前進を再開。
	9・1	休戦議定書調印。北韓軍が昌斗岺を占領。
	3	北韓軍が会寧を占領。
	5	ポーツマス講和条約調印。
	7	休戦命令。

五月二十七日から二十八日にかけての日本海海戦において、日本は圧倒的な勝利を収め、極東海域の制海を把握した。満洲では奉天会戦に敗れたロシア軍が着々と兵力を増強していたが、日露両軍は対峙したまま、当分の間は大きな陸上戦闘が生起する気配はなかった。続いて六月九日には、ローズヴェルト米大統領から講和会議の開催が提議され、日露戦争は講和期を迎える。この時期における軍事作戦としては、まず満洲軍北進の問題が挙げられるが、鉄道敷設などその準備に相当の時間がかかり、現実的な問題として講和交渉期間に行うことは不可能であった。また、樺太作戦は従来からの大本営陸海軍部間の調整経緯もあり、海軍の強い反対もなく実行され、短期間で樺太全島を占領して成功裏に完結した。

一方でこの講和期においても、日本海側の北韓地方には有力なロシア軍が存在し、日本は韓国全土を軍事占領できずにいた。この時期、樺太作戦同様に支作戦として実施された北韓作戦は、戦争目的にも直結しており、その故に政府側も強く希望していたにもかかわらず、講和成立までに作戦を完遂することはできなかったのである。また、この北韓作戦はポーツマス講和会議を開催している間も進行中であった。したがって、この作戦は政略的にも重要である。しかしながら、日本は講和条約成立までにロシア軍を韓国の国境外に排除できず、戦争目的である韓国保全が損なわれたまま休戦となり、講和後に問題を残したのである。講和条約批准後の十一月三日に撤兵協定が成立し、ようやくロシア軍は韓国国内から撤兵するに至った。結果的に、日本は戦争終結時に韓国全土を軍事占領できずに、限定戦争における最大の戦争目的を完遂することができなかったと言える。

この時期における従来の日露戦争研究は、ポーツマス会議に向けての外交交渉や講和会議での駆け引きなど、講和に関連する外交問題に焦点が当てられ、軍事戦略や作戦には十分な関心が払われてこなかった。また、谷壽夫『機密日露戦史』などの北韓作戦について論じている数少ない研究においては、この作戦が消極的であった理由を、主に海上戦力の損耗を恐れる海軍の反対に帰している[1]。

コルベットも日本海海戦後の作戦について、『日露戦争における海洋作戦』で二つの章を割いて論じている。まずコルベットは、日本海海戦の結果、日本はそれまでの歴史で例を見ないほどの制海を把握したと評価している。その上で、日本は自由に場所を選んで陸軍を揚陸でき、敵に圧力をかけられることを指摘した。ロシア側はウラジオストクを攻略されることを恐れていたが、日本が選択した目標は樺太であった。コルベットはこの目標が「海洋限定戦争」の限定目標として適切であったと評価している。なぜならば、ウラジオストクの攻略は、「海洋限定戦争」を本質的に大陸的な戦争に変容させてしまうと指摘した[2]。シベリア鉄道の終着であり、大規模な陸上戦闘が予想されるウラジオストク攻略が戦争の大陸化を促すというコルベットの指摘は妥当であり、首肯できる。

一方でコルベットは北韓作戦についても論じている。北韓所在のロシア軍が後方に上陸されることを恐れていたにもかかわらず、日本がリスクを恐れて大胆な敵後方への上陸を行わず、進撃軍への増援も些少であり、日本は獲得した制海を活用してロシアへ圧力をかける機会を逸したと指摘した。ところが、この日本の消極的な作戦方針については、日本がロシア領まで進撃したとしても賠償金がとれるほどの領域を占領することはできなかったとして、肯定的である[3]。確かに、ロシア領深くまで進撃することは不可能であり、また好ましい作戦でもないが、豆満江までの韓国領からロシア軍を一掃してロシアに圧力がかけられなかったことは、コルベットも認めるとおり日本にとって失敗であった。また、これまで指摘してきたとおりコルベットは日本の陸軍戦史を参照していないため、北韓作戦の詳細について分析しておらず、このため、なぜ日本が北韓において十分な作戦が実施できなかったかについては論じていない。

満洲における陸軍作戦に限界が見られる中、海軍は日本海海戦の勝利によって得た海軍力の優位を、「海洋限定戦争」の中で活用することができなかったのである。有利な状況であったにもかかわらず、なぜ北韓作戦はうまく行かなかったのであろうか。そして、海軍はなぜ十分な支援を行わなかったのであろうか。これを解明することがこの第九章における課題である。そこで、日本海海戦後の軍事戦略の中に北韓作戦を位置づけた後、複雑な陸海軍内の状況を明らかにして、この作戦が成功しなかった理由とその思想背景を考察することにする。

1　北韓軍前進の決定と陸海軍の交渉[4]

三月三十日に上奏された「明治三十八年三月以後に於ける作戦方針」では、北韓及びウスリー方面の作戦方針として、①北韓のロシア軍の撃攘、ウスリー方面のロシア軍に対して韓国防衛のため、一〜二個師団を豆満江付近に派遣すること、②満洲方面の状況により、満洲軍の一部と北韓所在の部隊で一軍を編成し、海軍と協力してウラジオストクを占領することが決定され、大本営は北韓方面で積極的な作戦を展開することになった[5]。これを担当する後備第二師団は、既述のごとく二月にその一部が強力な艦隊の護衛の下で渡韓していたが、残部は四月十日に渡韓する予定であった。ところが、バルチック艦隊のシンガポール通過情報によって海上輸送は中止される。また、四月十一日の第二期作戦方針の会議では、北韓軍は可能な限り速やかに前進して韓国内のロシア軍を撃退することが決められたが、ウラジオストク攻略は中止することになった。四月も中旬に入り、ロシア軍の大挙南進情報が入る。これにより、後備第二師団残余の元山への輸送は、二十七日から五月一日にかけて、海軍の護衛なしで実施された。この陸軍部隊は臨溟驛へ陸路前進しつつ、海戦の結果を待った[6]。

五月二十七日から二十八日にかけての日本海海戦で日本は圧倒的な勝利を収め、ロシア側の期待を担ったバルチック艦隊は壊滅する。それでもかろうじて巡洋艦「アルマーズ」と駆逐艦二隻がウラジオストクに到達した。この他にウラジオストクに所在する兵力は、蔚山沖海戦の被害を修復した装甲巡洋艦「ロシーヤ」「グロモボイ」と座礁から復帰した巡洋艦「ボガツイリ」や数隻の水雷艇があった。

五月三十日より鎮海湾において海戦の被害を修理しつつ、対馬海峡の警戒にあたっていた。一方で聯合艦隊主力は六月一日、海軍における今後の作戦方針が検討される。大本営海軍部は優勢なる艦隊をウラジオストク方面に出し、ウラジオストク所在のロシア艦隊に十分な圧迫を加えることを検討するが、修理の関係もあり、とりあえず元山および城津に聯合艦隊を派遣することを考える。これに対し聯合艦隊司令部は、修理のためにしばらく鎮海湾に留まる旨を上申した。戦闘力を回復して七月八月に大いに活動することを考えていたのである。この上申は大本営に受け入れられ、元山方面への艦艇派遣は中止となった[7]。

六月九日、ローズヴェルト大統領からの講和会議の開催が提議され、日露双方共にこれを受諾した。いよいよ日露戦争も講和期に入る。日本海海戦の結果、海上からの脅威を受ける危険がなくなったので、後備第二師団は新たに増援された部隊も含めて臨溟驛まで進出した。この時の北韓軍の作戦計画は後備第二師団を豆満江へ進め、満洲の安東県に所在する後備歩兵第十六旅団をさらに増援して、可能であればウラジオストクに近いポシェット湾を占領するものであった[8]。

　六月十一日、北韓作戦に関して、長岡外史参謀次長が実施に向けた調整に動く。桂太郎首相からは、「北韓は主問題であるからぜひやりたい」ということであった。ところが、伊集院五郎海軍軍令部次長は、機雷、水雷艇、潜水艇による被害を懸念して、この北韓作戦に反対の意向を示す。これに対し、寺内正毅陸相は、「北韓軍前進は、海軍が何と言っても押しつけてやらせねばならぬ」と強気の意見を示した。翌十二日、日本海海戦の結果を報告する大本営御前会議の後、引き続き宮中において伊藤博文、井上馨、松方正義の三元老と、桂首相、小村寿太郎外相、山本権兵衛海相、寺内陸相、山縣有朋参謀総長、伊東祐亨海軍軍令部長が参加して作戦方針会議が開かれる。この会議で樺太攻略が中止となったほか、北韓方面は当分の間、目下の形勢を維持し、前進は可能な範囲に留める方針が決められた。北韓作戦の方針がこのような消極策となったのは、海軍の反対のためであった[9]。

　ところが十四日、戦地の児玉源太郎満洲軍総参謀長から大本営へ「彼ノ痛痒ヲ感ズル所ニ向ヒテ勇進シ、談判一日ヲ遅延セバ一日丈ケノ要求ガ重大トナルノ感ヲ起サシムルヲ要ス」という電報が来信する。この電報では、「之ガ為ニハ薩哈嗹(サハリン：樺太)ニ兵ヲ進メテ事実上之ヲ占領シ、烏蘇利(ウスリー)ニ向テモ前進ヲ継続シ、又満洲軍ノ方面ニ於テハ準備出来次第猶予ナク地歩ヲ進メ、成シ得レバ尚一大打撃ヲ与フル如クスルコトハ甚ダ緊要ナリト信ズ」と具体策が提案された。そして、「之等ノ処置ハ談判ヲ速カニ解決スルノ趣意ニ外ナラズ」とその効果まで述べられていた[10]。翌十五日、山縣参謀総長、桂首相、寺内陸相、小村外相、曾禰荒助蔵相などが参加して、政軍連絡会議とも言うべき木曜会が開かれる。前日の児玉からの電報を踏まえて討議が行われ、山縣参謀総長は乗り気でなかったものの、樺太占領と北韓軍の前進が決定された。

十二日の会議の消極的方針は翻され、この方面では積極策がとられることになったのである。この決定に基づき、大本営陸軍部は北韓軍増援兵力を羅津湾に上陸させることを企図した[11]。しかしながら、この会議に海軍から誰も参加していなかったのである。

翌十六日、山縣参謀総長が、「六月初旬に於ける作戦方針」「北韓方面作戦方針」「樺太第十三師団作戦計画」を上奏した。「六月初旬に於ける作戦方針」では、有利な講和を速やかに締結するために、①可能であれば雨期前に前面のロシア軍を攻撃すること、②北韓方面よりウラジオストクを脅かし、また樺太占領を実行することが決められた。また、「北韓方面作戦方針」では、①後備第二師団は先ず鏡城付近に進撃し、後備第十六旅団の来着を待つ、②以後、羅津及び会寧の線に前進し、次に豆満江の線に進出する行動は、海軍と協議して策定することになった[12]。この十六日に参謀総長・軍令部長合同会議も行われ、陸海軍間の調整が行われる。海軍の意見は北韓軍の前進に反対であり、羅津湾は危険であるため、同地への陸軍部隊の揚陸はできないというものであった。その理由は、ウラジオストクまたはポシェット湾から来る敵水雷艇の脅威であった。結局のところ、北韓軍前進に対して海軍は援護できないという結論になった[13]。

その海軍では、長岡参謀次長が北韓作戦の実施に向けて調整を始めていた六月十一日、樺太攻略について大本営海軍部が聯合艦隊の意見を聴取する。聯合艦隊司令部は「樺太ノ占領及ヒ咸鏡道ノ進略ハ共ニ帝国将来ノ政略上、刻下ノ急務」であるとして、「其ノ作戦開始ニ就テハ艦隊ハ何時ニテモ差支ナク、本月末ヨリ愈々実行セラルヽモノトセハ、直ニ其ノ準備ニ着手」すると回答した[14]。

十四日、艦隊編制が改正されて第四艦隊が新設された。また、「帝国海軍第三期作戦方針」が定められる。そこでは、極東におけるロシア海軍の主力はまったく殲滅されたとの敵情判断にもかかわらず、ロシア艦隊を殲滅し極東海域の制海を確保して戦争終局の目的を達するという作戦目的が述べられていた。そして、作戦方針として、①日本海の制海、ロシア敗残艦隊の殲滅、②海上封鎖、③陸軍との協同作戦が示された。この「帝国海軍第三期作戦方針」は、大本営海軍部参謀が鎮海湾に所在する聯合艦隊まで出張して伝達されるが、それが届く前の十五日、「聯合艦隊作戦計画」が大本営に報告される。その計画は日本海を二分し、東方においては第二、第四艦隊を、西方においては第三艦隊、第四戦隊、第三駆逐隊を配置し、第一戦隊および第一駆逐隊は、任意の地に占位し、全局を統括するという積極的なものであった[15]。

十七日、軍令部よりの返電がある。今後の海軍の作戦方針は、①日本海の制海とロシア敗残艦隊の殲滅、②同時に速やかに艦艇の修理を完成して戦局の変化に対応することであり、この大方針に反しない限りで陸海協同作戦に従事することが示された。この方針に基づき聯合艦隊の北韓方面進出は見合せられ、主力は対馬海峡方面にあって敵に備えると同時に、修理を進行させることが指示された。これにより、先の積極的な「聯合艦隊作戦計画」は取りやめとなった[16]。十九日大本営より樺太作戦命令が発令される。これに基づき、聯合艦隊命令が発令され、「帝国海軍第三期作戦方針」に基づき、任務が改定された。この第三期作戦への移行に示された聯合艦隊命令の目的はロシア敗残艦隊の殲滅であり、北海方面の作戦に第三、第四艦隊、第一駆逐隊が、対馬海峡の哨戒に第二艦隊、第四戦隊が充当され、第一戦隊および第三駆逐隊は対馬海峡方面で全局の作戦を統括することになった[17]。

その後六月三十日に、ロシア軍は沿海州の韓国国境付近に兵力増加を企図しているため、北韓軍は豆満江を渡河してポシェット湾を占領する必要があるという電報が、田中義一満洲軍参謀から到来する。これに対して翌七月一日、松石安治大本営参謀は「北韓の敵を掃蕩し、且浦塩方面を脅威する目的を以て、第十四師団を後備第二師団に加へ一軍を編成せらる、筈なり」との大本営陸軍部の積極的方針を示した。しかしながら同時に、「海軍は強く拒んで羅津湾付近に於ける軍隊の上陸及兵站輸送の掩護に応せさるを以て、此企図は已むを得す目下中止の姿にあり」とこの作戦が実施できない状況も知らせている。「海軍の主張する所は羅津湾は敵水雷艇の攻撃距離内にあると、曩に我艦隊にて浦塩港外に投けたる水雷の潮に連れて韓国東岸に流れ来るの恐れあるに由ると云ふ」ことであった[18]。この頃、大本営陸軍部が師団規模の大部隊を北韓所在ロシア軍の背後に上陸させようとしていたことは明らかであるが、海軍部の反対で実施できない状況にあったのである。

七月四日、「平和談判に関する会議」が開かれ、講和方針などが話し合われる。この席で陸軍側は北韓軍前進のために海軍へ艦艇の派遣を依頼したが、ここでも山本海相は拒絶した。続いて六日に、長岡参謀次長が伊集院海軍軍令部次長を訪ねて会談するが、伊集院からも海軍の協力について拒絶された[19]。ここまでの北韓作戦方針に関する経緯を纏めると次のことが言えよう。陸軍では長岡外史参謀次長が北韓作戦を強く推進していたが、山縣参謀総長は海軍側に気兼ねして乗り気ではなかった。一方で政府においては、桂首相と小村外相は共に強くこの作戦を支持する。ところが、海軍は山本海相が強く反対し、海軍軍令部の作戦方針に強い影響を与えていた。これにより海軍は、聯合艦隊は積極的な作戦を立案していたものの、大本営海軍部の指導により、北韓作戦に極めて消極的であったのである。

2　北韓軍の前進と海上輸送による増援

六月八日、長谷川好道韓国駐箚軍司令官が、三好成行後備第二師団長に鏡城への前進を命令する。十日、後備第二師団は六梯団に分かれて逐次前進を開始して、十九日に鏡城を、二十六日には清津近傍の輸城を占領した。一方、後備歩兵第十六旅団が後備第二師団へ増援される。この旅団は義州の鴨緑江対岸にある安東県に所在していたが、六月十六日に同地を発して、二十日に海上輸送で元山に到着した。以降、四梯団に分かれて臨溟驛へ向かい、さらに鏡城まで前進して後備第二師団長の指揮下に入った。七月五日、後備第二師団主力も輸城へ前進する。これによりロシア軍は、富寧・富居方面まで退却し、ウラジオストク方面から増援された歩騎兵約五千人と合流した[20]。七日、韓国東北部で行動するロシア軍が韓国支隊に改編される。その目的は日本軍の豆満江近接を妨害し、努めて長く北韓の地を保持することであった。この韓国支隊の改編により当時の豆満江以南のロシア軍は約一万の兵力となった[21]。

七月に入り、海軍による北韓作戦支援が行われる。それは城津への陸軍部隊の護送であった。後備第二師団へ、海上輸送により騎兵二個中隊と工兵一個中隊を増援する計画であった。六日、大本営は聯合艦隊へ、陸軍輸送船隊の航路護衛と揚陸援護を訓令する。翌七日、これに基づき聯合艦隊は第二艦隊へ訓令した[22]。八日、装甲巡洋艦「常磐」「磐手」、巡洋艦「千歳」「新高」、第四駆逐隊で護衛の艦隊が編成され、陸軍輸送船三隻を護衛することになった。十二日、この艦隊に装甲巡洋艦「出雲」、通報艦「千早」が加えられる。

十三日、「城津ニ於ル上陸掩護ヲ終リタル上、天候之ヲ許サハ威嚇ヲ兼ネ同方面ノ偵察ヲ行ハントス」との訓令がさらに与えられた。翌十四日、輸送船団と護衛の艦隊が鎮海湾を出発する。十六日、城津湾外へ到着すると直ちに揚陸が開始され、十七日に無事終了した。この間、「千歳」「千早」、第四駆逐隊による豆満江口およびその南東十九海里付近にある雄基湾に対する偵察と威嚇砲撃が行われる。この威嚇砲撃により付近のロシア軍は退却した。十九日、艦隊は尾崎湾へ帰投し、任務は終了した[23]。

この増援部隊は、鏡城へ北進中の後備歩兵第十六旅団に合流する。この時、後備歩兵第十六旅団は四梯団に分かれて二十四日に鏡城へ到着した。この増援に伴い、後備第二師団は二十四日に富寧、二十五日に富居を占領した。ところが二十三日以降、降雨が始まり、二十五日には豪雨となる。日本軍の第一線である富居、富寧、輸城地方は、河川氾濫・橋梁流出、人馬の交通杜絶、電信不通など困難を極めた。二十七日、小雨とはなったが、依然としてこの地方の交通は杜絶し、後備第二師団は糧秣の欠乏に苦しみ始めた[24]。

この頃、樺太攻略作戦も実施される。七月二日、樺太攻略の先発隊が、四日には主隊が青森県の大湊を出港し、七日から十日にかけて樺太南部に上陸した。十二日、樺太南部攻略軍は同地のロシア軍主力を撃破した。二十四日からは、樺太北部の上陸も開始される。二十七日に陸軍揚陸の大部分が終了して海軍の任務が終了するが、樺太作戦自体も三十日の樺太ロシア軍の降伏によって終わりを告げた。一ヶ月弱の短期間で、日本は樺太全島を占領することに成功したのである。

一方で外交に目を向ければ、七月三日、小村外相と高平小五郎駐米公使が講和特命全権委員に任命される。八日、全権一行は横浜を出発し、二十日に米国西海岸のシアトルに到着した。講和会議が行われるポーツマスに到着したのは、八月五日であった。このように、北韓作戦以外の政戦略は順調に進展していった。あとは北韓軍を、いかに豆満江まで進めていくかであった。

八月初旬、豆満江以南に所在するロシア軍は、歩兵・騎兵各三個連隊であった。これに対し、大本営は北韓軍へ歩兵一個連隊及び付属部隊の増派を企図する。実際の増派人員は補充兵を含め一万人弱であった。大本営陸軍部では、揚陸地点を従来よりもさらに前方に進めたいとの希望を持って、清津付近に陸揚げすることを希望する。ところが海軍部は艦隊の万一の危険を考え、舞崎以北に陸揚げすることは支援し難いと謝絶した。この件については、伊集院軍令部次長より戦地の聯合艦隊司令長官へも通報された。

八月三日、大本営は聯合艦隊へ、陸軍輸送船隊の航路及び揚陸の警戒を命じた。直ちに聯合艦隊司令部は第二艦隊へ、これを訓令する。今回の使用兵力は、装甲巡洋艦「出雲」「常磐」「浅間」、巡洋艦「音羽」、第二駆逐隊(一隻欠)、第四駆逐隊、陸軍輸送船隊七隻であった[25]。この日、ロシア軍水雷艇三隻が鏡城東方の独津沖に現れ、北韓軍兵站部の徴用輸送船を砲撃して相当の被害を与え、海軍部に緊張が走った[26]。ロシア水雷艇襲撃による艦隊への被害は現実に予測される事態であったのである。

十一日、護衛にあたる第二艦隊が鎮海湾に入港し、先に到着していた輸送船団に同乗してきた筑紫熊七大本営陸軍部参謀と第二艦隊司令部との打ち合わせが行われる。筑紫参謀は「城津ハ遠ク戦線ヲ距リ、且其ノ間ノ道路ハ険悪ニシテ行軍ノ日数ニ十余日ヲ要シ、作戦上頗ル不徳策ナルヲ以テ、阿波丸及ヒ安芸丸ニ搭載セル人馬丈（約三千五百）ハ、戦線ニ近キ清津ニ陸揚ケセシメタキ」との大本営陸軍部からの切なる希望を伝えた。上村第二艦隊司令長官は、東郷聯合艦隊司令長官へ「本件ハ目下ノ作戦上徳策ト思考セラレ本職ハ天候許サハ之ニ応スルコトヲ得ヘシト思フ」と請訓した[27]。

十二日、第二艦隊と輸送船団は聯合艦隊の返電を待たずに鎮海湾を出港し、とりあえず城津へ向かう。十四日、城津付近に到着した艦隊は、大庭次郎後備第二師団参謀長から「海岸ニ於ル敵ノ兵力ハ近来稍増大セリ……（中略）……ポシエットニハ近来多数ノ水雷敷設セラレタリト称シ又浦塩方面ヨリ海路糧秣ヲハンシ湾ニ輸送セリト風説ス」との電報を受け取った。十五日、輜重の大部分の揚陸を完了し、上陸した部隊は陸路にて北進を始める。この時、第二艦隊は、聯合艦隊から「揚陸日数一日ヲ越エサレハ清津陸揚ケノ件差支ナシ」との答電を受け取った[28]。第二艦隊からの清津陸揚げの請訓を検討した聯合艦隊司令部は、舞崎以北の陸揚げは危険であるという大本営海軍部からの通報にもかかわらず、清津陸揚げが陸軍作戦上において非常に有利であると考え、第二艦隊の行動を許可したのであった。

早速、第二艦隊は一部艦艇を警戒に残し、主隊は陸軍輸送船三隻を護衛して清津に向かう。十六日、清津に到着した護送艦隊は、増援部隊本隊の揚陸を開始する。上陸した部隊は直ちに輸城へ前進した。さらに、第二艦隊は通報艦「千早」および駆逐艦二隻で、清津－羅津浦間におけるロシア軍輸送の威嚇を企図する。

早速この三隻は派遣されて、羅津湾で偵察および威嚇砲撃を行った。この日の夕刻、陸揚げを終了した第二艦隊は城津に向かう。十八日、第二艦隊は竹敷に入港し、任務を終了した[29]。

この頃、ポーツマスでは講和交渉が白熱していた。八月五日にポーツマスに到着した日本全権一行は、早速九日に準備会議を行う。翌十日には、第一回本会議が開始され、日本側の条件が提示された。十二日の第二回本会議ではロシア側もこれに回答する。争点は、樺太の割譲、戦費の賠償、中立国抑留ロシア軍艦の引き渡し、極東ロシア海軍力の制限の四カ条であった。十八日の第七回本会議で日本側は、中立国抑留ロシア軍艦の引き渡しと極東ロシア海軍力の制限を撤回して譲歩する。しかしながら、あくまでも領土割譲と軍費賠償を拒否するロシア側の強硬な姿勢により講和交渉は決裂寸前まで追い込まれた。ローズヴェルト米大統領による日露双方への勧告もあり、二十九日に講和条約は概ね合意をみたのである。この清津への北韓軍増援は、このような外交交渉の最中に行われた作戦であった。特に、厳しい交渉を続けた十八日から二十八日までの間は、北韓増援の直後であった。この増援が大本営陸軍部の当初の計画通り、羅津湾へ師団規模で行われたならば、講和交渉へ何らかの影響を与えることは可能であっただろう。

八月十五日、長谷川好道韓国駐箚軍司令官は、後備第二師団へ北韓方面における占領区域を豆満江まで拡張するように訓令する。しかしながら、後備第二師団は雨季による河川氾濫や退却ロシア軍による橋梁等破壊、さらに糧秣集積未完了のため、増援部隊の到着を待って前進することに決定した。後備第二師団は、二十日より前進する予定であったが、降雨のため天候回復まで前進運動を中止することにした。その後、降雨が止まず、河川氾濫・橋梁流出のため、再び交通が杜絶する[30]。

この後備第二師団の停滞に対し、二十六日、大谷喜久蔵韓国駐箚軍参謀長が、速やかに会寧を占領すべき軍司令官の意図を通知した。三十日、降雨が止み、翌三十一日に後備第二師団は前進を開始した。九月一日、後備第二師団は昌斗峇を占領し、三日に会寧を占領した。ところが二日夜半からの暴風雨により、会寧川橋梁が流出し、またも交通が杜絶する[31]。これにより後備第二師団の追撃も休止された。五日の講和条約調印に伴い、七日に「休戦に関する軍命令」が下達され、ついに一年七ヶ月にわたった日露戦争の戦闘行為が停止されるに至った。

最後に、第一艦隊(戦艦部隊)の行動についても一言しておきたい。第一艦隊は、七月十六日から近海において教育訓練に従事する。二十日、竹敷を出港した第一艦隊は、舞鶴、宮津方面を巡航しながら、訓練を実施して八月八日に鎮海湾に帰港した。十日には佐世保に入港する。続いて、八月十五日、佐世保を出港して唐津湾や福岡湾を巡航して訓練を行い、二十一日に長崎へ入港した。佐世保へ帰港したのは、ポーツマス講和条約が調印された後の九月九日であった。この間、初級士官の基礎的訓練なども行われ、また、佐世保では候補生等の海軍施設の見学、唐津と福岡では炭坑や製鉄所の見学まで行われた[32]。北韓で陸軍が苦闘しながら前進を続けていた時、海軍主力の第一戦隊の戦艦は、平時のような行動態様に終始し、戦力としてまったく活用されることはなかったのである。

3 海軍内の思想背景——「島帝国論」と「屈敵主義」

ここまで北韓作戦の経過について述べてきたが、大本営海軍部は北韓作戦支援に消極的であったのに比べ、聯合艦隊司令部は非常に積極的であった。その差異の根源となったものは何であったのだろうか。海軍内の思想背景、特に当時の日本の海軍戦略に大きな影響を及ぼしていた佐藤鐵太郎と秋山真之の思想から考察してみたい。海軍省軍務局勤務時代に、当時軍務局長であった山本権兵衛に認められて英米に留学した佐藤鐵太郎は、その成果を『帝国国防論』として纏めた。第五章で述べたように、この『帝国国防論』は、一九〇二(明治三十五)年、山本海相より明治天皇の台覧に供せられる。その際における山本海相の上奏文では、日本は環海の島帝国であり、海軍力が国防の主であることが主張されており、これが海軍力拡張の根拠となる[33]。また、この経緯から推察すれば『帝国国防論』は、山本海相の思想とほぼ同じであると考えてよいだろう。

この『帝国国防論』では、大陸主義を棄てて海洋主義を採るべきであり、「我帝国の確持すべき方針は、一に唯征服を大陸に試むるの壮図を避け、天与の好地勢を利用し海上の勢力を皇張し、且つ之を永遠に維持し得べき所以の道を図り、以て自強の策を講じ而して国利の増進を海上権力の暢達に求めて百世渝らざるにあり」と主張した[34]。一言で述べれば、「海主陸従」を主張したのである。その中心的思想は、海上、海岸線、国内で構成される「国防の三線」であった。すなわち、第一線は海上において敵を撃退し、第二線は海岸線、第三線は国内における敵の撃退である。そして、当然ながら佐藤はこの第一線の防衛を重視した。もし第一線が破られてしまえば、第二線第三線の戦いでも制海を握られた敵軍に対し不利な戦いを強いられ、また、「第二線第三線の軍備は守勢を転じて攻勢を取る能力」はないと述べる。一方で「若し第一戦の軍備にして充実するときは仮例第二線第三線の備、厳ならずと雖も復た克く国防の実を挙げ敵をして一歩も我国土を踏ましめざるを得べし」として島国における海軍力の重要性を強調した[35]。

具体的な国防施策としては、列強と均衡した海軍力がなければ国防は全うし得ないことを強く主張し、長年の海軍力拡張の根拠とする。この『帝国国防論』は、陸軍の海上輸送の重要性を指摘している部分もあるものの、あくまでも海軍力が重要であるという論旨の延長での議論であり、本質的なものではなかった[36]。佐藤の結論は、日本の国是は大陸進出ではなく海洋発展であり、日本のとるべき国防体制は海主陸従であるべきであるというものであった。このような佐藤の思想によれば、大陸における陸軍作戦支援のために海軍力を損耗すべきではないということになる。

この佐藤を抜擢し、その思想の最大の支持者であった山本海相は、第五章で述べた「朝鮮問題解決ニ関スル意見書」に関する逸話からも理解できるように、環海の島国である日本を強力な海軍で守ることに専念しており、陸軍との協同などはその眼中になかったと言えよう[37]。そして、この当時の海軍においては、よく知られるように山本海相は海軍部内全体へ絶大な影響力をもっていたのである。

一方で、第六章で述べたように聯合艦隊司令部で作戦参謀を務めた秋山真之は、海軍大学校での教育を纏めた「海軍応用戦術」で、中心思想として「屈敵主義」を主張している。この「屈敵主義」によれば、戦争においては「敵を屈するの目的に適合」した手段をとらなければならない。そのためには、海軍作戦にとって敵艦隊撃滅だけでなく、海上交通線破壊や敵の陸上要地占領も重要であった。秋山は日清戦争における威海衛攻略や旅順攻略を例として挙げて、陸軍を上陸させることにより目的を達成することの必要性を詳述した。そして、「戦闘する者は此戦略上の目的即ち何故に此戦闘を為すかの理由を了解して之に従事せざる可からず」と結論づけている[38]。日本の第一の戦争目的は、韓国の保全、すなわち陸軍による朝鮮半島の占領であり、その目的達成のために陸軍の支援は重要であった。

秋山は、「海軍戦務」でも陸軍の海上輸送護衛と上陸支援に一章を割いて詳述している。第九章「陸軍の護送及揚陸掩護」では、まず、「海国の作戦は、大抵海陸両軍の協力に依り其功を収むるものにして、海上の作戦其歩を進め、陸地攻略の必要生ずるときは、陸軍の海上輸送及其揚陸を開始するに至るを常とす」と日本のような島国における国防では、陸軍の海上輸送やその揚陸は必須であることを指摘している。そして、「此輸送及揚陸の業務は凡て陸軍に属し、海軍戦務の与る処にあらずと雖も、敵艦未だ海上に出没し、輸送船隊の航泊危険なるときは、艦隊を以て直接若は間接に之を護衛せさる可らず」と護衛の重要性を述べた。「此に於て護送及揚陸掩護の戦務を生ずる」のである[39]。聯合艦隊が北韓作戦支援に積極的だった背景には、この「屈敵主義」に基づく秋山聯合艦隊司令部参謀の戦略思想が根底にあった。一方で、大本営海軍部が北韓作戦支援に消極的だった背景には、先に述べた「島帝国論」に基づく山本海相の戦略思想が根底にあったのである。

4　北韓作戦における陸海軍戦略の齟齬

この第九章では、従来注目されることのなかった北韓作戦の経緯を中心に論じてきた。そこで言えることは、まず大本営海軍部の消極的姿勢のため、北韓軍の大規模な揚陸支援は実施できず、北韓へ大規模な兵力投入はできなかったことである。大本営海軍部は、敵艦隊がほぼ消滅したこの時期においても、北韓作戦の支援について極めて消極的であった。このため、当初は北韓作戦に投入される予定であった新編の第十四師団も、満洲正面へ配置されてしまう。結果的に講和成立までに、ロシア軍を朝鮮半島全域から排除することに失敗した。海軍の協力により、師団規模の羅津湾上陸という大本営陸軍部の計画が行われたならば、講和会議における交渉に影響を及ぼすことができたであろう。

ところが、北韓作戦支援に大本営海軍部が消極的であったにもかかわらず、戦場の聯合艦隊は、陸軍の海上輸送の護衛や揚陸支援など積極的な支援を実施しており、そのことが北韓軍の前進に一定の効果を上げていたことも事実であった。このような聯合艦隊の積極的な姿勢を見れば、海軍における北韓作戦支援についての考えは二分されていたと言える。

そして、この北韓作戦に消極的な大本営海軍部と積極的な聯合艦隊の差異の根底には、山本海相と秋山聯合艦隊参謀の戦略思想の相違があったと考えられる。陸軍の大陸進出を好まなかった山本海相が北韓作戦支援へ強く反対し、そのことが大本営海軍部の作戦方針にも強い影響を与えたのである。一方で、聯合艦隊司令部の作戦参謀であり、この当時は先任参謀でもあった秋山参謀は、周知のとおり聯合艦隊の作戦立案や実施に中心的役割を果たしていた。この秋山参謀の「屈敵主義」によれば、当時の状況は陸軍を積極的に支援して、韓国保全という戦争目的達成に寄与すべきであった。このような山本海相と秋山参謀の戦略思想の相違が大本営海軍部と聯合艦隊司令部の北韓作戦支援に対する姿勢の差異となった。この海軍内における戦略思想の二分のために、「海洋限定戦争」の中で、日本海海戦の勝利によって得た海軍力の圧倒的な優位を活用することができなかったのである。

日露戦争後、日本海海戦の圧倒的な勝利もあって、艦隊決戦主義は日本海軍の中心思想として脈々と受け継がれ、太平洋戦争の敗戦まで至る。日清・日露戦争勝利の大きな要因であった「海洋限定戦争」と陸海軍の協同は忘れ去られてしまった。というよりも当初から意識されていなかったのかもしれない。

*参考一　後備第二師団の編成

・編成時（明治三十八年一月二十七日）

後備第二師団司令部　　師団長　陸軍中将　三好成行

参謀長　歩兵中佐　大庭二郎

後備歩兵第十七旅団　　後備歩兵第三連隊（二大隊編成）

後備歩兵第三十二連隊（二大隊編成）

後備歩兵第十八旅団　　後備歩兵第四十七連隊（二大隊編成）

後備歩兵第二十五連隊第一大隊

後備歩兵第四十四連隊第一大隊

後備歩兵第五十六連隊（三大隊編成）

後備第二師団独立騎兵中隊

後備第二師団後備野戦砲兵大隊

第四師団後備野戦砲兵第一中隊

後備第第二師団後備工兵中隊

（後方兵站関係略）

・騎兵及び工兵の増援（七月十六日、後備第二師団の戦闘序列）
第三師団後備騎兵第一中隊
第六師団後備騎兵第一中隊
第二師団後備工兵第一中隊
・後備歩兵第十六旅団の増援
（七月二十一日、後備第二師団長の隷下）
後備歩兵第十六旅団　後備歩兵第五十三連隊（三大隊編成）
後備歩兵第五十八連隊（三大隊編成）
・後備歩兵第二十五連隊等の増援（八月、後備第二師団の戦闘序列）
後備歩兵第二十五連隊（第一大隊欠）
後備騎兵隊本部、後備工兵大隊本部

＊参考二　聯合艦隊による北韓への陸軍部隊護送兵力

①元山臨時築城団の護送（二月六〜十二日：鎮海↓元山↓鎮海）
護衛艦隊：装甲巡洋艦「出雲」「常磐」「春日」、
巡洋艦「須磨」、駆逐艦二隻、陸軍輸送船一隻

②後備第二師団一部の護送

（二月二十四日〜三月六日：鎮海→元山→城津→鎮海）

護衛艦隊：戦艦「富士」、装甲巡洋艦「出雲」「春日」、

巡洋艦「音羽」「秋津洲」「千代田」「須磨」、

通報艦「千早」、駆逐隊二隊、陸軍輸送船六隻

③城津への増援部隊の護送

（七月十四〜十九日：鎮海→城津→尾崎湾）

護衛艦隊：装甲巡洋艦「出雲」「常磐」「磐手」、

巡洋艦「千歳」「新高」、通報艦「千早」、

第四駆逐隊、陸軍輸送船三隻

④城津及び清津への増援部隊の護送

（八月十二〜十八日：鎮海→城津→清津→竹敷）

護送艦隊：装甲巡洋艦「出雲」「常磐」「浅間」、

巡洋艦「音羽」、通報艦「千早」、

第二駆逐隊（二隻欠）、第四駆逐隊、

陸軍輸送船七隻

＊参考三　聯合艦隊編制（明治三十八年六月十四日改定、十七日施行）

第一艦隊　　司令長官　海軍大将　東郷平八郎
　第一戦隊　　　三笠、敷島、朝日、富士
　第四戦隊　　　浪速、高千穂、明石、対馬
　通報艦　　　　龍田
　第一駆逐隊　春雨、有明、吹雪、霰
　第三駆逐隊　薄雲、東雲、漣、霞
　第十四艇隊　千鳥、隼、真鶴、鵲

第二艦隊　　司令長官　海軍中将　上村彦之丞
　第二戦隊　　　出雲、磐手、浅間、常磐
　第三戦隊　　　笠置、千歳、音羽、新高
　通報艦　　　　千早、日本丸、亜米利加丸
　第二駆逐隊　雷、電、曙、朧
　第四駆逐隊　村雨、朝潮、朝霧、白雲
　第十九艇隊　鴻、鷗、雉

第三艦隊　　司令長官　海軍中将　片岡七郎

第五戦隊　八雲、吾妻、日進、春日
第六戦隊　秋津洲、和泉、千代田、須磨
　通報艦　八重山、香港丸、八幡丸
第五駆逐隊　叢雲、夕霧、不知火、陽炎
第六駆逐隊　暁、皐月
第九艇隊　雁、蒼鷹、鴿、燕

第四艦隊　司令長官　海軍中将　出羽重遠
第七戦隊　壹岐、鎮遠、沖ノ島、見島
第八戦隊　厳島、松島、橋立
第九戦隊　赤城、摩耶、鳥海、宇治、満洲丸、臺南丸
　第十五艇隊　雲雀、鷺、鶺、鶉
　第一艇隊　第六十七号、第六十八号、第七十号、
　　第七十一号
　第十艇隊　第三十九号、第四十号、第四十一号、
　　第四十三号
　第十一艇隊　第七十二号、第七十三号、第七十四号、
　　第七十五号
　第二十艇隊　第六十二号、第六十三号、第六十四号、

第六十五号

特務艦隊

水雷母艦　熊野丸、春日丸、日光丸

仮装砲艦　八隻

測量艦　磐城

工作船　関東丸、三池丸

病院船　神戸丸、西京丸

水雷沈置船　旅順丸

艦隊附属防備隊　台北丸

港務部　台中丸

＊参考四　帝国海軍第三期作戦方針

本作戦方針ハ左ノ各項ニ就キ策定ス

第一、敵　情

第二、作戦ノ目的

第三、作戦ノ方針及ヒ施設

第一、敵　情

一、露国上下ノ重望ヲ負ヒ、万難ヲ排シテ東来セル敵主力艦隊ハ、五月二十七日、同二十八日、日本海ニ於テ我カ聯合艦隊ノ勇敢巧妙ナル攻撃ノ為、或ハ沈ミ或ハ捕ハレ、其ノ僅ニ免レタルモノモ、多クハ中立港ニ遁入シテ武装解除ノ最後ヲ遂ケ、敵ノ目的地タリシ浦塩（ウラジオストク）港ニ達シ得タルモノハ、三等巡洋艦「アルマーズ」ト駆逐艦「ブラーウイ」トニ過キス、則チ敵ノ主力ハ事実上茲ニ全ク殲滅ニ帰セリ。仮装巡洋艦数隻及ヒ駆逐艦一隻、猶支那海方面ニ在リ、時々通航船舶ヲ脅威シツヽアルモノヽ如シ。然レトモ是等ハ其ノ主力ヲ失ヒタルノ今日、到底永ク兵力トシテ東洋ニ現存シ得ヘカラサルモノト認ム。浦塩ニ在ル敗残艦隊ハ鋭意勢力ノ挽回ニ努メタルノ結果、今ヤ巡洋艦三隻及ヒ水雷艇並ニ潜水艇各数隻ハ、随時出動シ得ルノ姿勢ニ在ルモノト認ム。

二、（太平洋）第四艦隊、黒海艦隊並ニ露国カ内外ノ造船所ニ於テ建造中ニ係ル艦艇ニ関スルコトハ、第二期作戦方針ニ示ストコロト大差ナシ。但彼ハ水雷巡洋艦ト称スル特種艦ノ竣工ニ鋭意努メツヽアルモノヽ如ク、其ノ竣工セシモノ已ニ数隻ニ上レリトノ報アリ。

三、敵ノ満洲軍ハ、去三月初旬奉天附近ノ会戦ニ於テ殲滅ニ帰セントスルノ観アリシモ、爾来新総司令官リネウ井ッチノ努力ニ依リ、漸次兵力ノ補充ヲ遂ケ、今ヤ堅固ナル防備ヲ以テ我カ軍ニ対シ、其ノ勢力ハ数月ヲ出テスシテ侮ルヘカラサルモノアラントス。

浦塩陸正面ニ於ル敵ノ防備モ亦、逐次其ノ堅固ヲ加ヘ、北韓並ニ吉林方面ノ敵ト相呼応シテ我ニ当ラントスルモノヽ如シ。

六月十日陸軍参謀部調査ニ係ル極東現在露軍ノ兵力左ノ如シ。

（略）

第二、作戦ノ目的

一、我カ海軍作戦ノ目的ハ敵艦隊ヲ殲滅シ東洋ノ海上権ヲ確保シテ戦争終局ノ目的ヲ達成スルニ在リ。

第三、作戦ノ方針及ヒ施設

一、我カ艦隊ハ之ヲ要地ニ配備シテ日本海ヲ制圧シ、敵ノ敗残ノ艦隊ヲシテ海上ニ活動スルヲ得サラシメ、機ヲ見テ之ヲ殲滅セントス。海上ヨリスル敵ノ軍資輸入ニ対シテハ極力其ノ杜絶ヲ図ラントス。之ト同時ニ努メテ速ニ我カ艦艇ノ修理ヲ竣リ、更ニ兵力ヲ充実シ以テ戦局ノ変化ニ応セントス

二、陸軍作戦ノ進捗ニ応シ協同作戦ニ従事スルコトアルヘシ。

三、以上ノ方針ニ遵ヒ艦隊ノ編制ヲ改メ其ノ他必要ナル施設ヲ為ス。

＊参考五　聯隊機密第四五四号

聯合艦隊命令　三十八年六月十九日　於C地点三笠

一、海戦後、中立国港湾ニ遁入セシ敵艦ハ、今ヤ抑留其他ノ処分ニ服シ、遠ク南方ニ遁竄セシ假装巡洋艦モ、新嘉坡（シンガポール）以東ニハ既ニ其艦影ヲ留メサルカ如シ。浦塩艦隊ノ動静ニ就テハ其後得ル所ナシ。

二、聯合艦隊ハ敵ノ敗残艦隊ヲシテ海上ニ活動スルヲ得サラシメ、機ヲ見テ之ヲ殲滅スルノ目的ヲ以テ第三期作戦ニ移ラントス。

三、第三艦隊、第四艦隊（第一、第十艇隊ヲ欠ク）及ヒ第一艦隊ノ第一駆逐隊ハ、片岡第三艦隊司令長官ノ指揮下ニ大湊若クハ函館ヲ本根拠地トシ、北海方面ニ作戦セシメ、而テ何分ノ命アル迄、津軽海峡、千島水道を哨戒スルモノトス。

四、第二艦隊及第一艦隊ノ第四戦隊、第四艦隊ノ第一、第十艇隊、竹敷艇隊ハ、上村第二艦隊司令長官ノ指揮下ニ竹敷若クハ鎮海湾ヲ本根拠地トシ日本海西部ニ作戦セシム。而テ何分ノ命アル迄、対馬海峡ヲ哨戒スルモノトス。

五、本職ハ第一戦隊、第三駆逐隊、第十四艇隊ヲ直率シ、当分対馬海峡方面ニ在リテ全局ノ作戦ヲ統轄ス。

六、特務艦隊ハ鎮海湾ニ在リテ湾口ノ警戒ニ任シ、特ニ法令ノ定ムル所ニ従ヒ、其ノ一部ハ片岡第三艦隊司令長官ノ指揮下ニ属シ、横須賀ヲ運輸基地トシ、艦隊ノ給養ニ任スヘシ。

七、各艦艇ハ特ニ修理ヲ命セラレタルモノヽ外、六月三十日迄ニ又修理中ニ在ルモノハ竣工次第、各其ノ本根拠地ニ集合スヘシ。

聯合艦隊司令長官　東郷平八郎

終章

「海洋限定戦争」としてみた日清・日露戦争

1　「海洋限定戦争」における岐路

本書では、戦争期間に重点を置きつつ壬午・甲申事変から日露戦争終結までの期間を検討してきた。この間、日本の政策目標が一貫して韓国(朝鮮)保全であったことは、本書で考察してきたとおりである。日清・日露戦争は、国力、陸海軍戦力共に日本は劣勢であり、決して勝算のある戦争ではなかった。このような戦争を日本がいかに戦って成功することができたかを、本書で論じてきた「海洋限定戦争」の岐路に沿って振り返ってみたい。

「海洋限定戦争」の観点から、日清戦争においては三つの岐路が、日露戦争においては二つの岐路があった。日清戦争における最初の岐路は、「絶対戦争」から「海洋限定戦争」への変換である。朝鮮半島は、地政学上、その安定化・中立化が日本の独立と安定にとって必須であり、日本の政軍指導者はその保全に腐心していた。ところが、壬午・甲申事変以来、清国の勢力拡大を許す。これに対し、日本も朝鮮半島に関与し続け、明治維新以来四半世紀にして、ついに本格的な対外戦争である日清戦争を戦った。開戦当初、政府首脳や元老はこの戦争を「限定戦争」にすることを望んでいた。ところが、開戦前に設置された大本営は、清国の打倒、すなわち「絶対戦争」の概念からその目的達成を目指した「作戦ノ大方針」を策定する。開戦当初の日本の政策と戦略は一致していなかったと言える。

一八九四(明治二十七)年七月、豊島沖海戦が生起して日清戦争が始まる。続いて陸上でも、成歓の戦闘で日本は勝利を収めた。開戦当初、日本は制海の獲得を目指す。ところが、艦隊決戦が遅れて十分に制海を掌握できなかったことなどから、「作戦ノ大方針」を変更し、朝鮮半島から清国軍を排除することに重点を置いた。ここに当面の間、その戦略を直隷決戦による清国の打倒から朝鮮半島の確保に変換したのである。すなわち、この戦争を「絶対戦争」から「海洋限定戦争」へと変換したと言うことができる。これにより陸軍兵力を迅速に決勝点に集中して日清戦争序盤の天王山である平壌の戦闘に勝利することができた。ここが戦争の第一の岐路である。以降の日本は、一貫して「海洋限定戦争」に沿った政策と戦略で日清戦争も日露戦争も進めていくが、本書で示してきた通り、四回の揺らぎがあった。

次の岐路は、その冬に訪れる。「作戦ノ大方針」変更後に策定された新たな「冬季作戦方針」では、最終的に翌年の春には直隷決戦が予定されていたので「絶対戦争」は排除されず、大本営は「限定戦争」を遂行しつつも「絶対戦争」への準備も怠らなかった。軍としては、戦争が継続している以上、全力をもって相手の打倒を目指すことは当然であった。その後、「冬季作戦方針」策定時の予想以上に軍事作戦がうまく進行したため、大本営は冬季の直隷決戦を考え始める。日本が順調に勝ち進んでいたこの時期が、この戦争が拡大し、「海洋限定戦争」を逸脱する大きな危機でもあった。これを救ったのが伊藤博文首相が大本営に提出した「威海衛ヲ衝キ台湾ヲ略スヘキ方略」である。この伊藤の意見が通り直隷決戦は春まで延期され、威海衛を攻略するという「海洋限定戦争」に沿った作戦が決定された。ここが、この戦争の第二の岐路であった。政治指導者の適切な政戦略が「絶対戦争」化を防いだと言える。

しかしながら、その後も大本営は直隷決戦を着々と進める。そして、下関講和会議中に日清戦争は最後の岐路を迎えた。講和会議が停滞した時、伊藤首相が交渉決裂の際には大軍を送って北京を攻略すると言明する。その言葉を裏付けるように、日本軍の大船団が連日関門海峡を通過して大陸に向かった。日本側が最終案を通告する間も大船団は続々と李鴻章全権の眼前を大挙して通過する。ついに李全権は日本の最終案を呑み、日本は勝利のうちに講和条約を締結できた。講和条約の妥結がもう少し遅ければ直隷決戦が実施され、戦争は「海洋限定戦争」から「絶対戦争」へと進展したであろう。しかしながら、直隷決戦への万全の準備とその進行が清国に対する外交圧力となり、日本が有利な条件で講和を締結できたのである。

このように、最後は軍事的圧力をうまく活用することにより、講和条約が調印され、戦争は日本の勝利によって終結することができた。軍事的圧力をかけたと言っても、日本が圧倒的な軍事力を持っていたわけではなかった。今まで度々指摘してきたように、清国を完全に打倒するだけの実力は日本にはない。総合的国力が清国より劣る日本は、戦争を「絶対戦争」から「海洋限定戦争」に転換することにより、軍事作戦をうまく活用して有利な外交交渉を行う場を作ったのである。軍事戦略と外交を連接させたのは、朝鮮半島、遼東半島、山東半島、台湾という海洋によって孤立された限定目標であった。これらの限定目標をおさえていくことにより、日本は戦争を限定したまま、有利な講和を結ぶことができたのである。日清戦争は、まさにコルベットの指摘する「海洋限定戦争」であった。これにより日本は政治目的を達成し、成功することができたのである。

日清戦争後、今度はロシアと朝鮮半島をめぐり勢力圏を争う。北清事変によりロシアが満洲を占領し、さらに朝鮮半島を窺うに至って、一九〇四(明治三十七)年二月、日本はついにロシアと干戈を交えることになった。日露戦争は、日清戦争と異なり当初から「海洋限定戦争」としてその序盤戦が戦われた。日本にとっての限定目標は言うまでもなくロシアと勢力圏を争った朝鮮半島であった。

東郷平八郎聯合艦隊司令長官は、海戦劈頭の旅順口第一次攻撃において第二撃を行わず、攻撃中止を決断した。この第一次攻撃は旅順艦隊を撃滅することはできなかったが、新鋭戦艦二隻と巡洋艦一隻を撃破し、当分の間は行動不能にする。このため、同時に行われた陸軍の仁川上陸によって速やかな京城確保が達成された。これにより当時の不安定な韓国情勢の中で、韓国宮廷や政府への政略的手続きを遅滞なく進めることができ、日本は韓国における軍事行動の自由を担保し得たのである。このことが韓国保全という戦争目的達成の第一歩に寄与したことは明らかである。その後、聯合艦隊は旅順口攻撃を繰り返すことにより旅順艦隊を封じ込め、速やかに陸軍部隊を上陸させて平壌も確保した。

さらに海軍の支援による鉄山半島への陸軍部隊の海上輸送も、陸軍の速やかな前進に寄与して鴨緑江の戦闘で圧勝することができた。海軍から海上輸送と上陸支援を得た陸軍は迅速に朝鮮半島を制圧し、外交手段を併せてひとまず韓国保全に成功したと言える。当時の不安定な韓国情勢の中で、聯合艦隊は旅順艦隊撃滅に固執せず、陸軍の海上輸送、すなわち海洋の利用により朝鮮半島という限定目標を確保したのである。「海洋限定戦争」に沿った作戦であった。

その後の戦局の推移も、常に日本側が主導を握り順調に推移して行ったかに見える。しかしながら、必ずしも「海洋限定戦争」としての特質を活かしていくことができたわけではなかった。次の限定目標は言うまでもなく旅順である。しかしながら、海軍は旅順口の攻撃や閉塞作戦にことごとく失敗した。陸軍も旅順攻略の重要性を十分に認識せず、兵力の集中は十分でなかった。一方で、遼東半島を北上し遼陽を目指した第二軍に対し、艦隊決戦に固執していた海軍は糧秣の海上輸送の護衛や揚陸支援を行わず、このため第二軍の進撃は遅滞する。それでも海軍は八月に黄海海戦および蔚山沖海戦に勝利して、極東海域における海軍力の優位を保った。しかしながら、ロシア太平洋艦隊主力の撃滅に失敗し、以降も聯合艦隊は旅順口封鎖を強いられ続ける。陸軍も旅順要塞への総攻撃に失敗し、攻略の見込みはつかなかった。

また満洲方面の陸軍主力は、個々の戦闘には勝利して各軍は進撃を続ける。九月上旬には遼陽会戦にも勝利し、同地を占領した。しかしながら、ロシア軍主力の撃滅に失敗し、砲弾不足から追撃戦も実施できなかった。陸軍は二正面作戦を強いられ続けることになる。その一方で、バルチック艦隊の極東回航も近づく。この九月上旬において、日本は個々の戦闘場面に勝利し、戦争遂行において主導をとりながらも行き詰まり、危機的状況を迎えていた。

「海洋限定戦争」の視点から指摘すれば、遼東半島西岸における糧秣の海上輸送を十分に行わず、また、海洋と陸軍の攻囲によって孤立化された旅順に陸海軍の努力が集中されず、日本は海洋を十分に利用することができなかったのである。このため、各個の戦闘には勝利を重ねたが、限定目標の奪取に失敗し、九月上旬に至り、日本は危機的状況に陥ったと言えよう。

そもそも戦争終結に向けた日本の構想は、遼陽の戦勝と旅順陥落により講和へ持ち込むというものであった。講和のために旅順攻略は必須であり、政略としては早期に旅順を陥落させて講和に持ち込む必要があった。第一回旅順総攻撃失敗後も、この構想は継続し続ける。遼陽会戦後、満洲軍は沙河方面で守勢をとり、その戦略目標への陸海軍の努力は旅順に集中されたかに見える。ところが、その後満洲軍総司令部内でこの沙河守勢・旅順重視の戦略は揺らぎ始める。政略上の要求と戦地の戦略には相違が芽生え始めていた。ロシアの大軍との対峙によって、弾薬の補充は沙河方面が優先され第三軍へは不十分となり、このことは第二回総攻撃失敗の一因となった。旅順艦隊が現存するまま、バルチック艦隊も東航の途についた。

この日露戦争最大の危機において、戦地の満洲軍総司令部は沙河における北進を企図する。ここで日本は大きな岐路を迎える。この大陸奥地に攻め込む作戦は「海洋限定戦争」を逸脱し、戦争を拡大する戦略に基づくものであった。児玉源太郎総参謀長が、かろうじてこれを制止することに成功する。北進が制止されることにより二正面作戦は回避され、攻撃は旅順に集中されて二〇三高地が奪取された。その結果、重要な戦略目標である旅順艦隊を撃滅することができ、また政略上も重要な旅順を陥落させることができたのである。ここに政戦略は一致したと言えよう。もし、この時に満洲軍主力が北進していれば旅順攻略の遅延は確実であった。ここが日露戦争における第一の岐路である。

旅順陥落により、日露戦争は新たな局面に入る。日本は当初の戦争目的であった韓国保全を達成した上、さらにそれを拡大して遼東半島まで占領したのである。ただし、沿海部である遼東半島の占領は、「海洋限定戦争」の逸脱ではない。講和に向けて、この有利な情勢を確保したまま戦争を終局させなければならなかった。欧米列強による講和斡旋の動きも具体化し、前年秋の大統領選に再選されたローズヴェルトも斡旋意思を明確に表明する。ところが日本は奉天会戦には勝利したものの、またもロシア軍の撃滅に失敗し、その後大本営は満洲正面では守勢をとる作戦方針を起案した。ところが、満洲軍総司令部はハルビンまでの北進を再び企図する。一度はこの満洲軍の意見が入れられ、ハルビン攻略の積極的な作戦方針が上奏された。従来の研究では看過されてきたが、ここでも再び戦争拡大が企図されたのである。その後、この拡大路線は政略によって歯止めがかけられ、戦略は「海洋限定戦争」路線に復帰するのであった。そこでの鍵は「政戦略の一致」であった。ここが日露戦争における第二の岐路であり、最大の岐路であった。

ロシアを完全に打倒するだけの実力は日本になかった。国力の劣る日本は、「海洋限定戦争」を堅持することにより、軍事作戦をうまく活用して有利な外交交渉を行う場を作ったと言えよう。「海洋限定戦争」逸脱の危機は、政軍指導者の巧みな政戦略によって防がれていったのである。

日本海海戦の圧倒的な勝利とローズヴェルト大統領の講和提議により、日露戦争は講和期を迎える。「海洋限定戦争」を堅持するならば、日本は海洋によって離隔された限定目標を奪取することにより、有利な講和を結ぶための戦略を実行する必要があった。満洲正面における膠着状態は継続し、日清戦争の場合と異なり、当面の「絶対戦争」化の懸念はなかった。そして、樺太作戦を短期間で成功させることにより、重要な限定目標を奪取することに成功した。ところがこの時期、樺太作戦同様に支作戦として実施された北韓作戦は、戦争目的にも直結しており、その故に政府側も強く希望していたにもかかわらず、講和成立までに作戦を完遂することはできなかったのである。

日露戦争における日本の最大の戦争目的は、韓国の保全であった。また、北韓作戦はポーツマス講和会議開催中も進行中であった。したがって、この作戦は政略的にも重要である。しかしながら、海軍が陸軍に十分案支援を行わなかったため、日本は講和条約成立までに北韓地方からロシア軍を排除できず、韓国全土を占領することはできなかった。すなわち、日本は戦争終結時に「海洋限定戦争」における戦争目的を完全には達成することができなかったと言える。このため、日本海海戦の勝利によって得た海軍力の圧倒的な優位を、「海洋限定戦争」の中で活用することができなかったのである。

最終的に、戦争目的を完全には達成できなかったが、日露戦争で日本が勝利したことは間違いないことである。日清戦争時の伊藤首相同様に、桂太郎首相、山縣有朋参謀総長、児玉満洲軍総参謀長などの政軍指導者が、本書で考察してきたように度々生起した「絶対戦争」化を抑え、「海洋限定戦争」の枠内で戦争を遂行し、有利な状態で終結させたことが、日本の勝利の大きな要因であったと言うことができる。日清・日露戦争共に「海洋限定戦争」であったが故に、日本は成功を収め、明治維新以来の念願であった確固とした独立を確保し、列強の仲間入りを果たしたのであった。

2　制海争奪状況下における陸海軍の協同

日清・日露戦争全体を概観してみると、コルベットの指摘する通り、ほとんどの期間で制海は争奪されていた。日本が圧倒的な制海を把握したのは、日清戦争においては威海衛攻略によって清国北洋艦隊が降伏した後であり、日露戦争で日本海海戦の勝利によってバルチック艦隊がほぼ壊滅した後であった。ただし、日本海海戦後もロシアの敗残艦隊はウラジオストクに存在し、沿岸部で水雷艇や浮流機雷の脅威が存在したので、日本が完全に海上交通を管制していたとは言えない状態であった。このような戦争の大半の時期を占める制海争奪下で、日本はコルベットの言う「制海行使の作戦（陸軍の輸送船団護衛と揚陸支援）」を行うことにより、「海洋限定戦争」における戦略目標を奪取していった。この制海行使の作戦、すなわち陸軍部隊の海上護衛や上陸支援において、陸海軍の協同が重要であることは論を待たない。陸海軍が協同していかに戦略目標にその努力を集中していったのかを、前出の日清・日露戦争の五つの岐路に沿って総括してみたい。

日清戦争の第一の岐路が、「作戦ノ大方針」を変更して、「絶対戦争」を「海洋限定戦争」に変換したことであったことは、先に述べた。その直接の原因は、艦隊決戦が遅れて十分に制海を掌握できなかったことであった。コルベットが指摘するように、艦隊決戦は自らが望む好時機に都合よく行えるとは限らないのである。このため当面の間、日本は作戦方針を直隷決戦による清国の打倒から、朝鮮半島より清国軍を排除する限定目的に変更した。これにより艦隊決戦のために待機していた聯合艦隊を船団護衛に振り向けることができ、陸軍兵力を迅速に決勝点に集中し、平壌の戦闘に勝利することができたのである。日本は制海獲得に固執せず、「制海行使の作戦」を着実に行ったことにより成功したと言える。陸海軍は、平壌という戦略目標にその努力を統一できたのである。

その直後の黄海海戦は、従来唱えられていた説とは異なり、日本が完全に制海を掌握できたわけではなく、制海争奪が継続した。この制海争奪下においても、清国北洋艦隊が活発に行動しなかったこともあり、日本は陸軍の海上輸送路を確保して戦局を順調に進めた。大本営が兵を直隷平野へ進めようと計画した時、伊藤首相がそれに異を唱え、「威海衛ヲ衝キ台湾ヲ略スヘキ方略」を提出して日清戦争は第二の岐路を迎えた。これにより「絶対戦争」化が阻止されると共に、陸軍による威海衛攻略という「海洋限定戦争」に沿った作戦が実施され、結果として陸海軍の協同により北洋艦隊を降伏に追い込んだのである。ここでも、威海衛という戦略目標に陸海軍は努力を統一したのである。その後、完全な制海把握により海軍は澎湖島攻略作戦を実施する。これは海洋によって孤立化された限定目標を奪取して有利な講和条件を目指すという「海洋限定戦争」に沿った作戦であった。ここで重要な点は、平壌や威海衛という半島における戦略目標が、当時の劣悪な陸上交通状況によって、ほぼ孤立していたことである。まさに、コルベットが指摘したように、半島における拠点は島嶼のように孤立し、海洋を活用することにより、その目標奪取が可能になったのである。

日本が制海を把握した状況で日清戦争は第三の岐路を迎えた。下関講和会議で日本の提案に難色を示す李全権に対し、日本側は最終案を通告すると共に、北京攻略軍を載せた大船団を李全権の眼前を大挙通過させて、圧力をかけたのである。関門海峡という内海ではあったが、日本は完全な制海掌握下で海洋を自由に活用して戦争を終結に導いたのであった。しかも、それは大艦隊ではなく、護衛の艦船は付いていたもの陸軍の大部隊を搭載した大輸送船団であった。これも一つの陸海軍協同の形であるということができるであろう。海から陸へ戦力を投射することを示すことにより、日本は外交的勝利を収めることができたのである。

日清戦争後、日本がロシアと勢力圏を争った朝鮮半島は、日露両国にとって海軍戦略上も重要な限定目標であった。租借により旅順に海軍基地をもったロシアは、従来からの基地であったウラジオストクとその海軍力を朝鮮半島によって分断されることになったからである。日本海軍は大幅な艦隊増強を目指し「六六艦隊」を完成させた。それに対して、ロシア海軍も続々と極東に艦艇を回航して海軍力を増強していく。これはすなわち、日露間で極東水域における制海把握の力を争奪していったのである。限定目標である朝鮮半島との海上路の制海が危うくなると感じた時、日本は戦争を決意した。しかしながら、即座に日本がロシア艦隊を撃滅して、十分な制海を把握することは困難なことである。したがって、日露戦争は必然的に「海洋限定戦争」として進行していくのであった。

この戦争の序盤は、「海洋限定戦争」の岐路はなかったが、「制海行使の作戦」を展開したという面では重要な時期である。先に述べたとおり開戦劈頭における旅順口攻撃において、聯合艦隊は完全な制海の把握に失敗した。しかしながら、旅順艦隊の一部に被害を与えたことや仁川沖海戦の勝利などにより、陸軍兵力の海上輸送を著しく容易にして、仁川上陸を無事に成功させる。これにより、速やかな京城占領が達成された。陸海軍は京城という戦略目標に努力を統一したと言える。その後に第一軍主力が上陸した鎮南浦は、平壌に近く鴨緑江への進撃にも便があったが、海洋を隔てて敵艦隊根拠地である旅順の対岸に位置した。聯合艦隊は主力艦を損耗しない程度に旅順口攻撃を繰り返して旅順艦隊を封じ込めると共に、陸軍運送船の護衛や上陸支援も行う。鎮南浦という戦略適地への陸軍の上陸は安全に進捗した。これによりロシア軍よりも先に、大きな戦闘なくして朝鮮半島北部の要衝である平壌も占領することができたのである。陸海軍は平壌という戦略目標に努力を統一したと言える。

さらに、従来の軍事史研究ではあまり注目されてこなかったが、海軍の支援による鉄山半島への海上輸送も、陸軍の速やかな前進と重砲や糧食の輸送に大きく寄与し、鴨緑江の戦闘で圧勝する決定的要因となった。

歩兵師団の野砲ですら行軍困難であった道路状況を考えれば、海上輸送なしに野戦重砲兵連隊を鴨緑江の戦闘に参加させることは不可能であった。海軍から海上輸送と上陸支援を得た陸軍は迅速に朝鮮半島を制圧して韓国保全に成功したと言える。聯合艦隊は敵艦隊の撃滅ではなく、陸軍との協同によって戦争目的を達成しようとしたのである。制海争奪下における「制海行使の作戦」によって、その目的を達成したと言える。

その後も制海争奪の状況は継続するが、陸海軍の協同に齟齬を来すようになる。旅順攻略は大本営陸軍部主導で決定される。旅順攻略は海軍にとって重要な問題であったが、早急な旅順攻略の要請を海軍が始めたのは七月になってからであった。陸軍が旅順の早期攻略を行うには、既に手遅れの時期である。日本側が陸海軍部の意思疎通不足によって作戦進捗に支障をきたしている間に、ロシアは旅順要塞の防備を固めてしまう。一方で陸軍部は、開戦前から計画されていたウスリー作戦に固執し、その使用部隊として第八師団を内地に拘置していた。しかしながら、海軍の状況から、当面の間、ウスリー作戦の実行は不可能であった。このウスリー作戦と第八師団使用の問題は、旅順要塞第一回総攻撃の成否に大きく影響した。第一回総攻撃は兵力不足も一つの要因となり攻撃継続を断念せざるを得なかったからである。大本営陸海軍部は旅順という戦略目標にその努力を統一することができなかったのである。

一方で従来の研究ではほとんど検討されてこなかったが、陸軍主力の遼東半島北進に対しても、大本営陸海軍部は十分な協力関係を築けず、作戦進捗に重大な影響を与えた。特に戦艦「初瀬」「八島」喪失後、山本海相の強い影響を受けていた海軍部は、陸軍作戦への協力に極めて消極的であった。このことは遼東半島西岸の海上輸送の問題に如実に表れ、雨期前に行う予定であった遼陽攻略を大幅に遅延させる大きな要因となったのである。この間、遼陽のロシア軍は大幅に増強され、またその防備も強化されてしまう。ここに、日本軍が遼陽においてロシア軍を包囲殲滅することは不可能になった。この時、陸軍の戦略目標は遼陽であったが、艦隊決戦に固執した海軍部はその戦略目標を旅順艦隊に置いて制海争奪下における「制海行使の作戦」を怠った。このため、遼陽という戦略目標へも陸海軍は努力を統一することができなかったのである。海上では黄海海戦および蔚山沖海戦に勝利して、極東海域における海軍力の優位を保ったにもかかわらず、旅順艦隊が現存した上、バルチック艦隊来航も現実のものとなり、日本は危機的状況を迎えるに至った。大本営陸海軍部間の意思疎通が不足したために、陸海軍は旅順や遼陽といった戦略目標に対してその努力を統一できなかったと言える。

その後、満洲軍は沙河方面で守勢をとり、その戦略目標への陸海軍の努力は旅順に集中されたかに見えるが、満洲軍総司令部内でこの戦略は揺らぎ始める。沙河優先の戦略は第二回総攻撃失敗の一因となった。その間、旅順口を封鎖していた聯合艦隊は触雷などによって多大な被害を受け、陸海軍の協同は大きな齟齬を来してしまったのである。旅順の早期攻略は海軍側からの要望であったけれども、その成否への影響は陸軍側に大きかった。すなわち、海軍のみの事情を考えれば、直ちに封鎖を解いて艦隊の修理を行い、バルチック艦隊に備えることもできた。ところが陸軍にとってみれば、旅順の封鎖を解かれることは、ロシア側の海上交通路が復活すると共に、満洲軍の海上補給路を危うくすることを意味した。旅順早期攻略、もしくは二〇三高地占領による旅順艦隊撃滅は陸軍のためでもあったのである。

大本営陸軍部がそのことを知悉していたのに比べ、戦地の満洲軍総司令部はその理解が足りなかった。そのため、沙河における満洲軍主力の北進を企図する。前述のように、ここが日露戦争における第一の岐路である。児玉総参謀長の機略により、かろうじて北進が制止された。これにより攻撃は旅順に集中されて二〇三高地が奪取された。その結果、重要な戦略目標である旅順艦隊を撃滅することができ、また旅順要塞を陥落させたのである。最終的には、陸海軍は旅順に努力を統一したと言える。

奉天会戦後、大本営は追撃を鉄嶺で制止し、この方面では守勢をとる作戦方針を起案したが、満洲軍総司令部はハルビンまでの北進を企図した。ここが日露戦争は第二の岐路を迎えるが、この大陸奥地への北進戦略は政略によって歯止めがかけられ、樺太や北韓など沿岸部において陸海軍が協同できる作戦方針に復帰したのである。

その後、日本海海戦の勝利により、日本は極東海域の制海を完全に把握する。講和期を迎えた日本は、短期間で樺太全島を占領して陸海軍の協同作戦は成功裏に完結した。ところが、樺太作戦同様に支作戦として実施された北韓作戦は、講和成立までに作戦を完遂することはできなかった。大本営海軍部は極東におけるロシア艦隊がほぼ消滅したこの時期においても、北韓作戦の支援について極めて消極的であった。このため北韓軍への揚陸支援は行わず、陸軍は北韓へ大規模な兵力投入を行うことができなかった。結果的に講和成立までに、日本はロシア軍を朝鮮半島全域から排除することに失敗したのである。満洲における陸軍作戦に限界が見られる中、海軍は、日本海海戦の勝利によって得た制海を、十分に活用することができなかったと言える。

本書は、従来の日清・日露戦争研究ではあまり検討されてこなかった陸海軍の協同にも焦点をあてて考察を重ねてきた。その結果、陸海軍の協同が順調であり、その努力を一つの戦略目標に集中できた時には「海洋限定戦争」も順調に進展し、これに齟齬を来した時は「海洋限定戦争」も危機的状況になったことが明らかとなった。

3　コルベットの海洋戦略に近似していた秋山真之の思想

ここまでコルベットの「海洋限定戦争」理論に拠りつつ、日清・日露戦争における日本の政策と戦略を分析してきたが、本書の冒頭でも述べた通り、時期的に考えて当時の日本の政軍指導者がコルベットの著作等を読んでいたとは思えない。したがって、意識的に「海洋限定戦争」を目指していたわけではなかった。しかしながら、結果としてかなりの部分で日本は「海洋限定戦争」に沿った政戦略で成功したのである。特に、ここで秋山真之に注目したい。従来、秋山は米国留学の際にマハンを私邸まで訪ねて教えを請うたことや日本海海戦時に作戦参謀であったことなどからマハン流の海軍思想を持っていると考えられていた。ところが、本書で考察してきたように、秋山の思想はコルベットの思想に近似していた。

開戦劈頭の旅順口攻撃において、東郷聯合艦隊司令長官が第二撃を行わずに攻撃中止を決断したのは、「屈敵主義」に基き自らの損害を少なくして戦争目的を達成するという秋山の戦略思想に影響されたものであったことを第六章で指摘した。秋山は艦隊決戦に固執せず、陸軍の韓国臨時派遣隊の揚陸とその直後の第十二師団主力の仁川上陸によって速やかな京城の確保を達成した。これにより当時の不安定な朝鮮半島情勢の中で、韓国の宮廷および政府への政略的手続きを遅滞なく進めることができ、日本は韓国における軍事行動の自由を担保することができた。このことが韓国保全という戦争目的達成の第一歩に寄与したのである。

その後も、聯合艦隊は主力艦を損耗しない程度に旅順口攻撃を繰り返して旅順艦隊を封じ込めると共に、陸軍運送船の護衛や上陸支援も行う。鎮南浦という戦略適地への陸軍の上陸は安全に進捗した。これによりロシア軍よりも先に、大きな戦闘なくして朝鮮半島北部の要衝である平壌も確保するに至ったのである。さらに、聯合艦隊の支援による鉄山半島への海上輸送も、陸軍の速やかな前進と重砲や糧食の輸送に大きく寄与し、鴨緑江の戦闘で圧勝する決定的要因となった。この鴨緑江の戦闘の勝利が最大の戦争目的であった韓国保全を決定づけたのである。秋山の戦略思想に基づいた聯合艦隊の作戦により、海軍から海上輸送と上陸支援を得た陸軍は迅速に朝鮮半島を制圧し、また外交手段を併せて韓国保全に成功したと言える。

その後、「初瀬」「八島」喪失という悲運にもかかわらず、聯合艦隊は陸軍に対する協力を継続する。それは陸軍に対する海上から砲撃支援であり、第二軍糧秣の海上輸送支援についても、大本営海軍部の反対にもかかわらず、聯合艦隊司令部はできる限りそれに答えようとした。北韓作戦支援においても、秋山のコルベット的な思想は如実に表れる。バルチック艦隊来航前の時期においても、聯合艦隊は次の海戦に向けて整備中であった装甲巡洋艦「春日」の修理を中止させてまでも陸軍支援に参加させ、また当時は四隻しかなかった主力戦艦の内の一隻である「富士」まで参加させて陸軍の海上護衛と揚陸支援を行った。日本海海戦後も、大本営の作戦方針と異なったため、実際には採用されなかったものの、圧倒的な制海掌握を活用した積極的作戦方針を計画する。その後の北韓作戦支援においても、聯合艦隊司令部はできる限り陸軍側の要望に沿う作戦を指示し、陸軍兵力の前進に寄与した。

これらの秋山が企画・実施した作戦を考察してみると、秋山は敵艦隊を撃滅するよりも、陸軍の海上輸送を護衛・支援することにより、すなわち海から陸へ影響力を行使することにより、戦争目的を達成しようとしていたことは明らかである。壮大な艦隊決戦であった日本海海戦にしても、秋山は当時の英国海軍のドクトリンのように、敵艦隊を追い求めることはせず、対馬海峡で待ちかまえることによって日本本土と大陸との間の陸軍輸送路を守ったのであった。

秋山がこのような思想に至ったのは、幅広い読書の賜であったと考えられる。よく知られるように、秋山はマハンの書など当時流行の海軍戦略書のみならず、孫子や中世の瀬戸内水軍の戦術のほか、甲陽軍鑑など甲越軍学などにも習熟していた[1]。そういった陸戦や海上で陸戦を戦うような中世水軍の研究を通じて、陸海軍の協同の重要性を導き、また孫子からは戦争目的の重要性などを学んだことが推察できる。このような秋山の思想は、山本権兵衛や佐藤鐵太郎の「島帝国論」とは大きく異なり、これに大きな影響を受けていた大本営海軍部の作戦方針と大きな齟齬を来したことは、これまで本書で述べてきた通りである。山本や佐藤の「島帝国論」が、日露戦争までの海軍拡張の根拠となり、そのことが日清・日露戦争の勝利の一因となったことも疑いないだろう。しかしながら、それ以上に戦地で秋山が「海洋限定戦争」を実践したことが、日本の勝利に大きく貢献したと言える。

註

序章

1――安岡昭男『明治前期大陸政策史の研究』（法政大学出版局、一九九八年）五九、六四、七〇、一〇五～一〇八頁、伊藤之雄「日清戦前の中国・朝鮮認識の形成と外交論」古屋哲夫編『近代日本のアジア認識』（緑蔭書房、一九九六年）、一一七～一一八頁。

当時の日本ではロシアの脅威が過度に強調されていたとの指摘もある。しかしながら、ロシアが三国干渉後に旅順・大連を租借し、北清事変後には満洲を軍事占領し、さらに朝鮮北部にまで触手を伸ばして日露戦争が生起したことを考えると、当時の日本の為政者による対露警戒は正しい判断であり、先見の明があったと言える。

2――藤村道生『日清戦争――東アジア近代史の転換点』（岩波書店、一九七三年）、大江志乃夫『東アジア史としての日清戦争』（立風書房、一九九八年）、同『世界史としての日露戦争』（立風書房、二〇〇一年）、千葉功『旧外交の形成――日本外交一九〇〇～一九一九』（勁草書房、二〇〇八年）、原田敬一『日清戦争』（吉川弘文館、二〇〇八年）、山田朗『世界史の中の日露戦争』（吉川弘文館、二〇〇九年）、和田春樹『日露戦争――起源と開戦』上下巻（岩波書店、二〇〇九・二〇一〇年）。

なお、藤村はこの二つの戦争をブルジョアジーが主導した「帝国主義戦争」ではなく、絶対天皇制が主導した「絶対主義戦争」であるとしたところが異色であるが、日本が侵略志向をもって膨張したという点では、両戦争を「帝国主義戦争」と規定する論者と同一である。

3――角田順『満州問題と国防方針――明治後期における国防環境の変動』（原書房、一九六七年）、小林道彦『日本の大陸政策　一八九五～一九一四――桂太郎と後藤新平』（南窓社、一九九六年）、伊藤之雄『立憲国家の確立と伊藤博文――内政と外交　一八八九～一八九八』（吉川弘文館、一九九九年）、同『立憲国家と日露戦争――外交と内政　一八九八～一九〇五』（木鐸社、二〇〇〇年）。横手慎二『日露戦争史――20世紀最初の大国間戦争』（中央公論新社、二〇〇五年）は、日露戦争がセキュリティ・ジレンマによる戦争であったという新たな見方を提示しているが、大きな分類としては、この独立確保の見解に入るであろう。

また、佐々木隆『明治人の力量』(講談社、二〇〇二年)は、日清・日露戦争を直接扱ったものではないが、この時代における独立確保と近代日本の形成を主題としている。

4――この戦争の性格規定論は、日露戦争の開戦原因論とも結びつくものである。その詳細は、中西寛・奈良岡編「日本における日露戦争研究の動向」日露戦争研究会編『日露戦争の新視点』(成文社、二〇〇五年)四一一〜四一二頁、千葉功「日露戦前期(一九〇〇〜一九〇四)外交史研究の現状」『史学雑誌』第一〇六編第八号(一九九七年)九一〜九三頁参照。

5――前記以外にも、御厨貴『明治国家の完成――一八九〇〜一九〇五』(中央公論新社、二〇〇一年)、原田敬一『日清・日露戦争』(岩波書店、二〇〇七年)、宇野俊一『明治立憲体制と日清・日露』(岩田書院、二〇一二年)。また、論文集としては小風秀雅編『アジアの帝国国家』(吉川弘文館、二〇〇四年)が、この時代を扱っている。

6――伊藤博文関係文書研究会編『伊藤博文関係文書』五(塙書房、一九七七年)二八三頁。

7――林董「林董伯自叙伝回顧録」林董(由井正臣校注)『後は昔の記他　林董回顧録』(平凡社、一九七〇年)、六九〜七二頁。林董「後は昔の記」同書、二五九〜二六〇頁。

8――檜山幸夫『日清戦争』(講談社、一九九七年)一三二〜一三三頁。

ただし、川上操六参謀次長のみは、開戦前年に清国を視察しており、「支那兵ハ問題ニナラヌ、乞食同然ダ、唯兵ラシイノハ李鴻章ノ兵ノミダ」と相当に自信を持っていたと外務大臣秘書官であった中田敬義は回顧している。外務省調査部第一課編「中田敬義氏述　日清戦争ノ前後」広瀬順晧編『近代外交回顧録』第一巻(ゆまに書房、二〇〇〇年)、七二〜七三頁。

9――朝日新聞社編『日本経済統計総観』(朝日新聞社、一九三〇年、復刻、東京プリント出版、一九六六年)七六九、一二五九頁。

10――石塚正英編『日露戦争日米外交秘録――金子堅太郎回顧録』(長崎出版、一九八六年)三四〜三五頁。なお、本書は金子堅太郎の講演を記録した東京府教育会『日露戦役秘録』(博文館、一九二九年)の復刻新版である。

11――檜山幸夫「日清戦争における外交政略と戦争指導――移行段階の講和条件確定問題を中心に」福地重孝先生還暦記念論文集刊行委員会編『近代日本形成過程の研究』(雄山閣、一九七八年)、同「伊藤内閣の朝鮮出兵決定に対する政略論的検討」上・下『中京法学』第一八巻第一・二・三号(一九八四年)。角田順「日露戦争における政戦

両略」角田順『政治と軍事――明治・大正・昭和初期の日本』(光風社、一九八七年)一〇頁。

12――明治二十二年十二月十日付「外交政策(條約改正)に関する閣議決定書」、明治二十八年六月四日付「対韓政略に関する閣議決定」外務省編『日本外交年表竝主要文書』上巻(原書房、一九六五年)一二九～一三二、一七二頁、明治二十三年三月、山縣総理大臣「外交政略論」、明治三十八年三月二十三日付、山縣参謀総長「政戦両略概論」大山梓『山縣有朋意見書』(原書房、一九六六年)一九六～二〇一、二七三～二七七頁、陸奥宗光『新訂　蹇蹇録』(岩波書店、一九八三年)二二九頁。

13――雨宮昭一『近代日本の戦争指導』(吉川弘文館、一九九七年)二八～二九頁。

14――カール・フォン・クラウゼヴィッツ『戦争論』レクラム版(日本クラウゼヴィッツ学会訳)(芙蓉書房、二〇〇一年)四四頁。

15――例えば、古屋哲夫『日露戦争』(中央公論社、一九六六年)八六～八八頁、松村正義『日露戦争100年――新しい発見を求めて』(成文社、二〇〇三年)一一～一三頁。

16――日本では、Command of the Seaを伝統的に制海権と訳してきた。しかしながら、これから本書で分析枠組みとして用いるコルベットの戦略理論において、Command of the Seaは、海上交通の管制と定義され、日本で伝統的に用いられてきた海を支配する絶対的な「権力」という「制海権」の概念とは異なる。したがって、本書では「制海権」から「権」をとり、「制海」という語を統一して使用する。

17――コルベットが、「海洋限定戦争」という用語を使用しているわけではないが、コルベットの概念を端的に表す言葉として、本書では「海洋限定戦争」という用語を使用する。その概念の詳細については、第一章で述べる。

18――Julian S. Corbett, *Maritime operations in the Russo-Japanese War, 1904-1905*, 2 vols. (London: Intelligence Division of Admiralty War Staff, 1914, confidential publication; reprint, Annapolis, Md.: Naval Institute Press; Newport, R.I.: Naval War College Press, 1994).

19――Julian S. Corbett, *Some Principles of Maritime Strategy* (London: Longmans, Green and Co., 1911).

20――高橋秀直『日清戦争への道』(東京創元社、一九九五年)。この他の日清戦争研究については、第二章で詳述する。なお、例外として、軍事的視点から著されたものに、斎藤聖二『日清戦争の軍事戦略』(芙蓉書房、二〇〇三年)がある。この斎藤の研究は、開戦前後における日本の派兵状況や作戦準備などを詳細に描いた優れた研究であり、本書も日清戦争については多くの貴重な示唆を受けた。

21——ヘルムート・フォン・モルトケ（Helmuth von Moltke）「戦争と政治」片岡徹也編著『戦略論大系③モルトケ』（芙蓉書房、二〇〇二年）三六頁。なお、「絶対戦争」とは、クラウゼヴィッツが「限定戦争」の対となる概念として提示したものである。クラウゼヴィッツ『戦争論』第八編、二九三〜三八〇頁参照。

22——小林道彦は、日露戦後を対象とした政治史研究においても、昭和期の軍部イメージを日露戦後に投影するという一般的傾向があると指摘している。小林『日本の大陸政策』八頁。

23——桑田悦編『日清・日露戦争』近代日本戦争史第一編（同台経済懇話会、一九九五年）、外山三郎『日清・日露・大東亜海戦史』（原書房、一九七九年）、同『日露海戦史の研究——戦記的考察を中心として』（教育出版センター、一九八五年）。

24——S. C. M. Paine, *The Sino-Japanese War of 1894-1895: Perceptions, Power, and Primacy* (New York: Cambridge University Press, 2003). 欧米におけるその他の日清戦争関連の研究史については、See, S. C. M. Paine, "Bibliographic Essay" in Paine, *The Sino-Japanese War of 1894-1895*, 371-378. なお、ペインは他の論文で、日露戦争を日清戦争の結果を再確認する戦争であり、日本はアジアにおける支配国の地位を「維持」したと評価している。セイラ・C・M・ペイン「明治日本の国家戦略における日清・日露戦争とその帰結」（荒川憲一訳）軍事史学会編『日露戦争（二）——戦いの諸相と遺産』（錦正社、二〇〇五年）二三五頁。

25——近年においても、日露戦争百周年の区切りに、この戦争をグローバルな戦争であったと捉えて、さまざまな視点、さまざまな分野からの論考を集めた論文集が刊行されている。See, John W. Steinberg, et al. eds. *The Russo-Japanese War in Global Perspective: World War Zero*, 2vols. (Boston: Brill, 2005, 2007).

26——Ian Nish, *The Origins of the Russo-Japanese War* (London&New York: Longman, 1985).

27——Б. А. Романов, *Россия в Маньчжурии 1892-1906* (Ленинград: Ленинградского Восточного Института, 1928); Andrew Malozemoff, *Russian Far Eastern Policy, 1881-1904, with Special Emphasis on the Causes of the Russo-Japanese War* (Berkeley: California U. P., 1958). なお、ロマーノフの研究は、一九三四年に日本で、一九五二年に米国で翻訳されており、日本や英語圏の研究でロシア側の政策を知る上で貴重な文献の一つとなっている。ベ・ア・ロマーノフ『満洲に

於ける露国の利権外交史』(山下義雄訳)(鴨右堂書房、一九三四年); B. A. Romanov, *Russia in Manchuria 1892-1906*, trans. by S. W. Jones, (Ann, Arbor: Michigan University Press, 1952).

28 ——David M. McDonald, *United Government and Foreign Policy in Russia, 1900-1914* (Cambridge, Mass.: Harvard University Press, 1992); David Schimmelpenninck van der Oye, *Toward the Rising Sun: Russian Ideologies of Empire and the Path to War with Japan* (DeKalb, Illinois: Northern Illinois U. P., 2001). この他に、この時期の英国のロシア政策を扱った研究に、Keith Neilson, *Britain and the Last Tsar: British Policy and Russia, 1894-1917* (Oxford: Clarendon Press, 1995) があり、日露戦争研究にとっても参考となる。

また、ロシア語の研究としては、前掲のロマーノフによる研究の他に、帝政ロシア時代の戦史編纂委員会のメンバーであったシマンスキー(Panteleimon N. Simanskii)が一九一〇年に書いた著作をゾロタレリョフ(V. A. Zolotarev)が編集して復刊した。V. A. Zolotarev red., *Russiia i Iaponiia na zare XX stoletiia* (M.: Arbizo, 1994) がある。横手慎二「日露戦争に関する最近の欧米の研究」軍事史学会編『日露戦争(一)——国際的文脈』(錦正社、二〇〇四年)二八〇頁。

29 ——Bruce Menning, *Bayonets Before Bullets: The Imperial Russian Army, 1861-1914* (Bloomington: Indiana University Press, 1992); John W. Steinberg, *All the Tsar's Men: Russia's General Staff and The Fate of the Empire, 1898-1914* (Washington, D. C.: Woodrow Wilson Center Press, 2010).

また、ロシア語の研究としては、スヴェーチン(Aleksandr Svechin)の研究が注目される。詳細は、横手「日露戦争に関する最近の欧米の研究」二八四〜二八六頁参照。

第1章

1 ——近年において、コルベットを「コーベット」と表記する論考もあるが、本書では、旧日本海軍以来、伝統的に使用されてきた「コルベット」と表記する。なお、海洋戦略とは、海軍だけではなく、海運、造船等をも含んだ海軍戦略よりも広範な戦略である。

2 ——マハンの初期の代表作である『海上権力史論』は一八九〇年に刊行されたが、早くも一八九六(明治二十九)

年には邦訳が水交社から出版されている。マハンの海軍戦略の決定版とも言うべき『海軍戦略』は一九一一年に刊行されると、日本の海軍大学校でも原書を大量購入した。その後、両書は海軍将校必読の書となる。なお、『海軍戦略』は一九三二(昭和七)年に海軍軍令部の尾崎主税中佐によって翻訳された。アルフレッド・T・マハン『海上権力史論』(北村謙一訳)(原書房、一九八二年)訳者序一頁(原書名：Alfred Thayer Mahan, *The Influence of Sea Power upon History, 1660-1783*, Little Brown, 1890)、アルフレッド・T・マハン『マハン海軍戦略』(井伊順彦訳)(中央公論新社、二〇〇五年)訳者解説四一〇頁(原書名：Alfred Thayer Mahan, *Naval Strategy*, Little Brown, 1911)。

3——第二十二期甲種学生(大正十三年)および第二十四期甲種学生(大正十四年)が抄訳。高橋弘道編著『戦略論大系コーベット』(芙蓉書房、二〇〇六年)解題三〇三頁。

ただし、コルベットが著した『英国海軍戦史：欧洲戦争』とドイツ海軍大佐オットー・グロースがコルベットの理論枠組みを使って論述した『世界大戦より見たる海上作戦の教條』の翻訳刊行は、注目に値する。前者において、発刊者である水交社学務掛は、「海軍作戦を研究して教訓を求めむと欲する者に対しては、未だ英国の公文書を典拠としてコルベー氏の著述せる『ネーヴァル、オペレーションス』(原著)の右に出つる好著書あるを見す」と序文で絶賛している。

また、後者は、コルベットの主著、『海洋戦略の諸原則』の理論枠組みを援用して、第一次世界大戦の海戦史を論述したものである。このように戦間期の日本海軍では、マハンの戦略論が主流であったとしても、コルベットの戦略論に関しても注意が払われていた。サー・ゼー・エス・コルベー『英国海軍戦史：欧洲戦争』(尾崎主税訳)(水交社、一九二七年)、オットー・グロース『世界大戦より見たる海上作戦の教條』(三上射鹿訳)(海軍軍令部、一九三〇年)。

4——第二次大戦後における米国海軍の海洋戦略が、マハンからコルベットへ変遷していった経緯は、高橋弘道「一九四五年以降のアメリカ海軍の戦略概念——マハンとコルベットの戦略思想を援用して」に詳しい。立川京一他編著『シー・パワー——その理論と実践』(芙蓉書房、二〇〇八年)三〇七～三二三頁。

5——Geoffrey Till, *Seapower: A Guide for The Twenty-First Century* (London: Frank Cass, 2004), 66-67.

6——Donald M. Schurman, *Julian S. Corbett, 1854-1922: Historian of British Maritime Policy from Drake to Jellicoe* (London: Royal Historical Society, 1981), 1-17.

7 ——Ibid., 7, 17.

8 ——Ibid., 17. なお、これらの小説の概要については、ピーター・スタンフォード「ドレッドノート時代におけるジュリアン・コルベット卿の業績」（平野龍二訳）『海幹校戦略研究』第三巻第一号増刊（二〇一三年九月）、六一頁参照。［原著：Peter M. Stanford, "The Work of Sir Julian Corbett in the Dreadnought Era," *U. S. Naval Institute Proceedings*, No. 77 (1951)］

9 ——John B. Hattendorf, "Sir Julian Corbett on the Significance of Naval History," *The American Neptune*, Vol. 31 (1971), 276-277.

10 ——Julian S. Corbett, *Drake and the Tudor Navy: with a History of the Rise of England as a Maritime Power*, 2vols. (London: Longmans, Green and Co., 1898).

11 ——Donald M. Schurman, *The Education of a Navy: The Development of British Naval Strategic Thought, 1867-1914* (London: Cassell, 1965), 151.

12 ——Corbett, *Drake and the Tudor Navy*, Vol. II, 108-109; Schurman, *The Education of a Navy*, 153-156.

13 ——Julian S. Corbett, *The Successors of Drake* (London: Longmans, Green and Co., 1900), vi-vii, 410.

14 ——Schurman, *The Education of a Navy*, 156-157, 160.

15 ——Schurman, *Jullian S. Corbett*, 33; Liam J. Cleaver, "The Pen Behind the Fleet: The Influence of Sir Julian Corbett on BritishNaval Development, 1898-1918," *Comparative Strategy*, 14 (January 1995), 46.

16 ——Hattendorf, "Sir Julian Corbett on the Significance of Naval History," 275.

17 ——Schurman, *Jullian S. Corbett*, 34-37. 一方で、コルベットのフィッシャーへの影響は、ほとんどなかったという批判もある。See, Nicholas A. Lambert, "False Prophet?: The Maritime Theory of Julian Corbett and Professional Military education," *Journal of Military History*, Vol. 77, No. 3 (July 2013) , 1061-1062.

18 ——Julian S. Corbett, *England in the Mediterranean: A Study of The Rise and Influence of British Power within the Straits, 1603-1713*, 2vols. (London: Longmans, Green and Co., 1904).

19 ——Corbett, *England in the Mediterranean*, Vol. I, v.

20 ——Schurman, *The Education of a Navy*, 160.

21 ——Ibid., 161.

22 ——Corbett, *England in the Mediterranean*, Vol. II, 313.

23 ——Schurman, *The Education of a Navy*, 162.

24 ——Ibid., 163.

25 ——Hattendorf, "Sir Julian Corbett on the Significance of Naval History," 277; J. J. Widen, *Theorist of Maritime Strategy: Sir Julian Corbett and his Contribution to Military and Naval Thought* (London: Ashgate, 2012), 22.

26 ——Schurman, *The Education of a Navy*, 163.

27 ——Schurman, *Jullian S. Corbett*, 41; Widen, *Theorist of Maritime Strategy*, 18.

28 ——Christopher Bassford, *Clausewitz in English: The Reception of Clausewitz in Britain and America 1815-1945* (New York: Oxford University Press, 1994), 97.

なお、コルベットはクラウゼヴィッツの「絶対戦争(Absolute War)」をUnlimited Warと言い換えている。したがって、直訳すれば「無制限戦争」ということになるが、「無制限戦争」という語は耳慣れない上、明らかに異なる概念である「総力戦」と混同される恐れもある。よく使用される「全面戦争」も「絶対戦争」に近い概念であるが、本書では、コルベットのUnlimited Warの概念の根源がクラウゼヴィッツの「絶対戦争」にあり、それと同一であることを強調するため、「絶対戦争」という用語を使用する。

また、Limited Warの訳語としては「限定戦争」と共に「制限戦争」という語も一般に使用される。しかし、政治学、国際政治学の事典類でも、その使用に区別はない。一方でコルベットは、Limited Warを弱者が強者に勝つために「限定」した目標を奪取・確保する戦争と位置付けている。核時代において、全面核戦争が人類の破滅となるために戦争を「制限」するという文脈で使用されるLimited Warとは明らかに異なる。そこで本書では「限定戦争」という語を用いる。

29 ——"Strategical Terms and Definitions used in Lectures on Naval History," Appendix in Julian S. Corbett, *Some Principles of Maritime Strategy* (Annapolis, MD: Naval Institute Press, 1988), 307-325; Widen, *Theorist of Maritime Strategy*, 37.

30 ——"Notes on Strategy," Appendix in Corbett, *Some Principles of Maritime Strategy* (1988), 326-345; Eric Grove, "Introduction," p. xxi; Eric Grove, "Editor's note," Appendix in Corbett, *Some Principles of Maritime Strategy* (1988), 305-

306.

31 ——Schurman, *Jullian S. Corbett*, 55-56; Widen, *Theorist of Maritime Strategy*, 37.

32 ——Widen, *Theorist of Maritime Strategy*, 5, 40. ただし、前掲のニコラス・ラムバート論文では、コルベットの秘密戦争計画立案への関与は限定的であり、「戦争計画」はフィッシャーの意向を反映させた「政策文書」に過ぎないと指摘している。See, Lambert, “False Prophet?” 1064-1065, 1067-1068.

33 ——Julian S. Corbett, *England in the Seven Years' War: A Study in Combined Strategy*, 2vols. (London: Longmans, Green and Co., 1907).

34 ——Corbett, *England in the Seven Years' War*, Vol. I, 3-4, 6; Schurman, *The Education of a Navy*, 164-165.

35 ——Corbett, *England in the Seven Years' War*, Vol. I, 8.

36 ——Schurman, *The Education of a Navy*, 165.

37 ——Ibid., 169.

38 ——Julian S. Corbett, ed., *Fighting Instructions 1530-1816* (London: Navy Record Society, 1905); Corbett, ed., *Signals and instructions, 1776-1794* (London: Navy Records Society, 1908); Corbett, ed., *Papers Relating to the Navy During the Spanish War 1585-1587* (London: Navy Record Society, 1898) .

39 ——Julian S. Corbett, *The Campaign of Trafalgar*, 2vols. (London: Longmans, Green and Co., 1910); Widen, *Theorist of Maritime Strategy*, 26.

近年においても、コルベットの『トラファルガー海戦』は、詳細に検討され、その政軍関係や戦略的視点が現代にも示唆を与えるものとして評価されている。See, John Robb Webb, “Corbett and The Campaign of Trafalgar: Naval Operations in their Strategic Context,” *Defence Studies*, Vol. 8, No. 2 (June 2008).

40 ——Schurman, *The Education of a Navy*, 170.

41 ——Corbett, *The Campaign of Trafalgar*, Vol. II, 460.

42 ——Ibid., p. 452; Hattendorf, “Sir Julian Corbett on the Significance of Naval History,” 281.

43 ——Schurman, *The Education of a Navy*, 171.

44 ——Corbett, *The Campaign of Trafalgar*, Vol. II, 470.

45 ——Corbett, *The Campaign of Trafalgar*, Vol. I, vii-xi; Schurman, *The Education of a Navy*, 172.

46 ——Schurman, *Jullian S. Corbett*, 113, 123, 128.

47 ——Hattendorf, "Sir Julian Corbett on the Significance of Naval History," 284.

48 ——Widen, *Theorist of Maritime Strategy*, 38-39; Grove,"Introduction," in Corbett, *Some Principles of Maritime Strategy* (1988), xxiv.

49 ——Grove,"Introduction, in Corbett, *Some Principles of Maritime Strategy* (1988), xxxvi-xl; Widen, *Theorist of Maritime Strategy*, 42.

50 ——Ibid., 42-43.

51 ——Julian S. Corbett, *Maritime operations in the Russo-Japanese War, 1904-1905*, 2vols. (London: Intelligence Division of Admiralty War Staff, 1914, confidential publication; reprint, Annapolis, Md.: Naval Institute Press; Newport, R.I.: Naval War College Press, 1994).

52 ——Cleaver, "The Pen Behind the Fleet," 53; Schurman, *Jullian S. Corbett*, 166-168. ただし、前掲のニコラス・ランバート論文では、コルベットは、海軍や政府に大きな影響を及ぼした証拠はなく、公式海戦史の準備と戦時宣伝の制作がその任務であったと指摘している。See, Lambert, "False Prophet?" 1065.

53 ——Bassford, *Clausewitz in English*, 96.

54 ——Julian S. Corbett, *Naval Operations*, 3vols. (London: Longmans, Green and Co., 1920-22); Grove, "Introduction," in Corbett, *Some Principles of Maritime Strategy* (1988), xliv; Schurman, *Jullian S. Corbett*, 180-182, 192.

55 ——スタンフォード「ドレッドノート時代におけるジュリアンコルベット卿の業績」七五頁。

56 ——Introduction by John B. Hattendorf and Donald M. Schurman, in Corbett, *Maritime operations in the Russo-Japanese War*, Vol. 1, viii.

57 ——Michael I. Handel, "Corbett, Clausewitz, and Sun Tzu," *Naval War College Review* Vol.53, No.4 (Autumn 2000), 121; Introductory Essays by Michael Howard, "The Influence of Clausewitz," in Carl von Clausewitz, *On War*, Edited and Translated by Michael Howard and Peter Paret, (Princeton: Princeton University Press, 1984), 38-39. なお、クラウゼヴィッツの限定戦争理論の批判と海洋戦略への展開は、コルベットの主著『海洋戦略の諸原則』の第一部第四

章「限定戦争と海洋帝国」に詳しい。See, Julian S. Corbett, *Some Principles of Maritime Strategy* (London: Longmans, Green and Co. 1911; reprint, New York: Dover Publications, 2004), 49-56.

58――マハン『海上権力史論』二四～二五頁。

59――マハン『海上権力史論』訳者解説九頁、山内敏秀編著『戦略論大系⑤マハン』(芙蓉書房、二〇〇二年)解題二九九頁。

60――マハン『海上権力史論』三二六～三二七頁。

61――Corbett, *Some Principles of Maritime Strategy*, 90, 158,169.

62――Ibid., 162-163, 172.

63――Ibid., 13-14.

64――マハン『マハン海軍戦略』三九一、三九四頁。

65――同書、一九～二一頁。

66――同書、三四八～三四九頁。

67――同書、三五五～三六一、四〇〇頁。

68――同書、三六一～三六四頁。

69――Corbett, *Some Principles of Maritime Strategy*, 213-214, 226.

70――山内編著『戦略論大系⑤マハン』解題三六七頁。

71――Handel, "Corbett, Clausewitz, and Sun Tzu," 121.

72――Corbett, *Some Principles of Maritime Strategy*, 40, 42.

73――Ibid., 51-52.

74――Ibid., 52-55.

75――Ibid., 54-55.

76――Ibid., 54.

77――Ibid., 87, 101-102, 170-172. なお、この「制海行使のための作戦」とは、「制海獲得(Securing Command)のための作戦」および「敵の制海獲得を拒否する作戦」以外のすべての作戦が含まれ、敵の戦闘艦隊撃滅ではなく、海上交通線の使用あるいは敵による使用の拒否に直接指向された作戦である。Ibid., 235.

78——Corbett, *Maritime operations in the Russo-Japanese War*, Vol. 1, Preface, xxv; Vol. 2, 382.

79——Corbett, *Some Principles of Maritime Strategy*, 74 -75; Introduction by John B. Hattendorf and Donald M. Schurman, in Corbett, *Maritime operations in the Russo-Japanese War*, Vol. 1, Preface, viii-ix.

80——Corbett, *Maritime operations in the Russo-Japanese War*, Vol. 2, 387-392.

81——海軍大臣官房編『山本権兵衛と海軍』(原書房、一九六六年)八〇頁。

82——Corbett, *Some Principles of Maritime Strategy*, 172.

83——例えば、Luntinen and Menning, "The Russian Navy at War, 1904-05" は、コルベットの *Maritime Operations in the Russo-Japanese War* を、一次史料に依拠して日本の戦争準備、海軍の戦闘命令が詳述されていると評価した上で、非常に多くの箇所にわたって引用している。Pertti Luntinen and Bruce W. Menning, "The Russian Navy at War, 1904-05" in John W. Steinberg, et al. eds., *The Russo-Japanese War in Global Perspective—World War Zero* (Boston: Brill, 2005), 229-259.

84——Corbett, *Maritime operations in the Russo-Japanese War*, Vol. 1, Preface, xxvi-xxvii.

85——外山三郎『日露海戦史の研究』上(教育出版センター、一九八五年)九八頁、野村實『日本海海戦の真実』(講談社、一九九九年)二六頁。

86——Corbett, *Maritime operations in the Russo-Japanese War*, Vol. 1, Preface, xxviii.

87——例えば「極秘明治三十七八年海戦史」戦紀において、「旅順口及ヒ仁川ノ敵艦隊ニ対スル作戦」、「陸軍トノ共同作戦」「浦塩斯徳港ノ敵艦隊ニ対スル作戦」は、時系列的には同時進行であるが、別々に編立てされている。なお、外山『日露海戦史の研究』も膨大な海戦史研究であるが、「極秘明治三十七八年海戦史」戦紀の編立てを踏襲し、事象別に記述されている。

88——Corbett, *Maritime operations in the Russo-Japanese War*, Vol. 1, Preface, xxviii-xxix.

89——Introduction by John B. Hattendorf and Donald M. Schurman, *Maritime operations in the Russo-Japanese War*, Vol. 1, xv-xvii.

90——復刻版編者は、"Limited Naval Warfare" という言葉を用いているが、本書で扱う「海洋限定戦争」とほぼ同じ意味で使用していると推察される。

91――Corbett, *Maritime operations in the Russo-Japanese War*, Vol.2, 382.

第2章

1――巽来治郎『日清戦役外交史』(東京専門学校出版部、一九〇二年)、信夫清三郎『日清戦争――その政治的・外交的観察』増補版(福田書房、一九三四年、復刻増補、南窓社、一九七〇年)、田保橋潔『日清戦役外交史の研究』(刀江書院、一九五一年、復刻、東洋文庫、一九六五年)。

2――山根幸夫他編『近代日中関係史研究入門』増補版(研文出版、一九九六年)四一頁。

3――中塚明『日清戦争の研究』(青木書店、一九六八年)、藤村道生『日清戦争――東アジア近代史の転換点』(岩波書店、一九七三年)、朴宗根『日清戦争と朝鮮』(青木書店、一九八二年)。

4――檜山幸夫「伊藤内閣の朝鮮出兵決定に対する政略論的検討」上・下『中京法学』第一八巻第一・二・三号(一九八四年)、同「朝鮮出兵事件と海外出兵体制の形成」『中京法学』第一八巻第四号(一九八四年)、同「日清戦争と戦時体制の形成」『中京大学社会科学研究』第四巻第三号(一九八四年)。

5――高橋秀直『日清戦争への道』(東京創元社、一九九五年)。なお、信夫以降の研究史の詳細については、斎藤聖二『日清戦争の軍事戦略』(芙蓉書房、二〇〇三年)一~四頁参照。その他、山根他編『近代日中関係史研究入門』四〇~五三頁に、日清戦争研究史が詳述されている。また、関係文献目録としては、原剛・安岡昭男「日清戦争関係文献目録」『軍事史学』第三〇巻第三号(一九九四年)がある。

6――高橋『日清戦争への道』八一~八五頁。

7――同書、一五七頁。

8――同書、一八〇頁、大畑篤四郎『日本外交政策の史的展開』(成文堂、一九八三年)四五~四六、八三~八四頁、安岡昭男『明治前期大陸政策史の研究』(法政大学出版局、一九九八年)一六三頁。

9――詳細は、渡邊俊一「フランスのベトナム侵略と福澤諭吉――『脱亜論』再考」『近代日本研究』(慶應義塾福澤研究センター)八(一九九一年)参照。

10――この事件の英国とロシアの対立と交渉については、安岡『明治前期大陸政策史の研究』一一五～一一六頁参照。
11――高橋『日清戦争への道』一九六頁。
12――井上馨の東アジア構想については、大澤博明『近代日本の東アジア政策と軍事』(成文堂、二〇〇一年)七〇～七七頁に詳しい。
13――陸軍文庫編『隣邦兵備略』(参謀本部、一八八〇年、第二版、一八八二年、第三版、一八八九年)、安岡『明治前期大陸政策史の研究』二〇九～二一〇頁。
14――明治二十三年三月、山縣総理大臣「外交政略論」大山梓編『山縣有朋意見書』(原書房、一九六六年)一九六～二〇一頁。
15――明治二十三年十二月六日、山縣総理大臣「施政方針演説」大山編『山縣有朋意見書』二〇一～二〇四頁、大澤『近代日本の東アジア政策と軍事』一六三、一七三～一八六頁。
16――林董「林董伯自叙伝回顧録」林董(由井正臣校注)『後は昔の記他　林董回顧録』(平凡社、一九七〇年)七四頁。
17――明治二十七年五月十八日、守屋此助議員、金玉均事件ニ関スル質問書提出ノ旨意説明「第六回帝国議会衆議院議事速記録」(国立公文書館所蔵資料)五一頁。
18――田保橋『日清戦役外交史の研究』三九～四〇頁。
19――高橋『日清戦争への道』一一一頁。
20――野村實『日本海軍の歴史』(吉川弘文館、二〇〇二年)四〇頁。
21――田保橋『日清戦役外交史の研究』二八六～二八七頁。
22――この二度の清国艦隊来航が日本の朝野に与えた影響については、朝井佐智子「清国北洋艦隊来航とその影響」『愛知淑徳大学現代社会研究科研究報告』第四号(二〇〇九年)五七～七一頁参照。
23――林董「後は昔の記」林『後は昔の記他』二五九頁。
24――鎮台から師団への改編を含め、この時期の陸軍兵力増強の詳細については、原剛『明治国土防衛史』(錦正社、二〇〇二年)一三一～一四九頁参照。
25――徳富猪一郎編著『陸軍大将川上操六』(東京第一公論社、一九四二年、復刻、大空社、一九八八年)、一四一頁。
26――参謀本部編『明治二十七八年日清戦史』第一巻(東京印刷、一九〇四年、復刻、ゆまに書房、一九九八年)

五七〜五八頁。〔以下『日清戦史』一巻のように略記する。〕

27──田保橋『日清戦役外交史の研究』二九四〜二九六頁。

28──仲小路彰『日清戦争』上(戦争文化研究所、一九三八年)四八〜五〇頁、田保橋『日清戦役外交史の研究』三四一〜三四二頁。

29──朴『日清戦争と朝鮮』一二頁。

30──田保橋『日清戦役外交史の研究』六九〜七六、八七〜八八頁。

31──陸奥宗光『蹇蹇録』新訂版(岩波書店、一九八三年)二三頁。なお、外務省は当時の在朝鮮邦人を行商人も含めて約二万人であると把握していた。田保橋『日清戦役外交史の研究』一九〇〜一九一頁。

32──五月二十一日付、陸奥宗光より伊藤博文宛書簡『伊藤博文関係文書』七(塙書房、一九七九年)二九二頁。

33──「明治二十七八年　征清海戦史」二(防衛省防衛研究所史料室所蔵資料)。

34──田保橋『日清戦役外交史の研究』八六頁。

35──陸軍省編『明治天皇御伝記史料　明治軍事史』上巻(原書房、一九六六年)九〇三頁。後に中華民国大総統となる袁世凱は、甲申事変後に京城に赴任し、朝鮮政府に大きな影響力を及ぼしたと言われる。

36──『日清戦史』一巻、七八〜七九頁。

37──故伯爵山本海軍大将伝記編纂会編『伯爵山本権兵衛伝』上巻(山本清、一九三八年、復刻、原書房、一九六八年)三六八頁。

38──斎藤『日清戦争の軍事戦略』五四頁。

39──六月一日付、朝鮮国駐箚杉村臨時代理公使ヨリ陸奥外務大臣宛(電報)「朝鮮国政府清国政府ニ援兵請求シタル旨ノ袁世凱談話報告ノ件」外務省編『日本外交文書』第二十七巻第二冊(日本国際連合協会、一九五三年)一五五頁。〔以下『外交文書』二七巻Ⅱと略記する。〕

当時大鳥圭介駐朝鮮国公使は、賜暇帰朝中であり、杉村濬一等書記官が臨時代理公使を命ぜられていた。杉村は、一八八〇(明治十三)年に外務省に採用されて以来、ほとんど在朝鮮勤務あるいは朝鮮関係事務を管掌し、その内情に精通していたので、陸奥からの信頼も絶大なものがあった。なお、杉村は東学党の乱そのものよりも、その朝鮮政府の鎮定活動に清国の袁世凱が関与していることを懸念していた。田保橋『日清戦役外交史の研究』九五〜

九六頁。
40――『日清戦史』八巻、四八頁。
41――陸奥『蹇蹇録』四二頁、田保橋『日清戦役外交史の研究』一〇三頁。
42――故伯爵山本海軍大将伝記編纂会編『伯爵山本権兵衛伝』上巻、三六一～三六二頁。
43――田保橋『日清戦役外交史の研究』一〇四頁。
44――斎藤『日清戦争の軍事戦略』五五頁。『蹇蹇録』では、大沽・山海関から仁川間が十二～三時間、宇品から仁川間が四十時間と記されているが、実際の行程は約三日が正しい。陸奥『蹇蹇録』四一頁。
45――西岡香織「日清戦争の大本営と侍従武官制に関する一考察」『軍事史学』第三〇巻第三号(一九九四年)二〇～二四頁。なお、大本営設置までの経緯については、稲葉正夫編『大本営』(みすず書房、一九六七年)四八～四九頁参照。
46――斎藤『日清戦争の軍事戦略』五六～五七頁。
47――『日清戦史』一巻、附録第十一。
48――斎藤聖二は、表面的な派兵目的(邦人および公使館の保護)と清国との覇権争いという二つの性格が派兵当初から混在していたと指摘している。斎藤『日清戦争の軍事戦略』五八頁。
49――田保橋『日清戦役外交史の研究』一〇三頁。
50――山本権兵衛海軍省主事が西郷従道海軍大臣および中牟田倉之助海軍軍令部長に進言して開戦準備を急いだ経緯は、海軍大臣官房編『山本権兵衛と海軍』(原書房、一九六六年)七六～七七頁参照。
51――六月七日付、清国公使ヨリ陸奥外務大臣宛「朝鮮国ヘ属邦保護ノ為出兵スル旨通告ノ件」、六月七日付、陸奥外務大臣ヨリ清国公使宛「帝国政府ハ朝鮮国ヲ清国ノ属国ト認メザル旨回答ノ件」、六月七日付、清国駐劄小村臨時代理公使ヨリ陸奥外務大臣宛(電報)「清国政府ニ出兵通告シタル旨報告ノ件」『外交文書』二七巻Ⅱ、一六七～一六九頁、田保橋『日清戦役外交史の研究』一一二～一一三頁。
52――田保橋『日清戦役外交史の研究』、九三頁。
53――糟谷憲一「日清戦争と朝鮮民衆」『歴史評論』第五三二号(一九九四年)二四～二五頁。
54――故伯爵山本海軍大将伝記編纂会編『伯爵山本権兵衛伝』上巻、三六八頁。

55――有栖川宮熾仁親王（日本史籍協会編）『熾仁親王日記』六、高松宮蔵版（東京大学出版会、一九七六年）四〇一頁。〔以下『熾仁親王日記』六と略記する。〕

56――『日清戦史』一巻、一〇八～一〇九頁、斎藤『日清戦争の軍事戦略』一一七頁。

57――故伯爵山本海軍大将伝記編纂会編『伯爵山本権兵衛伝』上巻、三六四～三六六頁。

58――六月十一日付、朝鮮国駐箚大鳥公使ヨリ陸奥外務大臣宛（電報）「京城ノ状況報告並ニ残余大隊派遣見合セ方稟申ノ件」『外交文書』二七巻Ⅱ、一八二～一八三頁。

59――『日清戦史』一巻、一〇九頁。

60――『熾仁親王日記』六、四〇三頁、『日清戦史』一巻、一一一頁。

61――斎藤『日清戦争の軍事戦略』一一七～一一九頁。

62――『熾仁親王日記』六、四〇四頁。

63――なお、翌十七日には、「今后何時乗船ヲ令スルモ計ラレス其準備ニ油断ナキヲ要ス」と下令されている。「明治二十七八年戦史編纂準備書類」二（防衛省防衛研究所史料室所蔵資料）。

64――『日清戦史』一巻、一一一～一一二頁。

65――田保橋『日清戦役外交史の研究』一三四～一三六頁。

66――斎藤『日清戦争の軍事戦略』六二頁。

67――田保橋『日清戦役外交史の研究』一三六頁。

68――陸奥『蹇蹇録』五一頁。

69――田保橋『日清戦役外交史の研究』一三八頁。

70――六月二十日付天津神尾少佐発参謀本部宛電報「明治二十七年自五月三十一日至六月二十一日、着電綴（一）」（防衛研究所史料室所蔵資料）、『日清戦史』一巻、一一二頁、六月二十一日付、陸奥外務大臣ヨリ朝鮮国駐箚大鳥公使宛「清国トノ衝突免レサルニ付朝鮮国政府ニ対スル交渉態度指示ノ件」『外交文書』二七巻Ⅱ、二二八～二二九頁。なお、二十二日には、五百名余りが乗船出航したという情報になる。六月二十二日付天津神尾少佐発参謀本部宛電報「明治二十七年自六月二十一日至六月九日、着電綴（二）」（防衛研究所史料室所蔵資料）。

71――海軍大臣官房編『山本権兵衛と海軍』八一頁。

72――斎藤『日清戦争の軍事戦略』六三～六四頁。
73――陸奥『蹇蹇録』五三、五六～五七頁。
74――なお、『機密日清戦争』には解読された電報三十七通が掲載されている。また、漢字と数字の換字表は既に一八八六（明治十九）年に入手していた。この功績で外務省の佐藤電信課長は、戦後の論功行賞で勲三等と年金を拝受した。外務省調査部第一課編「中田敬義氏述　日清戦争ノ前後」広瀬順晧編『近代外交回顧録』第一巻（ゆまに書房、二〇〇〇年）、七四～七六頁、「李鴻章総理衙門間其他来往秘電」伊藤博文編『機密日清戦争』（原書房、一九六七年）二六六～二九五頁。
75――斎藤『日清戦争の軍事戦略』一二一～一二三頁。
76――『熾仁親王日記』六、四〇九頁。
77――田保橋『日清戦役外交史の研究』一四九頁。
78――『日清戦史』第一巻、八一～八二頁。二十二日の神尾少佐からの情報による増援部隊だと思われる。
79――糟谷「日清戦争と朝鮮民衆」二二五頁。
80――『熾仁親王日記』六、四一五頁。
81――『日清戦史』第一巻、一一五頁。
82――「明治二十七八年戦史編纂準備書類」二。
83――「明治二十七八年戦史編纂準備書類」二。
84――『日清戦史』一巻、九三～九四頁。
85――陸奥『蹇蹇録』六八～六九頁。
86――田保橋『日清戦役外交史の研究』一五七、一六五～一六七頁。
87――斎藤『日清戦争の軍事戦略』六八頁。
88――六月二十九日付、英国駐箚青木公使ヨリ陸奥外務大臣宛（電報）「李鴻章露国ノ斡旋ヲ請ヒタル旨ノ英国外務大臣談話報告ノ件」、同日付、米国駐箚建野公使ヨリ陸奥外務大臣宛「朝鮮公使米国ノ調停ヲ請ヒタル旨ノ国務卿談話報告ノ件」、六月二十五日付、陸奥外務大臣露国公使対談概略「朝鮮問題ニ関スル件」、六月三〇日付、露国公使ヨリ陸奥外務大臣宛「朝鮮ヨリノ撤兵勧告ノ件」、七月二日付、陸奥外務大臣ヨリ露国公使宛「露国ノ申入レニ対

シ回答ノ件」、七月一日付、陸奥外務大臣ヨリ英国駐箚青木公使宛「英露両国政府ノ申入ニ関シ通達ノ件」『外交文書』二七巻Ⅱ、二七四～二七七、二八一～二八二、二八四～二八六、二八八～二八九頁、陸奥『蹇蹇録』八〇頁。

89——『明治二十七八年戦史編纂準備書類』二。

90——七月九日付、米国公使ヨリ陸奥外務大臣宛「米国政府ハ朝鮮国ノ独立竝ニ主権尊重ヲ希望スル旨通告ノ件」『外交文書』二七巻Ⅱ、二九六～二九七頁。

91——陸奥『蹇蹇録』八三～八四、八七～八九頁。

92——田保橋『日清戦役外交史の研究』二三八頁。

93——同書、二九九頁。

94——糟谷「日清戦争と朝鮮民衆」二六頁。

95——七月十二日付、陸奥外務大臣ヨリ伊藤総理大臣宛「清国ノ撤兵催促ニ関シ総理衙門宛照会案閣議提出ノ件」『外交文書』二七巻Ⅱ、二四八頁。陸奥『蹇蹇録』八九～九〇頁。

96——斎藤『日清戦争の軍事戦略』六八頁。

97——「明治二十七八年戦史編纂準備書類」一（防衛研究所史料室所蔵資料）、田保橋『日清戦役外交史の研究』三〇〇～三〇一頁。

98——海軍軍令部長交代の一件については、海軍大臣官房編『山本権兵衛と海軍』八二頁参照。

99——七月十七日付、陸奥外務大臣ヨリ清国駐箚小村臨時代理公使宛（電報）「英国公使朝鮮問題解決ニ関スル日本ノ態度打診シタル旨通告ノ件」、七月十九日付、英国臨時公使ヨリ陸奥外務大臣宛「朝鮮問題処理ノ清国政府提案ニ関スル件」『外交文書』二七巻Ⅱ、二六〇～二六一、三〇五～三〇六頁、田保橋『日清戦役外交史の研究』二三二～二三六頁。

100——七月十九日付、陸奥外務大臣ヨリ英国臨時公使宛「清国政府提案ニ対シ回答ノ件」『外交文書』二七巻Ⅱ、二六一～二六二頁、陸奥『蹇蹇録』九二～九三頁。

101——七月二十一日付、英国臨時代理公使ヨリ陸奥外務大臣宛「日本政府ノ清国政府ニ対スル要求ニ関シ抗議ノ件」、七月二十二日付、陸奥外務大臣ヨリ英国臨時代理公使宛「英国ノ抗議ニ対シ我態度闡明ノ件」、七月二十二日付、陸奥外務大臣ヨリ清国駐箚小村臨時代理公使宛（電報）「朝鮮分割占領ニ関シ英公使ノ意向打診方訓令ノ件」『外交文

書』二七巻Ⅱ、三〇八～三〇九頁。三一二～三一三頁。陸奥『蹇蹇録』九三～九四、九六～九七頁。

102——斎藤『日清戦争の軍事戦略』六九頁。

103——春畝公追頌会編『伊藤博文伝』下巻（春畝公追頌会、一九四〇年、復刻、原書房、一九七〇年）六八～六九頁。

104——「明治二十七八年戦史編纂準備書類」二。なお、清国陸軍の一営の兵力は、約五百名である。

105——『日清戦史』一巻、一一八～一一九頁、『熾仁親王日記』六、四三〇～四三一頁。

106——斎藤『日清戦争の軍事戦略』六九頁。

107——田保橋『日清戦役外交史の研究』一七六～一八〇頁。

108——『日清戦史』一巻、一一九～一二〇、一二五～一二六頁。

109——同書、八七～九一頁。

110——「戦史編纂準備書類」二。

111——陸奥『蹇蹇録』三三頁。

112——徳富蘇峰編『公爵山縣有朋伝』下巻（山縣有朋公記念事業会、一九三三年、復刻、原書房、一九六九年）一三一～一三二頁。

113——高橋『日清戦争の道』四八四～四八七、四九四頁。

114——李鴻章と北京宮廷との論争については、田保橋『日清戦役外交史の研究』二六六～二八三頁参照。

第3章

1——序章第二節を参照。

2——第二章参照。

3——代表的なものとしては、外山三郎『日清・日露・大東亜海戦史』（原書房、一九七九年）、桑田悦編『日清・日露戦争』近代日本戦争史第一編（同台経済懇話会、一九九五年）があるが、膨大な日露戦争研究と比べ、手薄なことは否めない。

4——See, Julian S. Corbett, *Maritime operations in the Russo-Japanese War, 1904-1905*. 2 vols. (London: Intelligence

Division of Admiralty War Staff, 1914, confidential publication; reprint, Annapolis, Md.: Naval Institute Press; Newport, R.I.: Naval War College Press, 1994).

5——「絶対戦争」「海洋限定戦争」については、第一章第二節を参照。

6——伊藤博文関係文書研究会編『伊藤博文関係文書』六（塙書房、一九七八年）、二二三頁、春畝公追頌会編『伊藤博文伝』下巻（春畝公追頌会、一九四〇年、復刻、原書房、一九七〇年）、七八〜七九頁、宮内庁編『明治天皇紀』第八（吉川弘文館、一九七三年）、四六九頁。

7——高橋秀直『日清戦争への道』（東京創元社、一九九五年）四五四〜四五五頁。

8——外務省編『外交文書』第二十七巻第二冊（日本国際連合協会、一九五三年）二六四〜二六五頁。［以下『外交文書』二七巻IIと略記する。］

9——徳富蘇峰編『公爵山縣有朋伝』下巻（山縣有朋公記念事業会、一九三三年、復刻、原書房、一九六九年）一四七頁。

10——「明治二十七八年戦史編纂準備書類」九（防衛省防衛研究所史料室所蔵資料）、糟谷憲一「日清戦争と朝鮮民衆」『歴史評論』第五三二号（一九九四年）二六頁。

11——田保橋潔『日清戦役外交史の研究』（刀江書院、一九五一年、復刻、東洋文庫、一九六五年）三四二〜三四三頁。

12——「征清ノ役中我帝国制海権力ノ拡張」（防衛研究所史料室所蔵資料）、参謀本部編『明治二十七八年日清戦史』第一巻（東京印刷、一九〇四年、復刻、ゆまに書房、一九九八年）一七七〜一七八頁。［以下『日清戦史』一巻のように略記する。］

公式記録では、「作戦ノ大方針」の勅裁は開戦後の八月五日とされているが、この時期に「作戦ノ大方針」が決定されたとみるのは不自然であり、開戦前（六月下旬から七月上旬）に決定されていたと考えられる。なお、七月二十三日の聯合艦隊出港時には、伊東長官へ「作戦ノ大方針」が手交されている。斎藤聖二『日清戦争の軍事戦略』（芙蓉書房、二〇〇三年）二二九、二五〇（脚注五四）、二五一頁（脚注六四）。

13——徳富猪一郎編著『陸軍大将　川上操六』（東京第一公論社、一九四二年、復刻、大空社、一九八八年）一四六頁。

14——徳富編『公爵山縣有朋伝』下巻、一七七頁。

15——六月二四日付海軍大臣西郷従道から常備艦隊司令長官伊東祐亨宛訓令「明治二十七八年戦史編纂準備書類」二

（防衛研究所史料室所蔵資料）。

16——佐藤鐵太郎『大日本海戦史談』（三笠保存会、一九三〇年）一〇三～一〇四頁。

17——「制海争奪」の状態については、第一章第二節を参照。

18——「明治二十七八年戦史編纂準備書類」九、『日清戦史』二巻、二八七頁。

19——海軍軍令部戰史編纂委員編「征清海戦史」二（防衛研究所史料室所蔵資料）。

20——海軍軍令部戦史編纂委員編「征清海戦史」二。（引用文中の句点は筆者が読点に変更した。）

なお、七月三十一日にも伊東長官は「聯合艦隊前途の方略」において同様の所見を示し、さらに敵艦隊が来航しない時には威海衛の誘出作戦を計画し、あくまでも艦隊決戦に臨むことが報告されている。「明治二十七八年戦史編纂準備書類」二。

21——「戦史編纂準備書類」八、『日清戦史』二巻、九～一二頁、海軍軍令部編『廿七八年海戦史』上巻（春陽堂、一九〇五年）一二五頁。

なお、一部の部隊は元山に揚陸され、別働隊として平壌に向かった。また、第四梯団は後に第四次輸送部隊と共に海路にて釜山から仁川まで輸送された。

22——『日清戦史』二巻、二八八頁。なお、日清両艦隊が遭遇しなかったのは、聯合艦隊が仁川沖南方の隔音群島根拠地またはベーカー島付近に待機していたのに対し、北洋艦隊は、日本の水雷艇の襲撃や機雷敷設を警戒して陸岸付近に近づかなかったためである。誉田甚八『日清戦史講究録』（偕行社、一九一一年）附録九～一〇頁。

23——当時の朝鮮半島には鉄道がない上、道路も十分に整備されておらず、その行軍は難渋した。『日清戦史』二巻、一〇～一二頁。

24——聯合艦隊は、この「命令第二号」を五日に受領した。「明治二十七八年戦史編纂準備書類」一。

25——海軍軍令部戦史編纂委員編「征清海戦史」二。

26——「明治二十七八年戦史編纂準備書類」九。

27——『日清戦史』二巻、二八八～二八九頁。

28——有栖川宮熾仁親王（日本史籍協会編）『熾仁親王日記』六、高松宮蔵版（東京大学出版会、一九七六年）四五〇頁。

29——「戦史編纂準備書類　大本営ノ命令（海軍陸軍）附、関係要件　全」（防衛研究所史料室所蔵資料）。

30――海軍軍令部編『廿七八年海戦史』上巻、一二六～一二七頁。なお、朝鮮半島の西南端に近い長直路に根拠地を設定したのは、艦隊防御上の問題が理由であったが、長直路は広島から仁川までの海上交通路の中間点にあり、結果的に輸送船団護衛の中継根拠地に適していた。「征清ノ役中我帝国制海権力ノ拡張」。

31――「制海獲得(Securing Command)のための作戦」とは、「艦隊決戦(Obtaining a Decision)」と「封鎖(Blockade)」であり、「制海行使(Exercising Command)のための作戦」とは、船団護衛等の海上交通の管制に資する作戦である。Julian S. Corbett, *Some Principles of Maritime Strategy* (London: Longmans, Green and Co. 1911; reprint, New York: Dover Publications, 2004), 165, 167-168, 235.

32――『日清戦史』二巻、一一二～一一四頁、斎藤『日清戦争の軍事戦略』一三五頁。

33――八月十七日付聯合艦隊出征第八回報告「明治二十七八年戦史編纂準備書類」六(防衛研究所史料室所蔵資料)、八月十九日付艦隊ノ採ルヘキ方法「明治二十七八年戦史編纂準備書類」二、海軍軍令部編『廿七八年海戦史』上巻、一二八～一三三頁、『日清戦史』二巻、一四～一六、二三八頁。

34――『日清戦史』一巻、一七九～一八〇頁。

35――例えば、外山『日清・日露・大東亜海戦史』五、一二、四三頁、桑田悦編『日清・日露戦争』二〇八頁他。

36――Corbett, *Some Principles of Maritime Strategy*, 90, 100-101.

37――『日清戦史』六巻、二八一頁。

38――『日清戦史』三巻、三、七～九頁。

39――十月八日付、陸奥外務大臣ヨリ伊藤内閣総理大臣宛(電報)「英国政府ヨリ和平條件ノ提議アリタル旨報告ノ件」『外交文書』二七巻Ⅱ、四七四～四七五頁。

40――陸奥宗光『蹇蹇録』新訂版(岩波書店、一九八三年、復刻、二〇〇五年)二〇六頁。なお実際に、英国は各列強に共同干渉を提議していたが、ことごとく断られていた。田保橋『日清戦役外交史の研究』三八九頁。

41――陸奥『蹇蹇録』二〇六～二〇八頁。

42――伊藤博文関係文書研究会編『伊藤博文関係文書』七(塙書房、一九七九年)三〇二頁、陸奥『蹇蹇録』一八一～一八二頁。

43――十月二十三日付、陸奥外務大臣ヨリ英国公使(手交)「英国政府ノ調停ニ対シ拒絶ノ回答」『外交文書』二七巻Ⅱ、

四八五頁、陸奥『蹇蹇録』二〇八～二〇九頁。

44——田保橋『日清戦役外交史の研究』四三五～四三六頁。

45——十月十九日、大山第二軍司令官と山地元治第一師団長が、旗艦「橋立」に伊東長官を訪問し、上陸地点に関し協議したが決まらず、陸海軍参謀の調査結果を待ち、花園口に決定した。なお、海軍側戦史には、陸軍依頼の件は、記述されていない。十月二十二日付聯合艦隊出征第十八回報告他「戦史編纂準備書類」五、『日清戦史』三巻、一〇～一四頁、海軍軍令部編『廿七八年海戦史』上巻、三〇五～三〇六頁。

46——徳富編『公爵山縣有朋伝』下巻、一七四、一七六頁。

47——『日清戦史』二巻、三八七～三九二頁。

48——十一月十七日付、陸奥外務大臣ヨリ米国駐箚栗野公使宛(電報)「米国公使ニ回答口上書交附セル時ノ談話通報ノ件」『外交文書』二七巻II、五〇二～五〇三頁、陸奥『蹇蹇録』二二六～二二八頁、春畝公追頌会編『伊藤博文伝』下巻(春畝公追頌会、一九四〇、復刻、原書房、一九七〇年)一一〇頁、斎藤『日清戦争の軍事戦略』一六〇頁。

49——陸奥『蹇蹇録』二一九～二二一頁、斎藤『日清戦争の軍事戦略』一六一～一六二頁。

50——『日清戦史』六巻、二八一頁。

51——『日清戦史』四巻、一～二頁。

52——春畝公追頌会編『伊藤博文伝』下巻、一三三～一三四頁。

53——斎藤『日清戦争の軍事戦略』一六六頁。

54——海軍軍令部戦史編纂委員編「征清海戦史」二。

55——「伊藤総理大臣提出威海衛ヲ衝キ台湾ヲ略スヘキ方略」伊藤博文編『秘密編纂』第一巻日清事件(秘密編纂刊行カイ、一九三三年、復刻『機密日清戦争』原書房、一九六六年)六六～六九頁。

56——有栖川宮『熾仁親王日記』六、五二三頁。

57——なお、この意見具申は、二十九日に大本営が発した上陸点偵察命令が伊東長官へ届く前に上申されたものである。『日清戦史』六巻、二頁。

58——同書、二～三頁、海軍軍令部戦史編纂委員編「征清海戦史」二、斎藤『日清戦争の軍事戦略』一六七～一六八頁。

59——海軍軍令部戦史編纂委員編「征清海戦史」二、斎藤『日清戦争の軍事戦略』一六八頁。

第4章

1——中塚明「下関条約論」『奈良女子大学文学研究年報』X(一九六六年)、檜山幸夫「日清戦争における外交政略と戦争指導——移行段階の講和条件確定問題を中心に」福地重孝先生還暦記念論文集刊行委員会編『近代日本形成過程の研究』(雄山閣、一九七八年)、檜山幸夫「日清戦争における外交政策」東アジア近代史学会編『日清戦争と東アジア世界の変容』下巻(ゆまに書房、一九九七年)、古結諒子「日清戦争終結に向けた日本外交と国際関係——開戦から『三国干渉』成立に至る日本とイギリス」『史学雑誌』第一二〇編第九号(二〇一一年)。

この時期の日清戦争を軍事的視点から分析した斉藤聖二が、山東半島作戦を「講和期」の作戦と解釈しているのに対し、主に外交政策について考察した古結諒子は、講和に前向きでない日清両国の外交姿勢からこの作戦を戦争継続のための作戦と解釈している。確かに、この時期の両国は講和交渉に向けて積極的ではなかったが、少なくとも日本の政軍指導者は講和条件を策定し、講和を意識して山東半島作戦を遂行しているので、この時期から日清戦争は「講和期」に入ったと見て差し支えないだろう。斎藤聖二『日清戦争の軍事戦略』(芙蓉書房、二〇〇三年)一七四頁、古結「日清戦争終結に向けた日本外交と国際関係」一〇頁。

2——檜山幸夫「日清戦争における外交政策」七三〜七七頁。

3——徳富蘇峰編『公爵山縣有朋伝』下巻(山縣有朋公記念事業会、一九三三年、復刻、原書房、一九六九年)一七七頁、参謀本部編『明治二十七八年日清戦史』第四巻(東京印刷、一九〇七年)二頁[以下『日清戦史』四巻のように略記する。]

4——有栖川宮熾仁親王(日本史籍協会編)『熾仁親王日記』六、高松宮蔵版(東京大学出版会、一九七六年)五一九頁、陸軍省編『明治天皇御伝記史料明治軍事史』上巻(原書房、一九六六年)九三九頁[以下『明治軍事史』上と略記]、『日清戦史』四巻、四、七〜八頁。

5——明治二十七年十二月九日付、中村中佐ヨリ大本営宛電報、伊藤博文編『機密日清戦争』(原書房、一九六七年)

八四頁。『明治軍事史』では、八日義州に移動して九日に勅語を賜ったことになっており、『山縣有朋伝』では、七日に安東県で勅使と面会し、勅語を賜ったと記されている。しかしながら、『機密日清戦争』所収のこの電報によれば、八日に勅語を賜ったことが明らかである。『明治軍事史』上、九三九頁、徳富編『公爵山縣有朋伝』下、一八六～一八七頁。

6 ――『日清戦史』二巻、五五六～五五九頁、徳富編『公爵山縣有朋伝』下、一八五～一八六頁、藤井貞文「日清戦争における山県有朋」『軍事史学』第四巻第三号（一九六八年）一五～二三頁。

7 ――藤村道生『山県有朋』（吉川弘文館、一九六一年）一六五～一七〇頁、同『日清戦争――東アジア近代史の転換点』（岩波書店、一九七三年）一二九～一三一頁、大江志乃夫『東アジア史としての日清戦争』（立風書房、一九九八年）四二六～四三一頁、三谷太一郎『近代日本の戦争と政治』（岩波書店、一九九七年）一七～一八頁。

8 ――伊藤之雄『立憲国家の確立と伊藤博文――内政と外交 一八八九～一八九八』（吉川弘文館、一九九九年）一七五～一七七頁、斉藤『日清戦争の軍事戦略』一六三～一六五頁、原田敬一『日清戦争』（吉川弘文館、二〇〇八年）一八七～一八九頁。

9 ――斎藤『日清戦争の軍事戦略』一六五頁。

10 ――宮内庁編『明治天皇紀』第八（吉川弘文館、一九七三年）六〇一頁。

11 ――伊藤編『機密日清戦争』九一～九二頁。

12 ――伊藤之雄『伊藤博文――近代日本を創った男』（講談社、二〇〇九年）三四九、三五一～三五二頁。

13 ――徳富編『公爵山縣有朋伝』下、一九八～一九九頁。

14 ――渡邊幾治郎『日清・日露戦争史話』（千倉書房、一九三七年）一七四～一七五頁。

15 ――田保橋潔『日清戦役外交史の研究』（刀江書院、一九五一年、復刻、東洋文庫、一九六五年）四二九頁。

16 ――『蹇蹇録』一二一～一二三頁、『伊藤博文伝』下、一五三～一五四頁。

17 ――『日清戦史』六巻、八～九頁、斎藤『日清戦争の軍事戦略』一六九～一七〇頁。

18 ――明治二十七年十二月十六日付、威海衛ヲ占領スベシトノ命令（命令二十六号）「戦史編纂準備書類」一（防衛省防衛研究所史料室所蔵資料）。

19 ――『日清戦史』六巻、一一～一二、四七、七五、一四四～一四五頁、海軍軍令部編『廿七八年海戦史』上巻（春陽堂、一九〇五年）六六～七六頁。
20――海軍軍令部編『廿七八年海戦史』上巻、九一～一一二、一三〇～一五三頁。
21――「大本営御前会議ニ於ケル伊藤内閣総理大臣ノ演説」伊藤博文編『機密日清戦争』一〇〇頁。なお会議には、小松宮参謀総長、伊藤首相、西郷海陸兼務相、陸奥外相、山縣大将、樺山海軍軍令部長、川上参謀次長が参加した。
22――春畝公追頌会編『伊藤博文伝』下巻（春畝公追頌会、一九四〇年、復刻、原書房、一九七〇年）一六〇～一六一頁。
23――陸奥宗光『蹇蹇録』新訂版（岩波書店、一九八三年）二四八頁。
24――「大本営御前会議ニ於ケル伊藤内閣総理大臣ノ演説」一〇二～一〇三頁。
25――『日清戦史』四巻、四三～六六、一〇四～一二四、一三九～一四三、一八七頁。
26――『日清戦史』五巻第二十五章「海城ノ防守」二一〇～三一九頁参照。
27――徳富編『公爵山縣有朋伝』下巻、二〇〇頁。
28――『日清戦史』六巻、一九三～一九四頁。
29――『日清戦史』五巻第二十七章、「牛荘城ノ戦闘」一一二～一七九頁、第二八章、二三六～二四九頁、第二十九章「田庄台ノ戦闘」二五〇～三三〇頁参照。
30――『日清戦史』六巻、二三七～二三九頁。
31――明治二十八年二月十四日付、混成枝隊長へ訓令（極秘参名第一八六号）、聯合艦隊司令長官ニ与フル命令（極秘命第三十三号）「戦史編纂準備書類大本営ノ命令（海軍陸軍）附関係用件全」（防衛研究所史料室所蔵資料）。
32――『日清戦史』六巻、二四四、二四六、二六七頁参照。
33――外山三郎『日清・日露・大東亜海戦史』（原書房、一九七九年）五五頁。
34――『日清戦史』六巻、二八一～二八八頁。
35――同書、二八三、二八八～二八九、二九二頁、斎藤『日清戦争の軍事戦略』一九三頁。
36――臨時第七師団が北海道より東京に到着したのは、講和条約が締結された四月十七日であった。当時、青森までは鉄道が貫通していたが、北海道の一個師団を東京へ輸送するのに、約一ヶ月を要したのであった。『日清戦史』六巻、二九五～二九六頁。

37――陸奥『蹇蹇録』二五一～二五二頁。

38――二月十六日付、米国公使へ口上書「講和使容認ニ対スル日本ノ態度闡明ノ件」、二月十九日付、米国公使ヨリ陸奥外務大臣宛「講和ニ対スル清国ノ意向伝達ノ件付属書　李鴻章全権トシテ渡日スベキ旨ノ通告書」、二月十九日付、米国公使へ口上書「全権派遣ノ保証ヲ清国政府ニ要求ノ件」、二月二十七日付、陸奥外務大臣ヨリ（在広島）鍋島外務書記官宛（電報）「清国公文ハ英訳文ヲ基礎トスベキ旨通告方ノ件」、三月四日付、日本政府口上書「清国政府ノ全権委任状承諾ノ件」、三月七日付、日本政府口上書「李鴻章ノ来日ニ関スル指示通告ノ件」外務省編『日本外交文書』第二十八巻第二冊（日本国際連合協会、一九五三年）二六九～二七一、二七七、二七九、二八一頁。［以下『外交文書』二八巻Ⅱと略記する。］以降、下関談判開始までの日本政府と清国政府とのやりとりは、すべて各々の駐在米国公使を通じてのものであった。

39――その事情は、一月二十七日付の山縣から田中光顕宛ての書簡に詳しい。伊藤は西郷と共に熱心に山縣の入閣を薦めた。徳富編『公爵山縣有朋伝』下巻、二〇五～二〇六頁。

40――三月二十一日付、日本講和全権ヨリ清国講和全権宛回答「日本側ノ休戦条件提示ノ件」『外交文書』二八巻Ⅱ、二八九頁。

41――三月二十五日付、林外務次官ヨリ（在下関）佐藤外務書記官宛（電報）「李鴻章遭難ニ関シ在本邦各国公使筋ノ意見報告方依頼ノ件」同書、二九四頁。

42――三月二十七日付、（在下関）陸奥外務大臣ヨリ（在広島）陸奥翻訳官宛（電報）「休戦許与ヲ清国使節及ビ各国公使へ早急通告ノ事ニ関シ意見問合セ方ノ件」同書、三一四頁。

43――徳富猪一郎編著『陸軍大将川上操六』（東京第一公論社、復刻、大空社、一九八八年）一五二頁。

44――尚友倶楽部山縣有朋関係文書編纂委員会編『山縣有朋関係文書』一（山川出版、二〇〇五年）一二一頁。

45――伊藤博文関係文書研究会編『伊藤博文関係文書』八（塙書房、一九八〇年）一三四～一三五頁。

46――春畝公追頌会編『伊藤博文伝』下巻、一六八～一七〇頁。徳富編『公爵山縣有朋伝』下巻、二一〇～二一四頁。

47――三月二十八日付、陸奥外務大臣ヨリ李鴻章宛「無条件休戦ヲ允諾セル旨通告ノ件」、三月二十八日付、（在下関）陸奥外務大臣ヨリ（在広島）伊藤総理大臣宛「李鴻章ニ休戦許与ニ付談話ノ件」『外交文書』二八巻Ⅱ、三一六頁。

48――三月三十日付「日清休戦定約正文」同書、三二四頁。

49――陸奥『蹇蹇録』二八一頁。なお、中田秘書官は、今までの清国との交渉経験から「支那人ハ文ヲ弄するコト極メテ巧妙デアツテ、数千言モ連ネタ長文ヲ寄越シ何度往復シテモ果テシガ附カズ、恰度渦ノ中ニ入ルヤウナモノデアル」、そして「流石支那ハ文筆ノ国ト言ハレルダケアツテ繰リ返シ／＼同ジコトヲ長々ト書クノハ実ニ巧イモノデアツテ、之ニ乗セラレタラ駄目デアル」として、伊藤、陸奥に「支那人ト談判スルノニハ、簡単明瞭ニ言フノガ最上ノ策デアル」と進言している。外務省調査部第一課編「中田敬義氏述　日清戦争ノ前後」広瀬順晧編『近代外交回顧録』第一巻(ゆまに書房、二〇〇〇年)一〇二～一〇四頁。

50――四月六日付、日本講和全権ヨリ李鴻章宛「清国側提出ノ講和条約案ニ対シ反駁ノ件」、四月六日付、李鴻章全権ヨリ日本講和全権宛「李經方全権任命ヲ通告ノ件」『外交文書』二八巻Ⅱ、三〇八、三四八頁。

51――春畝公追頌会編『伊藤博文伝』下巻、一七七～一七八頁。

52――第五師団は第一軍の戦闘序列から脱し遼河平原の守備を命ぜられ、第一軍は金州(大連の東方至近)付近への移動を命じられた。「陸軍命令　自明治廿七年九月至明治廿九年三月」(防衛研究所史料室所蔵資料)。

53――春畝公追頌会編『伊藤博文伝』下巻、一八〇～一八一頁。

54――四月十日付、清国講和全権ヨリ日本講和全権宛「清国政府ヨリ提出セシ修正案ニ対スル我再修正案」、四月十一日付、伊藤全権ヨリ李鴻章宛「我ガ再修正案ニ関シ説明ノ件」『外交文書』二八巻Ⅱ、三五五～三五七頁。

55――田保橋『日清戦役外交史の研究』五一八～五二五頁。なお、回答期限は十四日であったが、清国側が一日の延期を求め、伊藤はこれを許した。

56――『日清戦史』六巻、二九四、二九六頁。

57――斎藤『日清戦争の軍事戦略』二一九頁、注(九八)。

58――同書、二一九～二二〇頁、注(九八)。

59――同書、二二〇頁、注(九八)。

60――田保橋『日清戦役外交史の研究』四六二～四六三、四六七頁。

61――中田敬義「故陸奥伯ノ追憶」広瀬編『近代外交回顧録』第一巻、一一八～一一九頁。

第5章

1——角田順『満州問題と国防方針——明治後期における国防環境の変動』（原書房、一九六七年）。

2——中西寛・奈良岡聰智「日本における日露戦争研究の動向」日露戦争研究会編『日露戦争研究の新視点』（成文社、二〇〇五年）四一二頁、伊藤之雄『立憲国家と日露戦争——外交と内政 一八九八～一九〇五』（木鐸社、二〇〇〇年）一四～一五頁、小林道彦『日本の大陸政策 一八九五～一九一四——桂太郎と後藤新平』（南窓社、一九九六年）八頁。

3——千葉功「日露交渉——日露開戦原因の再検討」近代日本研究会編『比較の中の近代日本思想』（山川出版社、一九九六年）、同『旧外交の形成——日本外交一九〇〇～一九一九』（勁草書房、二〇〇八年）、伊藤之雄「日露戦争と桂園体制の形成」『法学論叢』第一三八巻第四・五・六号（一九九六年）、同『立憲国家と日露戦争』、大江志乃夫『世界史としての日露戦争』（立風書房、二〇〇一年）、稲葉千晴『暴かれた開戦の真実：日露戦争』（東洋書店、二〇〇二年）。

4——千葉『旧外交の形成』一三九～一四〇、一四六頁、同「日露交渉」三一三～三一七頁。

5——伊藤『立憲国家と日露戦争』四〇八～四一〇頁。ベ・ア・ロマーノフ『満洲に於ける露国の利権外交史』（山下義雄訳）（山下義雄、一九三五年、復刻、原書房、一九七三年）。

Andrew Malozemoff, *Russian Far Eastern Policy 1881-1904, with Special Emphasis on the Causes of the Russo-Japanese War*, (Berkeley: University of California Press, 1958).

6——横手慎二『日露戦争史——20世紀最初の大国間戦争』（中央公論新社、二〇〇五年）一一二頁。

7——伊藤之雄「日露戦争と日露外交」『2004年度戦争史フォーラム報告書』（防衛庁防衛研究所、二〇〇四年）五四頁。

8——広野好彦「栗野私案と日露交渉」『姫路法学』第二九・三〇号（二〇〇〇年）二〇二～二〇四頁、和田春樹「日露戦争——開戦にいたるロシアの動き」『ロシア史研究』第七八号（二〇〇六年）一〇頁、ルコヤノフ・イーゴリ・B「ベゾブラーゾフ一派——ロシアの日露戦争への道」日露戦争研究会編『日露戦争研究の新視点』七一頁。

9——筒井充「主力艦発達史より見たる日露海戦」『軍事史学』第四巻第一号（一九六八年）三六頁、相澤淳『奇

襲断行』か『威力偵察』か?――旅順口奇襲作戦をめぐる対立」『軍事史学』第四一巻第一・二合併号(二〇〇五年)六九〜七〇頁、平間洋一『日露戦争が変えた世界史――「サムライ」日本の一世紀』改訂新版(芙蓉書房、二〇〇五年)二、三六〜三七頁。

10――Julian S. Corbett, *Maritime operations in the Russo-Japanese War, 1904-1905*, 2 vols. (London: Intelligence Division of Admiralty War Staff, 1914, confidential publication; reprint, Annapolis, Md.: Naval Institute Press; Newport, R.I.: Naval War College Press, 1994), 38-60.

11――参謀本部編『明治三十七八年秘密日露戦史』巻一(巌南堂書店、一九八二年)一〇五〜一〇七頁。

12――筒井充「日清戦争の教訓と戦後の海軍拡張」『藝林』第二〇巻(一九六九年)二一〜二三頁、同「日本海軍史における対露戦備の特徴と成果」『軍事史学』第六巻第三号(一九七〇年)五九頁。

13――「海軍艦船拡張沿革」海軍大臣官房編『山本権兵衛と海軍』(原書房、一九六六年)三五一〜三五三頁。

14――同書、三五五、三五七頁。

15――七月十二日付、朝鮮国駐剳杉村臨時代理公使ヨリ西園寺外務大臣臨時代理宛「朴事件関係日記報告ノ件」外務省編『日本外交文書』第二十八巻第一冊(日本国際連合協会、一九五三年)四六六〜四七一頁[以下『外交文書』二八巻Iのように略記]、杉村濬『明治廿七八年在韓苦心録』(杉村陽太郎、一九三二年)一四八〜一五六頁、海野福寿『韓国併合』(岩波書店、一九九五年)九九〜一〇〇頁。

16――十一月五日付、京城在勤内田領事ヨリ西園寺外務大臣臨時代理宛「十月八日朝鮮王城事変ノ詳細報告ノ件」『外交文書』二十八巻I、五五二〜五六二頁、杉村『明治廿七八年在韓苦心録』一七〇〜一八四、一九四〜二〇四頁、海野『韓国併合』一〇〇〜一〇二頁、伊藤之雄『立憲国家の確立と伊藤博文――内政と外交 一八八九〜一八九八』(吉川弘文館、一九九九年)一九三〜一九四頁、御厨貴『明治国家の完成――一八九〇〜一九〇五』(中央公論新社、二〇〇一年)三二四〜三二六頁、佐々木隆『明治人の力量』(講談社、二〇〇二年)一五三〜一五四頁、和田春樹『日露戦争――起源と開戦』上巻(岩波書店、二〇〇九)一八二〜一九二、一九九頁。なお三浦公使も、この事件について三十年後に回顧している。三浦梧楼『観樹将軍回顧録』(政教社、一九二五年)三一九〜三五一頁。

17――堤恭二『帝国議会に於ける我海軍』(東京水交社、一九三二年、復刻、原書房、一九八四年)九一〜九二、九六頁。

18——二月十三日付、朝鮮国駐劄小村公使ヨリ西園寺外務大臣臨時代理宛「朝鮮国大君主並ニ世子宮露国公使館ニ入御顛末報告ノ件」『外交文書』二十八巻I、六八三～六八七頁、伊藤『立憲国家の確立と伊藤博文』一九四～一九九頁、小林『日本の大陸政策』二八頁、佐々木『明治人の力量』一五七頁、千葉『旧外交の形成』七〇頁。

19——その詳細は、原剛『明治期国土防衛史』（錦正社、二〇〇二年）三四三～四〇三頁参照。

20——「海軍艦船拡張沿革」三六〇～三六一頁、堤『帝国議会に於ける我海軍』一一二～一一六頁。

21——明治三十年三月十七日付、官報号外、第十回帝国議会貴族院議事速記録第二十号「第十回帝国議会貴族院議事速記録」（国立公文書館所蔵資料）二五五頁。

22——「海軍艦船拡張沿革」三六六～三七〇頁、故伯爵山本海軍大将伝記編纂会編『伯爵山本権兵衛伝』上巻（山本清、一九三八年、復刻、原書房、一九六八年）四一九～四二二頁。

23——「朝鮮問題に関する議定書」外務省編『日本外交年表竝主要文書』（上）（原書房、一九六五年）一八六～一八七頁。

24——外務省編『小村外交史』（新聞月鑑社、一九五三年、復刻、原書房、一九六六年）二一六～二一九頁。

25——小林『日本の大陸政策』四四頁。

26——角田『満州問題と国防方針』四四～四五頁。

27——「山本伯実歴談」海軍大臣官房編『山本権兵衛と海軍』一二六～一二七頁。

28——四月九日付、英国駐劄林公使ヨリ加藤外務大臣宛（電報）「在英ドイツ代理公使東亜ニ於ケル三国同盟提唱の件」、四月一六日付、加藤外務大臣ヨリ英国駐劄林公使宛（電報）「三国協定ニ付尚一層詳細ナル報告回訓ノ件」、四月一七日付、英国駐劄林公使ヨリ加藤外務大臣宛（電報）「日英両国間ニ或ル永久的協定成立ニ関シ英外相ノ意向打診ノ件」『外交文書』三十四巻、一～二、六～九頁。

29——藤井信行「『日英同盟』協約交渉（一九〇一～〇二年）と日本政府（前）」『川村学園女子大学研究紀要』第二二巻第二号（二〇〇一年）一一八～一二三頁、千葉『旧外交の形成』九〇～九三頁。

30——石井菊次郎書記官稿「日英協約交渉始末」『外交文書』三十五巻、六八～六九頁、一〇月一七日付、英国駐劄林公使ヨリ小村外務大臣宛（電報）「同盟問題ニ就キ英外相ト第一回公然会談ノ件」『外交文書』三十四巻、三六～三九頁。

31——十一月七日付、英国駐剳林公使ヨリ小村外務大臣宛（電報）「日英協約草案英外相ヨリ提出ノ件」、十一月二十八日閣議決定「英国政府ノ日英協約草案ニ対スル修正案決定ノ件」、十二月七日小村外務大臣意見書「元老会議ニ提出セル小村外相日英協約ニ関スル意見書」、十二月七日付、井上伯爵ヨリ（在露）伊藤侯爵宛（電報）「元老会議ニ於テ日英同盟ヲ速ニ結了スル事ニ決定セル旨通報ノ件」『外交文書』三十四巻、三九〜四一、五七〜五八、六六〜六九頁、石井「日英協約交渉始末」、七〇、七三、七六〜七七頁。

32——石井「日英協約交渉始末」七七〜七八頁、外務省編『小村外交史』二八二〜二八三頁。

33——謁見および会談の詳細は、五月十六日付、伊藤博文奏議「伊藤博文欧洲漫遊中往復電信及英露当局大臣トノ談判ノ顛末上奏ノ件」（第十三号、露西亜皇帝ニコライ二世陛下ニ謁見ノ記、第十七号、露国外相「ラムスドルフ」伯ト会見ノ記其一、第十八号、露国蔵相「ウキッテー氏ト会見ノ記、第二十二号、露国外相「ラムスドルフ」伯ト会見ノ記其二）『外交文書』三十五巻、一〇六〜一一五、一一八〜一二一頁参照。

34——FO 46/547, Memorandum by Lord Selborne, “Balance of Naval Power in the Far East,” 4 September 1901; Zara S. Steiner, “Great Britain and the Creation of the Anglo-Japanese Alliance,” *Journal of Modern History*, No. 31, March 1959, 29-31; Ian H. Nish, *The Anglo-Japanese Alliance: The Diplomacy of Two Island Empires, 1894-1907* (London: Athlone, 1966), 174-175.

角田『満州問題と国防方針』八六〜八八頁。

35——四月八日付、在清国内田公使ヨリ小村外務大臣宛（電報）「露清協約調印済ノ件」『外交文書』三十五巻、二三二〜二三三頁、外務省編『小村外交史』二四六頁。

36——明治三十九年十二月極秘「旧日英同盟協約ニ関スル軍事協商顛末ノ摘要」宮崎文庫二〇、極秘明治三九・一二、参謀本部「日英協商ニ関スル書類綴」、海軍作成「横須賀鎮守府ニ於ケル会談記事」、福島少将覚書「明治三十五年五月十四日横須賀鎮守府ニ於ケル日英軍事会議摘要」宮崎文庫三一、極秘明治三五・五・一四〜三六・三・二〇、参謀本部次長保管「日英両国軍事関係書類」（防衛省防衛研究所史料室所蔵資料）。

その他に日本側からは、斎藤實海軍省総務長官、瓜生外吉海軍軍令部第一局長、田村怡與造参謀本部次長、福島安正参謀本部第二部長、英国側からは、若干の公使館員と将校が出席した。なお、この会談に至る経緯は、村島滋「日英同盟史の一側面——両国軍事協商の成立をめぐって」『国際政治』第五八号（一九七八年三月）一七〜一八頁に詳しい。

37——海軍作成「横須賀鎮守府ニ於ケル会談記事」、福島少将覚書「明治三十五年五月十四日横須賀鎮守府ニ於ケル日英軍事会議摘要」、防衛庁防衛研修所戦史室『大本営海軍部・聯合艦隊〈1〉開戦まで』(朝雲新聞社、一九七五年)五九～六一頁。

38——「旧日英同盟協約ニ関スル軍事協商顛末ノ摘要」、「日英連合軍大作戦方針」宮崎文庫三三、極秘明治三五・五、参謀本部「日英連合軍大作戦方針」(防衛研究所史料室所蔵資料)、防衛研修所戦史室『大本営海軍部・聯合艦隊』六一～六三頁。

なお、「日英連合軍大作戦方針」の決定日は、戦史叢書が疑問を呈しながらも五月五日としているが、経過の流れから考えて、五月二十日という村島滋の説が妥当である。村島「日英同盟史の一側面」二一頁。

39——「第二号覚書」宮崎文庫三一「日英両国軍事関係書類」、防衛研修所戦史室『大本営海軍部・聯合艦隊』六四～六六頁。

40——「竜動会議始末報告」、「千九百二年七月七日陸軍省内ウ井ンチェスター館ニ於テ英日海陸代表者間ニ開カレタル戦時協同行為ニ関スル会議ノ報告」、「千九百二年七月八日陸軍省内ウ井ンチェスター館ニ於テ英日陸軍代表者間ニ戦時陸軍ノ協同行為ニ関シ詳議ノ為メ開タル会議ノ報告」宮崎文庫三一「日英両国軍事関係書類」、七月七日付、「日英軍事協定ヲ含ム両国陸海軍代表者会議報告書」『外交文書』三十五巻、一四四～一五二頁、防衛研修所戦史室『大本営海軍部・聯合艦隊』六六～六七頁。

41——「英国へ派遣セシ福島伊集院両少将ニ関スル記事及協約書御批准迄ノ手続覚書」、「旧日英同盟協約ニ関スル軍事協商顛末ノ摘要」宮崎文庫三一「日英両国軍事関係書類」、防衛研修所戦史室『大本営海軍部・聯合艦隊』六七頁。

42——村島滋も前掲論文で、一連の軍事交渉は、日本にとっては単独戦への決意をいっそう固める重要な契機であり、軍事的には日英同盟が日露戦争を直接に促進する有力な媒介であったということはできないと結論づけている。村島「日英同盟史の一側面」三一頁。

43——「山本伯実歴談」海軍大臣官房編『山本権兵衛と海軍』一三一～一三三頁。

44——佐藤鐵太郎『帝国国防論』(佐藤鐵太郎、一九〇二年)一、六～七、一〇三頁。

45――同書、二六七、二七一～二七四頁。
46――同書、二七七～二八五頁。
47――海軍歴史保存会編『日本海軍史』第一巻（第一法規出版、一九九五年）四一四～四一五頁。
48――石川泰志『佐藤鐵太郎中将伝』（原書房、二〇〇〇年）一二四頁。
49――「海軍艦船拡張沿革」海軍大臣官房編『山本権兵衛と海軍』三七〇～三七三頁。
50――室山義正『近代日本の軍事と財政』（東京大学出版会、一九八四年）三三一～三三二頁。
51――外山三郎『日露海戦史の研究――戦記的考察を中心として』上（教育出版センター、一九八五年）一五一頁。
52――セルゲイ・ウイッテ『ウイッテ伯回想記――日露戦争と露西亜革命』（大竹博吉訳）上巻（南北書院、一九三一年、復刻、原書房、一九七二年）一四四～一四六頁。
53――齋藤子爵記念会編『子爵齋藤實伝』（齋藤子爵記念会、一九四一年）八四一頁、ウイッテ『ウイッテ伯回想記』上巻、一六二頁、I・I・ロストーノフ『ソ連から見た日露戦争』（及川朝雄訳）（原書房、一九八〇年）四四頁。なお、馬山浦事件の詳細については、大山梓「日露戦争直前における日露関係の一問題――馬山浦事件」『軍事史学』第四巻第三号（一九六八年）七一～八〇頁参照。
54――齋藤子爵記念会編『子爵齋藤實伝』八五〇～八五二頁。
55――広野「栗野私案と日露交渉」一八〇～一八一頁。
56――露国海軍軍令部編『千九百四、五年露日海戦史』（帝国海軍軍令部訳）第一巻上（海軍軍令部、一九一五年、復刻、芙蓉書房、二〇〇四年）四一頁。
57――同書、五八～六二頁。
58――外務省編『小村外交史』三〇一～三〇八頁。
59――平井友義「ロシア極東政策とベゾブラーゾフ：一九〇三年――鴨緑江森林利権を中心に」『広島国際研究』第八巻（二〇〇二年）一五～一六頁。
60――桂太郎『桂太郎自伝』（宇野俊一校注）（平凡社、一九九三年）二七三～二七四、三〇五～三〇六頁。
61――海軍軍令部編「極秘明治三十七、八年海戦史」（防衛研究所史料室所蔵資料）第一部「戦紀」巻一、二〇～二三頁。

62――海軍軍令部編「極秘明治三十七、八年海戦史」第一部「戦紀」巻一、五九頁、第十一部「戦局日誌」巻一、九～一〇頁。
63――露国海軍軍令部編『千九百四、五年露日海戦史』第一巻上、四一～四四頁。
64――参謀本部編『明治三十七八年秘密日露戦史』巻一、二六頁。
65――海軍軍令部編「極秘明治三十七、八年海戦史」第十一部「戦局日誌」巻一、一八頁。同書の五月二十日の項には、「此ノ日ヨリ海軍々令部ニ於テ露国ノ行動ニ関スル情報ヲ逐号印刷シ必要ノ諸向ニ配賦ス」とのみ記され、その具体的な配布先は明らかにされていない。しかしながら、当該配布資料が明治天皇の御手許に上った記録類である「千代田史料」に残されていること、後述の大山参謀総長の「露軍に関する状況判断」に、この配布情報が反映されていることなどを考慮すると、御前会議に列席する元老、主要閣僚ならびに参謀本部の主要幹部に、この情報が配布されていたと推察される。
66――谷壽夫『機密日露戦史』新装版（原書房、二〇〇四年）八二～八四頁。
67――参謀本部編『明治三十七八年秘密日露戦史』巻一、四七頁。
68――徳富蘇峰編著『公爵桂太郎伝』坤巻（故桂公爵記念事業会、一九一七年、復刻、原書房、一九六七年）、一二八～一二九頁。
69――「山本伯実歴談」海軍大臣官房編『山本権兵衛と海軍』一三五～一三六頁。
70――A・H・クロパトキン『クロパトキン回想録』（参謀本部訳）其一（偕行社、一九一〇年）二一八～二二三頁、徳富編著『公爵桂太郎伝』坤巻、一二七頁、角田『満州問題と国防方針』二〇四頁。
71――海軍軍令部編「極秘明治三十七、八年海戦史」第十一部「戦局日誌」巻一、一六、一九、二一、二三～二四、二六、三〇、三四頁。
72――七月二十八日付、小村外務大臣ヨリ在露国栗野公使宛（電報）「満韓ニ関スル日露交渉開始ニ付露国政府ノ意ヲ確ムヘキ旨訓令ノ件」、八月五日付、在露国栗野公使ヨリ小村外務大臣宛（電報）「商議開始ノ允可ヲ得タリトノ露国外相談報告ノ件」『外交文書』三十六巻I、八～九、一三頁。
73――八月十二日付、情第二十五号、情第二十六号（露都酒井海軍大佐ヨリ軍令部長宛）「明治三十六年、五～十月情第二～一〇〇号」（防衛研究所史料室所蔵資料）。

74——八月三日付、小村外務大臣ヨリ在露国栗野公使宛(電報)「日露交渉案文通報並ニ右取扱振ニ関シ訓令ノ件」、八月十二日付、在露国栗野公使ヨリ小村外務大臣宛(電報)「協商案露国外務大臣ニ手交済ノ旨報告ノ件」『外交文書』三六巻Ⅰ、一一～一四頁、千葉『旧外交の形成』一一九頁。

75——八月六日付、情第二十一号(浦潮斯徳川上貿易事務官ヨリ外務大臣宛)、八月七日付、情第二十二号(浦塩斯徳川上貿易事務官ヨリ外務大臣宛)、八月十八付、情第二十八号(浦潮斯徳川上貿易事務官発)「明治三十六年、五～十月　情第二～一〇〇号」、齋藤子爵記念会編『子爵齋藤實伝』九一四頁。

76——九月七日付、小村外務大臣ヨリ在露国栗野公使宛(電報)「商議地ヲ東京ニ移ス事ニ同意シ並ニ露国対案ノ至急提出ヲ求ムヘキ旨訓令ノ件」『外交文書』三六巻Ⅰ、二一頁。

77——九月十四日付、情第四十六号(露都酒井海軍大佐発)「明治三十六年、五～十月　情第二～一〇〇号」。

78——九月二十四日付、小村外務大臣ヨリ在露国栗野公使宛(電報)「露国公使極東総督ト協議ノ為旅順ニ出向ノ旨通報ノ件」、十月五日付、小村外務大臣ヨリ在露国栗野公使宛(電報)「露国公使ヨリ露国対案提出ノ件」『外交文書』三六巻Ⅰ、二三～二三頁。

79——外務省編『小村外交史』三三五～三三七頁、尚友倶楽部山縣有朋関係文書編纂委員会編『山縣有朋関係文書』1(山川出版、二〇〇五年)三二九～三三〇頁。

80——十月九日付、情第八十四号(露都酒井海軍大佐発)「明治三十六年、八～十一月　情第二九～一五九号」(防衛研究所史料室所蔵資料)、十月十四日付、情第九十五号(露都酒井海軍大佐・倫敦玉利海軍大佐発)「明治三十六年、五～十月　情第二～一〇〇号」。

81——露国海軍軍令部編『千九百四、五年露日海戦史』第一巻上、五五～五八頁。

82——「海軍艦船拡張沿革」海軍大臣官房編『山本権兵衛と海軍』三八三～三八六頁。チリ戦艦購入失敗の経緯は、鈴木俊夫「日露戦争前夜の戦艦売却交渉——マーチャント・バンクの武器取引」『経済学』(東北大学研究年報)第六五巻第四号(二〇〇四年)参照。

83——外務省編『小村外交史』三三九～三四二頁、十月三十日付、小村外務大臣ヨリ在露国栗野公使宛(電報)「露国対案ニ対シ提出ノ日本確定修正案通報ノ件」『外交文書』三六巻Ⅰ、二七～二八頁。

84——十月二十六日付、情第百十一号(露都酒井海軍大佐発)、十一月十九日付、第百四十八号「明治三十六年、十

〜十二月　情第一〇一〜二〇〇号」（防衛研究所史料室所蔵資料）、十一月九日付、情第百三十三号（露都酒井海軍大佐発）「明治三十六年、八〜十一月　情第二九〜一五九号」。

85——十一月二十四日付、情第百五十二号（新嘉坡発）「明治三十六年、八〜十一月　情第二九〜一五九号」、十一月二十一日付、小村外務大臣ヨリ在露國栗野公使宛（電報）「談判促進ノ為速ニ露国公使へ発訓スベキ様請求方ノ件」『外交文書』三六巻Ⅰ、三二〜三三頁、外務省編『小村外交史』三四四頁。

86——広野「栗野私案と日露交渉」一九八〜一九九頁。

87——十二月三日付、情第百六十六号（芝罘山下海軍大佐発）「明治三十六年、十〜十二月　情第一〇一〜二〇〇号」、海軍軍令部編「極秘明治三十七、八年海戦史」第一部「戦紀」巻一、六九頁。

88——谷『機密日露戦史』四一頁。

89——十二月十一日付、情第百七十八号（倫敦玉利海軍大佐発）「明治三十六年、十〜十二月　情第一〇一〜二〇〇号」。

90——十二月十二日付、小村外務大臣ヨリ在露国栗野公使宛（電報）「露国公使ヨリ提出ノ露国修正対案通報ノ件」『外交文書』三六巻Ⅰ、三六頁。

91——海軍軍令部編「極秘明治三十七、八年海戦史」第一部「戦紀」巻一、二八〜二九頁。

92——春畝公追頌会編『伊藤博文伝』下巻（春畝公追頌会、一九四〇年、復刻、原書房、一九七〇年）六二〇頁、徳富編述『公爵山縣有朋伝』下巻（山縣有朋公記念事業会、一九三三年、復刻、原書房、一九六九年）五七三〜五七四頁。

93——尚友倶楽部山縣有朋関係文書編纂委員会編『山縣有朋関係文書』1、三三三〜三三四頁。

94——参謀本部編『明治三十七八年秘密日露戦史』巻一、五七頁、谷『機密日露戦史』五一〜五二頁。

95——十二月二十一日付、情第百九十二号（在仏国本野全権公使発）「明治三十六年、十〜十二月　情第一〇一〜二〇〇号」。

96——十二月二十一日付、小村外務大臣ヨリ在露国栗野公使宛（電報）「協商範囲ニ関シ露国政府ノ再考ヲ求メ且日本政府カ必要ト認ムル修正個条提示ノ為露国外務大臣ニ口上書提出方訓令ノ件」『外交文書』三六巻Ⅰ、三六〜三八頁。

97――徳富編述『公爵山縣有朋伝』下巻、五九二頁。谷『機密日露戦史』四二頁。

98――海軍軍令部編「極秘明治三十七、八年海戦史」第一部「戦紀」巻一、二九~三一頁。

99――外務省編『小村外交史』三五九頁。

100――海軍軍令部編「極秘明治三十七、八年海戦史」第一部「戦紀」巻一、三二、三四~三六頁。

101――谷『機密日露戦史』四二頁。

102――参謀本部編『明治三十七八年秘密日露戦史』巻一、八四頁、九二~九三頁。

103――海軍軍令部編「極秘明治三十七、八年海戦史」第一部「戦紀」巻一、四三~四五頁。

104――参謀本部編『明治三十七八年秘密日露戦史』巻一、五八頁。

105――十二月三十日付、閣議決定「対露交渉決裂ノ際日本ノ採ルヘキ対清韓方針協商範囲ニ関シ露国政府ノ再考ヲ求メ且日本政府カ必要ト認ムル修正個條提示ノ為露国外務大臣ニ口上書提出方訓令ノ件」『外交文書』三六巻Ⅰ、四一~四五頁。

106――海軍軍令部編「極秘明治三十七、八年海戦史」第一部「戦紀」巻一、三六~三七頁、参謀本部編『明治三十七八年秘密日露戦史』巻一、五八頁。

107――露国海軍軍令部編『千九百四、五年露日海戦史』第一巻上、四八~四九頁。

108――参謀本部編『明治三十七八年秘密日露戦史』、九五~九六頁。

109――一月七日付、小村外務大臣ヨリ在露国栗野公使宛(電報)「露国公使提出ノ露国政府復答ニ関スル件」『外交文書』三七巻Ⅰ、一三~一四頁、徳富編著『公爵桂太郎伝』坤巻、一九五頁。

110――斎藤聖二「日露開戦直前の参謀本部と陸軍省」東アジア近代史学会編『日露戦争と東アジア世界』(ゆまに書房、二〇〇八年)二八二~二八三頁、山本四郎編『寺内正毅日記――一九〇〇~一九一八』(同朋舎、一九八〇年)一九三頁。

111――「露国海軍及び日露海軍の対照　明治三十七年」(防衛研究所史料室所蔵資料)。この史料は正規の上奏書ではないものの、明治天皇の御手許に上った記録類である「千代田史料」であり、また、その浄書の状態から海軍が上奏したものと思われる。「明治三十七年一月」とのみ記され、日付は明らかでないが、『明治天皇紀』によれば、伊東海軍軍令部長が、八日と三十一日に拝謁している。内容からして、開戦が差し迫った三十一日とは考えられず、十二日の御前会議を前にした八日に上奏したものと思われる。宮内庁編『明治天皇紀』第十(吉川弘文館、一九七四年)五七〇、五九一頁。なお、この史料では非装甲巡洋艦以下も詳細に対照されているが、ここでは省略する。

なお、戦艦「アレキサンドル三世」は一番艦と同時に起工されたボロジノ級戦艦の二番艦であるが、この一九〇四年一月現在で唯一竣工していたので、日本側からは「アレキサンドル三世」級と誤認されたものと思われる。一番艦「ボロジノ」、三番艦「アリヨール」、四番艦「スワロフ」は、日露戦争最中の一九〇四年九月から十月に次々と竣工し、ただちに、「アレキサンドル三世」などと共にバルチック艦隊として極東に向かった。五番艦の「スラヴァ」のみが日本海海戦後の一九〇五年六月の竣工となるが、日本側の数量的な見積もりはほぼ正しかったと言えよう。

112 ——一月九日付、情第二百三十二号(倫敦玉利大佐発)、一月十日付、情第二百三十三号(倫敦玉利大佐発)、一月十一日付、情第二百三十六号(倫敦玉利大佐発)、情第二百四十号、情第二百四十六号(倫敦玉利大佐発)「明治三十六年、十二月、三十七、二　情第二〇一～三〇〇号」(防衛研究所史料室所蔵資料)。なお、二百三十九号から二百六十七号までは、配布日の記載がないが、その前後から一月十一日から二十四日までの間と推察される。

113 ——「軍艦春日回航記事」(防衛研究所史料室所蔵資料)。

114 ——斎藤「日露開戦直前の参謀本部と陸軍省」二八三頁、山本編『寺内正毅日記』一九四頁。

115 ——海軍軍令部編「極秘明治三十七、八年海戦史」第十一部「戦局日誌」巻一、一三七～一三八頁、第一部「戦紀」巻一、三九～四〇頁。

116 ——宮内庁編『明治天皇紀』第十、五七六～五七七頁。

117 ——明治三十七年一月(十二)日閣議決定「日露交渉最終提案に関する閣議決定」外務省編『日本外交年表竝主要文書』(原書房、一九六五年)上巻、二二〇～二二二頁。

118 ——一月十三日付、小村外務大臣ヨリ在露国栗野公使宛(電報)「満韓ニ関スル日露協定案ニ付我方最終提案ヲ露政府へ通達方訓令ノ件」『外交文書』三七巻I、三二～三四頁。

119 ——情第二百五十三号(在露都酒井海軍大佐発)、情第二百五十六号、情第二百六十号(倫敦玉利大佐発)、情第二百六十三号、情第二百六十六号(倫敦玉利大佐発)、一月二十五日付、情第二百七十号「明治三十六年、十二月、

三十七、二　情第二〇一～三〇〇号」。

120——参謀本部編『明治三十七八年秘密日露戦史』巻一、一〇二～一〇三頁。

121——一月二十三日付、小村外務大臣ヨリ在露国栗野公使宛（電報）「我新修正案ニ対シ露国ガ為サントスル回答ノ時期及性質探索方訓令ノ件」、一月二十六日付、小村外務大臣ヨリ在露国栗野公使宛（電報）「我修正案ニ対スル露国回答督促方訓令ノ件」、一月二十八日付、小村外務大臣ヨリ在露国栗野公使宛（電報）「日本ガ韓国へ軍隊軍需品ヲ送遣ノ報道否認方竝ニ露国ノ対日回答ノ内容時期問合方訓令ノ件」『外交文書』三七巻Ⅰ、六五、七〇～七一、七五～七八頁。

122——平塚篤編『伊藤博文秘録』（春秋社、一九二九年、復刻、原書房、一九八二年）二三三～二三四頁。

123——二月一日付、在露国栗野公使ヨリ小村外務大臣宛（電報）「露ノ対日回答日取確言シ得ズトノ露外相ノ談報告ノ件」『外交文書』三七巻Ⅰ、八六頁。

124——参謀本部編『明治三十七八年秘密日露戦史』巻一、一〇三～一〇八頁、「軍艦春日回航記事」。

125——山本編『寺内正毅日記』二〇〇頁。

126——海軍軍令部編「極秘明治三十七、八年海戦史」第一部「戦紀」巻一、七二～七三、七六頁。

127——明治三十七年二月四日閣議決定「日露両国外交断絶に関する件」外務省編『日本外交年表竝主要文書』上巻、二二二頁。

第6章

1——海軍軍令部編「極秘明治三十七、八年海戦史」（防衛省防衛研究所史料室所蔵資料）第一部「戦紀」巻二、一八三～一八五頁、外山三郎『日露海戦史の研究——戦記的考察を中心として』上巻（教育出版センター、一九八五年）四五四頁。

2——外山『日露海戦史の研究』三一九～三二〇、四四九頁。

3——大江志乃夫『世界史としての日露戦争』（立風書房、二〇〇一年）四〇六～四〇七頁。

4——相澤淳「『奇襲断行』か『威力偵察』か？——旅順口奇襲作戦をめぐる対立」軍事史学会編『日露戦争（二）

——戦いの諸相と遺産』（錦正社、二〇〇五年）八一～八二頁。
Julian S. Corbett, *Maritime operations in the Russo-Japanese War, 1904-1905*, 2 vols. (London: Intelligence Division of Admiralty War Staff, 1914, confidential publication; reprint, Annapolis, Md.: Naval Institute Press; Newport, R.I.: Naval War College Press, 1994), Vol. 1, 73.

5——「自明治三十六年十二月二十八日至明治三十七年六月十日　聯合艦隊司令部戦時日誌」、明治三十七年二月五日付、聯隊機密第一二〇号「聯隊機密」（防衛研究所史料室所蔵資料）。

6——第十二師団長ニ与フル訓令「明治三十七～四十五年　命令・訓令」（防衛研究所史料室所蔵資料）、参謀本部編『明治三十七八年秘密日露戦史』巻二（巌南堂書店、一九八二年）五～二〇頁。

7——二月二日付、参謀本部臨第二九九号第二「陸軍トノ交渉及協同作戦」（防衛研究所史料室所蔵資料）。

8——「千代田艦戦時日誌」（防衛研究所史料室所蔵資料）。

9——二月十三日付、四戦報告第一号、第四戦隊仁川揚兵保護及八尾島ニ於ケル戦闘報告、瓜生第二艦隊司令官幕僚「明治三十七年二月第四戦隊戦闘詳報綴」（防衛研究所史料室所蔵資料）。

10——金正明編『朝鮮駐箚軍歴史』日韓外交資料集成別冊Ⅰ（巌南堂書店、一九六七年）二三頁。

11——横手慎二『日露戦争史——20世紀最初の大国間戦争』（中央公論新社、二〇〇五年）一一四頁。

12——明治三十七年二月十四日付、在韓国林公使ヨリ小村外務大臣宛「日露戦争ニ対スル韓国皇帝ノ勅語外部大臣ヲ通ジテ伝達方依頼ノ件」金正明編『日韓外交資料集成』第五巻（巌南堂書店、一九六七年）六二～六三頁、金編『朝鮮駐箚軍歴史』二三～二四頁。

13——金編『朝鮮駐箚軍歴史』一四二頁。

14——参謀本部編『明治三十七八年日露戦史』第一巻（東京偕行社、一九一二年）一一一～一一二頁。

15——「日露戦役参加者史談会記録（1）」（防衛研究所史料室所蔵資料）。

16——朝日新聞社編『名将回顧　日露大戦秘史・海戦篇』（朝日新聞社、一九三五年）一六六頁。

17——「日露戦役参加者史談会記録（1）」。

18——山屋他人「海軍戦術完」枝栄会編『海軍戦術講義録』（枝栄会、二〇〇五年）四三、四九～五〇頁。

19——岩下秀男「日本海軍と海軍大学校」枝栄会編『海軍戦術講義録』一二一～一二二頁。

20――秋山真之「海軍応用戦術」戸高一成編『秋山真之戦術論集』（中公公論新社、二〇〇五年）二〇七～二〇八、二三一頁。

21――同書、二〇八～二一〇、二二〇頁。

22――韓国ニ於ケル作戦計画甲号外改正ノ件「明治三十七年軍隊動員の件」（防衛研究所史料室所蔵資料）、第十二師団長井上光ニ与フル訓令「明治三十七～四十五年　命令・訓令」、参謀本部編『明治三十七八年秘密日露戦史』巻二、二六～二七頁、谷壽夫『機密日露戦史』新装版（原書房、二〇〇四年）一四一頁。

23――海軍軍令部編「極秘明治三十七、八年海戦史」第一部巻二、二〇一～二〇四頁、明治三十七年二月十一日付、聯隊機密第一二四号「浅間戦時日誌（甲）第一期」（防衛研究所史料室所蔵資料）、明治三十七年二月十四日付、聯隊機密第一三一号、明治三十七年二月十六日付、聯隊機密第一三八号「聯隊機密」、参謀本部編『明治三十七八年日露戦史』第一巻、一七一頁。

24――海軍軍令部編「極秘明治三十七、八年海戦史」第一部巻三、二五～三一、四六～六〇頁。

25――明治三十七年二月十六日付、三隊機密第二一五号「明治三十七年第三艦隊報告」（防衛研究所史料室所蔵資料）。

26――明治三十七年二月二十三日調印「日韓議定書」外務省編『日本外交年表竝主要文書』上巻（原書房、一九六五年）二二三～二二四頁。

27――明治三十六年十二月三十日閣議決定「対露交渉決裂の際日本の採るべき対清韓方針」外務省編『日本外交年表竝主要文書』上巻、二一九頁。

28――海野福寿『韓国併合史の研究』（岩波書店、二〇〇〇年）九九～一〇七頁。

29――李盛煥「韓国の中立政策と日露戦争」日露戦争研究会編『日露戦争研究の新視点』（成文社、二〇〇五年）二八九～二九〇頁。

30――明治三十七年一月二十五日付、在韓国林公使ヨリ小村外務大臣宛「露国公使ヨリ韓帝ノ露館播遷ヲ慫慂シタル旨清安君ヨリ内報ノ件」、一月十二日付、在京城三増領事ヨリ小村外務大臣宛「露国公使館護衛兵京城入京ノ件」、二月六日付、在韓国林公使ヨリ小村外務大臣宛「日露国交断絶以後ノ露国公使及ヒ露国兵士ニ対スル態度ニ関シ請訓ノ件」金編『日韓外交資料集成』第五巻、二四、三一、三八～三九頁。

31――菅野直樹「日露戦争と日韓非公式チャンネルの展開」日露戦争研究会編『日露戦争研究の新視点』三一四～

三一六頁。

32――明治三十七年二月七日付、在韓国林公使ヨリ小村外務大臣宛「日本陸海軍ノ行動開始ニ付韓国宮中動揺ノ件」、二月八日付、在韓国林公使ヨリ小村外務大臣宛「時局ニ関スル韓国宮廷ノ態度等情報ノ件」、二月八日付、在韓国林公使ヨリ小村外務大臣宛「参政沈相薫韓国皇帝ト内謁ニ関スル件」、二月九日付、小村外務大臣ヨリ在韓国林公使宛「韓国皇帝ノ外国公使館播遷阻止方ノ件」金編『日韓外交資料集成』第五巻、四一～四四、四六～四七、五〇頁。

33――明治三十七年二月九日付、在韓国林公使ヨリ小村外務大臣宛「日露交渉決裂ニ伴フ陸軍部隊上陸ニ関シ韓国政府宛通告ノ件」外務省編『日本外交文書』第三十七巻・第三十八巻別冊日露戦争Ⅰ（日本国際連合協会、一九五八年）一二八頁、岩井尊人編著『林権助述　わが七十年を語る』（第一書房、一九三五年、復刻、ゆまに書房、二〇〇二年）一九〇～一九一頁、小林道彦『桂太郎――予が生命は政治である』（ミネルヴァ書房、二〇〇六年）一九〇頁。なお、日韓議定書交渉における細部経過については、海野『韓国併合史の研究』一一〇～一一四頁参照。

34――外務省編『小村外交史』（新聞月鑑社、一九五三年、復刻、原書房、一九六六年）三八〇～三八七頁。

35――二月十六日付、木越陸軍少将ヲ経テ第十二師団長ニ訓令（電報）之件「明治三十七～四十五年　命令・訓令」、参謀本部編『明治三十七八年秘密日露戦史』巻二、三四～三五頁、参謀本部第四部編『明治三十七八年役露軍之行動』第二巻（東京偕行社、一九〇八年）七頁、参謀本部編『明治三十七八年日露戦史』第一巻、一七三～一七六頁。

36――参謀本部編『明治三十七八年秘密日露戦史』巻二、四四頁。

37――沼田多稼蔵『日露陸戦新史』新装版（兵書出版、一九二四年、復刻、芙蓉書房、二〇〇四年）三八頁。

38――ワーディム・ルオービィッチ・アガーポフ「露日戦争におけるウラジオ巡洋艦戦隊の作戦」（堤明夫訳）軍事史学会編『日露戦争（二）』九九～一〇〇頁。

39――明治三十七年三月一日付、聯隊機密第一七四号「聯隊機密」、海軍軍令部編「極秘明治三十七、八年海戦史」第一部巻十、八一、八七～八八、九一頁。

40――内令第百三十七号「明治三十七年中海軍内令」（防衛研究所史料室所蔵資料）、海軍軍令部編「極秘明治三十七、八年海戦史」第一部巻十、三五、三七頁。

41――海軍軍令部編「極秘明治三十七、八年海戦史」第一部巻三、八七～一〇七頁。

42――参謀本部編『明治三十七八年日露戦史』第一巻、一七九頁、参謀本部第四部編『明治三十七八年役露軍之行動』第二巻、一二頁、参謀本部編『明治三十七八年秘密日露戦史』巻二、一二三～一二六頁。

43――参謀本部編『明治三十七八年秘密日露戦史』巻二、六八～六九頁、谷『機密日露戦史』一九六～一九七頁。

44――桑田悦「旅順要塞の攻略はいつ、いかに決定されたのか」『軍事史学』第一七巻第三号（一九八一年一二月）四九～五〇頁。

45――明治三十七年四月一日付、大海情第七十二号「明治三七・二～四 大海情第1～100号」（防衛研究所史料室所蔵資料）。

46――沼田多稼蔵『日露陸戦新史』四〇頁。

47――海軍軍令部編「極秘明治三十七、八年海戦史」第一部巻三、一三四～一四四頁、巻四、一五～二四頁。

48――従来の研究では、この第二十議会は等閑視されてきた。例えば、日露戦争前後の国内政治状況を詳述している伊藤之雄『立憲国家と日露戦争――外交と内政 一八九八～一九〇五』（木鐸社、二〇〇〇年）も、第二十議会については、ほとんど触れていない。

49――升味準之輔『日本政党史論』第二巻（東京大学出版会、一九六六年）四五六頁、小林雄吾編『立憲政友会史』第二巻（立憲政友会史出版局、一九二四年、復刻、日本図書センター、一九九〇年）八七～八八頁。なお、開戦前の議会および政党勢力の動向については、酒田正敏『近代日本における対外硬運動の研究』（東京大学出版会、一九七八年）二二七～二七二頁参照。

50――原奎一郎編『原敬日記』第二巻（福村出版、一九六五年）九二～九三頁。

51――山本四郎編『寺内正毅日記――一九〇〇～一九一八』（同朋舎、一九八〇年）二一六～二一八頁、原編『原敬日記』第二巻、九三～九四頁。

52――『政友』第四四号（明治三七年三月）一～二頁。

53――小林編『立憲政友会史』第二巻、九七頁、『政友』第四四号、二一～二二頁。

54――山本編『寺内正毅日記』二一八頁、原編『原敬日記』第二巻、九四～九五頁。

55――山本編『寺内正毅日記』二一九～二二〇頁、原編『原敬日記』第二巻、九五頁、小林編『立憲政友会史』第二巻、一一三～一一四頁、今西一「日露戦争期の議会――第一六回帝国議会～第二一回帝国議会」内田健三・金原左門・古屋哲夫編『日本議会史録』第一巻（第一法規出版、一九九一年）三三二頁。

56――尚友倶楽部編『山縣有朋関係文書』１（山川出版社、二〇〇五年）三三五頁。

57――小林編『立憲政友会史』第二巻、一一四～一一五頁。原編『原敬日記』第二巻、九五～九六頁。

58――明治三十七年三月二十四日付、官報号外、第二十回帝国議会衆議院議事速記録第二号「第二十回両院議事衆議院委員会速記録」（国立公文書館所蔵資料）六～一〇頁（以下、二十四日付、衆議院第二号、六～一〇頁のように略記）、二十七日付、衆議院第四号、三八、四五頁、第二十回帝国議会衆議院予算委員会会議録第二回「第二十回両院議事衆議院委員会速記録」四頁（以下、衆議院予算委員会第二回、四頁のように略記）、衆議院非常特別税法案外十件委員会第二回、一二～一四頁、衆議院煙草専売法案委員会第二回、二五、二八頁、山本編『寺内正毅日記』二三一頁、原編『原敬日記』第二巻、九六頁。

59――二十七日付、衆議院第四号、五一頁、二十八日付、貴族院第三号、二五～二七頁、二十九日付、貴族院第四号、二九～三四頁、三十日付、貴族院第五号、三五～三六頁。

60――二十一日付、貴族院第一号、二頁、二十四日付、衆議院第二号、二四頁。衆議院決議案外一件委員会第一回、一頁、二十六日付、衆議院第三号、三一～三三頁。堤恭二『帝国議会に於ける我海軍』（東京水交社、一九三一年、復刻、原書房、一九八四年）一八〇～一八二頁。

61――谷『機密日露戦史』一四九頁、海軍軍令部編「極秘明治三十七、八年海戦史」第一部巻四、二七頁、巻八、七九頁。

62――参謀本部編『明治三十七八年秘密日露戦史』巻二、六一～六四頁。

63――「自明治三十六年十二月二十八日至明治三十七年六月十日　聯合艦隊司令部戦時日誌」（防衛研究所史料室所蔵資料）、海軍軍令部編「極秘明治三十七、八年海戦史」第一部巻四、二八頁、巻八、八〇頁。

64――参謀本部編『明治三十七八年秘密日露戦史』巻二、八四～八七頁。

65――参謀本部編『明治三十七八年秘密日露戦史』巻二、八七～九〇、九五～九六頁、四月十三日付、児玉源太郎参謀本部次長より山縣有朋元帥宛書簡、尚友倶楽部編『山縣有朋関係文書』第二巻（山川出版社、二〇〇六年）一〇五頁。

66――参謀本部編『明治三十七八年秘密日露戦史』巻二、九六～九七頁。

67——谷『機密日露戦史』一五七頁。

68——参謀本部編『明治三十七八年秘密日露戦史』巻二、一二六～一二七頁。

69——多門二郎『余ノ参加シタル日露戦役』（高橋書店、一九一〇年、復刻『日露戦争日記』新装版、芙蓉書房、二〇〇四年）二三、三〇頁、茂沢祐作『ある歩兵の日露戦争従軍日記』（草思社、二〇〇五年）四〇～四五頁。

70——三月三十一日付、高橋海門艦長ニ訓令、第七戦隊幕僚「七戦機密命令訓令日令及び訓辞綴」、第七戦隊「日誌」（防衛研究所史料室所蔵資料）。海軍軍令部編「極秘明治三十七、八年海戦史」巻八、五二～五五、六二～六五頁。

71——山口中佐ヨリ提出ノ分「陣中日誌」（防衛研究所史料室所蔵資料）、参謀本部編『明治三十七八年秘密日露戦史』巻二、一二八～一二九頁。

72——海軍軍令部編「極秘明治三十七、八年海戦史」第一部巻四、四三、四六、五六～五七頁。

73——金編『朝鮮駐劄軍歴史』一四二頁。

74——明治三十七年四月三十日付、聯隊機密第三四七号、明治三十七年四月二十日付、聯隊機密第三一五号「聯隊機密」。

75——山田朗『世界史の中の日露戦争』（吉川弘文館、二〇〇九年）一〇四～一〇五頁。

76——海軍軍令部編「極秘明治三十七、八年海戦史」第一部巻八、九七～九八、一〇四、一二二、一三一頁。

第7章

1——Julian S. Corbett, *Maritime operations in the Russo-Japanese War, 1904-1905*, 2 vols. (London: Intelligence Division of Admiralty War Staff, 1914, Confidential publication; reprint, Annapolis, Md.: Naval Institute Press; Newport, R.I.: Naval War College Press, 1994), Vol.1, 469-470.

2——Ibid., Vol. 1, 25 (Preface), Vol. 2, 382; Julian S. Corbett, *Some Principles of Maritime Strategy* (London: Longmans, Green and Co. 1911; reprint, New York: Dover Publications, 2004), 77.

3——桑田悦編『日清・日露戦争』（同台経済懇話会、一九九五年）、軍事史学会編『日露戦争（二）——戦いの諸相と遺産』（錦正社、二〇〇五年）、谷壽夫『機密日露戦史』新装版（原書房、二〇〇四年）一〇一、一五〇、一六一頁、外山三郎『日露海戦史の研究――戦記的考察を中心として』(下)(教育出版センター、一九八五年)二一一～二二、九〇～九一頁、横手慎二『日露戦争史――二〇世紀最初の大国間戦争』(中央公論新社、二〇〇五年)一四九、一五六頁、山田朗『世界史の中の日露戦争』(吉川弘文館、二〇〇九年)二五八頁。

4――聯合艦隊司令部「自明治三十六年十二月二十八日至同三十七年六月十日　戦時日誌」(防衛省防衛研究所史料室所蔵資料)、「自明治三十七年二月至同六月　軍艦三笠戦時日誌一」(防衛研究所史料室所蔵資料)、沼田多稼蔵『日露陸戦新史』新装版(兵書出版、一九二四年、復刻、芙蓉書房、二〇〇四年)四九～五〇頁。

5――明治三十七年五月八日付、東郷聯合艦隊司令長官発海軍軍令部長宛電報「明治三六・十二・八～三七・六・二九軍令部長宛電報」(防衛研究所史料室所蔵資料)、海軍軍令部編「極秘明治三十七、八年海戦史」(防衛研究所図書館所蔵資料)第一部「戦紀」巻五、六～八頁。

6――故伯爵山本海軍大将伝記編纂会編『伯爵山本権兵衛伝』上巻(山本清、一九三八年、復刻、原書房、一九六八年)六六〇～六六一頁。

7――海軍軍令部編「極秘明治三十七、八年海戦史」第一部巻五、五〇頁。

8――五月二十日付、大海報第二十八号、五月二十日付、大海報第二十九号、五月二十八日付、大海報第三十二号、六月十三日付、大海報第四十七号「自明治三十七年至明治三十八年大本営海軍報告」(防衛研究所史料室所蔵資料)、第二軍司令官奥大将へ訓令「明治三十七～四十五年命令・訓令」(防衛研究所史料室所蔵資料)、五月二十八日付、攻撃軍戦闘報告「陸軍戦闘報告」防衛研究所史料室所蔵資料)。

9――田中宏巳「日露戦争におけるロシアの密輸問題――特に英炭獲得問題を中心として」『国史学』一一四号(一九八一年三月)二二頁。

10――四月二十一日付、大海情百五号、五月四日付、大海情第百三十一号、五月二十三日付、大海情第百六十九号、五月三十日付、大海情第百八十六号、五月三十一日付、大海情第百八十七号「明治三十七・四～六　大海情第101～200号」(防衛研究所史料室所蔵資料)。

11――第一軍、第二軍司令官及独立第十師団長へ訓令「明治三十七～三十八年　第一～第三軍司令官へ訓令」(防衛研究所史料室所蔵資料)、参謀本部編『明治三十七八年秘密日露戦史』巻三(巌南堂書店、一九八二年)四一～四三頁、四九～五三頁。陸軍省編『明治天皇御伝記史料　明治軍事史』下巻(原書房、一九六六年)一三五七頁。

12――明治三十七年六月十日付、対露作戦計画ノ大方針及作戦経過ノ概要「桂太郎関係文書十六　書類の部　八三、桂太郎伝記参考書(七)」(国立国会図書館憲政資料室所蔵資料)、参謀本部編『明治三十七八年秘密日露戦史』巻三、五八～五九頁。

13――桑田悦「遼陽への前進と遼陽会戦」桑田編『日清・日露戦争』四九〇～四九一頁。

14――参謀本部編『明治三十七八年秘密日露戦史』巻三、六九頁。

15――従来の研究において、横手『日露戦争史』では、日本軍の北上遅滞について触れているが、この海上輸送問題については記述がない。その他、桑田編『日清・日露戦争』、山田『世界史の中の日露戦争』、大江志乃夫『世界史としての日露戦争』(立風書房、二〇〇一年)は、得利寺戦から七月上旬に進撃を再開するまで間の記述はない。しかしながら、後述するように、この時期の進撃遅滞が遼陽攻略を遅らせ、ロシア軍に遼陽防備を固める猶予を与えてしまったのである。

16――参謀本部編『明治三十七八年秘密日露戦史』巻三、八一頁、谷『機密日露戦史』三七〇、四五六頁、井口省吾文書研究会編『日露戦争と井口省吾』(原書房、一九九四年)二九四頁、参謀本部編『明治三十七八年秘密日露戦史』巻三、七九頁。

17――谷『機密日露戦史』四五四～四五五頁、第一軍司令官ニ与フル訓令、第二軍司令官ニ与フル訓令、独立第十師団長ニ与フル訓令「明治三十七～三十八年　第一～第三軍司令官へ訓令」、沼田『日露陸戦新史』七一頁。

18――参謀本部編『明治三十七八年秘密日露戦史』巻三、八〇～八一頁、六月中旬以後ニ於ケル作戦計画付図前進日程表「明治三十七～三十八年作戦計画」(防衛研究所史料室所蔵資料)、六月十八日付、参謀総長宛号外第一九五電報、六月十九日付、参謀総長宛号外第一九九電報「明治三七・五・二八～六・二〇　号外電報第101～200号」(防衛研究所図書館所蔵資料)、六月十九日付、参謀総長宛号外第二〇一電報「明治三七・六・二〇～六・三〇号外電報第201～300号」(防衛研究所史料室所蔵資料)、沼田『日露陸戦新史』七二頁。

19――谷『機密日露戦史』四五六頁、明治三十七年自六月十一日至十二月三十一日「聯合艦隊戦時日誌綴」(防衛研究所史料室所蔵資料)、明治三十七年六月二十二日付聯隊機密第二一三号「聯隊機密」(防衛研究所史料室所蔵資料)。

20――聯合艦隊参謀長宛電報案(六月二十二日発電済)「陸軍トノ交渉及協同作戦」(防衛研究所史料室所蔵資料)。

21——聯合艦隊参謀宛電報案（六月二十四日発電済）「陸軍トノ交渉及協同作戦」、海軍軍令部編「極秘明治三十七、八年海戦史」第一部「戦紀」巻九、五三頁、六月二五日付、大山総司令官宛号外第二一五電報、六月二四日付、大山大将宛号外第二二二電報「明治三七・六・二〇〜六・三〇　号外電報第２０１〜３００号」、谷『機密日露戦史』四五六頁。

22——沼田『日露陸戦新史』七四、七七頁、七月五日付、大山大将宛号外第二五三電報、七月六日付、児玉大将宛号外第二五四電報、七月九日付、大山総司令官宛号外第二六六電報「明治三七・六・二〇〜六・三〇　号外電報第２０１〜３００号」。

23——陸軍省編『明治軍事史』下巻、一三一四〜一三一五、一三一八頁、谷『機密日露戦史』一三九〜一四〇頁、田中直吉「明治時代の軍制の一断面——日清・日露戦争の戦争指導」『軍事史学』第四巻第三号、（一九六八年）六七頁。

24——陸軍省編『明治軍事史』下巻、一三四〇〜一三四五頁、宮内庁編『明治天皇紀』第十（吉川弘文館、一九七四年）七四一〜七四五頁、谷『機密日露戦史』一八一〜一八六頁、伊藤之雄「日露戦争と明治天皇」日露戦争研究会編『日露戦争研究の新視点』（成文社、二〇〇五年）二二一〜二二四頁。

25——陸軍省編『明治軍事史』下巻、一三四二頁、谷『機密日露戦史』一八七〜一八八頁、伊藤「日露戦争と明治天皇」二二四頁、大江志乃夫『日本の参謀本部』（中央公論、一九八五年）一〇七頁。

26——小林『児玉源太郎』二四四頁。

27——大江『日本の参謀本部』九〇〜九一、九三頁。

28——「山本伯実歴談」海軍大臣官房編『山本権兵衛と海軍』（原書房、一九六六年）二一六〜二一七頁。

29——明治三十七年六月九日付、高平全権公使ヨリ小村外務大臣宛極秘電信訳文第一四三号「在米公使来電明治三十七年自一月十三日至六月（来往電綴１６７）」（外務省外交資料館所蔵資料）。金子堅太郎「米国大統領会見始末」外務省編『日本外交文書』第三十七巻・第三十八巻別冊日露戦争Ｖ（日本国際連合協会、一九六〇年）七〇八〜七一一頁。（以降、『外交文書』日露戦争Ｖと略記する。）なお、金子自身が記した資料間で会見日に一日の齟齬があるが、七日が正当な日付と考えられる。松村正義『日露戦争と金子堅太郎』増補改訂版（新有堂、一九八七年）一三二頁（註2）。

30——明治三十七年六月二十七日付、在米高平全権公使ヨリ小村外務大臣宛極秘電信訳文第一五二号「在米公使来電明治三十七年自一月十三日至六月（来往電綴167）」。
31——明治三十七年七月首相へ提出未定稿「日露講和条件に関する小村外務大臣意見」外務省編『日本外交年表竝主要文書』上巻（原書房、一九六五年）、二二八〜二三一頁。
32——明治三十七年七月二十六日付、在英国林公使ヨリ小村外務大臣宛（電報）「露国前大蔵大臣『ウィッテ』ヨリ講和ニ付私的会談要請ニ関スル件」、七月三十日付、小村外務大臣ヨリ在英国林公使宛（電報）「『ウィッテ』ノ会談要請ニ付訓令ノ件（一）（二）」、八月六日付、在英国林公使ヨリ小村外務大臣宛（電報）「『ウィッテ』帰国ノ為メ会談中止並露国平和派ノ運動ニ関スル件」『外交文書』日露戦争V、一一四〜一一七頁。
なお、『ウイッテ伯回想記』では、林公使の方からウィッテに会見を求めてきたように記述されている。回顧録には、自ら会見を求めたとは書き難ったと思われ、日本の外交文書の記述の方が、信憑性が高いと考えられる。セルゲイ・ウイッテ『ウイッテ伯回想記――日露戦争と露西亜革命』（大竹博吉訳）上巻（南北書院、一九三一年、復刻、原書房、一九七二年）三九六頁。
33——David Schimmelpenninck van der Oye, *Toward the Rising Sun: Russian Ideologies of Empire and the Path to War with Japan* (DeKalb, Illinois: Northern Illinois U. P., 2001).
ロシア語による研究においても、ゾロタレリョフ（V. A. Zolotarev）の編集として刊行された『二〇世紀究明期のロシアと日本』が、ロシアにおける政策決定の無定形で混沌とした状態を描き出していると指摘されている。横手慎二「日露戦争に関する最近の欧米の研究」軍事史学会編『日露戦争（一）――国際的文脈』（錦正社、二〇〇四年）二八〇〜二八二頁参照。
34——ウイッテ『ウイッテ伯回想記』上巻、一七、三六五頁。
35——徳富蘇峰編著『公爵桂太郎伝』坤巻（故桂公爵記念事業会、一九一七年、復刻、原書房、一九六七年）二六五〜二六六頁。
36——千葉『旧外交の形成』一五七頁。
37——徳富編著『公爵桂太郎伝』坤巻、二六六〜二六七頁。
38——六月七日付、大海情第二百三号、六月二十八日付、大海情第二百三十三号、六月二十八日付、大海情第二百三十四号、六月二十九日付、大海情第二百三十八号、七月八日付、大海情第二百四十七号、七月十日付、大海情第二百五十号「明治三十七・六〜九　大海情第201〜300号」（防衛研究所史料室所蔵資料）。

39 —— 海軍軍令部編「極秘明治三十七、八年海戦史」第一部巻九、一一七〜一一九頁、沼田『日露陸戦新史』八五〜八六頁。

40 —— 七月二十三日午後八時半電、井口少将ヨリ満州軍総参謀長へ「陸軍トノ交渉及協同作戦」、海軍軍令部編「極秘明治三十七、八年海戦史」第一部巻九、一一九〜一二三頁、明治三十七年自六月十一日至十二月三十一日「聯合艦隊司令部戦時日誌綴」（防衛研究所史料室所蔵資料）、七月二十八日付、満州軍総司令官ヨリ軍令部長宛（戦通五九）「陸軍トノ交渉及協同作戦」。

41 —— 井口省吾文書研究会編『日露戦争と井口省吾』三〇二頁、徳富編述『公爵山縣有朋伝』下巻（山縣有朋公記念事業会、一九三三年、復刻、原書房、一九六九年）、六五二〜六五三頁、長岡外史文書研究会『長岡外史関係文書　書簡・書類篇』（長岡外史顕彰会、一九八九年）一三〜一四頁。

42 —— 聯合艦隊司令長官へ電報（八月七日発電済）「陸軍トノ交渉及協同作戦」。なお、伊東海軍軍令部長は、海軍部に回覧された参謀次長宛の電報を見たと思われる。

43 —— 陸軍省編『明治軍事史』（下）一三九二〜一三九三頁。

44 —— 谷『機密日露戦史』五一九頁。

45 —— 「自八月十九日至八月二十四日旅順方面ニ於ケル第三軍戦闘詳報第七号」（防衛研究所史料室所蔵資料）。

46 —— I・I・ロストーノフ『ソ連から見た日露戦争』及川朝雄訳（原書房、一九八〇年）二五〇頁、桑田悦「旅順要塞の攻略」桑田編『日清・日露戦争』五一七頁。なお、旅順要塞の司令官は、開戦よりスミルノフ（Konstantin N. Smirnov）中将であり、ステッセル中将は要塞を含む旅順地区の軍司令官であった。

47 —— 参謀本部編『明治三十七八年日露戦史』第六巻（東京偕行社、一九一四年）付図第一右「旅順要塞攻撃作業一覧図」。

48 —— 谷『機密日露戦史』二〇二頁。

49 —— 金正明編『朝鮮駐箚軍歴史』日韓外交資料集成別冊I（巌南堂書店、一九六七年）一四二〜一四六頁、沼田『日露陸戦新史』一八一頁。

第8章

1——桑田悦編『日清・日露戦争』近代日本戦争史第一編(同台経済懇話会、一九九五年)、軍事史学会編『日露戦争(一)——国際的文脈』(錦正社、二〇〇四年)、軍事史学会編『日露戦争(二)——戦いの諸相と遺産』(錦正社、二〇〇五年)。

2——大江志乃夫『世界史としての日露戦争』(立風書房、二〇〇一年)、山田朗『世界史の中の日露戦争』(吉川弘文館、二〇〇九年)。ただし、旅順攻略と沙河方面での作戦の関連性を述べたものとして、斉藤聖二「解題——井口省吾小伝」がある。この解題では沙河方面における北進停止の理由を児玉源太郎満洲軍総参謀長の旅順重視戦略に求めているが、本書では戦略目標を旅順に集中できなかった理由が北進問題であったことを示す。井口省吾文書研究会編『日露戦争と井口省吾』(原書房、一九九四年)四三~四四頁。

3——序章第三節参照。

4——Julian S. Corbett, *Maritime operations in the Russo-Japanese War, 1904-1905* (London: Intelligence Division of Admiralty War Staff, 1914, confidential publication; reprint, Annapolis, Md.: Naval Institute Press; Newport, R.I.: Naval War College Press, 1994), Vol. 2, 41-239.

5——公刊の海軍軍令部編『明治三十七八年海戦史』(春陽堂、一九一〇年)および極秘版の「極秘明治三十七、八年海戦史」(防衛省防衛研究所史料室所蔵資料)。近年の研究では、外山三郎『日露海戦史の研究——戦記的考察を中心として』(教育出版センター、一九八五年)が、海戦史における代表的な研究である。

6——例えば、松村正義『日露戦争100年』では、日露戦争の勝因を、兵士の質、国民の戦意、ロシアの国内事情に加えて、政軍指導者の限定戦争戦略にあったと指摘しているが、どのように政戦略の一致を図って戦争を限定していったかは論じられていない。松村正義『日露戦争100年——新しい発見を求めて』(成文社、二〇〇三年)一〇~二一頁。

7——明治三十七年九月五日付、総参謀長ヨリ参謀次長宛電報、同日付、長岡次長ヨリ総参謀長宛電報「明治三十七年九月参通綴」(防衛研究所史料室所蔵資料)。

8——谷壽夫『機密日露戦史』新装版(原書房、二〇〇四年)四八五~四八九頁。

9 ——宮内庁編『明治天皇紀』第十（吉川弘文館、一九七四年）八六七～八六八頁。

10 ——谷『機密日露戦史』五〇〇、五〇七頁、沼田多稼蔵『日露陸戦新史』新装版（兵書出版、一九二四年、復刻、芙蓉書房、二〇〇四年）一三七頁。

11 ——金子堅太郎「日露戦役米国滞留記」第三篇（外務省外交史料館所蔵資料）三〇四～三〇六頁。

12 ——海軍軍令部編「極秘明治三十七、八年海戦史」（防衛研究所史料室所蔵資料）第一部「戦紀」巻七、二四～二六頁。

13 ——明治三十七年九月二十八日付、総参謀長ヨリ参謀総長宛電報「陸軍トノ交渉及協同作戦」（防衛研究所史料室所蔵資料）。

14 ——長岡外史文書研究会編『長岡外史関係文書　回顧録篇』（長岡外史顕彰会、一九八九年）一六七頁。

15 ——John W. Steinberg, *All the Tsar's Men: Russia's General Staff and The Fate of the Empire, 1898-1914* (Washington, D. C.: Woodrow Wilson Center Press, 2010), 138-142; Bruce Menning, *Bayonets Before Bullets: The Imperial Russian Army, 1861-1914* (Bloomington: Indiana University Press, 1992), 179.

16 ——十月十四日付、総司令官ヨリ参謀総長宛号外第六四六電報「明治三十七、十、一～二十二　号外電報第６０１～７００号」（防衛研究所史料室所蔵資料）。

17 ——沼田『日露陸戦新史』一三六～一三七頁、谷虎雄「沙河会戦・対陣・黒溝台会戦」桑田編『日清・日露戦争』五二九頁。

18 ——沙河会戦、陸軍大将尾野実信、沙河会戦ニ就テ、陸軍大将将田中国重「賀陽宮殿下より賜はる日露戦役回想談」（防衛研究所史料室所蔵資料）、沼田『日露陸戦新史』一三六～一三九頁、谷『機密日露戦史』四九七～五〇〇、五〇二、五〇七頁。

19 ——保田孝一編著『最後の皇帝ニコライ二世の日記』（朝日新聞社、一九九〇年、復刻、講談社、二〇〇九年）一五八頁、I・I・ロストーノフ『ソ連から見た日露戦争』及川朝雄訳（原書房、一九八〇年）三〇〇頁。

20 ——明治三十七年十月八日付、在米高平全権公使ヨリ小村外務大臣宛極秘電信訳文第二二七号「米公使来明治三十七年自七月至同十二月（来往電綴１６８）」（外交資料館所蔵資料）。

21 ——明治三十七年十月二十一日付、次長ヨリ第三軍伊地知参謀長宛電報「明治三十七年十月十一月参通綴」（防衛研究所史料室所蔵資料)。
22——沼田『日露陸戦新史』一四一〜一四三頁。
23——「旅順攻囲軍参加日誌其二」(防衛研究所史料室所蔵資料)。
24——秋山真之会編『秋山真之』(秋山真之会、一九三三年)一八八〜一八九頁、秋山真之会編『提督秋山真之』(岩波書店、一九三四年)一〇二頁、海軍軍令部編「極秘明治三十七、八年海戦史」第一部巻九備考文書第四十二号「第三軍第三回総攻撃中止後標高二〇三米突高地奪取ニ関シ聯合艦隊参謀海軍中佐秋山真之ヨリ第三軍随従ノ海軍中佐岩村団次郎ニ送リタル書簡」一三一〜一四三頁。なお、この備考文書掲載の九通は、志摩亥吉朗「〈新資料〉日露戦争聯合艦隊参謀　秋山真之の手紙　二〇三高地を奪取せよ」『歴史と人物』(一九七九年五月)で紹介され、一般に広く知られるようになった。
25——明治三十七年十月二十八日付、満洲軍総司令官へ電報「明治三十七年十月十一月参通綴」。
26——「旅順攻囲軍参加日誌其二」(防衛研究所史料室所蔵資料)。
27——三十七年十一月二日付、聯合艦隊司令長官ヨリ海軍軍令部長宛電報、十一月四日付、聯合艦隊司令長官ヨリ海軍軍令部長宛電報「明治三七、十、一〜十一、三十軍令部長宛電報」(防衛研究所史料室所蔵資料)。
28——長岡外史文書研究会編『長岡外史関係文書　回顧録篇』一七二〜一七四頁。
29——宿利重一『兒玉源太郎』(国際日本協会、一九四二年)六五五頁。
30——海軍軍令部編「極秘明治三十七、八年海戦史」第一部巻七、四九〜五〇、五二〜五三、五五頁、巻九、一七六〜一七七頁、「旅順攻囲軍参加日誌其二」。
31——明治三十七年十一月九日付、山縣参謀総長ヨリ大山総司令官宛電報「明治三十七、十一、一〜十二、三十一電報」(防衛研究所史料室所蔵資料)、十一月九日付、総司令官ヨリ山縣元帥宛電報「明治三七、八〜十二極秘電報」(防衛研究所史料室所蔵資料)、明治三十七年十一月十日付、総長ヨリ大山総司令官宛電報(参通第九八六号)「明治三十七年十月十一月参通綴」、長岡外史文書研究会編『長岡外史関係文書　回顧録篇』一八〇〜一八二頁。
32——明治三十七年十一月十四日付、参謀総長ヨリ総司令官宛電報(参通第九九一号)「明治三十七年十月十一月参通綴」、十一月十六日付、総司令官ヨリ参謀総長宛電報「明治三七、八〜十二極秘電報」、海軍軍令部編「極秘明治三十七、八年海戦史」第一部巻九、一八四〜一八八頁、陸軍省編『明治天皇御伝記史料明治軍事史』下巻(原書房、一九六六年）一四三七～一四三九頁。

33――明治三十七年十一月十八日付、次長ヨリ総参謀長宛電報（参通第九九八号）「明治三十七年十月十一月参通綴」、沼田『日露陸戦新史』一五三～一五四頁。

34――沼田『日露陸戦新史』一五四頁、谷『機密日露戦史』五二一頁。

35――沼田『日露陸戦新史』一四六～一五〇頁、谷『機密日露戦史』五〇五～五一七頁。

36――長南政義「史料紹介　陸軍大将松川敏胤の手帳および日誌――日露戦争前夜の参謀本部と大正期の日本陸軍」『國學院法政論叢』第三〇輯（二〇〇九年三月）二九、四五～四七（註二九）頁。

37――明治三十七年十一月七日付、在仏国本野公使ヨリ小村外務大臣宛（電報）「講和ニ対スル仏国輿論動向報告ノ件」、十二月二日付、ハーディング報告「駐露英国大使『ハーディング』ヨリ英国外相宛極秘信内示ノ件」外務省編『日本外交文書』第三十七巻・第三十八巻別冊日露戦争Ｖ（日本国際連合協会、一九六〇年）一一四～一一八、一二四～一二七頁。（以降、『外交文書』日露戦争Ｖと略記する。）外務省編『小村外交史』（新聞月鑑社、一九五三年、復刻、原書房、一九六六年）四一四～四一六頁。

38――金子「米国大統領会見始末」七一五頁。

39――今西一「日露戦争期の議会――第一六回帝国議会～第二一回帝国議会」内田健三・金原左門・古屋哲夫編『日本議会史録』第一巻（第一法規出版、一九九一年）三三四～三三六頁、原奎一郎編『原敬日記』第二巻（福村出版、一九六五年）一二一頁。

40――升味準之輔『日本政党史論』第二巻（東京大学出版会、一九六六年）四五六～四五八頁、原編『原敬日記』第二巻、一一八～一一九頁、伊藤『立憲国家と日露戦争』二五六頁。

41――外務省編『小村外交史』四一七～四一八頁。

42――明治三十八年一月十六日付、ハーディング報告「旅順ノ陥落ニ関シ駐露英国大使の報告内示ノ件」『外交文書』日露戦争Ｖ、一三〇～一三一頁。

43――井口省吾文書研究会編『日露戦争と井口省吾』三二六、四八二～四八三頁。

44――明治三十八年一月三日付、小村外務大臣ヨリ在米国高平公使宛（電報）第九号「大統領ニ謝意表明方等訓令の件」、一月八日付、在米国高平公使ヨリ小村外務大臣宛（電報）第四号「大統領トノ会見ニ関シ報告ノ件」、一月十六日付、在米金子男ヨリ桂総理、山本海相、小村外相宛「大統領トノ会見に関シ報告ノ件」『外交文書』日露戦争V、二〇三～二〇七、二一〇～二一五頁。

45——明治三十八年一月十四日付、在米国高平公使ヨリ小村外務大臣宛（電報）第七号「領土要求ノ問題ニ関シ大統領ト談話ノ件」、一月二十二日付、小村外務大臣ヨリ在米国高平公使宛（電報）第二八号「満韓並旅順ニ関スル帝国政府ノ意志並希望披瀝方訓令ノ件」『外交文書』日露戦争V、二〇九～二一〇、二一五～二一七頁。

46——明治三十八年一月二十四日付、在米国高平公使ヨリ小村外務大臣宛（電報）第一六号「平和克復後ノ満韓竝旅順問題ニ付大統領ト会見ノ件」『外交文書』日露戦争V、二一七～二一九頁、明治三十八年一月二十五日付、高平公使米大統領ヘノ申入要旨「平和克服後に於ける満韓、旅順に関する我政府の意思竝びに希望の件」外務省編『日本外交年表竝主要文書』（原書房、一九六五年）上巻、二三二～二三三頁。

47——明治三十八年二月十七日付、山縣元帥ヨリ児玉大将宛電報（参通第一一七六号）「明治三十八年二月参通綴」（防衛研究所史料室所蔵資料）。

48——宮内庁編『明治天皇紀』第十一（吉川弘文館、一九七五年）六六頁、明治三十八年二月二十二日付、小村外務大臣ヨリ在仏国本野公使宛（電報）「講和ニ対スル判断並各国ノ態度注意方訓令ノ件」『外交文書』日露戦争V、一三四頁。

49——明治三十八年二月十七日付、在米国高平公使ヨリ小村外務大臣宛（電報）第三五号「講和問題ニ関シ大統領談話ノ件」、二月二十七日付、在米国高平公使ヨリ小村外務大臣宛（電報）第四〇号「戦争終結ノ考慮方ニ関シ大統領ヨリ露帝ニ勧告ノ件」、三月二日付、小村外務大臣ヨリ在仏国本野公使宛（電報）「仏国外相ノ講和運動意向ニ関シ回訓ノ件」『外交文書』日露戦争V、一三四～一三五、二二〇～二二三頁、外務省編『小村外交史』四二七～四二九頁。

50——沼田『日露陸戦新史』一七一～一七五頁。

51——Menning, *Bayonets Before Bullets*, 184.

ロストーノフ『ソ連から見た日露戦争』二九九～三〇〇、三〇七頁。

52——海軍軍令部編「極秘明治三十七、八年海戦史」第二部巻一、二六、二九～三〇、二九二～三一五頁。

53——陸軍省編『明治軍事史』下巻、一四五七、一四六三～一四六四頁。

54――海軍軍令部編「極秘明治三十七、八年海戦史」(防衛研究所史料室所蔵資料)第二部「戦紀」巻一、二二二～二二六頁。

55――同書、二二六～二二九頁。

56――同書、三一、二三三～二三八頁。

57――沼田『日露陸戦新史』一八一頁。

58――金編『朝鮮駐箚軍歴史』一四九頁。

59――明治三十八年三月小村外相提出「日露講和條件ニ関スル外相意見書」『外文文書』日露戦争V、六九～七二頁。

60――角田順『満州問題と国防方針――明治後期における国防環境の変動』(原書房、一九六七年)二四八頁。

61――明治三十八年三月十二日付、在仏国本野公使ヨリ小村外務大臣宛(電報)「講和問題ニ関シ仏紙論調報告ノ件」、三月十五日付、在仏国本野公使ヨリ小村外務大臣宛(電報)「奉天会戦後ノ仏紙論調報告ノ件」、三月十二日在独国井上公使ヨリ小村外務大臣宛(電報)「露国ノ講和予備会議開催意向否認ニ付露京通信公表ノ件」『外交文書』日露戦争V、一三九～一四一頁、セルゲイ・ウイッテ『ウイッテ伯回想記――日露戦争と露西亜革命』(大竹博吉訳)上巻(南北書院、一九三一年、復刻、原書房、一九七二年)四五一～四五二頁、外務省編『小村外交史』四三〇～四三二頁。

62――今西「日露戦争期の議会」三四〇頁。

63――陸軍省編『明治軍事史』下巻、一四八一～一四八三頁。

64――長岡外史文書研究会編『長岡外史関係文書　回顧録篇』一二八～一二九、一五四頁、山本四郎編『寺内正毅日記――一九〇〇～一九一八』(同朋舎、一九八〇年)三一一頁。

65――明治三十八年三月十二日付、山縣元帥ヨリ児玉大将宛電報「明治三十八年三月四月参通綴」(防衛研究所史料室所蔵資料)、沼田『日露陸戦新史』一九九～二〇〇頁。

66――沼田『日露陸戦新史』二〇一～二〇二頁、陸軍省編『明治軍事史』下巻、一四七九頁。

67――例えば、偕行社日露戦史刊行委員会編著『大国ロシアになぜ勝ったのか』(芙蓉書房出版、二〇〇六年)二八六頁。

68――長南政義「陸軍大将　松川敏胤伝　第一部――補論　黒溝台会戦と松川敏胤～満洲軍総司令部の不覚～」『國

學院法研論叢』第三八号（二〇一一年三月）一三六～一三七頁、長南政義「史料紹介　陸軍大将松川敏胤の手帳・年譜――満洲軍参謀松川敏胤が語った日露戦争『日露戦争ノ勝敗ヲ逆睹シタルヤ』」『國學院法研論叢』第三六号（二〇〇九年三月）七一頁。

69――長岡外史文書研究会編『長岡外史関係文書　回顧録篇』一五六頁。

70――山本編『寺内正毅日記』三一二頁、明治三十八年三月十五日付、山縣総参謀長ヨリ大山総司令官宛電報（参通第一二〇二号）「明治三十八年三月四月参通綴」。

71――長岡外史文書研究会編『長岡外史関係文書　回顧録篇』一二九頁。

72――山本編『寺内正毅日記』三一三頁。

73――「財部彪文書」第十六冊、明治三十八年日記（国立国会図書館憲政資料室所蔵資料）。

74――明治三十八年三月二十三日付、在米高平全権公使ヨリ小村外務大臣宛（電報）第五九号「講和締結ニ関スル大統領ノ談話報告ノ件」『外交文書』日露戦争V、二二四～二二五頁、谷『機密日露戦史』六〇七～六〇八頁。外交電報には、日本が奉天会戦後、国民を挙げて北進を主張しているとローズヴェルトが語ったことのみが記載されている。この意見に対して児玉総参謀長から返信されたことを考えると、北進すべきでないというローズヴェルトの意見は、児玉あるいは大本営など軍関係者に直接伝えられたと考えられる。

75――山縣参謀総長「政戦両略概論」大山梓編『山縣有朋意見書』（原書房、一九六六年）二七三～二七七頁、山本編『寺内正毅日記』三一五頁。

76――陸軍省編『明治軍事史』下巻、一四八三～一四八五頁。谷「沙河会戦・対陣・黒溝台会戦」五五六頁。

77――この経過について論じているのは、管見の限り佐藤徳太郎「日露戦争におけるウラジオストック論争」『軍事史学』第十巻第三号（一九七四年十二月）のみである。しかしながら、戦争拡大の恐れのあるウラジオストク攻略を阻止するために、それ以上に戦争拡大の恐れがあるハルビン前進を作戦方針に明記したというこの論文の解釈には無理がある。

78――「日露講和ニ伴フ満州問題ノ曲折（山座公使ノ談）」『外交文書』日露戦争V、三〇四頁。

79――山本編『寺内正毅日記』三一六～三一七頁、長岡外史文書研究会編『長岡外史関係文書　回顧録篇』一三一～一三二頁。

80――山本編『寺内正毅日記』三一七～三一八頁。

81――伊藤『立憲国家と日露戦争』二五八頁。

82――明治三十八年四月八日閣議決定「日露戦役中に於ける作戦並外交歩調一致に関する件」外務省編『日本外交年表竝主要文書』上巻、二三四～二三六頁、伊藤之雄「日露戦争と明治天皇」日露戦争研究会編『日露戦争研究の新視点』(成文社、二〇〇五年)二九頁。

83――山本編『寺内正毅日記』三一八頁、長岡外史文書研究会編『長岡外史関係文書　回顧録篇』一三三～一三四、一五六頁。

84――満洲軍総司令官へ訓令之件「明治三十七～三十八年命令・訓令　参謀総長」(防衛研究所史料室所蔵資料)、陸軍省編『明治軍事史』下巻、一四九〇～一四九一頁。

85――児玉源太郎伯(総参謀長)明治三十八年四月二十一日在京より講和の裏面消息「大山巌関係文書」(国会図書館憲政資料室所蔵資料)、山本編『寺内正毅日記』三一九～三二一頁、明治三十八年四月二十一日閣議決定「日露講和条件予定の件」外務省編『日本外交年表竝主要文書』上巻、二三六～二三七頁。

86――升味『日本政党史論』第二巻、四五八～四五九頁、原編『原敬日記』第二巻、一三一頁、今西「日露戦争期の議会」三四〇頁、原編『原敬日記』第二巻、一三一頁。

87――今西「日露戦争期の議会」三三九頁。

88――近年の研究で、この旅順攻略を巡る対立軸が東京の大本営陸軍部と出先の満洲軍にあったことが指摘されている。小林道彦『児玉源太郎――そこから旅順港が見えるか』(ミネルヴァ書房、二〇一二年)二五〇頁。本書では、この対立軸が海軍側を含んだ東京と戦地との間にあったことを新たに示した。

第9章

1――谷壽夫『機密日露戦史』新装版(原書房、二〇〇四年)五六六～五七一頁。

2――Julian S. Corbett, *Maritime operations in the Russo-Japanese War, 1904-1905* (London: Intelligence Division of Admiralty War Staff, 1914, confidential publication; reprint, Annapolis, Md.: Naval Institute Press; Newport, R.I.: Naval War College Press, 1994), Vol. 2, 343-344, 346-352.

3——Ibid., 376-381.

4——正式の編制として北韓軍という軍は存在しなかった。北韓方面の作戦を遂行したのは、韓国駐箚軍隷下の後備第二師団の指揮の下にあった諸部隊であったが、これらの部隊を総称して、公式戦史を含めて広く、北韓軍と呼称されていたので、本書でもこの北韓軍という呼称を使用する。

5——陸軍省編『明治天皇御伝記史料　明治軍事史』下巻(原書房、一九六六年)一四八一～一四八五頁。

6——同書、一四九三～一四九四頁、金編『朝鮮駐箚軍歴史』一五一頁。

7——海軍軍令部編「極秘明治三十七、八年海戦史」第三部「戦紀」巻一、一一～一二、一八九～一九〇頁。

8——金編『朝鮮駐箚軍歴史』二八頁、参謀本部編『明治三十七八年日露戦史』第十巻(東京偕行社、一九一四年)四一三頁。

9——長岡外史文書研究会編『長岡外史関係文書　回顧録篇』(長岡外史顕彰会、一九八九年)一四〇～一四三、一四六、一五六～一五七頁、山本四郎編『寺内正毅日記——一九〇〇～一九一八』(同朋舎、一九八〇年)三三二頁。

10——宿利重一『兒玉源太郎』(国際日本協会、一九四二年)六八七～六八八頁、長岡外史文書研究会編『長岡外史関係文書　回顧録篇』一四六～一四七頁。

11——山本編『寺内正毅日記』三三三頁、長岡外史文書研究会編『長岡外史関係文書　回顧録篇』一四七、一五七～一五八頁。

12——陸軍省編『明治軍事史』下巻、一五〇九～一五一〇頁。

13——長岡外史文書研究会編『長岡外史関係文書　回顧録篇』一五九～一六〇頁。この会議の参加者は、陸軍側が山縣参謀総長、長岡次長、大沢界雄参謀、松石安治参謀、大島健一参謀であり、海軍側が伊東海軍軍令部長、伊集院次長、財部彪参謀であった。

14——海軍軍令部編「極秘明治三十七、八年海戦史」第三部「戦紀」巻一、四頁。

15——同書、四～九頁。

16——同書、一九〇～一九一頁。

17——明治三十八年六月十九日付、聯合艦隊命令(聯隊機密第四五四号)「聯隊機密」(防衛省防衛研究所史料室所蔵資料)。

18――陸軍省編『明治軍事史』下巻、一五一〇頁。

19――山本編『寺内正毅日記』三三七頁、長岡外史文書研究会編『長岡外史関係文書　回顧録篇』一六二～一六三頁。

20――六月二十一日付、韓国駐箚軍参謀長ヨリ参謀次長宛電報（号外第一六三五）、六月二十七日付、韓国駐箚軍参謀長ヨリ参謀次長宛電報（号外第一六五五）、七月一日付、韓国駐箚軍参謀長ヨリ参謀次長宛電報（号外第一六六三）「明治三八、六・七～七・十五　号外電報第1601～1700」（防衛研究所史料室所蔵資料）、参謀本部編『明治三十七八年日露戦史』第十巻、四二二～四二三頁、金編『朝鮮駐箚軍歴史』二八頁。

21――参謀本部編『明治三十七八年日露戦史』第十巻、四三〇～四三一頁、金編『朝鮮駐箚軍歴史』一五五～一五六頁。

22――明治三十八年七月七日付、上村第二艦隊司令長官ニ訓令（聯隊機密第四九三号）「聯隊機密」。

23――七月十八日付、第二艦隊司令長官ヨリ部長宛極秘電報「韓国方面ニ関スル件」（防衛研究所史料室所蔵資料）、「明治三十八年聯合艦隊戦時日誌」（防衛研究所史料室所蔵資料）。

24――参謀本部編『明治三十七八年日露戦史』第十巻、四三二頁、七月二十五日付、韓国駐箚軍参謀長ヨリ参謀次長宛電報（号外第一七三二）、七月三十日付、韓国駐箚軍参謀長ヨリ参謀次長宛電報（号外第一七四九）「明治三八、七・一六～八・一〇　号外電報第1701～1800」（防衛研究所史料室所蔵資料）。

25――海軍軍令部編「極秘明治三十七、八年海戦史」第三部「戦紀」巻一、二五一～二五三頁。

26――八月三日付、吉田少佐ヨリ軍令部長宛電報、同日付、陸軍ヨリ軍令部宛電報、同日付、元山防備隊司令官ヨリ軍令部長宛電報、八月六日付、元山防備隊司令官ヨリ軍令部次長宛電報「韓国方面ニ関スル件」。

27――海軍軍令部編「極秘明治三十七、八年海戦史」第三部「戦紀」巻一、二五五頁。

28――同書、二五八～二五九頁。

29――八月十八日付、上村第二艦隊司令長官ヨリ部長宛電報「韓国方面ニ関スル件」、「明治三十八年聯合艦隊戦時日誌」。

30――金編『朝鮮駐箚軍歴史』一五七～一五八頁、参謀本部編『明治三十七八年日露戦史』第十巻、四五〇～四五一頁。

31――参謀本部編『明治三十七八年日露戦史』第十巻、四五七～四五九頁、九月三日付、韓国駐箚軍参謀長ヨリ参謀次長宛電報（号外第一八九三）「明治三八、八・九〜九・六　号外電報第1801〜1900」（防衛研究所史料室所蔵資料）。

32――海軍軍令部編「極秘明治三十七、八年海戦史」第三部「戦紀」巻一、一九四〜一九五頁。

33――明治三十五年十月二十八日付、上奏「帝国国防論ヲ上ルノ書」、「山本伯実歴談」海軍大臣官房編『山本権兵衛と海軍』（原書房、一九六六年）一三二〜一三三、二三八〜二三九頁、石川泰志『佐藤鐵太郎中将伝』（原書房、二〇〇〇年）一〇一〜一〇二、一一二頁。

34――佐藤鐵太郎『帝国国防論』（佐藤鐵太郎、一九〇二年）二七〜二九頁。

35――同書、八六〜八九頁。

36――同書一〇六〜一〇七、一一九頁。

37――参謀本部編『明治三十七八年秘密日露戦史』巻一（巌南堂書店、一九八二年）巻一、四七頁。

38――秋山真之「海軍応用戦術」戸高一成編『秋山真之戦術論集』（中公公論新社、二〇〇五年）二〇八〜二一〇、二二〇〜二二一頁。なお。「屈敵主義」については、第六章第二節を参照。

39――秋山真之「海軍戦務」戸高編『秋山真之戦術論集』三三四頁。

終章

1――秋山が青年時代から中世水軍や甲越軍学に習熟し、それを日本海海戦の「丁字戦法」などの戦術等に応用したことは、秋山真之会編『秋山真之』（秋山真之会、一九三三年）三二〇〜三三五頁参照。

主要参考文献

一　防衛省防衛研究所戦史研究センター史料室所蔵資料
（二〇一一年九月の組織改編により史料室は図書館から新編の戦史研究センターへ移管）

（一）日清戦争

（陸軍資料）

陸軍省「日清朝事件第五師団混成旅団報告綴　秘密　明治二十七年」。

大本営陸軍参謀部「混成第九旅団第五師団報告　従明治二十七年六月至同年九月」。


（海軍資料）

「明治二十七八年征清海戦史」巻一〜三。

「明治二十七八年戦史編纂準備書類」一〜十八。

大本営海軍参謀部「聯合艦隊出征報告」第一回〜第十五回上。

「征清ノ役中我帝国制海権力ノ拡張」。

「聯合艦隊出征報告　明治二十七八年」。

「明治二十七八年聯合艦隊報告（戦史材料）」。

「海軍軍令部報告四、明治二十七年十二月〜二十八年二月」。

「電報一、明治二十七年六月〜二十七年十一月」。

「電報一、明治二十七年七月〜二十八年五月」。

「電報一、明治二十七年十一月〜二十八年七月」。

「聯合艦隊出征　明治二十七年十一月〜二十八年一月」。

「山東省沿岸視察報告　明治二十七年十二月十五日」。

「聯合艦隊書類　明治二十七年」。

「日清戦役書類　明治二十七年」。

「報告綴込　明治二十七年」。

「明治二十七八年戦史原稿　第八編第七章　第十二編第二十四章　第十五編第五十五章　付記出征艦隊及内国海軍行動日表」。

「艦船艇其他配置表　明治二十八年一月一日現在」。

「大日本帝国艦船艇所在表　明治二十七年七月～二十九年三月」。

海軍軍令部編「秘廿七八年海戦史」巻一朝鮮役、巻二黄海役、巻三遼東役、巻四山東役、巻五澎湖島役、巻六北方警備。

――「日清海戦史黄海役付図　日清戦史編纂委員撰」。

――「日清海戦史付記地理摘要　日清戦史編纂委員撰」。

――「日清海戦史山東役付表及付図　日清戦史編纂委員撰」。

(二)日露戦争

(陸軍資料)

「作戦計画　明治三十七～三十八年」。

「第二軍作戦計画　明治三十七年四月」。

「極東露軍配置図　明治三十七年一月」。

「明治三十七～三十八年命令・訓令　参謀総長」。

「明治三十七～三十八年　第一～第三軍司令官へ訓令」。

「明治三十七～四十五年命令・訓令」。

「戦況報告並作戦方針　明治三十七年二月六日～七月三十一日」。

「明治三十七年九月参通綴」。

「明治三十七年十月十一月参通綴」。

「明治三十八年二月参通綴」。

「明治三十八年三月四月参通綴」。

「明治三七・五・二八〜六・二〇　号外電報第１０１〜２００号」。

「明治三七・六・二〇〜六・三〇　号外電報第２０１〜３００号」。

「明治三八、六・七〜七・十五　号外電報第１６０１〜１７００」。

「明治三八、七・一六〜八・一〇　号外電報第１７０１〜１８００」。

「明治三八、八・九〜九・六　号外電報第１８０１〜１９００」。

「明治三十七、十一、一〜十二、三十一電報」。

「明治三七、八〜十二極秘電報」。

「軍隊派遣の件　明治三十七年五月〜三十八年七月」。

「部隊輸送の件　明治三十七年二月〜四十年三月」。

第三軍参謀部「日露戦役史料」。

小山史料「征露陣中日誌　明治三十七年四月十五日〜七月十四日」。

「賀陽宮殿下より賜はる日露戦役回想談」。

「備忘録　明治三十七年八月（長岡外史）」。

「日露戦役の感想（上原勇作元帥）」。

「日露戦役回想録（大島健一中将）」。

「日露戦史講述摘要（村上啓作少将、筆記吉橋戒三大尉）」。

「日露戦役関係書簡綴　明治三十四年八月二十二日〜三十八年十月二十九日（中沢芳三郎等）」。

「南山付近の戦闘　明治三十七年五月十七〜二十六日（内山英太郎）」。

「日露戦史講授摘録（鈴木率道中佐）」。

「日露戦争に観る戦闘の実相（日本軍の能力特性観察）（小沼治夫大佐）」。

宮崎文庫二〇、極秘明治三九・一二、参謀本部「日英協商ニ関スル書類綴」。

宮崎文庫三一、極秘明治三五・五・一四-三六・三・二〇、参謀本部次長保管「日英両国軍事関係書類」。

宮崎文庫三三、極秘明治三五・五、参謀本部「日英連合軍大作戦方針」。

（海軍資料）


海軍軍令部編「極秘明治三十七、八年海戦史」。

「露国海軍及び日露海軍の対照　明治三十七年」。

「明治三十七〜三十八年　日進春日購入及回航関係」。

「大海令・大海訓　明治三十七年〜明治三十八年」。

「聯隊機密」。

「陸軍との交渉及協同作戦」。

「陸軍戦闘報告」。

聯合艦隊司令部「自明治三十六年十二月二十八日至明治三十七年六月十日戦時日誌」。

聯合艦隊「明治三十七年自六月十一日至十二月三十一日戦時日誌綴」。

「明治三十七〜三十八年　戦時日誌（1）聯合艦隊」。

「明治三十八年聯合艦隊戦時日誌」。

「明治三十七年二月第四戦隊戦闘詳報綴」。

第七戦隊幕僚「七戦機密命令訓令日令及び訓辞綴」。

第七戦隊「日誌」。

「自明治三十七年二月至同六月　軍艦三笠戦時日誌一」。

「千代田艦戦時日誌」。

山口中佐ヨリ提出ノ分「陣中日誌」。

「旅順攻囲軍参加日誌其一」。

「旅順攻囲軍参加日誌其二」。

「明治三十七〜三十八年　電報等綴」。

「明治三十七〜三十八年　艦艇現状報告（1）（2）」。

「明治三六・十二・八～三七・六・二九軍令部長宛電報」。

「軍令部長宛電報　明治三十七年七月二日～三十八年八月」。

「明治三七、十、一～十一、三十軍令部長宛電報」。

「自明治三十七年至明治三十八年大本営海軍報告」。

「韓国方面ニ関スル件」。

「大海報　第６～１０２４号、明治三十七年三月～明治三十八年十月」。

「明治三十六年五～十月　情　第２～１００号」。

「明治三十六年十～十二月　情　第１０１～２００号」。

「明治三十六年十二月～三十七年二月　情　第２０１～３００号」。

「明治三十七・四～六　大海情第１０１～２００号」。

「明治三十七・六～九　大海情第２０１～３００号」。

「大海情報　明治三十七～三十八年」。

「日露事件に対する列国の態度　明治三十七～三十八年」

海軍大学校編「日露戦争史参考資料」。

「日露開戦に付海軍戦略上の概観（秋山真之御進講の原稿史料）明治四十年」。

「日露戦役参加者史談会記録（一）～（九）　明治三十七～三十八年」。

「日露旅順作戦に於ける我海軍の苦心」

「露国海軍中佐クラード論文集」（その一、その二）明治三十八年九月。

二　外務省外交史料館所蔵資料
（一）日清戦争
「日清戦役関係摘要　明治二十七年」。

「東学党変乱ノ際日清両国韓国へ出兵雑件　自明治二十七年五月至十一月」。

「日清戦役ノ際外国軍艦ノ移動並ニ情況関係雑纂　明治二十七年八月」。

「日清講和前後ニ於ケル各国ノ態度雑件　自明治二十七年至二十八年」第一巻。

「日清講和前後ニ於ケル各国ノ態度雑件（態度與論並新聞論調）ノ二　明治二十七年八月」第二巻。

「日清講和前後ニ於ケル各国ノ態度雑件（居中調停　明治二十七年十月」第三巻。

「日清戦役中ニ於ケル商船関係雑件　明治二十七年七月」。

「日清戦役ノ際ニ於ケル清国ノ軍備並ニ同国ノ情勢報告雑纂」。

（二）日露戦争

「鴨緑江左岸ニ於ケル露国ノ軍事的経営雑件（森林伐採及海底電線敷設計画龍岩浦租借要求）自明治三十六年至三十七年」第一巻。

「日露戦役ノ際在韓帝国公使及領事ニ於テ帝国軍隊ノ便宜取計一件　自明治三十七年二月至三月」。

「日露開戦後ニ於ケル露国ノ軍備情報　明治三十七年二月」。

「日露戦役関係　露国波羅的艦隊東航関係一件　明治三十七年」第一巻。

「日露戦役関係　露国波羅的艦隊東航関係一件　自明治三十七年十二月至三十八年三月」第二巻。

「日露戦役関係　露国波羅的艦隊東航関係一件　自明治三十八年四月至八月」第三巻。

「日露戦役関係　露国波羅的艦隊東航関係一件」第四巻。

「日露戦役関係　露国波羅的艦隊東航関係一件（別冊）（諜報者使用）　自明治三十七年二月三十九年十二月」第五巻。

「日露戦役ノ際糧秣輸送ノ為メ支那『ジャンク』借入一件　自明治三十七年三月至七月」。

「清国盛京省遼東半島南部封鎖一件」。

「日露戦役ノ際芝罘威海衛方面ヨリ交戦地へ糧秣輸送一件　明治三十七年七月」。

「日露戦役ノ際北韓方面ニ於ケル露兵ノ行動情報　自明治三十七年七月至三十八年九月」。

「日露戦役ニ関スル軍事諜報者報告」。

「日露戦役ニ際シ極東ニ於ケル第三国軍艦ノ動静関係雑件　明治三十六年八月」。

「日露戦役関係、露国ニ於テ外国艦船購入並雇入関係雑件　自明治三十七年二月至明治四十年三月」。

「日露戦役ニ対スル列国ノ態度報告雑件」第一巻。

「日露戦役ニ対スル列国ノ態度報告雑件　明治三十七年一月」第二巻。

「極東ニ於ケル露国ノ運輸機関及糧食ニ関スル川上書記官調査書配付一件　明治三十七年五月」。

「日露戦役関係各国与論啓発ノ為ノ末松、金子両男爵欧米派遣一件自明治三十七年二月至明治三十九年二月」第一巻。

「日露戦役関係各国与論啓発ノ為ノ末松、金子両男爵欧米派遣一件別冊ノ一（金子男ト米大統領トノ会談始末）明治四十年六月」第二巻。

「日露戦役関係各国与論啓発ノ為ノ末松、金子両男爵欧米派遣一件別冊（金子男ノ滞留日記）明治三十九年十二月」第三巻。

「日露戦役関係各国与論啓発ノ為ノ末松、金子両男爵欧米派遣一件別冊ノ三（金子男ノ報告）明治四十年六月」第四巻。

「在米公使来電明治三十七年自一月十三日至六月（来往電綴１６７）」

「米公使来明治三十七年自七月至同十二月（来往電綴１６８）」

三　国立国会図書館憲政資料室所蔵資料

「桂太郎関係文書」。

「金子堅太郎関係文書」。

「斎藤実関係文書」。

「財部彪関係文書」。

「乃木希典宛書簡」。

「山本権兵衛関係文書」。

「英国外務省外交記録」本省一般政務文書日本ファイル1856-1951

四　国立公文書館所蔵資料

「第六回帝国議会衆議院議事速記録」。

「第十回帝国議会貴族院議事速記録」。

「第二十回両院議事衆議院委員会速記録」。

五　資料集等

（一）日清戦争

市川正明編『日韓外交史料　第四巻　日清戦争』原書房、一九七九年。

伊藤博文関係文書研究会編『伊藤博文関係文書』一～九、塙書房、一九七三～一九八一年。

伊藤博文編『秘密編纂』第一巻日清事件、秘密編纂刊行カイ、一九三三年、復刻、『機密日清戦争』明治百年史叢書第四二巻、原書房、一九六六年。

稲葉正夫編『大本営』現代史資料（三七）、みすず書房、一九六七年。

外務省編『日本外交年表竝主要文書』上巻、明治百年史叢書第一巻、原書房、一九六五年。

――『日本外交文書』第二七巻第二冊、第二八巻第一冊、第二冊、日本国際連合協会、一九五三年。

北原スマ子編『資料新聞社説に見る朝鮮――征韓論～日清戦争』緑蔭書房、一九九五年。

宮内庁編（堀口修監修）『明治天皇紀』第八、吉川弘文館、一九七三年。

尚友倶楽部山縣有朋関係文書編纂委員会編『山縣有朋関係文書』一～三、山川出版、二〇〇五年。

秦郁彦編『日本陸海軍総合事典』東京大学出版会、一九九一年。

平塚篤編『伊藤博文秘録』春秋社、一九二九年、復刻、原書房、一九八二年。

同　『続伊藤博文秘録』春秋社、一九三〇年、復刻、原書房、一九八二年。

明治期外交資料研究会編『日清講和関係調書集』クレス出版、一九九四年。

山縣有朋（大山梓編）『山縣有朋意見書』明治百年史叢書第一六巻、原書房、一九六六年。

陸軍省編『日清戦争統計集』海路書院、二〇〇五年。

――『明治天皇御伝記史料　明治軍事史』上巻、明治百年史叢書第五巻、原書房、一九六六年。

陸軍文庫編『隣邦兵備略』参謀本部、一八八〇年、第二版、一八八二年、第三版、一八八九年。

（二）日露戦争（日清戦争と共通のものを除く）

朝日新聞社編『日本経済統計総観』朝日新聞社、一九三〇年、復刻、東京プリント出版、一九六六年。

井口省吾文書研究会編『日露戦争と井口省吾』明治百年史叢書第四三一巻、原書房、一九九四年。

外務省政務局第三課編『日露交渉史』一九四四年、復刻、明治百年史叢書第九八巻、原書房、一九六九年。

外務省編『日本外交文書』第二十八巻第一冊、三十四巻、三十五巻、日本国際連合協会、一九五三、一九五六、一九五七年。

──『日本外交文書　日露戦争』第三十七巻第三十八巻別冊Ⅰ～Ⅴ、日本国際連合協会、一九五八～一九六〇年。

金正明編『日韓外交資料集成』第五巻、巌南堂書店、一九六七年。

堤恭二『帝国議会に於ける我海軍』東京水交社、一九三二年、復刻、原書房、一九八四年。

宮内庁編(堀口修監修)『明治天皇紀』第九～十一、吉川弘文館、一九七三～七五年。

陸軍省編『日露戦争統計集』全十五巻、東洋書林、一九九四～九五年。

──『明治天皇御伝記史料　明治軍事史』下巻、明治百年史叢書第六巻、原書房、一九六六年。

六　戦記・戦史等

(一)日清戦争

*戦前期

小笠原長生『大海戦秘史・黄海海戦編』実業之日本社、一九二九年。

海軍軍令部編『廿七八年海戦史』上・下巻・別巻、春陽堂、一九〇五年。

佐藤市郎『海軍五十年史』鱒書房、一九四三年。

佐藤鐵太郎『大日本海戦史談』三笠保存会、一九三〇年。

参謀本部編『日清戦争』日本の戦史九、徳間書店、一九六六年。

──『明治二十七八年日清戦史』第一～八巻、東京印刷、一九〇四～一九〇七年、復刻、ゆまに書房、一九九八年。

菅原佐賀衛『日清戦争小史』偕行社、一九二六年。

仲小路彰『日清戦争』上、戦争文化研究所、一九三九年。

博文館編『日清戦争実記』全五十編、博文館、一八九四～九六年。

誉田甚八『日清戦史講究録』偕行社、一九一一年。

渡邊幾治郎『日清・日露戦争史話』千倉書房、一九三七年。
*戦後期
伊藤正徳『大海軍を想う』文藝春秋、一九五六年、復刻、光人社、一九八一年。
――『軍閥興亡史』第一巻、文藝春秋、一九五七年、復刻、光人社、一九九八年。
海軍歴史保存会『日本海軍史』第一巻、第一法規出版、一九九五年。
外山三郎『日清・日露・大東亜海戦史』原書房、一九七九年。
松下芳男『日清戦争』近代の戦争一、人物往来社、一九六六年。

(二)日露戦争(日清戦争と共通のものを除く)
*戦前期
関東軍都督部編『明治三十七八年戦役満洲軍政史』全十一巻、陸軍省、一九一六～一九一七年、復刻、小林英夫監修、ゆまに書房、一九九九年。

海軍軍令部編『明治卅七八年海戦史』全四巻、春陽堂、内閣印刷局朝陽会、一九〇九～一九一〇年、一九三四年再版。

金正明編『朝鮮駐箚軍歴史』日韓外交資料集成別冊I、巖南堂書店、一九六七年。

小林雄吾編『立憲政友会史』第二巻、立憲政友会史出版局、一九二四年、復刻、日本図書センター、一九九〇年。

桜井忠温『肉弾』英文新詩社、一九〇六年、復刻、明元社、二〇〇四年。

参謀本部編『明治卅七八年日露戦史』全十巻、東京偕行社、一九一二～一九一四年。

――『明治三十七八年秘密日露戦史』巖南堂書店、一九八二年。

参謀本部第四部編『明治三十七八年役露軍之行動』全十二巻、東京偕行社、一九〇八～一〇年。

谷壽夫『機密日露戦史』明治百年史叢書第三巻、原書房、一九六六年、新装版、二〇〇四年。

沼田多稼蔵『日露陸戦新史』兵書出版社、一九二四年、復刻新装版、芙蓉書房、二〇〇四年。

プリボイ、ノビコフ『ツシマ』(上脇進訳)改造社、一九三三～一九三五年、復刻、原書房、二〇〇四年。

水野広徳『此一戦』博文館、一九一一年、復刻、明文社、二〇〇四年。

陸軍省編『明治卅七八年戦役陸軍政史』全十巻、湘南堂書店、一九八三年。

露国海軍軍令部編『千九百四、五年露日海戦史』(海軍軍令部訳)、海軍軍令部、一九一五年、復刻、芙蓉書房、二〇〇四年。

＊戦後期
外山三郎『日露海戦新史』東京出版、一九八七年。

――『図説日露海戦史』内外出版、二〇〇〇年。

防衛庁防衛研修所戦史室『大本営海軍部・聯合艦隊〈1〉開戦まで』戦史叢書第九一巻、朝雲新聞社、一九七五年。

陸戦史研究普及会編『旅順要塞攻略戦』陸戦史集一一、原書房、一九六九年。

七　日記・回想・伝記等

(一)日清戦争

＊戦前期
青木周蔵『青木周蔵自伝』(坂根義久校注)東洋文庫一六八、平凡社、一九七〇年。

有栖川宮熾仁親王(日本史籍協会編)『熾仁親王日記』六、高松宮蔵版、東京大学出版会、一九七六年。

井上馨侯伝記編纂会編『世外井上公伝』全五巻、内外書籍、一九三三～三四年、復刻、明治百年史叢書第五五－五九巻、原書房、一九六八年。

大久保藤太郎「日清戦役黄海海戦旗艦松島の苦戦」『有終』第二三巻第九号(一九三六年九月)(『水交社記事』第二七七号(一九三四年十二月))。

海軍大臣官房編『山本権兵衛と海軍』明治百年史叢書第四巻、原書房、一九六六年。

片倉藤次郎『父子寺内元帥』アジア青年社、一九四四年、復刻、『寺内正毅』歴代総理大臣伝記叢書第九巻、ゆまに書房、二〇〇五年。

釜屋忠道「豊島沖海戦懐旧談」『水交社記事』第二七二号(一九三三年十二月)。

――「威海衛総攻撃前の状況」『水交社記事』第二七七号(一九三四年十二月)。

河田勝治「二十八年二月十一日軍艦天龍の威海衛砲撃に就て」『水交社記事』第二七七号（一九三四年十二月）。

楠田得太郎「日清戦役軍艦天龍の行動」『有終』第二四巻第二号（一九三七年二月）。

「黄海海戦懐旧座談会講演」『水交社記事』第二六八、二六九号（一九三二年十二月、一九三三年八月）。

故伯爵山本海軍大将伝記編纂会編『伯爵山本権兵衛伝』上巻、山本清、一九三八年、復刻、明治百年史叢書第六〇巻、原書房、一九六八年。

澤鑑之丞「日清戦役当時に関する思ひ出の一二」『有終』第二七巻第九号（一九四〇年九月）。

——「日清戦役に関する思出」『水交社記事』第三〇二号（一九四〇年九月）。

春畝公追頌会編『伊藤博文伝』下巻、春畝公追頌会、一九四〇年、復刻、明治百年史叢書第一四五巻、原書房、一九七〇年。

杉村濬『明治廿七八年在韓苦心録』杉村陽太郎、一九三二年。

杉山茂丸『山縣元帥』博文館、一九二五年、復刻、『山県有朋』歴代総理大臣伝記叢書第三巻、ゆまに書房、二〇〇五年。

末松謙澄『考子伊藤公』博文館、一九一一年、復刻、『伊藤博文』歴代総理大臣伝記叢書第一巻、ゆまに書房、二〇〇五年。

鈴木貫太郎（鈴木一編）『鈴木貫太郎自伝』時事通信社、一九六八年。

鈴木貫太郎述「日清戦役威海衛の水雷艇襲撃談」『有終』第二五巻第二号（一九三八年二月）。

武田秀雄「丁汝昌降伏始末に就て」『水交社記事』第二七七号（一九三四年十二月）。

谷口尚真「威海衛ノ役回顧資料」『水交社記事』第二四六号（一九二七年三月）。

東郷平八郎述「東郷元帥日清戦役回顧談」『有終』第二七巻第九号（一九四〇年九月）。

徳富猪一郎『陸軍大将川上操六』第一公論社、一九四二年、復刻、大空社、一九八八年。

徳富蘇峰編『公爵山縣有朋伝』下巻、山縣有朋公記念事業会、一九三三年、復刻、明治百年史叢書第九〇巻、原書房、一九六九年。

徳富蘇峰編著『公爵桂太郎伝』乾巻、故桂公爵記念事業会、一九一七年、復刻、明治百年史叢書第四八巻、原書房、一九六七年。

中川繁丑『元帥島村速雄伝』中川繁丑、一九三三年。

「日清戦争黄海海戦歴戦者座談会記事」『水交社記事』第八三号（一九三五年十二月）。

林董『後は昔の記他――林董回顧録』（由井正臣校注）東洋文庫一七三、平凡社、一九七〇年。

広瀬順晧編『近代外交回顧録』第一巻、近代未完史料叢書五、ゆまに書房、二〇〇〇年。

マッギィフィン「鎮遠艦長（職務執行）の物語れる黄海海戦」『有終』第二一巻第九号（一九三四年九月）。

三浦梧楼『観樹将軍回顧録』政教社、一九二五年。

陸奥宗光『蹇蹇録』（中塚明校注）新訂版、岩波文庫、岩波書店、一九八三年。

百田岸郎「我が青年時代と日清戦役黄海海戦」『有終』第二三巻第九号（一九三六年九月）。

森山慶三郎「日清戦役当時の回顧」『有終』第二七巻第九号（一九四〇年九月）。

山路一善「威海衛総攻撃の回顧」『水交社記事』第二七七号（一九三四年十二月）。

鷲尾義直『英傑山本権兵衛』牧書房、一九四一年、復刻、『山本権兵衛』歴代総理大臣伝記叢書第八巻、ゆまに書房、二〇〇五年。

＊戦後期
伊藤之雄『明治天皇――むら雲を吹く秋風にはれそめて』ミネルヴァ日本評伝選、ミネルヴァ書房、二〇〇六年。

――『山県有朋――愚直な権力者の生涯』文春新書、文藝春秋、二〇〇九年。

――『伊藤博文――近代日本を創った男』講談社、二〇〇九年。

井上寿一『山県有朋と明治国家』日本放送出版協会、二〇一〇年。

岡崎久彦『陸奥宗光とその時代』ＰＨＰ研究所、一九九九年。

岡義武『山県有朋――明治日本の象徴』岩波新書、岩波書店、一九五八年。

小林道彦『桂太郎――予が生命は政治である』ミネルヴァ日本評伝選、ミネルヴァ書房、二〇〇六年。

――『児玉源太郎――そこから旅順港は見えるか』ミネルヴァ日本評伝選、ミネルヴァ書房、二〇一二年。

杉森久英『頭山満と陸奥・小村』毎日新聞社、一九六七年。

鈴木貫太郎伝記編纂委員会編『鈴木貫太郎伝』鈴木貫太郎伝記編纂委員会、一九六〇年。

萩原延寿編『陸奥宗光』中央公論社、一九七三年。

藤村道生『山県有朋』吉川弘文館、一九六一年、復刻新装版、一九八六年。

（二）日露戦争（日清戦争と共通のものを除く）

＊戦前期

秋山真之（村上貞一編）『軍談』実業之日本社、一九一七年。

秋山真之会編『秋山眞之』秋山真之会、一九三三年。

――『提督秋山眞之』岩波書店、一九三四年。

朝日新聞社編『名将回顧　日露大戦秘史・海戦編』朝日新聞社、一九三五年。

――『名将回顧　日露大戦秘史・陸戦編』朝日新聞社、一九三五年。

石塚正英編『日露戦争・日米外交秘録――金子堅太郎・回顧録』長崎出版、一九八六年（金子堅太郎『日露戦役秘話』博文館、一九二九年の改題新版）。

岩井尊人編著『林権助述　わが七十年を語る』第一書房、一九三五年、復刻、ゆまに書房、二〇〇二年。

ウィッテ（大竹博吉監修）『ウィッテ伯回想記　日露戦争と露西亜革命』（上）南北書院、一九三一年、復刻、明治百年史叢書第二五巻、原書房、一九七二年。

大山元帥伝刊行会編『元帥大山巌』大山元帥伝刊行会、一九三五年。

小笠原淳隆『東郷元帥の戦略・戦術』二見書房、一九四三年。

小笠原長生『東郷平八郎全集』平凡社、一九三〇年。

――『聖将東郷平八郎伝』改造社、一九三四年。

小笠原長生編著『東郷元帥詳伝』忠誠堂、一九二六年。

――『聖将東郷全伝』聖将東郷全伝刊行会、一九四〇年。

外務省編『小村外交史』新聞月鑑社、一九五三年、復刻、明治百年史叢書第七巻、原書房、一九六六年。

桂太郎『桂太郎自伝』（宇野俊一校注）平凡社、一九九三年。

ガルシア、マヌエル・ドメック『日本海海戦から１００年――アルゼンチン海軍観戦武官の証言』（津島勝二訳）鷹書房弓プレス、二〇〇五年。

黒田甲子郎『奥元帥伝』国民社、一九三三年。

クロパトキン『クロパトキン回顧録』(参謀本部訳)偕行社、一九一〇年。

元帥上原勇作伝記刊行会編『元帥上原勇作伝』元帥上原勇作伝記刊行会、一九三七年。

児玉吉郎『従軍日誌』文芸社、二〇〇〇年。

茂沢祐作『ある歩兵の日露戦争従軍日記』草思社、二〇〇五年。

時事新報社編『回顧三十周年　日露戦争を語る』時事新報社、一九三五年。

齋藤子爵記念会編『子爵齋藤實伝』齋藤子爵記念会、一九四一年。

杉山茂丸『兒玉大将伝』博文館、一九一八年。

高橋是清(上塚司編)『高橋是清自伝』中央公論、一九七六年。

多門二郎『日露戦争日記』新装版、芙蓉書房、二〇〇四年(多門二郎『余ノ参加シタル日露戦役』高橋書店、一九一〇年の改題新版)。

東京日日新聞社・大阪毎日新聞社編『参戦二十将星日露大戦を語る』東京日日新聞社・大阪毎日新聞社、一九三五年。

徳富蘇峰編著『公爵桂太郎伝』坤巻、故桂公爵記念事業会、一九一七年、復刻、明治百年史叢書第四九巻、原書房、一九六七年。

長岡外史文書研究会編『長岡外史関係文書：回顧録編』長岡外史顕彰会、一九八九年。

――『長岡外史関係文書：書簡・書類編』長岡外史顕彰会、一九八九年。

乃木神社社務所編『乃木希典全集』国書刊行会、一九九四年。

乃木希典(和田政雄編)『乃木希典日記』金園社、一九七〇年。

原奎一郎編『原敬日記』第二巻、福村出版、一九六五年。

溝口國義編『日露戦争従軍記――軍医の陣中日記』思文閣出版、二〇〇四年。

茂沢祐作『ある歩兵の日露戦争従軍日記』草思社、二〇〇五年。

森山守次・倉辻明義『兒玉大将伝』星野暢、一九〇八年。

宿利重一『兒玉源太郎』国際日本協会、一九四二年。

山本四郎編『寺内正毅日記――一九〇〇～一九一八』同朋舎、一九八〇年。

＊戦後期
石川泰志『佐藤鐵太郎中将伝』明治百年史叢書第四五〇巻、原書房、二〇〇〇年。

ウッドハウス暎子『日露戦争を演出した男モリソン』東洋経済新報社、一九八八年、再刊、新潮社文庫、二〇〇四年。

大濱徹也『乃木希典』講談社、二〇一〇年。

黒木勇吉『小村壽太郎』図書研究社、一九四一年、復刻増補版、講談社、一九六八年。

――『乃木希典』講談社、一九七八年。

小林道彦『桂太郎――予が生命は政治である』ミネルヴァ日本評伝選、ミネルヴァ書房、二〇〇六年。

島田謹二『ロシヤにおける広瀬武夫――武骨天使伝』弘文堂、一九六一年、増補改訂版、朝日新聞社、一九七六年。

――『アメリカにおける秋山真之』朝日新聞社、一九六九年、復刻文庫版、二〇〇九年。

――『ロシヤ戦争前夜の秋山真之――明治期日本人の一肖像』朝日新聞社、一九九〇年、復刻、二〇〇五年。

瀧井一博『伊藤博文――知の政治家』中公新書、中央公論新社、二〇一〇年。

田中宏巳『秋山真之』吉川弘文館、二〇〇四年。

ダンコース、カレール『甦るニコライ二世』(谷口侑訳)藤原書店、二〇〇一年。

波多野勝編『井口省吾伝』現代史料出版、二〇〇二年。

福田和也『乃木希典』文藝春秋、二〇〇四年。

保田孝一『最後のロシア皇帝ニコライ二世の日記』朝日新聞社、一九八五年、増補改訂版、一九九〇年。

八　主要論文・著書
(一)日清戦争
＊戦前期
小泉信三「日清戦争と福澤諭吉」『支那事変と日清戦争』慶應出版社、一九三七年(『小泉信三全集一三』文藝春秋、一九六八年所収)。

信夫清三郎『日清戦争――その政治的・外交的観察』福田書房、一九三四年、復刻増補版(藤村道生校訂)、南窓社、一九七〇年。

巽来治郎『日清戦役外交史』東京専門学校出版部、一九〇二年。

松下芳男『近代日本軍事史』紀元社、一九四一年。

矢野仁一「ロシアの朝鮮進出と日清戦争の意義」『東亜経済研究』第二三巻第六号(一九三九年)。

＊戦後期
朝井佐智子「清国北洋艦隊来航とその影響」『愛知淑徳大学現代社会研究科研究報告』第四号(二〇〇九年)。

阿部光蔵「日清講和と三国干渉」『国際政治』第一九号(一九六二年)。

井口和起「日清・日露戦争論」歴史学研究会・日本史研究会編『講座日本歴史』第八巻近代二、東京大学出版会、一九八五年。

井口和起編『日清・日露戦争』近代日本の軌跡三、吉川弘文館、一九九四年。

伊藤之雄『立憲国家の確立と伊藤博文――内政と外交　一八八九〜一八九八』吉川弘文館、一九九九年。

植田捷雄「日清戦役と国際法」『外交史及び国際政治の諸問題』慶應通信、一九六二年。

――「日清戦役をめぐる国際関係」『東洋文化研究所紀要』第四一号(一九六六年十月)。

梅溪昇「日本側から見た日清戦争――補論」『歴史教育』第一〇巻第二号(一九六二年二月)(梅溪昇『日本近代化の諸相』思文閣出版、一九八四年所収)。

頴原善徳「日清戦争期日本の対外観」『歴史学研究』第六六三号(一九九四年十月)。

大江志乃夫『東アジア史としての日清戦争』立風書房、一九九八年。

大澤博明「伊藤博文と日清戦争への道」『社会科学研究』第四四巻第二号(一九九二年九月)。

大谷正「日清戦争期の対外宣伝活動――ＥＨハウスの活動にふれつつ」近代日本研究会編『近代日本と情報』年報・近代日本研究一二、山川出版社、一九九〇年。

――「日清戦争」井口和起編『日清・日露戦争』吉川弘文館、一九九四年。

岡本隆司『世界のなかの日清韓関係史――交隣と属国、自主と独立』講談社、二〇〇八年。

岡義武「日清戦争と当時における対外意識」一、二『国家学会雑誌』第六八巻第三・四号、五・六号（一九五四年、一九五五年）。

加藤陽子『それでも、日本人は「戦争」を選んだ』朝日出版、二〇〇九年。

鹿島守之助『日清戦争と三国干渉』日本外交史第四巻、鹿島研究所出版会、一九七〇年。

糟谷憲一「日清戦争と朝鮮民衆」『歴史評論』第五三二号（一九九四年八月）。

神山恒雄『明治経済政策史の研究』塙書房、一九九五年。

姜在彦「朝鮮側からみた日清戦争」『史林』第三五巻第四号（一九五三年三月）。

北村敬直「清国側からみた日清戦争」『史林』第三五巻第四号（一九五三年三月）。

桑田悦「日清戦争前の日本軍の大陸進攻準備説について」『軍事史学』第三〇巻第三号（一九九四年十二月）。

桑田悦編『日清・日露戦争』近代日本戦争史第一編、同台経済懇話会、一九九五年。

――「山縣有朋と森鷗外」『文藝春秋』座談おぼえ書き（一九六五年五月）（『小泉信三全集二〇』文藝春秋、一九六七年所収）。

――「山本權兵衛と福澤諭吉」『文藝春秋』座談おぼえ書き（一九六五年十月）（『小泉信三全集二〇』文藝春秋、一九六七年所収）。

小泉信三「丁汝昌」『文藝春秋』座談おぼえ書き（一九六五年十一月）（『小泉信三全集二〇』文藝春秋、一九六七年所収）。

古結諒子「日清戦争終結に向けた日本外交と国際関係――開戦から『三国干渉』成立に至る日本とイギリス」『史學雑誌』第一二〇編第九号（二〇一一年九月）。

呉如嵩・王兆春「日清戦争中の北洋海軍使用問題について」中国東北地区中日関係史研究会編『中国人の見た中国・日本関係史』（鈴木静夫・高田祥平編訳）東方出版、一九九二年。

崔碩莞『日清戦争への道程』吉川弘文館、一九九七年。

斉藤聖二『日清戦争の軍事戦略』芙蓉書房、二〇〇三年。

酒田正敏「『蹇蹇録』考」『日本歴史』第四四六号（一九八五年七月）。

桜井義之「朝鮮の近代化と日清戦争」『歴史教育』第一〇巻第二号（一九六二年二月）。

――「近代露清関係史の研究――日清戦争を中心として」『近代中国』第五巻（一九七九年）。

――「日清戦争前の朝鮮をめぐる露清関係――一八八六年の露清天津交渉を中心として」『佐賀大学教育学部研究論文集』第二八集第一号（一九八〇年七月）。

佐々木揚「イギリス極東政策と日清開戦」『佐賀大学教育学部研究論文集』第二九集第一号（一九八一年七月）。

――「ロシア極東政策と日清開戦」『佐賀大学教育学部研究論文集』第三〇集第一号（一九八二年七月）。

佐藤三郎「日清戦争の中国に及ぼした影響について」『山形大学紀要』第一号（一九五〇年）。

――「日清・日露戦争の性格」『歴史教育』第二巻第二号（一九五四年二月）。

――「日清戦争以前における日中両国の相互国情偵察について」『軍事史学』創刊号（一九六五年五月）（佐藤三郎『近代日中交渉史の研究』吉川弘文館、一九八四年所収）。

――「日清戦争と中国」『軍事史学』第四巻第四号（一九六九年二月）。

――『近代日本交渉史の研究』吉川弘文館、一九八四年。

――「日清戦争の中国に及ぼした影響について」佐藤三郎『近代日中交渉史の研究』吉川弘文館、一九八四年。

浄法寺朝美「明治時代のわが国西部の海岸要塞について」『軍事史学』第四号（一九六六年二月）。

白井久也『明治国家と日清戦争』社会評論社、一九九七年。

中国柱「東学党問題と日清開戦」『国際政治』第一九号（一九六二年）。

菅原崇光「日清戦争直前におけるロシア極東政策の基調――朝鮮問題を中心として」『西洋史研究』（東北大学）第九号（一九六六年五月）。

――「日清戦争期におけるヨーロッパ諸列強の極東政策と三国干渉――特にロシアの動向を中心として」『歴史教育』第一五巻第二・三号（一九六七年二月）。

鈴木良「日清・日露戦争」荒松雄他編『岩波講座世界歴史――帝国主義時代』第二二巻近代九、岩波書店、一九六九年。

戚其章「北洋艦隊に関するいくつかの問題点」中国東北地区中日関係史研究会編『中国人の見た中国・日本関係史』（鈴木静夫・高田祥平編訳）東方出版、一九九二年。

瀬古邦子「韓国での最近の甲午農民戦争研究」『歴史評論』第五三二号（一九九四年八月）。

曾我部重太郎『日清戦争と当時の清国財政』『歴史教育』第一〇巻第二号(一九六二年二月)。

曾田三郎「日清・日露戦争と清末政治」『歴史評論』第五三二号(一九九四年八月)。

戴逸、楊東梁、華立『日清戦争と東アジアの政治』(岩田誠一、高美蘭共訳)大阪経済法科大学アジア研究所、二〇〇三年。

高橋茂夫「大村益次郎と日本陸軍の建設」『軍事史学』第四巻第三号(一九六八年十一月)。

高橋秀直「一八八〇年代の朝鮮問題と国際政治」『史林』第七一巻第六号(一九八八年十一月)。

――『日清戦争への道』東京創元社、一九九五年。

立作太郎「明治二十七八年戦役とヨーロッパ強国の外交」立作太郎博士論行委員会編『立博士外交史論文集』日本評論社、一九四六年。

田保橋潔『日清戦役外交史の研究』刀江書院、一九五一年、復刻、東洋文庫、一九六五年。

田中直吉「明治時代の軍制の一断面――日清・日露戦争指導」『軍事史学』第四巻第三号(一九六八年十一月)。

田中宏巳「日清・日露海戦史の編纂と小笠原長生」一、二『軍事史学』第一八巻第三、四号(一九八二年十二月、一九八三年三月)。

筒井充「日清戦争の教訓と戦後の海軍拡張」『芸林』第二〇巻第一号(一九六九年二月)。

中塚明「下関条約論」『奈良女子大学文学会研究年報』第一〇号(一九六七年)。

――『日清戦争の研究』青木書店、一九六八年。

――「日清戦争研究と朝鮮研究」『歴史評論』第二八八号(一九七四年四月)。

――『「蹇蹇録」の世界』みすず書房、一九九二年。

――「日清・日露戦争の今日的意味」『歴史評論』第五三二号(一九九四年八月)。

中村尚美「一九世紀末の極東情勢と日清戦争」『歴史評論』第二八八号(一九七四年四月)。

中山治一「日清戦争と帝政ドイツの極東政策」『名古屋大学文学部研究論集』II、史学一(一九五二年)。

西岡香織「日清戦争の大本営と侍従武官制に関する一考察」『軍事史学』第三〇巻第三号(一九九四年十二月)。

西村睦男「産業革命と日清戦争」『史林』第三五巻第四号(一九五三年三月)。

――「産業革命と日清戦争」『歴史教育』第一〇巻第二号(一九六二年二月)。

野田重雄「日清戦争における軍部と政府の関係」『防衛大学校紀要』第五〇輯、社会科学分冊（一九八五年）。

濱下武志「日清戦争と東アジア」小風秀雄編『アジアの帝国国家』吉川弘文館、二〇〇四年。

原田勝正「アジア連帯主義についての研究ノート――日清戦争にいたる段階における」『歴史評論』第一〇二号（一九五九年一月）。

原田敬一『日清・日露戦争』シリーズ日本近現代史③岩波新書、岩波書店、二〇〇七年。

――『日清戦争』戦争の日本史一九、吉川弘文館、二〇〇八年。

原剛「日清戦争における本土防衛」『軍事史学』第三〇巻第三号（一九九四年十二月）。

――『明治期国土防衛史』錦正社、二〇〇二年。

東アジア近代史学会編『日清戦争と東アジア世界の変容』上・下巻、ゆまに書房、一九九七年。

広瀬健夫「ロシア側からみた日清・日露戦争」『歴史評論』第五三二号（一九九四年八月）。

広瀬靖子「日清戦争前のイギリス極東政策の一考察――朝鮮問題を中心として」『国際政治』第五一号（一九七四年）。

広瀬玲子「日清・日露戦争間の国家意識――『二六新聞』の主張を中心に」鹿野政直・由井正臣編『近代日本の統合と抵抗』第二巻、日本評論社、一九八二年。

檜山幸夫「日清戦争における外交戦略と戦争指導」福地重孝先生還暦記念論文集刊行委員会編『近代日本形成過程の研究』雄山閣、一九七八年。

――「伊藤内閣の朝鮮出兵決定に対する政略論的検討――日清戦争前史として」上・下『中京法学』第一八巻第一・二、三号（一九八四年二・三月）。

――「日清戦争と戦時体制の形成――戦時関係法令を中心として」『中京大学社会科学研究』第四巻第三号（一九八四年）。

――「朝鮮出兵事件と海外出兵体制の形成」『中京法学』第一八巻第四号（一九八四年三月）。

――「日清戦争と国内世論」『中京法学』第二二巻第二、第三・四号（一九八八年三月）。

――『日清戦争――秘蔵写真が明かす真実』講談社、一九九七年。

朴宗根『日清戦争と朝鮮』青木書店、一九八三年。

藤井貞文「日清戦役における山県有朋」『軍事史学』第四巻第三号（一九六八年十一月）。

藤村禅「日清戦争と我が大陸政策」『軍事史学』第四巻第四号（一九六九年二月）。

藤村道生『日清戦争――東アジア近代史の転換点』岩波新書、岩波書店、一九七三年。

――「日清戦争」『岩波講座日本歴史』第一六巻近代三、岩波書店、一九七六年。

――「日清戦争と天皇制」宇野俊一編『日本史』第七巻近代二、有斐閣新書、有斐閣、一九七八年。

――「日清戦争」『日清戦争前後のアジア政策』岩波書店、一九九五年。

古川隆久『戦時議会』吉川弘文館、二〇〇一年。

堀川武夫「日清・日露戦争の概観」『国際政治』第一九号（一九六二年）。

前島省三「日清・日露戦争における対韓政策」『国際政治』第一九号（一九六二年）。

松下芳男『明治軍制史論』有斐閣、一九五六年。

――「明治時代における想定敵国の変遷」『軍事史学』第四巻第三号（一九六八年十一月）。

――『日本軍閥興亡史』上、芙蓉書房、一九八四年、新装復刊、二〇〇一年。

村井友秀「明治前期日本における中国脅威論」『防衛大学校紀要』第五〇輯、社会科学分冊（一九八五年）。

森松俊夫『大本営』教育社歴史新書、教育社、一九八〇年。

安岡昭男「日清戦争前の大陸政策」『国際政治』第一九号（一九六二年）。

――「日清戦争前の対清論策」『軍事史学』第四巻第四号（一九六九年二月）。

――『明治前期大陸政策史の研究』法政大学出版局、一九九八年。

Paine, S. C. M. *The Sino-Japanese War of 1894-1895: Perceptions, Power, and Primacy*. New York: Cambridge University Press, 2003.

（二）日露戦争（日清戦争と共通のものを除く）

＊戦前期

佐藤鐵太郎『帝國國防論』佐藤鐵太郎、一九〇二年。

ロマーノフ、ベ・ア『満洲に於ける露国の利権外交』（山下義雄訳）鴨右堂書店、一九三四年、復刻、明治百年史

叢書第二一三巻、原書房、一九七三年。［原書名：Б. А. Романов. Россия в Маньчжурии 1892-1906. Ленинград: Ленинградского Восточного Института, 1928.］

＊戦後期

相澤淳「『奇襲断行』か『威力偵察』か?――旅順口奇襲作戦をめぐる対立」『軍事史学』第四一巻第一・二合併号（二〇〇五年六月）。

アイラペトフ、オレーグ・P「分散した攻勢の袋小路――日露戦争前夜のロシア対外戦略の一断面」日露戦争研究会編『日露戦争研究の新視点』成文社、二〇〇五年。

アガーポフ、ワーディム・ルオービィッチ「露日戦争におけるウラジオ巡洋艦戦隊の作戦」（堤明夫訳）『軍事史学』第四一巻第一・二合併号（二〇〇五年六月）。

雨宮昭一『近代日本の戦争指導』吉川弘文館、一九九七年。

飯島康夫「ウィッテの極東政策の破綻と開戦への道」『軍事史学』第四〇巻第二・三合併号（二〇〇四年十二月）。

――『日露戦争の時代』吉川弘文館、一九八九年。

井口和起「日露戦争と『国民』論」部落問題研究所編『自由主義史観の本質』部落問題研究所、一九九七年。

伊藤之雄「日露戦争以前の中国・朝鮮認識と外交論」『京都大学法学部創立百周年記念論文集』第一巻、有斐閣、一九九九年。

――『立憲国家と日露戦争――外交と内政　一八九八～一九〇五』木鐸社、二〇〇〇年。

――「日露戦争と日本外交」『二〇〇四年度戦争史フォーラム報告書』防衛庁防衛研究所、二〇〇四年。

――「日露戦争と明治天皇」日露戦争研究会編『日露戦争研究の新視点』成文社、二〇〇五年。

稲葉千晴「日露戦争と国際通信――欧日間の電信の発達とロシアの日本電報傍受」『戦略研究情報』第一七五号（一九九二年）。

――『明石工作――謀略の日露戦争』丸善、一九九五年。

――「日露戦争中の露仏諜報協力――対日情報収集をめぐって」『外交時報』第一三三五号（一九九七年）。

――「日露戦争前夜のウラジヴォストーク対ロシア諜報活動」『都市情報学研究』第五号（二〇〇〇年）。

――『暴かれた開戦の真実――日露戦争』東洋書店、二〇〇二年。

――「第一次日英同盟の軍事協力――一九〇二―〇五年」『名城大学総合研究所紀要』第八号（二〇〇三年）。

――「日露戦争の開戦過程――日英同盟の役割」『ユーラシア研究』第二九号（二〇〇三年）。

――「明石元二郎　オフラーナとの戦い」『歴史読本』（二〇〇四年四月）。

――「水面下の諜報戦――日露戦争中の潜水艇情報をめぐって」『国際安全保障』第三一巻第三号（二〇〇三年十二月）。

井上勇一『東アジア鉄道国際関係史』慶應通信、一九八九年。

――『鉄道ゲージが変えた現代史』中央公論、一九九〇年。

今井庄次「第一回日英同盟協約」『歴史教育』第五巻第二号（一九五七年一月）。

――「日英同盟と栗野慎一郎」『歴史教育』第一〇巻第二号（一九六二年二月）。

今西一「日露戦争期の議会――第一六回帝国議会〜第二一回帝国議会」内田健三・金原左門・古屋哲夫編『日本議会史録』第一巻、第一法規出版、一九九一年。

岩井忠熊「日清戦争後の政治過程」『日本史研究』第三三号（一九五七年四月）。

岩間陽子「英独同盟交渉と日英同盟――ヨーロッパと世界の狭間におけるイギリス」『法学論叢』（京都大学）第一二五巻第四号・第一二六巻第二号（一九八九年）。

ウォーナー、デニス、ペギー・ウォーナー『日露戦争全史』（妹尾作太郎・三谷庸雄訳）時事通信社、一九七八年。

海野福寿『韓国併合』岩波文庫、岩波書店、一九九五年。

――『韓国併合史の研究』岩波書店、二〇〇〇年。

大江志乃夫『日露戦争の軍事史的研究』岩波書店、一九七六年。

――『日本の参謀本部』中央公論、一九八五年。

――『日露戦争と日本軍隊』立風書房、一九八七年。

――『兵士たちの日露戦争――五〇〇通の軍事郵便から』朝日新聞社、一九八八年。

――『バルチック艦隊――日本海海戦までの航路』中央公論新社、一九九九年。

――『世界史としての日露戦争』立風書房、二〇〇一年。

大塚虎之助『極秘電報に見る戦争と平和——日本電信情報史』熊本出版文化会館、二〇〇二年。

大橋与一『帝政ロシアのシベリア開発と東方進出過程』東海大学出版会、一九七四年。

大畑篤四郎「日露開戦外交」『国際政治』第一九号(一九六二年)。

大山梓「日露戦争直前における日露関係の一問題——馬山浦事件」『軍事史学』第四巻第三号(一九六八年十一月)。

——『日露戦争の軍政史録』芙蓉書房、一九七三年。

岡本俊平「明治日本の対中国態度の一断面——小村寿太郎の場合」佐藤誠三郎、R・ディングマン編『近代日本の対外態度』東京大学出版会、一九七四年。

小野圭司「日清戦後経営期の軍事支出と財政政策」『軍事史学』第四〇巻第二・三合併号(二〇〇四年十二月)。

偕行社日露戦史刊行委員会編著『大国ロシアになぜ勝ったのか——日露戦争の真実』芙蓉書房、二〇〇六年。

ガウ、イアン「英国海軍と日本——一九〇〇–一九二〇年」細谷千博、イアン・ニッシュ監修『日英交流史 1600–2000』第三巻軍事、東京大学出版会、二〇〇一年。

鹿島守之助『日露戦争』日本外交史第七巻、鹿島研究所出版会、一九七〇年。

片山慶隆「日英同盟と日本社会の反応 一九〇二–一九〇四——言論界の動向を中心として」(一)(二)『一橋法学』第二巻第二・三号(二〇〇三年六・十一月)。

加藤陽子『戦争の論理——日露戦争から太平洋戦争まで』勁草書房、二〇〇五年。

加納格「ロシア帝国における権力分立——内閣制度の創出をめぐって」『愛知県立大学外国語学部紀要』地域研究・国際学編第三一号(一九九九年)。

——『ロシア帝国の民主化と国家統合——二十世紀初頭の改革と革命』御茶の水書房、二〇〇一年。

神山恒雄『明治経済政策史の研究』塙書房、一九九五年。

萱野直樹「鴨緑江採木公司と日本の満州進出——森林資源をめぐる対外関係の変遷」『国史学』第一七二号(二〇〇〇年八月)。

——「日露戦争と日韓非公式チャンネルの展開」日露戦争研究会編『日露戦争研究の新視点』成文社、二〇〇五年。

北岡伸一「初期『太陽』に見るアメリカ像——日清日露戦間期日本外交に関する位置考察」鈴木貞美編『雑誌「太陽」と国民文化の形成』思文閣出版、二〇〇一年。

君塚直隆「伊藤博文のロシア訪問と日英同盟」『神奈川県立外語短期大学紀要』総合編第二三号（二〇〇〇年十二月）。

――『女王陛下のブルーリボン』NTT出版、二〇〇四年。

木村和夫「シベリア鉄道建設の歴史と意義」上・下『軍事史学』第一七巻第四号、第一八巻第一号（一九八二年）。

黒羽茂「日英同盟の成立と国家財政問題」(上)(下)『歴史教育』第五巻第一・三号（一九五七年一・三月）。

――『世界史上より見たる日露戦争』日本歴史新書、至文堂、一九六〇年。

――『日露戦争と明石工作』南窓社、一九七六年。

――『日露戦争史論――戦争外交の研究』杉山書店、一九八二年。

――『日露戦争はいかにして戦われたか』文化書房博文社、一九八八年。

――『日ソ諜報戦の軌跡――明石工作とゾルゲ工作』日本出版放送企画、一九九一年。

黒野耐「韓国ニ於ケル作戦計画（甲号外）――日露戦争における先遣第十二師団の作戦の準拠」『軍事史学』第三三巻第四号（一九九八年三月）。

桑田悦「旅順要塞攻撃はいつ、いかにして決定されたか」『軍事史学』第一七巻第三号（一九八一年十二月）。

小泉信三「日本海海戦」『文藝春秋』座談おぼえ書き（一九六五年五月）（『小泉信三全集二〇』文藝春秋、一九六七年所収）。

コナンフトン、R・M『ロシアはなぜ敗れたか――日露戦争における戦略・戦術の分析』（妹尾作太男訳）新人物往来社、一九八九年。

小林啓治「日英関係における日露戦争の軍事史的位置」『日本史研究』第三〇五号（一九八八年一月）。

小林道彦『日本の大陸政策　1895-1914――桂太郎と後藤新平』南窓社、一九九六年。

小森陽一・成田龍一編著『日露戦争スタディーズ』紀伊国屋書店、二〇〇四年。

斎藤聖二「厦門事件再考」『日本史研究』第三〇五号（一九八八年一月）。

――『北清事変と日本軍』芙蓉書房、二〇〇六年。

――「日露開戦直前の参謀本部と陸軍省」東アジア近代史学会編『日露戦争と東アジア世界』ゆまに書房、二〇〇八年。

酒田正敏『近代日本における対外硬運動』東京大学出版会、一九七八年。

坂本夏男「日露交渉の決裂と日本艦隊の旅順港攻撃」『皇學館論叢』第一七巻第三号（一九八四年六月）。

櫻井良樹「日露戦時における民衆運動の一端」『日本歴史』第四三六号（一九八四年九月）。

佐々木隆『明治人の力量』講談社、二〇〇二年。

佐藤徳太郎「旅順の戦い」上・下『軍事史学』第八巻第四号、第九巻第一号（一九七三年三、六月）。

――「日露戦争におけるウラジオストック作戦論争」『軍事史学』第一〇巻第三号（一九七四年十二月）。

佐藤秀守「28センチ榴弾砲と日露戦争」『防衛学研究』第一六号（一九九六年十月）。

佐藤守男「情報戦争としての日露戦争――参謀本部における対ロシア戦略の決定体制　一九〇二年－一九〇四年」（一）－（五）『北大法学論集』第五〇巻第六号－第五一巻第四号（二〇〇〇年）。

――『情報戦争と参謀本部――日露戦争と辛亥革命』芙蓉書房、二〇一一年。

サルキソフ、コンスタンチン『もうひとつの日露戦争――新発見・バルチック艦隊提督の手紙から』（鈴木康雄訳）朝日新聞出版、二〇〇九年。

産経新聞取材班『日露戦争――その百年目の真実』扶桑社、二〇〇四年。

信夫清三郎・中山治一編『日露戦争史の研究』河出書房新社、一九五九年、一九七二年改訂再版。

柴崎力栄「伊藤博文のロシア行と歴史家徳富蘇峰」『日本歴史』第四六二号（一九八六年十一月）。

島貫重節『戦略・日露戦争』上・下、原書房、一九八〇年。

志摩亥吉朗「〈新資料〉日露戦争聯合艦隊参謀　秋山真之の手紙　二〇三高地を奪取せよ」『歴史と人物』（一九七九年五月）。

清水威久『ソ連と日露戦争』原書房、一九七三年。

下村富士男「世論の圧力と資本の圧力――日露戦争の場合」『歴史教育』第一〇巻第二号（一九六二年二月）。

――「日露戦争――外交史上より見たる」『軍事史学』第四巻第一号（一九六八年五月）。

鈴木俊夫「ベアリング商会と日露戦時公債発行」『三田学会雑誌』第八二巻第II号（一九九〇年三月）。

――「日露戦争前夜の戦艦売却交渉――マーチャント・バンクの武器取引」『研究年報経済学』（東北大学）第六五巻第四号（二〇〇四年）。

スティーズ、デイヴィッド「相互の便宜による帝国主義国の結婚――一九〇二－一九二二年の日英関係」（村島滋訳）

細谷千博・イアン・ニッシュ監修『日英交流史　1600－2000』第一巻政治・外交、東京大学出版会、二〇〇〇年。

石和静「ロシアの韓国中立化政策――ウィッテの対満州政策との関連で」『スラヴ研究』第四六号（一九九九年）。

銭鷗「日清戦争直後における対中国観及び日本人のセルフイメージ――『太陽』第一巻を通して」鈴木貞美編『雑誌「太陽」と国民文化の形成』思文閣出版、二〇〇一年。

曾村保信「日本の資料から見た日露戦争前の満州・シベリア問題」『国際法外交雑誌』第五七巻第一・二号（一九五八年四・六月）。

高橋茂夫「明治三十三年廈門事件の一考察――山本海軍大臣の態度を中心として」『軍事史学』第八巻第四号（一九七三年三月）。

滝沢一郎「ソ連における日露戦争論の推移」『軍事史学』第一一巻第三号（一九七五年十二月）。

竹中憲一「露治時代における関東州の教育」『社会科学討究』第四二巻第二号（一九九六年十二月）。

田中宏巳「日露戦争におけるロシアの密輸問題――特に英炭獲得問題を中心として」『国史学』第一一四号（一九八一年三月）。

崔文衡『日露戦争の世界史』（朴菖訳）藤原書店、二〇〇四年。

千葉功「日英同盟締結後における日露の外交方針」『日本歴史』第五八一号（一九九六年十月）。

――「満韓不可分論＝満韓交換論の形成と多角的同盟・協商網の模索」『史学雑誌』第一〇五編第七号（一九九六年七月）。

――「日露交渉――日露開戦原因の再検討」近代日本研究会編『比較の中の近代日本思想』（年報・近代日本研究一八）山川出版社、一九九六年。

――「日露戦前期（一九〇〇－〇四年）外交史研究の現状」『史学雑誌』第一〇六編第八号（一九九七年八月）。

――「日露戦争の『神話』――日露戦争とその後の日本社会」小風秀雄編『アジアの帝国国家』吉川弘文館、二〇〇四年。

――『旧外交の形成――日本外交一九〇〇～一九一九』勁草書房、二〇〇八年。

チャップマン、ジョン「戦略的情報活動と日英関係一九〇〇－一九一八年」（狩野直樹訳）細谷千博・イアン・ニッ

シュ監修『日英交流史　1600‐2000』第三巻軍事、東京大学出版会、二〇〇一年。

長南政義「史料紹介　陸軍大将松川敏胤の手帳および日誌――日露戦争前夜の参謀本部と大正期の日本陸軍」『國學院法政論叢』第三〇輯（二〇〇九年三月）。

――「史料紹介　陸軍大将松川敏胤の手帳・年譜‐満洲軍参謀松川敏胤が語った日露戦争『日露戦争ノ勝敗ヲ逆睹シタルヤ』」『國學院法研論叢』第三六号（二〇〇九年三月）。

――「陸軍大将　松川敏胤伝　第一部――補論　黒溝台会戦と松川敏胤〜満洲軍総司令部の不覚〜」『國學院法研論叢』第三八号（二〇一一年三月）。

筑土龍男「日進・春日とアルゼンチン」『軍事史学』第八巻第一号（一九七二年六月）。

筒井充「主力艦発達史より見たる日露海戦」『軍事史学』第四巻第一号（一九六八年五月）。

――「日本海軍史における対露戦備の特徴と成果」『軍事史学』第六巻第三号（一九七〇年十一月）。

角田順『満州問題と国防方針――明治後期における国防環境の変動』明治百年史叢書第一九巻、原書房、一九六七年。

――『政治と軍事』光風社出版、一九八七年。

外山三郎『日露海戦史の研究――戦記的考察を中心として』教育出版センター、一九八五年。

――「日本海々戦における東郷ターンについて」『軍事史学』第八巻第一号（一九七二年六月）。

鳥海靖「日露戦争と元老たち――開戦に至る山県有朋を中心に」（例会報告）『軍事史学』第四〇巻第四号（二〇〇五年三月）。

能川泰治「日露戦時期の都市社会」『歴史評論』第五六三号（一九九七年三月）。

日露戦争研究会編『日露戦争研究の新視点』成文社、二〇〇五年。

日本政治外交史研究会「〈井口省吾文書〉及び解題――日露戦争期の書簡と日記を中心として」一〜二、『法学研究』（慶應義塾大学）第六二巻第一、第二号（一九八九年一、二月）。

野村實「日本海海戦直前の密封命令」『軍事史学』第一八巻第一号（一九八二年六月）。

――『日本海海戦の真実』講談社現代新書、講談社、一九九九年。

原暉之『ウラジオストク物語』三省堂、一九九八年。

――「日露戦争後のロシア極東――地域政策と国際環境」『ロシア史研究』第七二号（二〇〇三年五月）。

原剛『明治期国土防衛史』錦正社、二〇〇二年。

判沢純太「日露戦争勃発の政治過程と政友会」『政治経済史学』第一九〇号(一九八二年三月)。

阪東宏『ポーランド人と日露戦争』青木書店、一九九五年。

東アジア近代史学会編『日露戦争と東アジア世界』ゆまに書房、二〇〇八年。

平井友義「ロシア極東政策とベゾブラーゾフ：一九〇三年――鴨緑江森林利権を中心に」『広島国際研究』第八巻(二〇〇二年)。

平間洋一「A・T・マハンが日本海軍に与えた影響」『政治経済史学』第三二〇号(一九九三年二月)。

――『日露戦争が変えた世界史――「サムライ」日本の一世紀』芙蓉書房、二〇〇四年、改訂新版、二〇〇五年。

広瀬健夫「日露戦争期のシベリア鉄道小考」一、二『人文科学論集』(信州大学)第一五号、第一七号(一九八一年三月、一九八三年三月)。

広野好彦「日露戦争直前のA・H・クロパトキン――彼の日記から」『大阪学院大学国際学論集』第二巻第一号(一九九一年九月)。

――「日露交渉(一九〇三―一九〇四)再考」『大阪学院大学国際学論集』第三巻第二号(一九九二年十二月)。

――「日露戦争初期のE・M・アレクセーエフとA・H・クロパトキン」『大阪学院大学国際論集』第四巻第二号(一九九三年十二月)。

――「栗野私案と日露交渉」『姫路法学』第二九・三〇号(二〇〇〇年三月)。

――「ロシアはなぜ満州撤退を遅らせたのか――シマンスキー『日露戦争に先行する極東の諸事件』から」『大阪学院大学国際学論集』第一四巻第一号(二〇〇三年六月)。

――「日露戦争と第一次ロシア革命――ニコライ2世の日記から」『大阪学院大学国際学論集』第一六巻第一号(二〇〇五年六月)。

――「クロパトキン将軍と黄禍」『大阪学院大学国際学論集』第一七巻第一号(二〇〇六年六月)。

福田正信「日露戦争をどう指導したか」『世界史研究』(熊本大学法学部)第二八～三〇合併号(一九六二年四月)。

藤井貞文「乃木将軍と旅順攻囲戦」『軍事史学』創刊号(一九六五年五月)。

藤井信行「『日英同盟』協約交渉(1901～02年)と日本政府」(前)(後)『川村学園女子大学研究紀要』第二二巻

第二号・第二三巻第一号（二〇一一年・二〇一二年）。

藤波潔「イギリス外交の転換――『英独同盟』交渉から『日英同盟』へ」『史叢』（日本大学史学会）第五四・五五号（一九九五年十二月）。

藤村欣市朗『高橋是清と国際金融』福武書店、一九九二年。

藤村禅「ウィッテと日露戦争――ロシヤ側から見た日露戦争の原因」『軍事史学』第六巻第三号（一九七〇年十一月）。

――「日露戦争の性格によせて」『歴史学研究』第一九五号（一九五六年四月）。

藤村道生「日露戦争について」『歴史教育』第五巻第一号（一九五七年一月）。

古屋哲夫『日露戦争』中公新書、中央公論社、一九六六年。

朴羊信「『七博士』と日露開戦論」『北大法学論集』第四八巻第五号（一九九八年一月）。

升味準之輔『日本政党史論』第二巻、東京大学出版会、一九六六年。

――『日本政治史――藩閥支配、政党政治』第二巻、東京大学出版会、一九八八年。

町田俊昭「ロシア側から見た日露戦争」『日本歴史』第三四二号（一九七六年十一月）。

松村正義『日露戦争と金子堅太郎――広報外交の研究』新有堂、一九八〇年、増補改訂版、一九八七年。

――『ポーツマスへの道――黄禍論とヨーロッパの末松謙澄』原書房、一九八七年。

――『国際交流史――近現代の日本』星雲社、一九九六年。

――「上村艦隊のウラジオストク艦砲射撃」『軍事史学』第三八巻第一号（二〇〇二年六月）。

――『日露戦争百年――新しい発見を求めて』成文社、二〇〇三年。

黛治夫『海軍砲戦史談』原書房、一九七二年、復刻、二〇〇九年。

――『艦砲射撃の歴史』原書房、一九七七年。

御厨貴『明治国家の完成――一八九〇‐一九〇五』中央公論新社、二〇〇一年。

宮崎千穂「明治三十年代前半におけるロシア艦隊の長崎港利用と雲仙養生院設立計画」『軍事史学』第四〇巻第四号（二〇〇五年三月）。

村島滋「二〇世紀史の開幕と日英同盟――一八九五‐一九二三年の日英関係」細谷千博、イアン・ニッシュ監修『日英交流史　1600‐2000』第一巻政治・外交、東京大学出版会、二〇〇〇年。

――「日英同盟史の一側面――両国軍事協商の成立をめぐって」『国際政治』第五八号（一九七七年）。

――「日英同盟と日露戦争」『歴史教育』第一五巻第二号（一九六七年二月）。

――「日英同盟と日露戦争の間――イギリス「帝国防衛委員会」の動向を中心として」『政治経済史学』第三二〇号（一九九三年二月）。

――「ボーア戦争と日本――日英同盟への一道程」『軍事史学』第二五巻第一号（一九八九年六月）。

室山義正『近代日本の軍事と財政』東京大学出版会、一九八四年。

山口開治「日露戦争における我が国防禦海面の国際法上の意義」『防衛論集』第一一巻第二号（一九七二年十月）。

山口一之「憲政党内閣の成立と極東情勢」『国際政治』第一九号（一九六二年）。

山田朗『軍備拡張の近代史』吉川弘文館、一九九七年。

――『世界史の中の日露戦争』戦争の日本史二〇、吉川弘文館、二〇〇九年。

山本大生『勝負の構造――日露戦争を科学する』原書房、一九八一年。

――「馬山浦事件」『東北大学文学部研究年報』第九、一〇、一三（上）号（一九五八〜一九六二年）。

山脇重雄「日本海海戦と“Togo turn”」『軍事史学』第四巻第一号（一九六八年五月）。

横手慎二『日露戦争――20世紀最初の大国間戦争』中公新書、中央公論新社、二〇〇五年。

吉村道男「日露講和条約の一側面」『国際政治』第一九号（一九六二年）。

李盛煥「韓国の中立政策と日露戦争」日露戦争研究会編『日露戦争研究の新視点』成文社、二〇〇五年。

ルコヤノフ、イーゴリ・B「ベゾブラーゾフ一派――ロシアの日露戦争への道」（宮崎千穂訳）日露戦争研究会編『日露戦争研究の新視点』成文社、二〇〇五年。

ロストーノフ、I・I編『ソ連から見た日露戦争』（及川朝雄訳）原書房、一九八〇年。

和田春樹「日露戦争とロシアの社会主義者」『ロシア史研究』第一八号（一九七二年二月）。

――『ニコライ・ラッセル――国境を越えるナロードニキ』中央公論社、一九七三年。

――「ロシアにとっての満州」中見立夫他『満州とは何だったのか』藤原書店、二〇〇四年。

――『日露戦争――起源と開戦』岩波書店、（上）二〇〇九年、（下）二〇一〇年。

Malozemoff, Andrew. *Russian Far Eastern policy 1881-1904, with Special Emphasis on the Causes of the Russo-Japanese War.* Berkeley: California University Press, 1958.

McDonald, David McLaren. *United Goverment and Foreign Policy in Russia 1900-1914*. Cambridge, Mass.: Harvard University Press, 1992.

Menning, Bruce. *Bayonets before Bullets*. Bloomington: Indiana University Press, 1992.

Neilson, Keith. *Britain and the Last Tsar: British Policy and Russia, 1894-1917*. Oxford: Clarendon Press, 1995.

————. "The Anglo-Japanese Alliance and British Strategic Foreign Policy, 1900-1914." In O'Brien Phillips Payson ed. *Anglo-Japanese Alliance*, 1902-1922. London: Routledge Curzon, 2004.

Nish, Ian H. *The Anglo-Japanese Alliance: The Diplomacy of Two Island Empires, 1894-1907*. London: Athlone, 1966.

————. *The Origins of the Russo-Japanese war*. New York: Longman 1985.

Otte, T. G. *The China Question: Great Power Rivalry and British Isolation, 1894-1905*. New York: Oxford University Press, 2007.

Paine, S. C. M. *Imperial Rivals: China, Russia, and Their Disputed Frontier*. Armonk, New York, 1996.

Schimmelpenninck van der Oye, David. *Toward the Rising Sun: Russian Ideologies of Empire and the Path to War with Japan.* Dekalb, Illinois: Northern Illinois University Press, 2001.

————. "The Russo-Japanese War." In Frederick W. Kagan and Robin Higham eds. *The Military History of Tsarist Russia.* New York: Palgrave, 2002.

Schimmelpenninck van der Oye, David and Bruce Menning eds. *Reforming the Tsar's Army: Miritary Innovation in Imperial Russia from Peter the Great to the Revolution.* New York: Cambridge University Press, 2004.

Sergeev, Evgeny. *Russian Military Intelligence in the War with Japan,1904-05*. London and New York: Routledge, 2007.

Steinberg, John W. et al., eds. *The Russo-Japanese War in Global Perspective: World War Zero*. 2vols. Boston: Brill, 2005, 2007.

Steinberg, John W. *All the Tsar's Men: Russia's General Staff and The Fate of the Empire, 1898-1914*. Washington, D. C.: Woodrow Wilson Center Press, 2010.

Steiner, Zara S. "Great Britain and the Creation of the Anglo-Japanese Alliance." *Journal of Modern History*, No. 31 (March 1959).

Wolff, David. *To the Harbin Station: The Liberal Alternative in Russian Manchuria, 1898-1914*. Stanford, Califrnia: Stanford University Press, 1999.

※コルベット関係

（一）コルベットの著作及び編集

Corbett, Julian S. *Drake and the Tudor Navy: with a History of the Rise of England as a Maritime Power*. 2vols. London: Longmans, Green and Co., 1898.

———. *The Successors of Drake. London: Longmans*, Green and Co., 1900.

———. *England in the Mediterranean: A Study of the 'Rise and Influence of British Power within the Straits 1603-1713*. London: Longmans, Green and Co. 1904.

———, ed. *Fighting Instructions, 1530-1816*. London: Navy Record Society, 1905.

———. *England in the Seven Years' War: A Study in Combined Strategy*. London: Longmans, Green and Co. 1907.

———, ed. *Signals and instructions, 1776-1794*. London: Navy Records Society, 1908.

———. *The Campaign of Trafalgar*, 2vols. London: Longmans, Green and Co., 1910.

———. *Some Principles of Maritime Strategy*. London: Longmans, Green and Co. 1911.

———, With an Introduction and Notes by Eric J. Grove. *Some Principles of Maritime Strategy*. Annapolis, MD: Naval Institute Press, 1988.

（本書は、編者序や注釈が挿入されているため、原書と頁数が一致しない。）

———, With an Introduction by John B. Hattendorf and Donald M. Schurman. *Maritime operations in the Russo-Japanese War, 1904-1905*. 2 vols. London: Intelligence Division of Admiralty War Staff, 1914, confidential publication; reprint, Annapolis, Md.: Naval Institute Press; Newport, R.I.: Naval War College Press, 1994.

———. Naval Operations. 3vols. London: Longmans, Green and Co. 1920-22.

［邦語訳：サー・ゼー・エス・コルベー『英国海軍戦史：欧洲戦争』（尾崎主税訳）水交社、一九二七年］。

（二）コルベット研究

Bassford, Christopher. *Clausewitz in English: The Reception of Clausewitz in Britain and America 1815-1945*. New York: Oxford University Press, 1994.

Bégarie, Hervé Coutau. "Corbett and Richmond in France." In Goldrick and Hattendorf, eds. *Mahan is Not Enough*, 277-285.

Bell, Christopher M. *The Royal Navy, Seapower and Strategy between the Wars*. Stanford, California: Stanford University Press, 2000.

Cleaver, Liam J. "The Pen Behind the Fleet: The Influence of Sir Julian Corbett on British Naval Development, 1898-1918." *Comparative Strategy*, 14 (January 1995): 45-57.

Gat, Azar. *The Development of Military Thought*. Oxford: Clarendon Press, 1992.

Goldrick, James, and John B. Hattendorf, eds. *Mahan Is Not Enough: The Proceedings of a Conference on the Works of Sir Julian Corbett and Admiral Sir Herbert Richmond*. Newport, R.I.: Naval War College Press, 1993.

Gooch, John. "Maritime Command: Mahan and Corbett." In Colin S. Gray and Roger W. Barnett, eds. *Seapower and Strategy*. London: Tri-Service Press, 1989, 27-46.

Gough, Barry M. "Maritime Strategy: The Legacies of Mahan and Corbett." *RUSI Journal*, Vol. 33 (Winter 1988): 55-62.

Handel, Michael I. "Corbett, Clausewitz, and Sun Tzu." *Naval War College Review*, Vol. LIII, No.4 (Autumn 2000): 107-124.

Hattendorf, John B. "Sir Julian Corbett on the Significance of Naval History." *The American Neptune* 31 (1971): 275-285.

Holmes, James R. "Japanese Maritime Thought: If Not Mahan, Who?" In Toshi Yoshihara and James R. Holmes eds. *Asia Looks Seaward: Power and Maritime Strategy*. Westport, Connecticut・London: Praeger Security International, 2008, 146-168.

Holmes, James R. and Toshi Yoshihara. "China's Navy: A Turn to Corbett?" *US Naval Institute Proceeding*, Vol. 136, Issue 12

(December 2010): 43-46.

Howard, Michael. "The British Way in Warfare: A Reappraisal." In Michael Howard. *The Causes of Was and Other Essays*, Second Edition. Cambridge, Massachusetts: Harvard University Press, 1983, 169-187.

Hunt, Barry D. "The Strategic Thought of Sir Julian S. Corbett." In John B. Hattendorf and Robert S. Jordan eds. *Maritime Strategy and the Balance of Power: Britain and America in the Twentieth Century*. London: The Macmillan LTD, 1989.

Moffat, Ian C. D. "Corbett: A Man Before His Time." *Journal of Military and Strategic Studies*, Vol. 4, Issue 1 (Spring 2001): 10-35.

Lambert, Andrew. "The Naval War Course, *Some Principles of Maritime Strategy* and Origins of 'The British Way in Warfare.'" In Keith Neilson and Greg Kennedy, eds. *The British Way in warfare: Power and the International System, 1856-1956-Essays in Honour of David French*. Surry: Ashgate, 2010, 219-255.

Lambert, Nicholas A. "False Prophet?: The Maritime Theory of Julian Corbett and Professional Military Education." *Journal of Military History*, Vol. 77, No. 3 (July 2013) .

Schurman, Donald M. *The Education of a Navy: The Development of British Naval Strategic Thought, 1867-1914*. London: Cassell, 1965.

————. *Julian S. Corbett 1854-1922: Historian of British Maritime Policy from Drake to Jellicoe*. London: Royal Historical Society, 1981.

————. Schurman, "Julian Corbett's Influence on the Royal Navy's Perception of its Maritime Function." In Goldrick and Hattendorf, eds. *Mahan is Not Enough*, 51-63.

Stanford, Peter M. "The Work of Sir Julian Corbett in the Dreadnought Era." *U. S. Naval Institute Proceedings*, Vol. 77, No. 1 (Junuary 1951).
（邦語訳：ピーター・スタンフォード「ドレッドノート時代におけるジュリアン・コルベット卿の業績」（平野龍二訳）『海幹校戦略研究』第三巻第１号増刊（二〇一三年九月）。

Sumida, Jon Tetsuro. "The Historian as Contemporary Analyst: Sir Julian Corbett and Admiral Sir John Fisher." In Goldrick and Hattendorf, eds. *Mahan is Not Enough*, 125-140.

Till, Geoffrey. "Corbett and the 1990s." In Goldrick and Hattendorf, eds. *Mahan is Not Enough*, 211-226.
———. "Sir Julian Corbett and the British Way in Naval Warfare: Problems of Effectiveness and Implementation." In Keith Neilson and Elizabeth Jane Errington, eds. *Navies and Global Defense: Theories and Strategy*, Westport, CT: Praeger, 1995, 23-50. ［邦語訳：ジェフリー・ティル「コルベットとイギリス流の海戦方法――効果と実行にまつわる諸問題」（立川京一訳）立川京一他編著『シー・パワー――その理論と実践』芙蓉書房、二〇〇八年。］
———. "Corbett and the Emergence of the British School?" In Geoffrey Till, ed. *The Development of British Naval Thinking: Essay in Memory of Bryan Ranft*. London and New York: Routledge, 2006, 60-88.
Webb, John Robb. "Corbett and The Campaign of Trafalgar: Naval Operations in their Strategic Context." *Defence Studies*, Vol. 8, No. 2 (June 2008): 157-179.
Widen, J. J. "Sir Julian Corbett and the Theoretical Study of War." *Strategic Studies*, Vol.30, No.1 (February 2007): 109-127.
———. *Theorist of Maritime Strategy: Sir Julian Corbett and his Contribution to Military and Naval Thought*. London: Ashgate, 2012.

グロース、オットー『世界大戦より見たる海上作戦の教條』（三上射鹿訳）海軍軍令部、一九三〇年。

高橋弘道編著『戦略論大系⑧コーベット』芙蓉書房、二〇〇六年。

＊その他戦略関係
石川泰志『海軍国防思想史』明治百年史叢書第四四四巻、原書房、一九九五年。

———『佐藤鐵太郎中将伝』明治百年史叢書第四五〇巻、原書房、二〇〇〇年。

石川泰志編著『戦略論大系⑨佐藤鐵太郎』芙蓉書房、二〇〇六年。

片岡徹也編著『戦略論大系③モルトケ』芙蓉書房、二〇〇二年。

川村康之編著『戦略論大系②クラウゼヴィッツ』芙蓉書房、二〇〇一年。

クラウゼヴィッツ、カール・フォン『戦争論』レクラム版（日本クラウゼヴィッツ学会訳）芙蓉書房、二〇〇一年。

杉之尾宜生編著『戦略論大系①孫子』芙蓉書房、二〇〇一年。

枝栄会編『海軍戦術講義録』枝栄会、二〇〇五年。

ジョミニ、アントワーヌ・アンリ『戦争概論』(佐藤徳太郎訳)原書房、一九七九年、復刻、中公文庫、中央公論新社、二〇〇一年。

立川京一他編著『シー・パワー——その理論と実践』芙蓉書房、二〇〇八年。

戸高一成編『秋山真之戦術論集』中公公論新社、二〇〇五年。

マハン、アルフレッド・T『海上権力史論』(北村謙一訳)原書房、一九八二年、新装版『マハン海上権力史論』原書房、二〇〇八年。[原書:Alfred Thayer Mahan. *The Influence of Sea Power upon History, 1660-1783*. Little Brown, 1890.]

——『マハン海軍戦略』(井伊順彦訳)中央公論新社、二〇〇五年。[原書:Alfred Thayer Mahan. *Naval Strategy*. Little Brown, 1911.]

——『マハン海上権力論集』(麻田貞雄編訳)講談社学術文庫、講談社、二〇一〇年。

山内敏秀編著『戦略論大系⑤マハン』芙蓉書房、二〇〇二年。

あとがき

本書は二〇一二年度に慶應義塾大学大学院法学研究科に提出した博士学位論文に加筆・修正を行ったものである。内容、構成ともに修正したが、各章の初出を記しておきたい。

第一章　博士論文への書き下ろし。なお第一節は、博士論文の当該箇所にその後の研究を踏まえて大幅に加筆修正し、「ジュリアン・コルベットの生涯とその著作――海軍史家としての再評価」『波涛』第二二八号(二〇一四年四月)として発表。

第二章　博士論文への書き下ろし。

第三章　「海洋限定戦争としての日清戦争」『軍事史学』第四四巻第四号(二〇〇九年三月)。

第四章　博士論文への書き下ろし。

第五章　「日露開戦の決断」『法学政治学論究』第八二号(二〇〇九年九月)。

第六章　「日露開戦劈頭における旅順口攻撃の再評価」『日本歴史』第七五九号(二〇一一年八月)。

第七章　「日露戦争初期における陸海軍の協同作戦」『軍事史学』第四七巻第一号(二〇一一年六月)。

第八章　博士論文への書き下ろし。

第九章　「日本海海戦後の軍事戦略」軍事史学会年次大会研究発表(二〇一二年六月)。

筆者が研究者への道を志し、二〇〇五年に慶應義塾大学大学院法学研究科修士課程に入学を許されて、早くも十年近くが過ぎ去ろうとしている。この拙い研究を刊行するまでに十年近くの歳月がかかった。長い間にわたりこの研究に取り組み、博士論文、そして本書として纏め上げることができたのは、多くの方々のご指導とご支援があったからである。この場を借りて感謝の言葉を記したい。

ことに修士課程入学より一貫してご指導していただいた赤木完爾先生には厚く御礼申し上げたい。政治学について初学者から始めた筆者を暖かく迎え入れていただき、博士論文、ひいては本書を完成させるところまで導いていただいた。研究を始めるにあたり、コルベットに日露戦争に関する著作があることをご教示いただき、戦略理論を分析枠組みとして戦争史を考察するという筆者の研究の土台をご示唆くださったのも赤木先生であった。先生からのご指導ご鞭撻がなかったならば、本書も、今日の筆者もなかったであろう。このたび、十年近くかけて何とかこの研究を纏め上げることができ、多少なりとも学恩に報いることができていれば、筆者にとってこれに過ぎる幸いはない。

副査として博士論文をご審査いただいたのは、戸部良一先生と横手慎二先生である。戸部先生には、審査の際に日英同盟からの視点など、数多くのご指摘を賜った。また、博士課程修了後も学会などでお会いした際には、ご助言や励ましの言葉をいただいた。横手先生には、審査以前から日露戦争に関するご著作や論考からロシアの日露戦争研究史など多くを学ばせていただいていたが、ロシア側の視点からの貴重なご指摘をいただいた。語学力の問題もあり、本書にどこまでそれが反映できたか心許ないが、ロシア語からの翻訳書や英語文献などから、できる限り補ったつもりである。

両先生には、心から感謝申し上げたい。

大学院在学中、赤木先生が米国で在外研究をされていた一年間は、添谷芳秀先生の研究会でお世話になった。この当時、添谷先生が「ミドルパワー」論を世に問うていた時期で、添谷先生、そして研究会参加者からも多くのご示唆をいただいた。博士論文を提出する前の法学研究科における「合同論文指導研究発表会」では、田所昌幸先生と玉井清先生に副査の労をとっていただき、博士論文を纏めるにあたって、貴重なご助言をいただいた。田所先生には、その後も筆者の研究に関心をもっていただき、励ましの言葉をいただいた。その他、慶應義塾大学大学院法学研究科の授業などでご指導をいただいたすべての先生方に謝意を表したい。

そして、慶應義塾大学における恩師としては、学部時代に卒業論文の指導教授であった青池愼一先生を忘れることはできない。学部学生時代は、文学部で社会学を専攻していたが、三年生、四年生のゼミで社会科学を研究する上での基礎を学ばせていただいた。また、卒業後も時折食事などをご馳走になりながら薫陶を受けた。先生には、あらためて感謝申し上げたい。

博士課程一年目は、海上自衛隊幹部学校で教官を勤めつつ大学院に通う日々であった。そのような中で、幹部学校で担当させていただいた部外講師の先生方に多くの指導を賜ったことが、筆者の研究の進展に大きな力となった。等松春夫先生からは、様々なご助言をいただいただけでなく、時には投稿論文の草稿を読んでいただき、貴重なご指摘をいただいた。また、田中宏巳先生と影山好一郎先生からは、海軍史に関して、その著作や論考からだけでなく、直接多くのご指導を賜った。諸先生方に衷心より感謝申し上げたい。

そもそも海上自衛隊に奉職している筆者が、入隊後十数有余年にして大学院に入り、研究の道に進むことができたのは多くの方々のご尽力のお陰である。筆者が指揮幕僚課程を修業し、当時、インド洋への派遣部隊に法務幕僚を派出して手薄になった幹部学校第三研究室（現作戦法規研究室）に配置されたのは、二〇〇二年春のことであった。第三研究室では、部内通信教育の指導を担当していたが、そこでの勤務の傍ら、以前より希望していた大学院研修の準備を始めた。当時、第三研究室長であった安保公人氏（現拓殖大学教授）からは『波涛』の「国際法誌上講座」の執筆を命じられ、毎晩のように指導を受けつつ、拙稿が初めて活字になったことが懐かしく思い出される。次の室長であった中村進氏（現海上自衛隊幹部学校主任研究開発官）には、各方面への調整に骨をおっていただき、筆者の大学院研修への道筋をつけていただいた。また、当時海上幕僚監部教育課教育班長であった大塚海夫氏（現自衛艦隊司令部幕僚長）には市ヶ谷まで呼んでいただき、専門分野として戦争史研究への道を薦めてくださった。学生時代から戦争史に強い関心をもっていた筆者に異存はなく、その方向で進むことに決する。大学院進学への道を開いてくださった皆様方に、心から感謝したい。

進むべき方向性が定まったが、志望する法学研究科政治学専攻の入学試験は、文学部出身であった筆者にとって非常にハードルが高かった。そこで、読むべき文献などを丁寧に指導していただいたのが、防衛省防衛研究所主任研究官の中島信吾氏である。その後も研究の節目で貴重なご助言をいただき、博士論文を纏めるにあたっては多忙な中を親身になって相談にのっていただいた。この春に筆者は、中島氏が所属する防衛研究所戦史研究センター安全保障政策史研究室に異動し、強いご縁を感じるが、今までのご指導ご鞭撻に心より感謝の意を捧げたい。

多くの方々のご指導とご支援を得て大学院に入学してからは、研究に没頭し、その厳しさに直面しながらも充実した日々を過ごすことができた。赤木研究会で諸先輩の方々、同期や後輩の諸君と共にセミナーなどで研鑽を重ね、多くの示唆や刺激をいただいた。特に、今野茂充氏（現東洋英和女学院大学准教授）には、大変お世話になった。大学院では、筆者が修士一年の秋に博士課程を修了された今野氏とは半年しか机を並べることはなかったが、その後も投稿論文の草稿を読んでいただいたり、またロシアに関する英語文献などで多くの助言をいただいた。また、添谷研究会の吉田真吾氏（現名古屋商科大学専任講師）からは、大学院の年次が一年先輩であったこともあり、修士課程及びその後の博士課程においても、多くの論考を参考とさせていただくとともに、研究の進め方などの助言をいただいた。

筆者は、大学院時代のすべての期間を海上自衛隊幹部学校で過ごし、長期にわたり勤務の傍らで大学院でも研究を進めていった。多大なご配慮をいただいた歴代学校長、副校長、研究（教育）部長、研究（教官）室長に感謝申し上げたい。その他、今年の三月末から勤務している防衛研究所の皆様をはじめ、この限られた紙面では申し上げられない数多くの方々に感謝の意を表したい。なお、防衛研究所史料室所蔵史料については、史料室に勤務されていた岩橋幹弘氏から多くのご助言をいただいた。また、幹部学校当時同僚であった土屋将彦氏（現都立深沢高校国語科教諭）には、多忙な中を崩し字や難解な字の読解、文章表現などで適宜数多くの助言をいただくとともに、校正にもご協力いただいた。厚く御礼申し上げたい。

本書を上梓するにあたって、千倉書房編集部長の神谷竜介氏には、本書の編集、出版において、格別のご尽力をいただいた。また、本書の刊行にあたっては、慶應義塾大学法学会には助成をいただいた。関係各位に厚く御礼申し上げる。

最後に私事になるが両親へ感謝の意を表したい。四十年近く防衛庁などで旧ソ連・ロシア情報に関する仕事に携わっていた父六郎は、大学院進学前の二〇〇二年に急逝したが、本書の刊行を泉下で喜んでくれているだろう。寝食を忘れて研究に没頭するあまり、母洋子には健康面で何かと心配をかけてしまった。心から感謝したい。

二〇一四年十月

平野龍二

研究者名索引

ヤ

ラ

ワ

サ

タ

主要人名索引

ア

カ

ナ

ハ

タ

事項索引

［著者略歴］

平野龍二（ひらの・りゅうじ）

防衛省防衛研究所戦史研究センター所員、博士（法学）

一九六四年生まれ。一九八八年慶應義塾大学文学部卒業。二〇一三年同大学院法学研究科政治学専攻後期博士課程修了。一九八八年海上自衛隊入隊。護衛艦航海長、砲術長、海上自衛隊幹部学校教官などを経て、現職。共著に、赤木完爾・今野茂充編著『戦略史としてのアジア冷戦』（慶應義塾大学出版会）、主要論文に「海洋限定戦争としての日清戦争――コルベットの海洋戦略の視点から」『軍事史学』第四四巻第四号（二〇〇九年）、「日露開戦の決断――海軍力均衡と海軍戦略の視点から」『法学政治学論究』第八二号（二〇〇九年）、「日露戦争初期における陸海軍の協同作戦――戦略目標に対する努力の統一」『軍事史学』第四七巻第一号（二〇一一年）、「日露開戦劈頭における旅順口攻撃の再評価――戦争目的達成の観点から」『日本歴史』第七五九号（二〇一一年）などがある。

日清・日露戦争における政策と戦略――「海洋限定戦争」と陸海軍の協同

二〇一五年二月六日　初版第一刷発行

著者　平野龍二

発行者　千倉成示

発行所　株式会社 千倉書房
〒一〇四－〇〇三一　東京都中央区京橋二－四－一二
電話　〇三－三二七三－三九三一（代表）
http://www.chikura.co.jp/

印刷・製本　藤原印刷株式会社

造本装丁　米谷豪

ISBN 978-4-8051-1051-5　C3021